Dr. Kurt Fuchs

Das Ende des Rechtstaats

Dr. Kurt Fuchs

Das Ende
des Rechtstaats

Bibliografische Information der Deutschen Nationalbibliothek:
Die Deutsche Nationalbibliothek verzeichnet diese Publikation
in der Deutschen Nationalbibliografie; detaillierte bibliografische Daten sind im Internet über http://dnb.dnb.de abrufbar.

Verlag: BoD · Books on Demand GmbH,
In de Tarpen 42, 22848 Norderstedt, bod@bod.de

Druck: Libri Plureos GmbH, Friedensallee 273, 22763 Hamburg

ISBN: 978-3-8482-3062-4

Inhalt

Statt eines Vorworts

Der Berliner Florian Boillot arbeitet als freiberuflicher Fotojournalist. Er hat eine Akkreditierung des Bundespresseamtes. Im März 2016 berichtet er von einer Demonstration rechter Gruppen und der Gegendemonstration von linker Seite. Im Laufe des Tages wird er von einer bei diesen Demonstrationen eingesetzten Polizistin unsanft angerempelt. Als er sich darüber beschwert, erstattet die Polizistin Strafanzeige gegen ihn wegen Widerstands gegen Vollstreckungsbeamte. Gegen ihn ergeht ein Strafbefehl über 1.200 Euro, gegen den er Beschwerde einlegt. In den Ermittlungsakten wurde er durchgehend als „linker Szenefotograf" bezeichnet. Im anschließenden Strafverfahren vor dem Amtsgericht sieht dieses jedoch keinerlei strafbares Handeln seinerseits und spricht ihn frei. Er dachte, damit sei die Angelegenheit, 15 Monate nach dem Rempler, für ihn erledigt.

Gut sieben Wochen später wird ihm beim G20-Gipfel in Hamburg die zunächst erteilte Akkreditierung nachträglich entzogen. Als er der Sache auf den Grund geht, stellt sich heraus, daß der Rempler eineinhalb Jahre zuvor in Berlin ihm trotz des klaren Freispruchs vor dem Amtsgericht Einträge in der Verbunddatei „Gewalttäter Links" sowie der Zentraldatei „Politisch motivierte Kriminalität", beides beim Bundeskriminalamt (BKA) geführte Datenbanken, eingebracht hatte, die dann wiederum der Grund für die Verweigerung des Zugangs zum G20-Gipfel waren.

Wie ist es also um die Rechtstaatlichkeit der Bundesrepublik Deutschland bestellt?

I. Rechtstaat

„Keine Macht darf über dem Recht stehen." Cicero

Um festzustellen, ob die Bundesrepublik Deutschland ein Rechtstaat ist, muß zunächst einmal geklärt werden, was das überhaupt ist, ein Rechtstaat.

Eine Definition, jedenfalls im positiven Sinne, ist schwierig. Auf der Seite teamfreiheit.info ist ein Rechtstaat so definiert: „Ein Rechtstaat ist ein Staat, dessen verfassungsmäßige Gewalten rechtlich gebunden sind, der insbesondere in seinem Handeln durch Recht begrenzt wird, um die Freiheit der Einzelnen zu sichern." Diese Definition greift etwas kurz, denn ein Rechtstaat sichert nicht nur die Freiheit des Einzelnen, sondern begrenzt sie auch.

Einfacher als eine positive Definition ist eine negative: Rechtstaatlichkeit bedeutet die Abwesenheit von Willkür. Das bedeutet auch, daß nichts und niemand über dem Recht steht und sich sanktionslos darüber hinweg setzen kann, wie bereits der römische Senator Cicero ausgeführt hatte. Was ist also dafür erforderlich?

Zunächst einmal benötigt ein Rechtstaat eine Rechtsordnung, also Regeln und Gesetze, die das Verhältnis der Bürger untereinander und das Verhältnis zwischen Bürger und Staat regeln.

Regeln allein genügen aber nicht. Nahezu alle Staaten auf diesem Planeten verfügen über eine Rechtsordnung. Werden die darin festgelegten Regeln aber in der Praxis nicht befolgt, nützt auch die schönste Rechtsordnung nichts. Der Rechtsvollzug muß sich also an die Regeln der Rechtsordnung halten. Das gilt vor allem für die staatlichen Stellen, aber auch für die Bürger.

In keinem Staatswesen, sowohl in der Vergangenheit als auch in der Gegenwart, wurden und werden stets alle Regeln eingehalten. So lange es menschliche Gesellschaften gibt, gibt es Kriminalität. Hier muß der Staat für eine effektive Rechtsverfolgung sorgen, um die Gewalt im Staat nicht faktisch Kriminellen zu überlassen. Denn auch wenn der Staat selbst sich an die von ihm aufgestellten Regeln hält, nützt das seinen Bürgern wenig, wenn er sie nicht vor Rechtsverletzungen durch andere schützt.

Nicht jede Rechtsverletzung ist aber gleich ein Fall für die Strafverfolgungsbehörden. Dennoch muß der Staat auch bei weniger gravierenden Streitigkeiten für deren Lösung sorgen, um zu verhindern, daß das Faustrecht regiert. Ein Rechtstaat beansprucht stets das Gewaltmonopol für sich und muß daher für eine effektive Streitbeilegung sowohl zwischen den Bürgern als auch zwischen Bürgern und Staat sorgen, also ein Rechtschutzsystem vorhalten.

Im Folgenden soll gezeigt werden, inwiefern diese Elemente eines Rechtstaats in Deutschland vorhanden sind und ihre Funktion erfüllen.

II. Rechtsordnung

„Die Würde des Menschen ist unantastbar. Sie zu achten und zu schützen ist Verpflichtung aller staatlichen Gewalt."

Art. 1 Abs. 1 Grundgesetz (GG)

1. Grundrechte

Ist Art. 1 Abs. 1 des GG der Grundstein unserer Rechtsordnung, sind die darauf folgenden Grundrechte deren Fundament. Der parlamentarische Rat hat in Erinnerung an die erst kurz zurückliegende Unrechtszeit einen Katalog starker Menschen- und Bürgerrechte geschaffen.

Relativ schnell erschienen der Politik die sehr starken Grundrechte jedoch eher hinderlich. In der Folge wurden sie über Jahrzehnte immer weiter eingeschränkt, so daß manche Grundrechte bereits als Totalverlust angesehen werden, weil sie inzwischen soweit eingeschränkt wurden, daß von dem eigentlichen Wesensgehalt des Grundrechts faktisch nichts mehr übrig geblieben ist. Eigentlich sollte dies Art. 19 Abs. 2 GG verhindern, der festlegt, daß kein Grundrecht in seinem Wesensgehalt angetastet werden darf. Er verhindert aber nur, daß Grundrechte durch einfache Gesetze beschränkt oder außer Kraft gesetzt werden, wie dies zum Ende der Weimarer Republik der Fall war. Wird ein Grundrecht aber bereits durch Änderung des Grundgesetzes und nicht nur durch ein einfaches Gesetz eingeschränkt, läuft diese Norm ins Leere. An die Möglichkeit, daß Grundrechte schlicht durch die Änderung des Grundgesetzes massiv beschränkt werden können, hatten die Väter des Grundgesetzes anscheinend nicht gedacht.

a) Art. 2 Abs. 2 Satz 2 GG (Freiheit der Person)

Das Grundrecht in Art. 2 Abs. 2 Satz 2 GG garantiert die Freiheit der Person. Nach Satz 3 dieses Artikels darf sie nur aufgrund eines Gesetzes eingeschränkt werden. Art. 104 GG legt weitere Regeln für die Einschränkung dieses Grundrechts fest, insbesondere, daß stets ein Richter über eine Freiheitsentziehung entscheiden muß.

Wird jemand wegen einer Straftat zu einer Haftstrafe verurteilt, ist die Rechtstaatlichkeit unstreitig. Die Polizeigesetze der Länder sehen aber auch vor, Menschen einzusperren, die – noch – gar nicht gegen irgendeine Rechtsnorm verstoßen haben. Als Grund kommen Feststellung der Personalien, wenn jemand sich nicht ausweisen kann, oder jemand eine Gefahr für sich selbst oder andere oder die öffentliche Sicherheit und Ordnung darstellt, in Frage. Auch schon die Gefahr, daß Ordnungswidrigkeiten von einigem Gewicht begangen werden könnten, kann zu einer präventiven Verhaftung führen. Klassische Beispiele sind gewaltbereite Fußballfans, die vor einem kritischen Spiel festgenommen und danach wieder freigelassen werden. Entsprechend sehen die meisten Polizeigesetze zeitliche Beschränkungen für diese sogenannte Präventivhaft vor, nicht so allerdings in Bayern, Bremen und Schleswig-Holstein. Hier können Menschen – theoretisch – auch unbegrenzt präventiv eingesperrt werden. Insbesondere der Wegfall der zeitlichen Begrenzung der Präventivhaft in Bayern 2017 wurde mit dem Schutz vor islamistischen Gefährdern begründet. Dabei ist schon die Einstufung als solcher rechtstaatlich mehr als fraglich. Hierzu fehlt jede gesetzliche Regelung. Es handelt sich lediglich um einen „Arbeitsbegriff" der Polizeibehörden. Es fehlt also bereits an einer Rechtsgrundlage für die Einstufung einer Person als Gefährder. Damit stellt sich die Frage, auf welcher rechtlichen Grundlage die Einschätzung getroffen werden soll, daß eine Person so gefährlich für die Gesellschaft ist, daß sie präventiv, also zu einem Zeitpunkt, in dem sich diese Gefährlichkeit noch überhaupt nicht manifestiert hat, zum Schutz der Bevölkerung eingesperrt werden muß. Und ist diese Einstufung erst einmal erfolgt, wie soll diese Person eine solche Einstufung entkräften? Wohin eine solche Politik führen würde, könnte auf Kuba beobachtet werden, wenn die Amerikaner unabhängigen Beobachtern den Zugang zur Guantanamo Bay Naval Base gestatten würden, wo Ende

2024 noch immer über ein Dutzend vermeintliche und tatsächliche Terroristen ohne jede Rechtsgrundlage, ohne Gerichtsverfahren und Zugang zu rechtlichem Beistand von den Amerikanern inhaftiert werden. Mag sein, daß ein solches Lager das Ziel konservativer Sicherheitspolitiker in Deutschland ist. Vereinbar mit einer rechtstaatlichen Ordnung wäre es definitiv nicht. Dennoch wurden bereits im ersten Jahr nach Einführung dieser Regelung in Bayern mindestens elf Personen präventiv länger als zwei Wochen inhaftiert. Gemäß § 17 Abs. 1 Nr. 2 des Bayerischen Polizeiaufgabengesetzes (BayPAG) können Sie sogar wegen der Begehung von bloßen Ordnungswidrigkeiten inhaftiert werden, wobei Sie diese noch nicht einmal tatsächlich begehen müssen. Es genügt allein der Verdacht, Sie könnten Ordnungswidrigkeiten von erheblicher Bedeutung für die Allgemeinheit begehen.

b) Art. 10 GG (Post- und Fernmeldegeheimnis)

Als Totalverlust unter den Grundrechten kann das Post- und Fernmeldegeheimnis in Art. 10 GG angesehen werden. So wurde bereits durch die Notstandsgesetze Ende der 1960er Jahre Abs. 2 hinzugefügt, der die heimliche Überwachung ohne nachträgliche Rechtschutzmöglichkeit für den Betroffenen zuläßt. Ein Richtervorbehalt, also die Verpflichtung, eine Überwachung vorab durch einen Richter mit entsprechender rechtlicher Prüfung anordnen zu lassen, ist in Art. 10 GG nicht vorgesehen. Parallel wurde § 100a in die Strafprozeßordnung (StPO) eingefügt, der die Telekommunikationsüberwachung regelt. Der Gesetzgeber entschied sich für einen Katalog von Straftaten, zu deren Aufklärung die Telekommunikationsüberwachung zulässig ist. Im Lauf der Jahrzehnte wurde dieser Katalog stetig erweitert, vor allem in den 2000er Jahren. Bis Mitte der 1990er Jahre stieg die Zahl der überwachten Telefonanschlüsse nur sehr langsam. Mit der zunehmenden Verbreitung von Mobilfunktelefonen explodierte die Telekommunikationsüberwachung aber geradezu. Die Zahl der überwachten Telefonanschlüsse hat sich seit Mitte der 1990er Jahre mehr als vervierfacht. Begründet wird dies durch die zunehmende Nutzung von Telekommunikation durch die Verbreitung von Mobilfunk. Andererseits geht sowohl die Kriminalität als auch die Zahl der Straftäter seit Jahren zurück. Bei knapp 20.000 überwachten Telefonanschlüssen im Jahr und ca. 5 Betroffenen je überwachtem Anschluß sind etwa 100.000 Menschen in Deutschland jedes Jahr von Telefonüberwachung durch die Strafverfolgungsbehörden betroffen. Präventive Überwachungsmaßnahmen durch die Polizeibehörden und die Überwachung durch die Geheimdienste sind dabei noch nicht mitgezählt.

Durch die Enthüllungen von Edward Snowden und den daran anschließenden NSA-Untersuchungsausschuß wurde bekannt, daß die Telekommunikation in Deutschland noch viel massiver vom Bundesnachrichtendienst (BND) überwacht wird, was umso mehr erstaunt, weil er als Auslandsgeheimdienst der Bundesrepublik dafür überhaupt keine Befugnisse besitzt. Zwar werden wohl nur in geringem Umfang Gespräche abgehört, dafür überwacht der Dienst aber anscheinend in erheblichem Umfang die Verbindungsdaten, also wer wann mit wem telefoniert oder in sonstiger Weise über Telekommunikationsverbindungen kommuniziert hat. Die Regierung hat auf die Aufdeckung dieser illegalen Aktivitäten des BND interessanterweise mit einem Gesetzentwurf reagiert, der eben diese Überwachungsaktivitäten legalisieren soll. Dieser wurde ohne große Diskussionen vom Bundestag beschlossen.

c) Art. 12. Abs. 1 GG (Freiheit der Berufswahl)

Art. 12 Abs. 1 GG garantiert die freie Berufswahl, doch so frei ist diese in Deutschland nicht. Die 1970er Jahre waren in Deutschland das, was die McCarthy-Ära (die Zeit der intensivsten Kommunistenverfolgung, hauptsächlich getrieben von Senator Joseph McCarthy) in den USA Anfang der 1950er Jahre war. Jeder, der politisch links von der SPD stand, war potentiell verdächtig, ein Staatsfeind, ja ein Sympathisant der Terroristen der

RAF oder gar deren Unterstützer zu sein. Aufgrund des sogenannten Radikalenerlasses von 1972 wurde allen, die politisch links von der SPD aktiv waren, der Zugang zum öffentlichen Dienst verweigert, insbesondere Angehörigen der DKP (Deutsche Kommunistische Partei, eng verbunden mit der Sowjetunion) und des KBW (Kommunistischer Bund Westdeutschlands), aber auch anderer linker Gruppen. Interessanterweise hatte die Bundesregierung Anfang der 1950er Jahre keinerlei Probleme damit, auch ehemalige hohe Beamte des Naziregimes wieder in den öffentlichen Dienst zu übernehmen. Diese konnten in den 1970er Jahren das fortsetzen, was sie schon in der Nazizeit getan hatten: Vermeintliche und tatsächliche Kommunisten verfolgen. Zwar richtete sich der Erlaß offiziell auch gegen Mitglieder rechtsradikaler Organisationen, jedoch waren in der Praxis fast ausschließlich politisch links orientierte Menschen betroffen. Über 1.000 Bewerber wurden aufgrund des Erlasses für den öffentlichen Dienst abgelehnt, mehrere hundert Beamte entlassen, darunter auch Postboten und Lokomotivführer. 1995 stufte der europäische Gerichtshof für Menschenrechte (EGMR) dieses Vorgehen als Verletzung der Meinungsfreiheit und damit als rechtswidrig ein. Die Zahl der als rechtsextrem eingestuften Bewerber, die abgelehnt wurden, lag dagegen im einstelligen Bereich. Eigentlich sollte diese Praxis mit Ende des kalten Krieges obsolet sein, jedenfalls aber spätestens nach dem oben genannten EGMR-Urteil enden. Bayern und Baden-Württemberg jedoch haben noch in den 2000er Jahren Angehörigen linker Gruppen den Zugang zum öffentlichen Dienst zu verweigern versucht, so zum Beispiel einem Lehramtsreferendar, der während seines Studiums in der Jugendorganisation der Partei „Die Linke" aktiv war. Erst nach dessen Klage vor dem Verwaltungsgericht und einer Eilentscheidung desselben zu seinen Gunsten gab das Land nach und erlaubte ihm, das Referendariat als Lehramtsanwärter zu absolvieren.

Darüber hinaus wird die freie Berufswahl in Deutschland teilweise massiv durch gesetzlich festgelegte Berufszugangsvoraussetzungen eingeschränkt. In vielen Bereichen ist das durchaus nachvollziehbar und berechtigt, wie zum Beispiel bei Ärzten und anderem medizinischen Personal oder denjenigen, die an der Planung von Gebäuden beteiligt sind. Fraglich hingegen sind die umfangreichen Berufszugangsbeschränkungen, die sich aus der Handwerksordnung und dem dort festgeschriebenen Meisterzwang ergeben. Sie dürfen in Deutschland – rechtlich gesehen – noch nicht einmal eine Lampe selbst anschließen, geschweige denn dies für andere tun. Sie können handwerklich noch so begabt sein. Ohne einen Meistertitel in dem entsprechenden Handwerk dürfen sie sich damit nicht selbständig machen. Und mit einem Meistertitel dürfen Sie auch nur dieses eine Handwerk ausüben. Auf keinen Fall dürfen sie im Revier anderer Handwerker wildern, deren Fachgebiet mit ihrem eigenen Handwerk nichts zu tun hat. Verstöße werden mit empfindlichen Bußgeldern geahndet. Eine junge Deutsche zum Beispiel zog nach London. Ihre Leidenschaft war das Backen. Sie konnte fantastische Torten erschaffen. Das sprach sich schnell herum, so daß sie schließlich einen großen Teil der High Society Londons mit Torten belieferte. Eine Ausbildung hatte sie nicht. In Deutschland wäre ihr Geschäft illegal und würde nach § 117 der Handwerksordnung (HwO) mit einem Bußgeld bis zu 10.000 Euro geahndet, weil sie keine Ausbildung als Konditorin hat, geschweige denn einen Meistertitel. In Deutschland darf jeder aber alle Arten von Kuchen und Torten in einem eigenen Café an die Gäste dort verkaufen, allerdings nicht zum Mitnehmen. Das wiederum darf nur ein Konditor- oder Bäckermeister ... Ein anderer Deutscher wanderte mit seiner Frau nach Neuseeland aus, nachdem er im elterlichen Betrieb eine Ausbildung als Metzger abgeschlossen hatte. Weil er in Neuseeland vor allem die Wurst aus Deutschland vermißte, begann er, selbst Wurst herzustellen, zuerst nur für sich und seine Familie, dann für Freunde, schließlich auch für Fremde. Inzwischen ist seine Wurst in Neuseeland so berühmt, daß die Menschen hunderte Kilometer fahren, um sie bei ihm zu kaufen. Auch das wäre in

Deutschland illegal, da er keinen Meistertitel als Metzger besitzt. Außer Luxemburg verfügt kein anderes Land in der EU neben Deutschland über entsprechende Berufszugangsbeschränkungen im Handwerk. Im Rahmen der Verwirklichung der Dienstleistungsfreiheit innerhalb der EU dürfen Handwerksbetriebe aus anderen EU-Ländern ihre Leistungen auch in Deutschland anbieten, ohne daß sie den deutschen Berufszugangsbeschränkungen unterworfen wären. Die Bautätigkeit in Deutschland käme ohne die Leistungen ausländischer Handwerker fast völlig zum Erliegen. So führt der Meisterzwang zu einer massiven Inländerdiskriminierung. Konsequenterweise hat das oberste Gericht Österreichs die entsprechende Regelung dort schon 1999 für mit der österreichischen Verfassung unvereinbar erklärt und aufgehoben. Begründet wird der Meisterzwang mit der Gefahrgeneigtheit der entsprechenden Handwerke und dem mit der Qualifikation der Handwerksmeister verbundenen Sicherung der Qualität ihrer Leistungen und dem damit verbundenen Schutz der Verbraucher. Wieso aber füllen dann mangelhafte Leistungen von Handwerkern seit Jahren ganze Fernsehformate (Pfusch am Bau u.a.)? Wäre die Gesetzesbegründung stichhaltig, müßte es in allen anderen europäischen Ländern gravierende Probleme mit der Qualität von Handwerksleistungen geben. Die Qualität, die ausländische Handwerker in Deutschland abliefern, und die soweit bekannt definitiv mit dem Qualitätsniveau der deutschen Handwerkerschaft mithalten kann, spricht eindeutig dagegen. Abgesehen davon, daß in der Regel die eigentliche Leistung von Gesellen und Auszubildenden erbracht wird, und Meister diese, wenn überhaupt, nur gelegentlich überwachen, führt der Meisterzwang faktisch zu einer deutlichen Reduzierung des Wettbewerbsdruck auf die existierenden Handwerksbetriebe und reduziert dadurch deutlich deren Motivation, qualitativ hochwertige Leistungen zu erbringen. Es erscheint daher äußerst fraglich, ob der vermeintliche Zweck dieser Berufszugangsbeschränkung tatsächlich erreicht wird. In einem Bereich wurden die am Markt verfügbaren

Leistungen durch den Meisterzwang im Handwerk sogar definitiv erheblich verschlechtert. Als in den 1980er und 1990er Jahren Computer immer weitere Verbreitung fanden, gab es zahlreiche Computerfreaks, die schon als Kinder an Computern geschraubt hatten. Viele davon machten sich mit dem Verkauf, der Installation und Wartung von Computern und den dazugehörigen Netzwerken selbständig. Die meisten hatten keinerlei Ausbildung, einige hatten noch nicht einmal einen Schulabschluß, aber mit Computern und allem, was dazugehört, kannten sie sich aus wie sonst kaum jemand. Dieser neue und stetig wachsende Markt war auch dem Elektrohandwerk nicht entgangen. Zwar hatten die meisten Elektriker damals wenig oder gar keine Ahnung von Computern, wollten sich diesen Markt aber dennoch exklusiv sichern. Die entsprechende Lobbyarbeit der Handwerksverbände war erfolgreich. Der Informationstechniker unterliegt noch heute dem Meisterzwang der Handwerksordnung. Hierdurch wurde nicht nur das Angebot in diesem Bereich erheblich verknappt, sondern auch die Qualität der Dienstleistungen im IT-Bereich massiv verschlechtert. Es erscheint schleierhaft, wie dies in Bezug auf Art. 12 Abs. 1 GG gerechtfertigt sein kann. Zwar wurde mit einer Reform 2004 eine große Zahl von Handwerksberufen vom Meisterzwang befreit, nominal mehr als die Hälfte aller Handwerksberufe. Tatsächlich betraf das aber nur gut 10 % aller Handwerksbetriebe. Liberalisiert wurden so „wichtige" Handwerksberufe wie Holzbildhauer, Böttcher (Faßbinder) oder Segelmacher. Am bedeutendsten unter den damals liberalisierten Handwerksberufen sind Fliesenleger, Gebäudereiniger und Fotografen. In diesen Berufsgruppen sind zahlreiche neue Betriebe entstanden. Ironischerweise hat der Gesetzgeber Ende 2019 den Meisterzwang für zwölf Handwerksberufe wieder eingeführt. Anders als das höchste österreichische Gericht hat das Bundesverfassungsgericht bereits mehrere Gelegenheiten, diesem Überbleibsel des mittelalterlichen Zunftwesens die rechtliche Grundlage zu entziehen, ungenutzt verstreichen lassen. Es wird sicher bald erneut eine solche Gelegenheit haben, da immer wieder Handwerker dagegen klagen. Zwischen 1810 und 1934 gab es schon einmal völlige Gewerbefreiheit in Deutschland, also keinerlei Berufszugangsbeschränkungen im Handwerk. Erst die Nationalsozialisten führten 1934 den Meisterzwang wieder ein. Zwischen 1945 und 1953 war er dann erneut abgeschafft. Daß dies für die Bevölkerung irgendwelche relevanten Nachteile mit sich gebracht hätte, ist nicht bekannt geworden.

d) Art. 13 GG (Unverletzlichkeit der Wohnung)

Eine gewisse Aufmerksamkeit in der Bevölkerung hat die Einführung des sogenannten „Großen Lauschangriffs" 1998 erregt. Damit wurde das Grundrecht auf Unverletzlichkeit der Wohnung massiv eingeschränkt. Seitdem ist es zulässig, auch Wohnräume zu Zwecken der Strafverfolgung zu verwanzen und abzuhören. Formell ist damit von der Unverletzlichkeit der Wohnung nicht viel übrig geblieben, und zwar mit Billigung des Bundesverfassungsgerichts, welches im Urteil zum Großen Lauschangriff im Jahr 2004 die damit verbundene Änderung von Art. 13 GG unbeanstandet ließ und nur Teile der Umsetzung in den einfachen Gesetzen, insbesondere der Strafprozeßordnung (StPO), für verfassungswidrig erklärte. Begründet wurde dies damit, daß es wegen Art. 1 Abs. 1 GG, den auch der verfassungsändernde Gesetzgeber wegen Art. 79 Abs. 3 GG nicht verändern darf, einen unantastbaren Kern der Privatsphäre geben muß, in den der Staat nicht eingreifen darf. Was konkret dieser Kern umfaßt, ist jedoch unklar. Und wie dieser Kern trotz Überwachung konkret geschützt werden soll, ist ebenfalls völlig unbestimmt. Inzwischen sehen auch immer mehr Landespolizeigesetze das Abhören von Wohnungen zur Prävention von Straftaten vor. Es muß allerdings zugestanden werden, daß die Ermittlungsbehörden von der Befugnis zum Abhören von Wohnungen nur sehr zurückhaltend Gebrauch machen. Die Zahl der entsprechenden Anordnungen bewegt sich seit Jahren im mittleren dreistelligen Bereich pro Jahr.

Bereits mehrfach wurde von der Innenministerkonferenz diskutiert, die von Alexa und Co. aufgezeichneten Daten für die Behörden zu nutzen. So bräuchten diese sich gar nicht mehr die Mühe machen, die Wohnungen der Bürger zu verwanzen, sondern könnten die Bürger direkt über die bei vielen beliebten Kommunikationsassistenten belauschen. Nach zahlreichen Protesten wurden die Pläne zunächst wieder fallen gelassen. Es ist aber sicher nur eine Frage der Zeit, bis auch diese Form der Überwachung Realität wird.

Massiv eingeschränkt wird das Grundrecht auf Unverletzlichkeit der Wohnung dagegen von der hohen Anzahl von Wohnungsdurchsuchungen, die jedes Jahr durchgeführt werden. Sie waren schon in der ursprünglichen Fassung des GG vorgesehen. Durchsucht wird wegen aller erdenklichen Delikte, teilweise auch wegen geringfügiger Ordnungswidrigkeiten wie Falschparken. Die Zahl der Durchsuchungen wird im Gegensatz zu Abhörmaßnahmen nicht systematisch erfaßt. Es existieren keine entsprechenden Statistiken. Auf ein Anfrage der Linken im saarländischen Landtag, schätzte die Landesregierung die Zahl der Durchsuchungen für das Saarland in einem Jahr auf knapp 900. Hochgerechnet auf das Bundesgebiet würde das einer Zahl von über 70.000 Durchsuchungen pro Jahr entsprechen. Andere Quellen schätzen die Zahl auf etwa 50.000, wieder andere auf über 90.000. Im übertragenen Sinne wird also jedes Jahr eine ganze Großstadt komplett durchsucht, und dies, wie oben bereits erwähnt, häufig aus geringfügigen Gründen oder aufgrund nur vager Anhaltspunkte. Dabei ist eine Wohnungsdurchsuchung für die Betroffenen häufig eine traumatische Erfahrung. Immer wieder erklärt das Bundesverfassungsgericht Durchsuchungen für verfassungswidrig. Eine nennenswerte Änderung in Hinblick auf die Durchsuchungspraxis der Strafverfolgungs- und Ordnungsbehörden als Reaktion auf diese Rechtsprechung ist nicht erkennbar. Den Strafverfolgungsbehörden scheint hier das Maß für die Verhältnismäßigkeit völlig abhanden gekommen zu sein.

e) Art. 16a GG (Asylrecht)

Auch das Asylrecht in Art. 16a Abs. 1 GG kann zu den Totalverlusten gezählt werden, denn Personen, die aus sogenannten sicheren Drittstaaten in die Bundesrepublik einreisen, haben keinen Anspruch auf Asyl, und alle Nachbarstaaten Deutschlands sind solche sicheren Drittstaaten. „Legal" können Asylsuchende daher nur per Schiff oder Flugzeug nach Deutschland einreisen. Bisher fehlen auch jegliche Regelungen dazu, wie Menschen, die über eine EU-Außengrenze in die EU einreisen, meist nach Italien oder Griechenland, innerhalb der EU verteilt werden sollen. Die Bemühungen deutscher Politiker seit 2015, eine solche Regelung herbeizuführen, sind zynisch. In den Jahren davor hat Deutschland die entsprechenden Bemühungen Italiens und Griechenlands, wo schon seit Jahrzehnten die meisten Flüchtlinge ankommen, blockiert und eine Regelung zur Verteilung von Flüchtlingen innerhalb der EU verhindert.

An dieser Rechtslage änderte auch die Flüchtlingswelle von 2015 nichts, da hier die deutschen Behörden auf eine Anwendung von Art. 16a Abs. 2 bis 4 GG verzichtet und auch alle europarechtlichen Regelungen zur Aufnahme von Flüchtlingen mißachtet haben. Für die Verteilung von Flüchtlingen innerhalb der EU gibt es nach wie vor keine Regelung.

f) Informationelle Selbstbestimmung

Neue Grundrechte zu schaffen, fand der Gesetzgeber seit Inkrafttreten des Grundgesetzes nicht notwendig. Im Rahmen des Volkszählungsurteils aus dem Jahr 1987 leitete das Bundesverfassungsgericht aus Art. 1 Abs. 1, Art. 2 Abs. 1 GG das Recht auf informationelle Selbstbestimmung ab, welches inzwischen aber ebenfalls zu den Totalverlusten gezählt werden muß, angesichts der immer weiter ausufernden Überwachung. Dabei hatte das Bundesverfassungsgericht im Volkszählungsurteil schon die Folgen dieser Überwachung vorausgesehen:

Menschen, die im unklaren darüber sind, was genau der Staat über sie weiß und in welcher Weise er sie überwacht, verändern – häufig unbewußt – ihr Verhalten und nehmen Rechte gegen den Staat möglicherweise in vorauseilendem Gehorsam nicht mehr wahr. Sie üben ihre Grundrechte, zum Beispiel das Demonstrationsrecht oder das Recht auf freie Meinungsäußerung nicht mehr aus oder jedenfalls nicht mehr in dem Maße, wie sie es täten, wenn sie sicher sein könnten, daß der Staat ihr Verhalten nicht beobachtet und erfaßt. Auf diese Weise kann der Staat sehr nachhaltig Grundrechte einschränken, die er formal unangetastet läßt.

Angesichts der heutigen Datensammelwut staatlicher und privater Stellen und des Ausmaßes an alltäglicher Überwachung, aber auch angesichts der Bereitschaft vieler Bürger, selbst intimste Details aus ihrem Leben im Internet vor aller Welt offen zu legen, erscheinen die Massenproteste, welche die Volkszählung in den 1980er Jahren ausgelöst hatte, wie ein Anachronismus. Damals stemmten sich Millionen Bürger auf unterschiedlichste Art und Weise gegen eine als unrechtmäßig empfundene staatliche Überwachung und damit verbundene Einschränkung der Freiheit, letztlich bis zu einem gewissen Grad erfolgreich durch die Unterstützung des Bundesverfassungsgerichts.

Schon vor den Anschlägen vom 11. September 2001 hatten die süddeutschen Bundesländer die sogenannte „Schleierfahndung" eingeführt, also die Erlaubnis für die Polizei, jederzeit ohne besonderen Grund Personenkontrollen durchzuführen. In der Begründung zu einem Gesetzentwurf 2017, der eine Erweiterung der entsprechenden Befugnisse vorsah, führte der bayerische Gesetzgeber unter anderem aus, diese Kontrollen hätten eine – anscheinend vom Gesetzgeber erwünschte – einschüchternde Wirkung, womit er sicherlich richtig liegt. Sie können ein Gefühl der ständigen Überwachung bei den Betroffenen erzeugen, zumal unklar ist, was mit den bei den Kontrollen erfaßten Informationen geschieht. Kontrollen zum Zweck der Einschüchterung wären auf jeden Fall verfassungswidrig. Für die Bundespolizei hat das Verwaltungsgericht Stuttgart 2015 außerdem festgestellt, daß die Rechtsgrundlage für die Schleierfahndung europarechtswidrig ist. Zur Schleierfahndung gehört auch die inzwischen immer häufiger durchgeführte automatische Überprüfung von Autokennzeichen, obwohl diese schon mehrfach vom Bundesverfassungsgericht beanstandet wurde, allerdings nicht grundsätzlich, sondern nur der jeweilige Umfang und der Umgang mit den so erhobenen Daten. Inzwischen gibt es in den Polizeigesetzen fast aller Bundesländer Befugnisse für anlaßlose Personenkontrollen, häufig verbunden mit der Befugnis, mitgeführte Sachen zu durchsuchen. Das Ende 2024 beschlossene Messerverbot für zahlreiche öffentliche Orte führt zu einer nahezu flächendeckenden Ausweitung der Befugnis anlaßloser Kontrollen, denn theoretisch kann ja jeder ein Messer dabei haben.

Nach den Anschlägen vom 11. September 2001 gab es für die Sicherheitsbehörden kein Halten mehr. Nahezu die gesamten öffentlichen Datenbestände über die Bewohner unseres Landes wurden im Rahmen einer deutschlandweiten Rasterfahndung systematisch analysiert. Mit den vorgegebenen Suchkriterien (im wesentlichen männlich, Alter 18 bis 40 Jahre, (ehemaliger) Student, islamische Religionszugehörigkeit, Geburtsland) wurden aus allen Daten ca. 11.000 Personen herausgefiltert, die von den Polizeibehörden einzeln überprüft wurden. Nachbarn, Freunde, Vermieter, Arbeitgeber, Kollegen dieser Menschen wurden befragt. Hunderte Polizisten waren Monate mit dieser Arbeit beschäftigt. Und das Resultat dieses massiven Eingriffs in die Grundrechte einer großen Zahl unbescholtener Bürger? Nichts! Weder Terroristen noch sonst irgendwelche Straftäter wurden so gefunden. Allerdings hatten die Überprüfungen für zahlreiche Betroffene durchaus gravierende Konsequenzen, von der nachhaltigen Störung des Verhältnisses zu Vermietern und Nachbarn bis hin zum Arbeitsplatzverlust. 2006 befand das

Bundesverfassungsgericht die gesamte Aktion für verfassungswidrig.

Bis dahin hatte der Staat mit mehreren Gesetzespaketen die Befugnisse von Polizei und Geheimdiensten zum Zugriff auf staatliche und – neuerdings – auch auf private Datenbestände massiv ausgeweitet und auch den Aufbau von immer neuen Datenbanken auf den Weg gebracht, von der Mehrheit der Bevölkerung unbeachtet und vom Bundesverfassungsgericht unbehelligt.

Unmittelbar nach den Anschlägen vom 11. September 2001 wurde den Sicherheitsbehörden der Zugriff auf die Kontostammdaten bei allen deutschen Banken eingeräumt, also die Angaben, wer wo welche Konten hat, einschließlich Adressen und Geburtsdaten. Sollte dies ursprünglich nur der Bekämpfung des internationalen Terrorismus dienen, dürfen inzwischen fast alle Behörden jederzeit auf diese Daten zugreifen. Dabei sind die Banken verpflichtet, diese Datenabfragen technisch so zu gestalten, daß die jeweilige Bank selbst von einer Datenabfrage keine Kenntnis erlangt und damit natürlich auch der jeweils betroffene Bankkunde nicht. NRW hat seinem Verfassungsschutz 2008 erlaubt, außer den Kontostammdaten auch die Kontobewegungen abzufragen, also den Zahlungsverkehr zu überwachen. Schließlich wurde 2017 dann klammheimlich das Bankgeheimnis im Steuerrecht ersatzlos gestrichen. Seitdem dürfen die Finanzbehörden auch Kontobewegungen ohne weitere Voraussetzungen abfragen und Konten auch dauerhaft überwachen.

Ebenfalls unmittelbar nach den Anschlägen wurde die Erfassung und Speicherung der Fluggastdaten eingeführt. Seitdem werden von jedem, der sich mit einem Linienflug fortbewegt, zahlreiche Daten erfaßt, so alle Daten zum Flug, alle Daten zur Person, wie Name, Adresse, Geburtsdatum, Daten zum Gepäck, Vielfliegerinformationen, Essenswünsche während des Flugs, Mitreisende, Buchungsinformationen einschließlich Hotel- und Mietwagen, soweit diese zusammen mit dem Flug gebucht wurden, und Verknüpfungen mit Daten von vorherigen Flügen. Sämtliche Daten werden für mindestens fünf Jahre gespeichert und erlauben vor allem bei Vielfliegern die Erstellung ausführlicher Bewegungs- und Persönlichkeitsprofile. Über 120 Millionen Flugreisen wurden 2018 von deutschen Flughäfen unternommen.

2008 wurde die Vorratsdatenspeicherung eingeführt, was nun doch Resonanz in einer breiteren Öffentlichkeit fand. Diese Speicherung wurde zwar anschließend vom Bundesverfassungsgericht insgesamt für verfassungswidrig erklärt und in einem parallelen Verfahren vor dem Europäischen Gerichtshof (EuGH) wenig später auch die europäische Richtlinie, zu deren Umsetzung die Vorschriften zur Vorratsdatenspeicherung dienten, als europarechtswidrig aufgehoben. Davon aber unbeirrt hat der deutsche Gesetzgeber 2015 ein neues Gesetz zur Vorratsdatenspeicherung beschlossen, diesmal mit deutlich verkürzten Speicherfristen von nur noch zehn bzw. vier Wochen, besserem Schutz für Berufsgeheimnisträger und verbessertem Schutz der Daten. In der Folge hat jedoch der EuGH 2016 entschieden, daß die anlaßlose Vorratsdatenspeicherung grundsätzlich mit europäischem Recht unvereinbar ist. Bisher hat der deutsche Gesetzgeber dies jedoch nicht zum Anlaß genommen, die nunmehr europarechtswidrigen Vorschriften zur Vorratsdatenspeicherung wieder aufzuheben. Seit einer Eilentscheidung des Oberverwaltungsgerichts Münster 2017 ist die Vorratsdatenspeicherung in Deutschland allerdings ausgesetzt, da das Gericht, dem EuGH folgend, diese für europarechtswidrig hält. Davon unbeirrt hat der Gesetzgeber, diesmal von der Ampelregierung angeschoben, Ende 2024 erneut ein Gesetz zur Vorratsdatenspeicherung verabschiedet. Dabei hat der wissenschaftliche Dienst des Bundestages schon 2010 und ein Jahr später auch das Max-Planck-Institut für Strafrecht in Freiburg festgestellt, daß der Nutzen der Vorratsdatenspeicherung für die Strafverfolgung, wenn überhaupt vorhanden, auf jeden Fall nur sehr gering ist.

Mobilfunkdaten sind generell sehr begehrt bei den Sicherheitsbehörden. Neben dem unmittelbaren Abhören von Gesprächen über Mobilfunk bieten auch die reinen Verbindungsdaten, also wer wann wie lange mit wem telefoniert hat, interessante Informationen für die Behörden. Hierüber gibt es leider keine aktuellen aussagefähigen Statistiken. Außerdem lassen sich Mobiltelefone hervorragend orten, also ermitteln, wo das Telefon sich zu einem bestimmten Zeitpunkt befunden hat. Bei permanenter Überwachung lassen sich so vollständige Bewegungsprofile einzelner Personen erstellen. Aber auch Einzelabfragen über den konkreten Standort eines Telefons zu einem bestimmten Zeitpunkt oder über einen bestimmten Zeitraum scheinen sehr attraktiv für die Behörden zu sein. Vor allem Funkzellenabfragen, also die Information, welche Mobiltelefone zu einem bestimmten Zeitpunkt in einer bestimmten Funkzelle eingebucht waren, sind bei den Sicherheitsbehörden sehr beliebt. Auf eine Anfrage der Piratenpartei im Jahr 2013 im saarländischen Landtag kam heraus, daß dort innerhalb eines Jahres über Funkzellenabfragen 7,5 Millionen Datensätze erhoben worden waren. Bei knapp einer Million Einwohner wurde also jeder Bürger des Saarlands in Durchschnitt etwa achtmal pro Jahr im Rahmen einer Funkzellenabfrage erfaßt. Aufsehen erregt haben die Funkzellenabfragen in Dresden während einer Gegendemonstration gegen einen rechtsextremen Aufmarsch, bei dem zahlreiche Funkzellen parallel abgefragt und so große Teile des Dresdner Stadtgebiets überwacht wurden. Das Landgericht Dresden stufte dies im Nachhinein als rechtswidrig, weil völlig unverhältnismäßig, ein. In Berlin wurden zur Ermittlung im Zusammenhang mit Brandstiftungen großflächig Funkzellenabfragen durchgeführt. Auch die Bestandsdaten zu einem Mobilfunkanschluß, also wem ein Telefon gehört und wie dafür bezahlt wird, werden von den Behörden häufig abgefragt, 18 Millionen mal im Jahr 2018, davon allein 750.000 Abfragen durch das Bundesamt für Verfassungsschutz. Bereits 2012 hatte das Bundesverfassungsgericht die entsprechenden Rechtsgrundlagen als zu weit gehend und mit der Verfassung unvereinbar gerügt. Bei der Neuregelung hat der Gesetzgeber der Kritik des Verfassungsgerichts aber anscheinend wenig Beachtung geschenkt, so daß sich das Gericht 2020 gezwungen sah, die neuen Rechtsgrundlagen für diese Datenabfragen erneut als gegen das Grundgesetz verstoßend zu beanstanden.

2010 wurde der biometrische Personalausweis eingeführt, in dem ein digitalisiertes Ausweisfoto gespeichert wird. Hieß es zunächst, die Bilder würden nur im Ausweis, nicht aber bei den Meldeämtern gespeichert, stellte sich dies schnell als Falschinformation heraus. 2017 hat der Gesetzgeber dann praktisch allen Behörden unbegrenzten Onlinezugriff auf die bei den Meldeämtern gespeicherten Ausweisfotos eingeräumt, auch wieder technisch so umgesetzt, daß die Abfragen bei den Meldeämtern nicht nachvollzogen werden können. Verbunden mit der seit längerem in der Diskussion befindlichen automatischen Identifikation per Videoüberwachung ist so in Zukunft die personalisierte Überwachung der gesamten Bevölkerung möglich.

Wie bereits ausgeführt, hat der BND auch ganz ohne Rechtsgrundlage schon Jahre vor der öffentlichen Diskussion über die Vorratsdatenspeicherung die Verbindungsdaten der Kommunikation deutscher Bürger mit dem Ausland umfassend erfaßt und dauerhaft gespeichert. Ob der BND sich von dem Urteil des Bundesverwaltungsgerichts, mit welchem dieses Vorgehen des BND für rechtswidrig erklärt wurde, beeindrucken läßt, erscheint sehr zweifelhaft, insbesondere, da dasselbe Gericht nunmehr die Überwachung des weltweit größten Internetknotens in Frankfurt am Main durch den BND wegen Vorliegens einer entsprechenden Anordnung des Kanzleramts als rechtmäßig beurteilt hat. Nachdem die Bundesdatenschutzbeauftragte in einem Bericht 2016 zahlreiche Verstöße des BND gegen Datenschutzvorschriften gerügt hatte, reagierte der Bundesinnenminister mit einem Vorstoß, die Kontrollbefugnisse der Datenschutzbeauftragten gegenüber dem BND drastisch zu beschränken.

Nicht nur hat der BND selbst unter Verstoß gegen zahlreiche Gesetze die Kommunikation der Menschen in Deutschland überwacht. Er hat auch, wie der NSA-Untersuchungsausschuß aufgedeckt hat, in erheblichem Umfang Überwachung für NSA und CIA betrieben. Da die Überwachung insgesamt schon einer Rechtsgrundlage entbehrte, erfüllte die Weitergabe der entsprechenden Erkenntnisse an ausländische Dienste den Straftatbestand des § 99 Abs. 1 Strafgesetzbuch (StGB/Geheimdienstliche Agententätigkeit), was aber weder die Regierung noch irgendeine Staatsanwaltschaft zum Anlaß für entsprechende Schritte genommen hat.

Noch gravierender ist die auf EU-Ebene beschlossene vollständige und systematische Überwachung aller Inhalte jedweder elektronischer Kommunikation, also die systematische automatisierte Analyse der Inhalte aller e-mails, Messengernachrichten und Unterhaltungen auf Social-Media-Plattformen wie Facebook oder Instagram. In analoger Zeit hätte dies bedeutet, daß die Post alle Briefe öffnet und deren Inhalt überprüft. Die Stasi läßt schön grüßen. Begründet wird dies ausnahmsweise mal nicht mit der vermeintlich allgegenwärtigen Terrorgefahr, sondern mit dem Kampf gegen Kinderpornographie.

Berühmtheit hat auch die Online-Durchsuchung, besser bekannt unter dem Stichwort „Bundestrojaner", erlangt. Online-Durchsuchung bedeutet der heimliche Zugriff auf Computer aus der Ferne über das Internet. Dafür müssen die Sicherheitsbehörden die Computer hacken, was wiederum voraussetzt, daß diese Sicherheitslücken haben, welche die Behörden dafür ausnutzen können. Wozu das führen kann, hat der WannaCry-Virus gezeigt, der eine Sicherheitslücke im Windows-Betriebssystem ausgenutzt hat, welche die NSA mehrere Jahre für Spionage- und Überwachungszwecke genutzt hatte, anstatt sie Microsoft mitzuteilen, damit die Firma sie schließen kann. Die Schadsoftware befiel über 200.000 Computer weltweit.

Zunächst 2006 mit dem Verfassungsschutzgesetz in Nordrhein-Westfalen eingeführt, erklärte das Bundesverfassungsgericht 2008 die Online-Durchsuchung nur unter sehr engen Voraussetzungen für zulässig und postulierte ein neues, aus dem allgemeinen Persönlichkeitsrecht abgeleitetes Grundrecht auf die Gewährleistung der Vertraulichkeit und Integrität informationstechnischer Systeme. Die entsprechenden Regelungen zur Online-Durchsuchung im Verfassungsschutzgesetz in Nordrhein-Westfalen befand das Gericht für verfassungswidrig. Dennoch fügte der Bundesgesetzgeber eine entsprechende Befugnis Ende 2008 in das BKA-Gesetz ein, ohne die Vorgaben des Bundesverfassungsgerichts zu beachten. Diesmal ließ sich das Gericht bis 2016 Zeit, die Verfassungsverletzung zu beanstanden. Davon unbeeindruckt wurde die Online-Durchsuchung inzwischen in die Strafprozeßordnung und in zahlreiche Landespolizeigesetze übernommen, erneut überwiegend unter Mißachtung der Vorgaben des Bundesverfassungsgerichts. Da die Entwicklung einer für die Online-Durchsuchung geeigneten eigenen Software durch das BKA anscheinend nicht erfolgreich war, hat dieses nun die berüchtigte Pegasus-Software aus Israel für die Online-Durchsuchung gekauft. Damit lassen sich alle Informationen auf elektronischen Geräten abrufen, ohne daß der Nutzer dieser Geräte hiervon etwas mitbekommt.

In einigen Bundesländern setzt die Polizei darüber hinaus inzwischen Software ein, welche Daten aus Polizeidatenbanken mit Informationen aus dem Internet, insbesondere aus sozialen Netzwerken wie Facebook, Instagram oder Twitter, verknüpft, was in der Öffentlichkeit kaum wahrgenommen wird. Auf diese Weise lassen sich detaillierte Persönlichkeitsprofile von einzelnen Personen erstellen. Bisher fehlen jedoch klare gesetzliche Regeln, unter welchen Voraussetzungen die Polizei solche Profile erstellen darf.

2021 hat der Gesetzgeber festgelegt, daß die Steuer-Identifikationsnummer nun als allgemeines Personenkennzeichen eingeführt wird. Das heißt, fast alle bei verschiedenen Behörden über die in Deutschland lebenden Menschen gespeicherten Daten werden mit der Steuer-ID der jeweiligen Person verknüpft. Damit ist es jetzt erheblich leichter, alle über eine Person bei verschiedenen Behörden gespeicherten Daten zu einem umfassenden Persönlichkeitsprofil zusammenzuführen.

Gespeichert werden die vielen Daten deutscher Sicherheitsbehörden übrigens zumindest teilweise auf Servern amerikanischer Konzerne, wo wiederum amerikanische Sicherheitsbehörden auf Basis des Cloud-Acts, einem amerikanischen Gesetz zur Überwachung des Internet, darauf umfassend Zugriff haben. Deutsche und europäische Datenschutzvorschriften laufen hier also völlig ins Leere.

Hier muß allerdings auch der Mehrheit der Bürger unseres Landes mangelndes Problembewußtsein attestiert werden. Die meisten Menschen verstehen heutzutage den Sinn von Datenschutz gar nicht und breiten ihr Leben im Internet detailliert vor der Weltöffentlichkeit aus, solange, bis ihnen jemand die möglichen Konsequenzen dieses Verhaltens aufzeigt. So hat die Zeitschrift c't vor Jahren schon einen befreundeten Journalisten gefragt, ob sie versuchen dürfe zusammenzustellen, was über ihn im offen zugänglichen Teil des Internet zu finden sei. Der Kollege hatte hiergegen zunächst keinerlei Bedenken. Das Ergebnis war ein detailliertes Persönlichkeitsprofil einschließlich seiner fast vollständigen Beziehungsgeschichte mit fast allen bisherigen Partnerinnen, seiner derzeitigen Familienverhältnisse, einiger Jugendsünden, des vollständigen beruflichen Werdegangs ... Konfrontiert mit diesem Ergebnis, änderte der Kollege seine Meinung und verweigerte seine Zustimmung zur Veröffentlichung dieses Persönlichkeitsprofils. Es ist also keineswegs so, daß es den Menschen wirklich völlig egal ist, was andere über sie wissen, wenn sie damit direkt konfrontiert werden. Auch wenn die Regierung derzeit also keinen Massenaufstand gegen den immer weiteren Ausbau des Überwachungsstaats fürchten muß, wäre es ihre Verpflichtung, die Privatsphäre ihrer Bürger besser zu schützen, anstatt sie immer weiter auszuhöhlen.

g) Art. 5 (Meinungs- und Pressefreiheit), Art. 8 (Versammlungsfreiheit)

Direkt und offen hat der Gesetzgeber es bisher noch nicht gewagt, die Meinungs- und Pressefreiheit einzuschränken. Wie aber bereits oben erwähnt, führt die immer weiter um sich greifende staatliche Überwachung zu einer unbewußten oder auch bewußten Veränderung des Verhaltens, so daß diese Grundrechte von vielen zumindest nicht mehr in dem Maße wahrgenommen werden, wie es ohne Überwachung der Fall wäre. Dies gilt vor allem für das Recht auf freie Meinungsäußerung und die Versammlungsfreiheit. So gaben in einer aktuellen Umfrage des IfD Allensbach nur 18% der Befragten an, in Deutschland könne jeder seine Meinung völlig frei äußern.

Seit langem wird gefordert, die rechtliche Stellung von sogenannten Whistleblowern, also von Menschen, die rechtswidriges Verhalten von Unternehmen, aber auch staatlichen Stellen aufdecken, zu verbessern. So hat der EGMR in einer Entscheidung von 2011 entschieden, daß die Aufdeckung von Mißständen von der Meinungsfreiheit gedeckt ist und nicht zu rechtlichen Nachteilen des Whistleblowers führen darf, jedenfalls dann nicht, wenn Versuche, die Mißstände intern abzustellen, erfolglos sind. Statt die Situation für Whistleblower zu verbessern, hat der deutsche Gesetzgeber aber weitgehend unbemerkt zusammen mit der erneuten Einführung der Vorratsdatenspeicherung im Jahr 2015 auch den Straftatbestand der Datenhehlerei (§ 202d des Strafgesetzbuches) eingeführt. Damit droht nun nicht nur den Whistleblowern selbst die Strafverfolgung, sondern auch möglichen Mittelsleuten, derer sie sich bisher bedienen konnten, um ihre Anonymität zu wahren. Im Gegensatz zu Rechtsanwälten und anderen möglichen Mittelsleuten sind Journalisten zwar von diesem Straftatbestand ausdrücklich ausgenommen, aber nur, wenn sie auch wirklich beruflich als Journalisten arbeiten. Die Pressefreiheit wird so zwar nicht direkt beschränkt, die Arbeit gerade von investigativ tätigen Journalisten aber trotzdem deutlich erschwert. Die Motivation von Whistleblowern, Mißstände öffentlich zu machen, wird so nicht gerade gestärkt. Neben Journalisten sind übrigens auch staatliche Bedienstete, die sich Daten zur Strafverfolgung in Steuersachen beschaffen, von der Strafverfolgung ausgenommen. Verbesserung könnte hier aber die Umsetzung der 2019 erlassenen europäischen Whistleblower-Richtlinie bringen.

Neben den klassischen Medien gewinnt die Berichterstattung im Internet durch Menschen, die dies nicht oder nicht ausschließlich beruflich machen, immer mehr an Bedeutung, gerade im Bereich der kritischen Berichterstattung gegenüber staatlichen Stellen. Bisher werden ihnen aber der besondere Schutz der Pressefreiheit, sowie die für „professionelle" Journalisten geltenden zahlreichen rechtlichen Privilegien verweigert. Äußern sie sich dabei „zu" kritisch gegenüber deutschen oder auch ausländischen Stellen und Diensten, bekommen sie auch schonmal Besuch von verschiedenen deutschen Sicherheitsbehörden, was offensichtlich der Einschüchterung dienen soll und damit gegen Art. 5 Abs. 1 Satz 1 GG verstößt. Dabei verstoßen gerade die Aktivitäten ausländischer Dienste gegen eine Vielzahl deutscher Gesetze, von deren Ausmaß die Enthüllungen von Wikileaks und Edward Snowden sowie der anschließende NSA-Untersuchungsausschuß vermutlich nur eine vage Ahnung vermitteln. Warum Menschen, die sich hierzu kritisch äußern, die besondere Aufmerksamkeit deutscher Sicherheitsdienste zuteil wird, sollte dringend kritisch hinterfragt werden. Generell sind den deutschen Sicherheitsbehörden alle Personen und Organisationen, die politische Positionen links von der SPD vertreten, auch 30 Jahre nach Ende des Kalten Krieges noch immer suspekt und können sich der besonderen Aufmerksamkeit der Verfassungsschutzbehörden gewiß sein. Dies zeigen die oben genannten Fälle, in denen politisch links stehenden Lehrern und Lehramtsanwärtern der Zugang zum öffentlichen Dienst – letztlich erfolglos – verweigert werden sollte.

Außer der indirekten Beschränkung der Meinungs- und Pressefreiheit durch die immer weiter um sich greifende Überwachung gibt es auch immer wieder gezielte Maßnahmen gegen die Presse, insbesondere Durchsuchungen von Redaktionen und Privatwohnungen von Journalisten. Ziel ist praktisch immer die Aufdeckung der Quellen für die von den Medien veröffentlichten Informationen. Obwohl das Bundesverfassungsgericht bereits mehrfach festgestellt hat, daß strafrechtliche Ermittlungsmaßnahmen gegen Journalisten, die nur der Aufdeckung der Informanten dienen, mit der in Art. 5 Abs. 1 Satz 2 GG garantierten Pressefreiheit unvereinbar und daher rechtswidrig sind, werden sie dennoch immer wieder durchgeführt, so 2015 gegen zwei Journalisten von netzpolitik.org nach einer Anzeige des damaligen Präsidenten des Bundesamts für Verfassungsschutz Hans-Georg Maaßen. Zwar hatte der Gesetzgeber aufgrund der Rechtsprechung des Bundesverfassungsgerichts schließlich in § 353b Abs. 3a StGB festgelegt, daß Journalisten sich nicht der Beihilfe zum Geheimnisverrat strafbar machen können. In der Folge warfen die Strafverfolgungsbehörden den Journalisten aber nicht mehr Beihilfe, sondern Anstiftung zum Geheimnisverrat vor, um die Durchsuchung von Redaktion und Privaträumen zu begründen. Auch dies stellt einen Verstoß gegen die Pressfreiheit dar, wie das Bundesverfassungsgericht anschließend befand.

Aber auch ohne Durchsuchungen setzen die Strafverfolgungsbehörden Ermittlungsverfahren häufig zur Einschüchterung von Journalisten ein. Daß sie nur diesem Zweck dienen, ist daran erkennbar, daß die jeweiligen Anschuldigungen völlig haltlos sind, denn sie führen praktisch nie zu einer Anklage. Neben der direkten Einschüchterung der betroffenen Journalisten dienen solche Ermittlungsverfahren auch als Signal an potentielle Informanten dieser Journalisten, daß sie sich nicht darauf verlassen können, daß ihre Informationen und ihre Identität vertraulich bleiben.

Gleiches gilt für die Bespitzelung von Journalisten durch die Geheimdienste, die ebenfalls hauptsächlich dazu dient, das Vertrauensverhältnis zwischen Journalisten und ihren Informanten zu unterminieren. Und in diese Bespitzelung sind alle 19 Geheimdienste (Bundesnachrichtendienst, Bundesamt für Verfassungsschutz, Militärischer Abschirmdienst, 16 Landesverfassungsschutzbehörden) in der Bundesrepublik verwickelt. Mehrfach wurde dies bereits publik. Da die Geheimdienste, wie der Name schon sagt, weitgehend im Geheimen arbeiten, dürfte das wahre Ausmaß der Bespitzelung von Journalisten noch weitaus umfangreicher sein als die durch diverse Skandale schon ans Licht gekommenen Fälle.

Berühmt geworden ist auch die Überprüfung eines ZDF-Teams bei einer Demonstration in Sachsen, bei der die Polizei die Journalisten 45 Minuten an ihrer Arbeit hinderte unter dem Vorwand, ihre Personalien zu überprüfen. Gerade bei Demonstrationen werden Journalisten auch immer wieder Opfer von Polizeigewalt, vor allem dann, wenn sie über gewaltsame Auseinandersetzungen zwischen Polizei und Demonstranten berichten wollen. Hier fanden insbesondere die Vorfälle während der Blockupy-Proteste 2012 bis 2015 in Frankfurt und während des G20-Gipfels in Hamburg 2017 eine gewisse Resonanz in den Medien und führten zu Beschwerden von Journalistenverbänden. Neben unmittelbarer Gewalt gegen Journalisten von Seiten der Polizei beschweren sich erstere auch immer wieder darüber, daß die Polizei sie bei Demonstrationen nicht ausreichend vor Gewalt von Seiten der Demonstranten schützt, was insbesondere die Berichterstattung über Versammlungen Rechtsextremer erschwert.

Während des G8-Gipfels in Heiligendamm wurde einigen Journalisten der Zugang zum Gipfel verweigert. Gründe dafür wurden ihnen nicht genannt. In den wenigen Fällen, in denen Journalisten dies von Gerichten überprüfen ließen, stuften diese die Zugangsverweigerung als Verletzung der Pressefreiheit ein und sahen die von den Sicherheitsbehörden vorgelegten Gründe hierfür nicht einmal ansatzweise als stichhaltig an. Dies hielt die Sicherheitsbehörden jedoch nicht davon ab, während des G20-Gipfels in Hamburg erneut 32 Journalisten den Zugang zum Gipfel zu verweigern, wieder ohne daß hierfür nachvollziehbare Gründe genannt wurden. Soweit diese Gründe im Nachhinein bekannt wurden, erwiesen sie sich als ebensowenig stichhaltig, wie schon beim G8-Gipfel, wie der zu Beginn geschilderte Fall eines Pressefotografen beispielhaft zeigt. Daneben wurde vor allem während des G20-Gipfels in Hamburg die Berichterstattung über die Proteste teilweise massiv durch die Polizei behindert, neben physischer Gewalt gegen Journalisten vor allem auch durch die Verweigerung des Zugangs zu Orten des Protests und die Abdrängung von Journalisten von diesen Orten.

Die Geschichte der Versammlungsfreiheit in der Bundesrepublik Deutschland ist eine lange und traurige Geschichte massiver Polizeigewalt gegen friedliche Demonstranten, die seit Gründung der Bundesrepublik bereits drei Tote gefordert hat. Mindestens einer davon, Benno Ohnesorg, wurde von einem Polizisten kaltblütig ermordet, was entscheidend zur Radikalisierung von Teilen der Studentenbewegung Ende der 1960er Jahre beigetragen haben dürfte. Auch die beiden anderen Fälle müssen mindestens als fahrlässige Tötung eingestuft werden. In keinem dieser Fälle wurde jemals ein Polizist für die Tötungen belangt. Vor diesem Hintergrund wirkt es besonders zynisch, daß die Regierung Kohl in den 1980er Jahren das Mitführen von „Schutzwaffen" bei öffentlichen Versammlungen unter Strafe gestellt hat. Schon der Begriff ist völlig irreführend, denn Schutzwaffen im Sinne des Gesetzes sind alle Gegenstände, die dem Schutz einer Person vor Verletzungen dienen. Wer also auf Inlineskates mit Ellbogen- und Knieschonern an einer Versammlung teilnimmt, macht sich strafbar. Selbst das Mitführen von Plastikfolie wurde schon als strafbar eingestuft, da Sie sich damit gegen Pfefferspray und Tränengas, welches von der Polizei gern und reichlich eingesetzt wird, schützen könnten. Bei einem Einsatz gegen eine Demonstration gegen einen Kastor-transport im Wendland leerte die Polizei einige tausend Dosen Pfefferspray, also ungefähr eine ganze Dose pro Demonstrant. Und sich vor derart massivem Vorgehen der Polizei schützen zu wollen, ist in Deutschland strafbar.

Schon den Schöpfern des Grundgesetzes waren öffentliche Versammlungen suspekt, so daß sie in Art. 8 Abs. 2 GG vorsahen, daß Versammlungen unter freiem Himmel beschränkt werden können. Hiervon hat der Gesetzgeber mit dem Versammlungsgesetz umfangreich Gebrauch gemacht, und das Bundesverfassungsgericht mußte diesem Bestreben des Gesetzgebers bereits mehrfach Grenzen setzen, allerdings mit sehr mäßigem Erfolg. So hat das Bundesverfassungsgericht zwar in seinem Volkszählungsurteil festgestellt: „Wer damit rechnet, daß etwa die Teilnahme an einer Versammlung oder einer Bürgerinitiative behördlich registriert wird und daß ihm dadurch Risiken entstehen können, wird möglicherweise auf eine Ausuübung seiner entsprechenden Grundrechte (Art. 8, 9 GG) verzichten." Dennoch hat der Gesetzgeber, bisher vom Bundesverfassungsgericht unbeanstandet, in den 1980er Jahren das Vermummungsverbot ins Versammlungsgesetz aufgenommen, um zu verhindern, daß Versammlungsteilnehmer sich einer Identitätsfeststellung entziehen, was im direkten Widerspruch zu den oben zitierten völlig zutreffenden Ausführungen des Bundesverfassungsgerichts steht. Da die Vermummung einen Straftatbestand erfüllt, wird sie gern von der Polizei als Grund für die Auflösung von Demonstrationen vorgeschoben, so zum Beispiel bei der „Welcome to Hell"-Demonstration gegen den G20-Gipfel 2017 in Hamburg, bei der sich unter ca. 10.000 Demonstranten eine mittlere zweistellige Zahl Vermummter befand, was der Polizei als Vorwand genügte, um die Demonstration mit brutaler Gewalt aufzulösen. Dieses Vorgehen steht im direkten Widerspruch zum Brokdorf-Urteil des Bundesverfassungsgerichts von 1985, in dem dieses entschieden hat, daß die Polizei das Versammlungsrecht der Bürger zu schützen hat und ein geringer Anteil sich rechtswidrig verhaltender Demonstranten weder das Verbot noch die Auflösung einer Demonstration rechtfertigen kann.

Das Brokdorf-Urteil scheint aber eher ein Betriebsunfall des Bundesverfassungsgerichts gewesen zu sein, da es im Anschluß zahlreiche Verstöße der Staatsgewalt dagegen in Verbindung mit öffentlichen Versammlungen gebilligt hat. Regelmäßig werden Versammlungen mit dem Hinweis auf rein fiktive Gefahren verboten. Insbesondere linke Gegendemonstrationen gegen rechtsextremistische Aufmärsche werden fast immer untersagt wegen der in diesen Fällen allerdings realen Gefahr der physischen Auseinandersetzungen zwischen den jeweiligen Versammlungsteilnehmern. Warum allerdings fast immer die linksorientierten Versammlungen verboten, die rechtsextremistischen Aufmärsche aber erlaubt werden, immer wieder auch mit Hilfe des Bundesverfassungsgerichts, ist nicht ersichtlich. Auch das in den meisten Versammlungsgesetzen normierte Uniformverbot wird von der Polizei bei linksgerichteten Versammlungen immer als Argument zu hartem Vorgehen gegen den sogenannten schwarzen Block, eine Gruppe ganz in Schwarz gekleideter, häufig zusätzlich vermummter Versammlungsteilnehmer, genutzt. Es ist kein einziger Fall bekannt, in dem die Polizei mit dem gleichen Argument gegen einen rechtsextremistischen Aufmarsch vorgegangen ist, obwohl deren Teilnehmer sich häufig zumindest sehr ähnlich kleiden und so an die Naziaufmärsche der SA während der NS-Zeit erinnern.

Auch wird die Genehmigung von Versammlungen regelmäßig mit kleinlichen Auflagen versehen, angefangen von der Änderung des Laufwegs einer Demonstration über Vorgaben zur maximalen Lautstärke, zur Größe und Anzahl von Transparenten und Plakaten bis hin zu der Art, wie diese getragen werden dürfen und wie nicht oder auch das Verbot bestimmter Farben für die Kleidung der Teilnehmer.

Bei Großveranstaltungen tritt die Staatgewalts mit Panzerwagen, Wasserwerfern und Tausenden von Polizisten in Kampfmontur besonders martialisch auf. Dazu werden weiträumige Bannmeilen um die eigentliche Veranstaltung errichtet, innerhalb derer unmittelbar vor und während der Veranstaltung faktisch sämtliche Grundrechte aufgehoben oder massiv eingeschränkt sind. Beim G8-Gipfel in Heiligendamm wurden zusätzlich Spähpanzer der Bundeswehr und Aufklärungstornados eingesetzt, die im Tiefflug in nur knapp über 100 Meter Höhe mehrfach über die Protest-Camps donnerten, um möglichst detaillierte Aufnahmen aus der Luft von den Gipfelgegnern zu machen, als ob die Gipfelgegner eine feindliche militärische Macht darstellten. Zum G8-Gipfel in Heiligendamm, dem G7-Gipfel auf Schloß Elmau und dem G20-Gipfel in Hamburg wurden darüber hinaus provisorische Gefangenenlager errichtet, in denen zumindest in Heiligendamm und Hamburg jeweils mehrere hundert Gipfelgegner teils mehrere Stunden, teils mehrere Tage gefangen gehalten wurden, ganz überwiegend völlig willkürlich. Solche Maßnahmen werden sonst nur von Diktatoren angewandt. In Hamburg wurde zum Beispiel eine ganze Busladung Schüler der Gewerkschaftsjugend für mehrere Stunden ohne jeden ersichtlichen Grund in dem dortigen Lager festgehalten. Nur in sehr wenigen Fällen wurde im Anschluß an die Inhaftierung Anklage erhoben. Dafür wurde der Zugang der Inhaftierten zu einem Rechtsbeistand erheblich erschwert. Insbesondere die Zustände in dem für den G20-Gipfel in Hamburg errichteten provisorischen Gefängnis wurden von Anwälten und Inhaftierten als in vielen Punkten rechtswidrig beschrieben, einschließlich physischer Übergriffe und Schikanen gegenüber Gefangenen und Rechtsanwälten durch die Polizeibeamten. Bezüglich zweier Inhaftierter, die während des G8-Gipfels in Heiligendamm für mehrere Tage gefangen gehalten wurden, entschied der EGMR 2011, daß deren Inhaftierung rechtswidrig war. Das heißt nicht, daß die Inhaftierung der anderer Demonstranten bei diesen Großveranstaltungen rechtmäßig war. Nur sehr wenige haben sich die Mühe gemacht, den Rechtsweg diesbezüglich bis zum Ende zu beschreiten. Beim G7-Gipfel auf Schloß Elmau wurde von der Stadt Garmisch-Partenkirchen ein beantragtes Protest-Camp verboten. Nachdem ein Gericht dieses Verbot schließlich aufhob, wurde auf die Landwirte der Gegend von Behörden und CSU-Politikern teils massiv Druck ausgeübt, den Gipfelgegnern keine Fläche für das Camp zur Verfügung zu stellen. Darüber hinaus gibt es im Vorfeld solcher Großveranstaltung regelmäßig mit vagen und damit letztlich rechtswidrigen Begründungen Durchsuchungen in den Büros von verschiedenen, ausschließlich politisch links orientierten Organisationen, die tatsächlich oder vermeintlich an der Organisation von Protesten gegen die Veranstaltungen beteiligt sind. Auch umfassende Personenkontrollen durch die Polizei auf den Anreisewegen zu Großveranstaltungen finden entgegen der oben zitierten Rechtsprechung des Bundesverfassungsgerichts regelmäßig statt. Einzelne Protestveranstaltungen und Demonstrationen werden inzwischen von der Polizei fast vollständig gefilmt und das Filmmaterial anschließend mit Gesichtserkennungssystemen ausgewertet.

Relativ neu ist, daß auch friedliche Demonstranten strafrechtlich verfolgt werden, weil sie angeblich die Gewalt anderer Demonstranten gebilligt hätten und deshalb mit diesen eine kriminelle Vereinigung im Sinne des § 129 StGB oder gar eine terroristische Vereinigung im Sinne des § 129a StGB bildeten. In Hamburg befand sich ein junger Italiener nach dem G20-Gipfel fünf Monate in Untersuchungshaft. Er war im Rahmen der gewaltsamen Auflösung der „Welcome to Hell"-Demonstration festgenommen worden. Auf die Haftbeschwerde seines Anwalts hielt das Oberlandesgericht den Haftbefehl mit der Begründung aufrecht, man könne ihm zwar derzeit keine konkrete Tat nachweisen, aber die Ermittlungen liefen noch, und man werde mit Sicherheit noch etwas finden, was man ihm zur Last legen könne.

All dies erweckt den Eindruck eines paranoiden Staates, der in jedem politisch links orientierten Protest eine existentielle Bedrohung sieht, und wirkt auf den normalen Bürger extrem abschreckend und einschüchternd. So kann sich nach einer Umfrage des Statistischen Bundesamtes mehr als die Hälfte der Bevölkerung nicht vorstellen, an einer Demonstration teilzunehmen, für einen demokratischen Rechtstaat ein erschreckender Wert. Daß die immer weiter umgreifende Überwachung, in diesem Fall vor allem des öffentlichen Raums durch Videokameras, sich ebenfalls negativ auf die Neigung der Bürger auswirkt, ihr Grundrecht auch tatsächlich in Anspruch zu nehmen, ist da leider nur noch eine Randnotiz.

h) Die ständige Gefahr

Begründet wird die Beschränkung der Grundrechte stets mit tatsächlichen oder vermeintlichen Gefahren für die öffentliche Sicherheit und Ordnung. Vor allem die seit den Anschlägen vom 11. September 2001 vermeintlich allgegenwärtige Terrorgefahr muß immer wieder als Begründung für immer mehr gesetzliche Einschränkungen der Grundrechte und massive Eingriffe in dieselben herhalten. Dies ist besonders zynisch, denn tatsächlich ist dies nur ein Scheinargument, das nur zur immer weitergehenden Aushöhlung der Grundrechte vorgeschoben wird. Die immer weiter um sich greifende Überwachung führt in Wirklichkeit nicht zu mehr, sondern zu weniger Sicherheit für die Bürger, wie später noch näher aufgezeigt wird.

Vor allem die Unionsparteien und hier insbesondere deren bayerischer Ableger scheinen sich auf einem Amoklauf gegen die Grundrechte zu befinden, wie sich an immer neuen Vorschlägen für noch mehr Überwachungsinstrumente und –befugnisse zeigt. So gab es bisher drei Anläufe, den Behörden Zugriff auf Alexa und ähnliche Einrichtungen zu verschaffen. Auch ein heimliches Betreten von Wohnräumen steht weit oben auf der Wunschliste der Sicherheitsbehörden, ebenso wie die massive Ausweitung der sogenannten Online-Durchsuchung, also des Hackens privater Computer, Tablets und Handys durch die Sicherheitsbehörden. Die Union will generell eine Klarnamenpflicht für alle Internetdienste einführen, also die Pflicht, sich mit seinem richtigen Namen auf Facebook oder bei e-mail-Diensten oder anderen Internetdiensten anmelden zu müssen. Ein größeres Geschenk könnte die Politik Facebook, Google und anderen Internetriesen, die ja von der Qualität der von ihnen erfaßten persönlichen Daten leben, gar nicht machen, ganz abgesehen von den massiven Grundrechtseingriffen, die für die Kontrolle einer solchen Pflicht erforderlich wären. Auf EU-Ebene gibt es Bestrebungen, neben der bereits weitreichenden Erfassung aller Fluggastdaten auch Passagierdaten für Reisen mit Zug, Bus und Schiff systematisch zu erfassen. Und natürlich versuchten die Unionsparteien auf EU-Ebene das Verbot des Einsatzes von Künstlicher Intelligenz (KI) zur Echtzeitüberwachung zu verhindern, bisher zum Glück erfolglos.

Vom Fundament unserer Rechtsordnung sind also allenfalls noch Trümmerteile übrig, und vor allem die Unionsparteien bemühen sich intensiv und hartnäckig, auch diese noch wegzuräumen. Von Seiten der CSU ist das insofern konsequent, als sie schon 1949 im parlamentarischen Rat gegen das Grundgesetz gestimmt hat.

2. Grundsätze

Wie muß eine Rechtsordnung beschaffen sein? Wofür ist sie überhaupt da?

Ganz allgemein muß die Rechtsordnung das Verhältnis von Bürger und Staat und die Verhältnisse der Bürger untereinander regeln. Diese Regeln sollten zwei Grundsätzen entsprechen:

a) Rechtsklarheit

Rechtsklarheit heißt, daß die Rechtsordnung klar und verständlich sein muß, was auch bedeutet, daß sie so übersichtlich ist, daß jedem die Kenntnis und das Verständnis der wichtigsten Regeln ohne weiteres möglich ist.

In ständiger Rechtsprechung führt das Bundesverfassungsgericht aus, *„daß der Betroffene die Rechtslage anhand der gesetzlichen Regelung so erkennen können muß, dass er sein Verhalten danach auszurichten vermag. Die Anforderungen an die Bestimmtheit und Klarheit der Norm erhöhen sich, wenn die Unsicherheit bei der Beurteilung der Gesetzeslage die Betätigung von Grundrechten erschwert. Soweit die praktische Bedeutung einer Regelung vom Zusammenspiel der Normen unterschiedlicher Regelungsbereiche abhängt, müssen die Klarheit des Normeninhalts und die Voraussehbarkeit der Ergebnisse der Normanwendung gerade auch im Hinblick auf dieses Zusammenwirken gesichert sein."* (BVerGE 110, Seite 33 ff.)

Würde das Bundesverfassungsgericht dies tatsächlich ernst nehmen, müßte es einen erheblichen Teil des deutschen Rechts für verfassungswidrig erklären.

Schon durch die schiere Flut der in Deutschland geltenden Gesetze und anderen Rechtsvorschriften werden diese Anforderungen an die Rechtsordnung in Frage gestellt. Es gibt in Deutschland über 1.700 Bundesgesetze und über 2.700 Rechtsverordnungen auf Bundesebene mit insgesamt fast 90.000 Einzelnormen, internationale Verträge nicht mitgerechnet. Das Bundesgesetzblatt, Teil I, in dem alle neuen Gesetze und Gesetzänderungen veröffentlicht werden, hat in der Zeit von 1990 bis 2022 einen Umfang von über 100.000 Seiten. Dazu kommen Landesgesetze und –verordnungen, in Rheinland-Pfalz zum Beispiel über 1000, in Nordrhein-Westfalen über 1500. Außerdem gibt es noch europäisches Recht, welches teilweise unmittelbar in Deutschland gilt, und kommunales Recht, welches nur im Bereich der jeweiligen Kommune gilt. Manche Gesetze oder Verordnungen haben nur drei oder vier Paragraphen, das Bürgerliche Gesetzbuch ca. 2400. Selbst Juristen haben nicht mal ansatzweise einen Überblick über das gesamte in Deutschland geltende Recht. Daß das Auffinden von Gesetzen heute durch das Internet erheblich erleichtert wird, verbessert die Situation nicht wirklich, denn wenn schon die Kenntnis von der Existenz eines Gesetzes fehlt, wird auch niemand danach suchen.

Fast niemand bestreitet, daß Deutschland völlig überreguliert ist. Geht es aber um die Abschaffung einer konkreten Norm, formiert sich meist sehr schnell starker Widerstand dagegen, da jede noch so irrationale Norm irgendeiner Gruppe nützt. Für beinahe jede Kleinigkeit gibt es in Deutschland Regeln. So gibt es ein Gesetz über die religiöse Erziehung der Kinder. In jeder Stadt gibt es eine Spielplatzsatzung, die jeweils im Detail regelt, wer was wann auf den Spielplätzen der Stadt machen darf. Und natürlich sind Verstöße gegen diese Regeln als Ordnungswidrigkeit eingestuft und mit Bußgeld bedroht. Es gibt ein Bundeskleingartengesetz und in jeder Stadt, in der es Kleingartenanlagen gibt, eine Satzung dafür mit weiteren Regeln. Und jede Kleingartenanlage hat noch eine eigene Satzung mit noch mehr Regeln. Es gibt ein Bundeswaldgesetz und in jedem Bundesland ein Landeswaldgesetz. Sowohl das Bundes- als auch die Landeswaldgesetze regeln die Nutzung der Wälder für Freizeit- und Erholungszwecke. Auch das Bundesnaturschutzgesetz enthält eine Regelung für den Zugang zum Wald. Darüberhinaus gibt es noch zahlreiche kommunale Satzungen, welche die erlaubten und verbotenen Nutzungen des Waldes noch weiter präzisieren. Nun ist diese Art der Überregulierung je nach persönlichem Standpunkt ärgerlich oder absurd oder nur eine Randnotiz, für die Gesellschaft als Ganzes aber weitgehend belanglos. In anderen Bereichen dagegen hat die Überregulierung gravierendere Auswirkungen.

Neben der schieren Masse der Normen erschwert die völlige Zersplitterung des deutschen Rechts die Übersicht zusätzlich. Fast jedes Rechtsgebiet ist hiervon betroffen. Das Umweltrecht schießt in dieser Hinsicht den Vogel ab. Allein zum Bundesimmissionsschutzgesetz gibt es fast 40 Durchführungsverordnungen. Über 100 weitere Gesetze und Verordnungen regeln fast jedes umweltrelevante Detail. Allein zehn verschiedene Gesetze und Verordnungen befassen sich mit Wasser. Auch sonst gibt es für fast jede Substanz ein Gesetz oder eine Verordnung für den Umgang damit, angefangen bei Altholz, Altöl, Batterien ... Dazu gibt es unzählige Verfahrens- und Kostenvorschriften, ein Umwelthaftungs- und ein Umweltschadensgesetz. Zu den Bundes- und Landesvorschriften kommen noch zahllose EU-Verordnungen und internationale Verträge hinzu, außerdem kommunale Satzungen. Selbst Spezialisten für Umweltrecht können nicht einmal ansatzweise einen Überblick über sämtliche Vorschriften auf diesem Gebiet haben. Normale Menschen sind häufig schon von den Vorschriften über die Mülltrennung überfordert, wie ein Blick auf den Inhalt der verschiedenen Tonnen für die Wert- und Reststoffe zeigt.

Auch das Berufsrecht ist völlig zersplittert. Es gibt in Deutschland über 300 verschiedene staatlich anerkannte Ausbildungsberufe. Für jeden einzelnen dieser Berufe gibt es eine eigene Verordnung, die das Berufsbild und die Ausbildungsinhalte regelt. Manche dieser Verordnungen sind über 30 Jahre alt. Es ist schwer vorstellbar, daß es Berufe gibt, in denen sich in den letzten 30 Jahren trotz Verbreitung von Computern, Internet und Smartphones so rein gar nichts geändert haben soll. Für Verwaltungsfachangestellte gibt es neben einer entsprechenden Verordnung des Bundes noch Verordnungen der Länder. Diese Bundesverordnung und diejenige für Nordrhein-Westfalen zum Beispiel sind aus dem Jahr 1999, noch bevor Google allgemein bekannt und das iPhone erfunden wurde. Kein Wunder, daß die Digitalisierung in der öffentlichen Verwaltung in Deutschland nicht vorankommt. Neben der jeweiligen allgemeinen Verordnung für das Berufsbild gibt es für jeden Handwerksberuf noch eine zusätzliche Verordnung für die Ausbildung der Meister im jeweiligen Handwerk. Für fast jeden freien Beruf gibt es mehrere Gesetze und Verordnungen, welche zahlreiche Aspekte des jeweiligen Berufs teilweise sehr detailliert regeln. So gibt es für Rechtsanwälte die Bundesrechtsanwaltsordnung, die regelt, was

Rechtsanwälte dürfen und was nicht, daneben eine Berufsordnung, die von der Bundesrechtsanwaltskammer erlassen wird und die Ge- und Verbote weiter präzisiert, eine Fachanwaltsordnung, die regelt, auf welchen Rechtsgebieten es Fachanwälte geben darf und was die Kollegen machen müssen, um sich so nennen zu dürfen, das Rechtsanwaltsvergütungsgesetz, das detailliert regelt, wieviel Honorar ein Anwalt für welche Tätigkeit bekommt und was er außer dem reinen Honorar sonst noch abrechnen darf, Landesgesetze über die Altersversorgung der Rechtsanwälte ... Ähnliche Gesetze gibt es für Steuerberater, Wirtschaftsprüfer, Ärzte, Apotheker ... Dazu kommen mehrere Dutzend Gesetze und Verordnungen, die das Arbeitsrecht regeln, davon allein sechs, welche sich mit Kündigungsschutz allgemein oder für bestimmte Personen befassen, fünf verschiedene Gesetze, die sich mit der betrieblichen Mitbestimmung durch die Arbeitnehmer befassen.

Das Sozialrecht betrifft praktisch jeden, der in Deutschland lebt, teilweise auch Menschen die nicht (mehr) hier leben, wie breite Teile der Bevölkerung durch „Florida-Rolf" gelernt haben, einem Deutschen, der in Florida lebte und deutsche Sozialhilfe erhielt. Und wie könnte es anders sein, ist auch das Sozialrecht völlig zersplittert. Es gibt allein 13 Teile des Sozialgesetzbuchs (SGB), wobei es aus Rücksicht auf Abergläubige keinen Teil 13 gibt, dafür aber einen Teil 14. Jeder einzelne dieser Teile hat allein ungefähr den gleichen Textumfang wie das Bürgerliche Gesetzbuch, welches den größten Teil des Zivilrechts regelt. Daneben sind in § 68 des ersten Teils des SGB weitere 13 Gesetze aufgezählt, die als besonderer Teil des SGB gelten, darunter zum Beispiel das BaföG, das Wohngeldgesetz, Gesetze für die Kranken- und Rentenversicherung der Landwirte (die zum Sozialrecht und nicht zum Agrarrecht zählen), das Gesetz, welches das Kindergeld regelt ... Aber auch diese Aufzählung ist noch lange nicht abschließend, da es darüber hinaus noch zahlreiche weitere Bundes- und Landesgesetze und -verordnungen gibt, die ebenfalls zum Sozialrecht zu zählen sind, darunter zum

Beispiel sämtlich Sozialvorschriften für Beamte, das Gesetz über die Künstlersozialkasse, die Gesetze über die Altersversorgung vieler Freiberufler, wie Rechtsanwälte, Ärzte, Steuerberater ... Selbst für den durchschnittlichen Juristen ist es nicht einfach zu ermitteln, welche Sozialleistungen ihm wann unter welchen Voraussetzungen zustehen. Auf das Sozialrecht spezialisierte Kollegen mögen da etwas im Vorteil sein. Teil II des SGB regelt das Arbeitslosengeld II / Hartz IV, Teil XII die Sozialhilfe. Die Leistungen sind praktisch die gleichen, ebenso die Voraussetzungen, aber für die Bewilligung sind unterschiedliche Behörden zuständig, für den Rechtschutz unterschiedliche Gerichte. Wer Minijober (korrekte Bezeichnung: geringfügig Beschäftigte) beschäftig, zahlt auf das Gehalt Sozialabgaben in Höhe von 31,40% des Gehalts an die Knappschaft, eine gesetzliche Krankenversicherung. Neben den pauschalen Abgaben an die Kranken- und Rentenversicherung, sowie einer geringen Pauschalsteuer sind darin Umlagen für Aufwendungen bei Krankheit (1,10%) und bei Mutterschaft (0,24%), sowie eine Insolvenzumlage (0,06%) enthalten. Die beiden erstgenannten Umlagen sind in einem eigenen Gesetz, dem Aufwendungsausgleichsgesetz (AAG) geregelt. Alle drei Umlagen werden sehr regelmäßig, fast jährlich, geändert.

Auch das Strafrecht gehört zu den sehr stark zersplitterten Rechtsgebieten. Neben dem Strafgesetzbuch (StGB) gibt es zahlreiche Vorschriften des sogenannten Nebenstrafrechts. Am bekanntesten dürfte das Betäubungsmittelgesetz (BtMG) sein, das Straftaten in Bezug auf Drogen aller Art enthält. Vom Bundesjustizministerium gibt es eine 143 Seiten umfassende Broschüre, welche die Vorschriften des Nebenstrafrechts enthalten soll. Sie erhebt den Anspruch auf Vollständigkeit und beginnt mit Vorschriften des Völkerstrafgesetzbuchs (welches entgegen des Namens ein deutsche Gesetz ist), der Sicherstellungsgesetze (davon gibt es mehr als ein halbes Dutzend), dem Rechts des geistigen Eigentums (Patent-, Marken-, Urheberrecht), des Umweltrechts (Abfallrecht, Naturschutz ...), des Steuerrechts, Ausländerrechts,

Wirtschaftsrechts (hier eine Vielzahl von Gesetzen), Verkehrsrechts, Sozialrechts (hier enthält allein fast jeder einzelne Teil des SGB eigene Strafvorschriften) ... Insgesamt listet die Broschüre über 350 verschiedene Gesetze und Verordnungen mit Straf- und Bußgeldvorschriften auf, internationale Verträge und Abkommen noch nicht mitgerechnet. Dieser Wirrwarr an Strafvorschriften erzeugt den Eindruck, es sei praktisch alles verboten, was für eine – vermeintlich – freie Gesellschaft fatal ist.

Erstaunlicherweise ist das Steuerrecht im Vergleich dazu nicht ganz so stark zersplittert. Es gibt aber immer noch über 20 verschiedene Steuergesetze allein auf Bundesebene, noch mehr verschiedene Steuern, da manche Gesetze mehrere Steuerarten regeln. So regeln vier verschiedene Steuergesetze fünf verschiedene Steuern für verschiedene alkoholische Getränke. Hinzu kommen noch ergänzende Landes- und Kommunalvorschriften.

Dafür ist das Recht der Wirtschaftsförderung so zersplittert wie kaum ein anderes Rechtsgebiet. Es gibt Wirtschaftsförderprogramme auf EU-, Bundes- und Landesebene für alle nur denkbaren Wirtschaftszweige. Insgesamt gibt es auf allen Ebenen zusammen mehrere hundert verschiedene Förderprogramme. Unzählige Beratungsfirmen verdienen ihr Geld ausschließlich damit, andere Firmen darüber zu beraten, wieviel Geld sie aus welchem Förderprogramm unter welchen Voraussetzungen erhalten können. Eine mittlere zweistellige Zahl verschiedener Förderprogramme auf allen genannten Ebenen sollen kleine und mittelständische Unternehmen auf verschiedenste Art und Weise fördern. Auch für die Landwirtschaft gibt es eine ähnliche Zahl verschiedener Förderprogramme.

Diese Rechtszersplitterung ist so offensichtlich absurd, daß es erstaunlich ist, daß es praktisch keine Diskussion darüber in Politik und Gesellschaft gibt.

Neben der schieren Flut an Gesetzen und der Zersplitterung des Rechts ist auch die Formulierung vieler Gesetze nicht gerade förderlich für die Verständlichkeit des Rechts. Allein die Beispiele hierfür würden mehrere Bücher füllen, so daß hier nur zwei repräsentative Beispiele genannt werden sollen. Den Anfang macht das Zivilrecht, in dem der Gesetzgeber seit geraumer Zeit versucht, die moderne Welt rechtlich besser zu erfassen, mit eher mäßigem Erfolg, wie § 675f BGB (Bürgerliches Gesetzbuch) zeigt: Der Paragraph soll den bargeldlosen Zahlungsverkehr von Banken aber auch Diensten wie PayPal oder Apple Pay in all seinen Ausprägungen regeln. Er wurde erst 2017 ins BGB eingefügt und umfaßt 270 Wörter. Wer sich durch den Normtext quälen will, findet diesen im Anhang. Es ist nicht bekannt geworden, daß es außer in Bezug auf die Wertstellung von Zahlungen oder die für die Zahlungsvorgänge erhobenen Entgelte in der Vergangenheit zu nennenswerten Problemen im Zahlungsverkehr kam, die zwingend eine gesetzliche Regelung erfordert hätten. Noch weniger ist zu erwarten, daß der oben zitierte Paragraph irgendein relevantes praktisches Problem in der Zukunft lösen wird, denn weder die Entgelte noch die Wertstellung der Zahlungen werden darin geregelt.

Besonders dramatisch ist die Situation aber im Sozialrecht, in dem es von schwer oder gar nicht verständlichen Normtexten nur so wimmelt:

Exemplarisch soll hier § 76g SGB VI erwähnt werden. Auch dessen Wortlaut ist im Anhang zu finden. In dem Paragraphen aus dem 6. Teil des SGB geht es um die Grundrente, die darin als Wortbestandteil immerhin 13-mal vorkommt. Geregelt wird die Höhe der Grundrente, also eigentlich die Höhe des Zuschlags zur normalen Rente, der gewährt wird, wenn jemand mindestens 33 Jahren lang in die Rentenversicherung einbezahlt hat. Entgegen dessen, was das Wort „Grundrente" suggeriert, handelt es sich dabei aber nicht um eine fixe Mindestrente, sondern um eine variablen Zuschlag zur ansonsten zu zahlenden Rente, dessen Berechnung so komplex zu sein scheint, daß die Deutsche Rentenversicherung lange Zeit auf ihrer Internetseite angab, keine konkreten Angaben darüber machen zu können, wie hoch der individuelle Zuschlag zur Rente in Euro und Cent denn ausfallen würde. Der Paragraph hat fast 300 Wörter und erstreckt sich bei der hier gewählten Schriftgröße über mehr als eine Seite. Es gibt im Sozialrecht noch zahlreiche deutlich längere Paragraphen, zum Beispiel § 18b BaföG, der über 700 Wörter umfaßt und über mehr als zwei Seiten hier gehen würde, oder § 16i SGB II, der über 900 Wörter umfaßt.

Was die Verständlichkeit des Rechts zusätzlich erschwert, sind Verweisungen, also Bezugnahmen in einem Paragraphen auf andere, aber auch innerhalb eines Paragraphen. So enthält der oben genannte § 76g SGB VI Verweisungen auf vier andere Paragraphen sowie innerhalb des Paragraphen zwei Verweisungen auf andere Absätze. Unter Jurastudenten berüchtigt sind die Verweisungen bezüglich der Rechte eines Käufers auf Gewährleistung für die Kaufsache, wenn diese mangelhaft ist. Geregelt ist das grundsätzlich in § 437 BGB, der wie folgt lautet:

„§ 437 Rechte des Käufers bei Mängeln

Ist die Sache mangelhaft, kann der Käufer, wenn die Voraussetzungen der folgenden Vorschriften vorliegen und soweit nicht ein anderes bestimmt ist,

1. nach § 439 Nacherfüllung verlangen,

2. nach den §§ 440, 323 und 326 Abs. 5 von dem Vertrag zurücktreten oder nach § 441 den Kaufpreis mindern und

3. nach den §§ 440, 280, 281, 283 und 311a Schadensersatz oder nach § 284 Ersatz vergeblicher Aufwendungen verlangen."

Dem juristischen Laien sagt der Paragraph rein gar nichts, da er nur aus Verweisungen besteht. Besonders Verweisungsketten, wie in Nr. 2 und 3 des Paragraphen erschweren die Verständlichkeit, da die oder der Rechtsuchende mühsam zusammensuchen muß, welche Rechte ihr oder ihm zustehen. Auch bezüglich der Verweisungen gilt, daß das Sozialrecht hier besonders negativ auffällt. Beispielhaft seien hier die Regelungen zum Arbeitslosengeld in den §§ 136 ff. SGB III genannt. So verweist

§ 137 Abs. 1 SGB III auf die Anwartschaftszeit, sagt aber nicht, wo diese geregelt ist. Wer sucht, findet die Regelungen zur Anwartschaftszeit in § 142 SGB III, der aber wiederum auf drei andere Paragraphen verweist, unter anderem auf § 143 SGB III, der unter anderem den Begriff „Übergangsgeld" enthält, aber verschweigt, wo das geregelt ist. Hierfür muß der neunte Teil des SGB zur Rate gezogen werden, der in den §§ 64 bis 74 das Übergangsgeld regelt, hierfür aber wiederum auf zahlreiche Verweisungen in fast alle Teile des SGB zurückgreift, die dann wiederum weitere Verweisungen enthalten ... Diese machen das Recht nicht nur unübersichtlich, sondern können auch zu erheblichen Rechtsunsicherheiten führen, wenn eine Rechtsnorm geändert oder aufgehoben wird. Werden dabei nicht alle Verweisungen auf diese Norm entsprechend angepaßt, können diese ins Leere gehen oder gar zu einem Widerspruch zwischen verweisender Norm und der geänderten Norm, auf die noch immer verwiesen wird, führen.

Schließlich erschweren auch im Gesetz geregelte Ausnahmen von allgemeinen gesetzlichen Regeln das Rechtsverständnis. Es ist leicht nachzuvollziehen, daß es hin und wieder sinnvoll ist, von der ein oder anderen gesetzlichen Norm eine Ausnahme zu regeln. So sieht § 107 BGB vor, daß Minderjährige zum Abschluß eines Vertrags der Zustimmung ihres oder ihrer Erziehungsberechtigten bedürfen. Die Norm selbst macht davon aber bereits eine Ausnahme: Die Zustimmung ist nicht erforderlich, wenn der Vertrag für den Minderjährigen ausschließlich rechtlich vorteilhaft ist, was zum Beispiel bei Schenkungen fast immer der Fall ist. Außerdem ist als weitere Ausnahme in § 110 BGB geregelt, daß die Zustimmung auch dann entbehrlich ist, wenn der Minderjährige einen Vertrag mit seinem eigenen Geld, also zum Beispiel seinem Taschengeld oder Geldgeschenken schließt, wobei allerdings umstritten ist, wann das der Fall ist. Spart der Minderjährige über längere Zeit, um einen größeren Betrag auf einmal ausgeben zu können, nehmen die Gerichte meist an, daß dann doch eine Zustimmung der Erziehungsberechtigten erforderlich ist. Weniger sinnvoll erscheinen allerdings Rückausnahmen, also Ausnahmen von der Ausnahme, die dann wieder zur Anwendung der ursprünglichen Norm führen. Entsprechend noch weniger sinnvoll sind Rück-Rückausnahmen, also Ausnahmen von der Ausnahme der Ausnahme. So gibt es im Kaufrecht eine Kaskade von Ausnahmen, die für fast jeden irgendwann einmal relevant ist, nämlich die Frage, wann ich etwas, das ich gekauft habe, bezahlen muß, obwohl ich es nicht bekommen habe:

- Nach § 433 Abs. 2 BGB muß der Käufer an den Verkäufer den vereinbarten Kaufpreis zahlen.

- Nach §§ 362 Abs. 1, 275 Abs. 1 bis 3 BGB muß der Verkäufer den Kaufpreis aber dann nicht bezahlen, wenn er die Ware nicht erhält, weil es dem Verkäufer unmöglich oder nur mit unzumutbarem Aufwand möglich ist, sie dem Käufer zu übergeben.

- Als Rückausnahme hiervon regelt § 447 Abs. 1 BGB aber, daß der Käufer auch dann zahlen muß, wenn der Verkäufer die Ware an den Käufer versendet, und sie auf dem Transport verloren geht oder zerstört wird.

- Als Rück-Rückausnahme hiervon legt § 475 Abs. 2 BGB fest, daß der Käufer dann den Kaufpreis doch nicht zahlen muß, wenn er Verbraucher im Sinne von § 13 BGB ist, der Verkäufer Unternehmer im Sinne von § 14 BGB ist, der Verkäufer den Transport in Auftrag gegeben hat oder zumindest den Transportunternehmer ausgewählt hat, und die gekaufte Sache dann auf dem Transport verloren geht oder zerstört wird.

In praktisch allen Rechtsgebieten gibt es solche Ausnahmen-Kaskaden auch bis hin zu Rück-Rück-Rück-Rückausnahmen.

Wie oben ausgeführt, erfordert der Grundsatz der Normenklarheit nach ständiger Rechtsprechung des Bundesverfassungsgerichts, daß Gesetze so klar formuliert sein müssen, *„daß der*

Betroffene die Rechtslage anhand der gesetzlichen Regelung so erkennen können muß, daß er sein Verhalten danach auszurichten vermag." Im Hinblick auf die vorstehenden Ausführungen nimmt das offensichtlich weder der Gesetzgeber noch das Gericht selbst ernst, da es sonst den ganz überwiegenden Teil des deutschen Rechts wegen Unverständlichkeit und Unübersichtlichkeit als verfassungswidrig einstufen müßte.

b) Rechtswahrheit

Das Recht muß aber auch so gemeint sein, wie der juristisch nicht vorgebildete Leser es versteht. Die Rechtssprache darf keine Geheimsprache sein, deren Bedeutung den Bürgern verschlossen bleibt. Damit darf das Gesetz erst recht Begriffe nicht im Widerspruch zu ihrer Bedeutung im allgemeinen Sprachgebrauch benutzen.

Das bekannteste und kontroverseste Beispiel für die Verletzung dieses Grundsatzes ist § 240 StGB, der den Straftatbestand der Nötigung regelt. Dort heißt es in Absatz 1: *„Wer einen Menschen rechtswidrig mit Gewalt oder durch Drohung mit einem empfindlichen Übel zu einer Handlung, Duldung oder Unterlassung nötigt, wird mit Freiheitsstrafe bis zu drei Jahren oder mit Geldstrafe bestraft."* Schon früh in der Geschichte der Bundesrepublik kamen Menschen auf die Idee, sich als Ausdruck ihres Protests auf Straßen und Schienen zu setzen, so auch 1966 in Köln als Protest gegen Fahrpreiserhöhungen der Kölner Verkehrsbetriebe. Zur Klarstellung: Die Demonstranten saßen völlig friedlich auf den Schienen und ließen sich von der Polizei auch widerstandslos wegtragen. 1969 entschied der Bundesgerichtshof (BGH): Dieses friedliche auf den Schienen sitzen ist Gewalt im Sinne des Nötigungsparagraphen. Im Hinblick darauf, wie das Wort „Gewalt" im allgemeinen Sprachgebrauch verstanden wird, ist das absurd, war von da an aber lange geltendes Recht und führte dazu, daß der Nötigungstatbestand zu einem Instrument zur Kriminalisierung unliebsamen Protests, fast ausschließlich linker Gruppen, verkommen ist, aktuell angewandt auf die Proteste der sogenannten „letzten Generation". In einer Entscheidung des Bundesverfassungsgerichts von 1986 gab es hierzu ein Patt mit vier zu vier Stimmen im 1. Senat des Gerichts, so daß diese absurde Rechtslage aufrechterhalten wurde. Dennoch gab es danach von der Bundesregierung aus Union und FDP Bestrebungen, den Nötigungsparagraphen so zu ändern, daß friedliche Sitzblockaden sicher danach strafbar sind. Erst 1995 beendete das Bundesverfassungsgericht diesen Unsinn und entschied, daß friedliche Sitzblockaden keine Gewalt und damit auch keine Nötigung im Sinne von § 240 StGB sein können. Der gesunde Menschenverstand obsiegte hier aber nur kurz, denn nur ein halbes Jahr später entwickelte der BGH daraufhin seine sogenannte „Zweite-Reihe-Rechtsprechung". Diese besagt, daß eine Sitzblockade nur dann keine Gewalt im Sinne des § 240 StGB darstellt, solange nur ein einzelnes Fahrzeug oder eine einzelne Reihe nebeneinander stehender Fahrzeuge an der Weiterfahrt gehindert wird. Stauen sich hinter dieser ersten Reihe weitere Fahrzeuge auf, die nicht unmittelbar durch die Demonstranten selbst, sondern durch die in der ersten Reihe vor den Demonstranten stehenden Fahrzeuge blockiert werden, sich also hinter der ersten Reihe von Fahrzeugen eine zweite gebildet hat, dann ist das friedliche Herumsitzen wieder Gewalt. Wem das völlig abstrus vorkommt, ist wahrscheinlich kein Jurist, denn 2011 entschied das Bundesverfassungsgericht, daß die Auslegung des Gewaltbegriffs durch diese „Zweite-Reihe-Rechtsprechung" des BGH in Ordnung ist und nicht gegen das Bestimmtheitsgebot der Verfassung verstößt. Die Verfassungsgerichtsentscheidung aus dem Jahr 1995 scheint also nur ein Versehen gewesen sein.

Dasselbe Problem mit der Bedeutung des Gewaltbegriffs stellt sich bei § 113 StGB (Widerstand gegen Vollstreckungsbeamte). Auch dieser Paragraph verlangt in seinem Absatz 1 Gewalt als Tatbestandsmerkmal:

„(1) Wer einem Amtsträger oder Soldaten der Bundeswehr, der zur Vollstreckung von Gesetzen, Rechtsverordnungen, Urteilen, Gerichtsbeschlüssen oder Verfügungen berufen ist, bei der Vornahme einer solchen Diensthandlung mit <u>Gewalt</u> oder durch Drohung mit Gewalt Widerstand leistet, wird mit Freiheitsstrafe bis zu drei Jahren oder mit Geldstrafe bestraft."

Nach ständiger Rechtsprechung genügt es für Gewalt hier schon, sich irgendwo, zum Beispiel an einer Laterne, einem Verkehrsschild oder einem Geländer festzuhalten, wenn die Polizei die Person abführen will. Auch das Verriegeln eines Autos von innen, um zu verhindern, daß die Polizei jemanden daraus entfernen will, sehen die Gerichte bereits als Gewalt im Sinne dieses Paragraphen. Auch das Zusammenrollen in Fötushaltung wurde von Gerichten schon als strafbarer Widerstand gegen die Polizei und damit als Gewalt eingestuft. Dabei ist kaum ein defensiveres Verhalten vorstellbar.

Interessant in diesem Zusammenhang ist, daß der BGH sowohl in Bezug auf § 249 StGB (Raub) als auch in Bezug auf § 177 Abs. 5 Nr. 1 StGB (Vergewaltigung) deutlich höhere Anforderungen an die Ausübung von „Gewalt" stellt, die auch in diesen beiden Paragraphen Voraussetzung für die Strafbarkeit ist.

Im Verwaltungsrecht sieht § 28 Abs. 1 Verwaltungsverfahrensgesetz (VwVfG) vor, daß einem Bürger Gelegenheit zur Äußerung zu geben ist, <u>bevor</u> gegen ihn ein Verwaltungsakt erlassen wird, der in seine Rechte eingreift. Die Gerichte haben dann aber entschieden, daß es völlig reicht, wenn der betroffene Bürger gegen einen bereits erlassenen Verwaltungsakt Widerspruch einlegt, oder dagegen klagt, denn dann äußere er sich ja zu dem Verwaltungsakt, eine für Nichtjuristen sehr eigenwillig erscheinende Auslegung des Begriffs „bevor".

3. Wie entsteht Recht?

Wie aber entsteht all das Recht? Formal beschließen Bundestag und Bundesrat die Bundesgesetze, welche anschließend vom

54

Bundespräsidenten unterschrieben und ausgefertigt und schließlich im Bundesgesetzblatt veröffentlich werden.

a) Wer schreibt die Gesetze?

Geschrieben werden die Gesetze aber, abgesehen von ganz wenigen Ausnahmen, nicht im Parlament, sondern in den Ministerien und damit von der Exekutive, also der ausführenden Gewalt, deren eigentliche Aufgabe in einem Rechtstaat es sein sollte, die Gesetze auszuführen, welche die Legislative, also das Parlament, der Bundestag und der Bundesrat verabschiedet haben. Im Podcast „Lobbyland" beschreibt der ehemalige Bundestagsabgeordnete Marco Bülow, daß der Bundestag faktisch ein reines „Abnickparlament" geworden ist. Die Abgeordneten erhalten in einer Legislaturperiode über 200.000 Seiten an sogenannten Bundestrags-Drucksachen, in kleiner Schrift bedruckte Dokumente mit Gesetzesvorlagen, Antworten der Bundesregierung auf Anfragen von Abgeordneten, Berichte und Gutachten von Bundesbehörden, Ausschüssen, Gremien ... Das sind 250 Seiten pro Arbeitstag. Kein Abgeordneter kann das alles lesen. Die meisten lesen wahrscheinlich gar nichts davon. Gesetzesvorlagen der Bundesregierung werden von den Regierungsfraktionen im Parlament nur noch abgenickt. Die Fraktionsvorsitzenden geben vor, wie worüber abzustimmen ist. Die meisten Abgeordneten wissen in der Regel gar nicht, worüber sie abstimmen. Eine ernsthafte, also ergebnisoffene Diskussion über Gesetzentwürfe findet im Parlament praktisch nicht statt. Daher entspricht es durchaus den Tatsachen, wenn in den Nachrichten immer wieder berichtet wird, das Kabinett, also die Bundesregierung, hätte ein Gesetz verabschiedet. Eine Trennung von Legislative und Exekutive, ein grundlegendes Element jeden Rechtstaats, existiert in Deutschland also faktisch nicht.

Natürlich schreibt die Bundesregierung, also die Ministerinnen und Minister die Gesetze nicht selbst. Abgesehen davon, daß den allermeisten Ministern hierfür schon die notwendigen Fachkenntnisse fehlen, haben sie dafür gar keine Zeit. Die Gesetze werden daher offiziell von Beamtinnen und Beamten in den Ministerien geschrieben. Allerdings sitzen seit Beginn der 2000er Jahre nicht nur Staatsbedienstete in den Bundesministerien sondern auch Mitarbeiter großer Konzerne. Deren Anzahl bewegt sich, soweit bekannt, im mittleren bis oberen zweistelligen Bereich, was angesichts von über 22.000 Mitarbeitern in Kanzleramt und Bundesministerien verschwindend gering erscheint. Es sagt allerdings nichts darüber aus, welchen Einfluß diese sogenannten externen Mitarbeiter auf die Arbeit in den jeweiligen Ministerien genommen haben. Trotz intensiver Bemühungen der Medien ließ sich bisher nicht klären, inwieweit diese Unternehmensvertreter an konkreten Gesetzgebungsverfahren beteiligt waren. Daß sie, wie von der Bundesregierung mehrfach behauptet, an gar keinem Gesetz unmittelbar mitgearbeitet haben, erscheint nicht besonders glaubhaft, insbesondere vor dem Hintergrund, daß Karl Theodor zu Guttenberg in seiner Zeit als Wirtschaftsminister seinen Kabinettskollegen während der Finanzkriese 2009 mal einen Gesetzentwurf zur Rettung der Banken vorgelegt hatte, auf dem das Logo von Linklaters, einer großen internationalen Anwaltskanzlei, auf jeder Seite angebracht war. Er hatte den Gesetzentwurf also offensichtlich nicht von den Mitarbeitern des Ministeriums schreiben lassen, sondern von einer externen Anwaltskanzlei, die im übrigen auch mehrere Banken berät. Auch hier erscheint es unwahrscheinlich, daß dies ein Einzelfall war. Daß die Arbeit an einem Gesetz fast immer in einem Ministerium beginnt, macht Mitarbeiter, die unmittelbar in dem entsprechenden Ministerium sitzen, so wertvoll für Lobbygruppen und Unternehmen, da sie dadurch schon von Beginn an zumindest umfassend über ein Gesetzgebungsverfahren informiert sind und so schon sehr frühzeitig Einfluß darauf nehmen können.

Entscheidend ist aber nicht, wer letztendlich einen Gesetzestext schreibt, sondern wer auf den konkreten Inhalt Einfluß genommen hat. Lange gab es in Deutschland kein verpflichtendes Lobbyregister. Auch eine Liste derjenigen, die einen Hausausweis für den Bundestag, mit dem man jederzeit ohne weitere Kontrolle ins Parlament und die Gebäude mit den Abgeordnetenbüros und Sitzungssälen für die Ausschüsse des Bundestages gelangt, war erst nach einer entsprechenden erfolgreichen Klage von Abgeordnetenwatch öffentlich zugänglich. Jede Fraktion konnte solche Hausausweise nach eigenem Ermessen vergeben. Zeitweise besaßen über 2.000 Interessenvertreter einen solchen Hausausweis. Auch wenn deren Vergabe seit 2016 deutlich restriktiver gehandhabt wird, haben auch heute noch mehr Interessenvertreter einen solchen Ausweis, als der Bundestag Abgeordnete hat.

Vor Einführung eines verpflichtenden Lobbyregisters wurde die Zahl der Lobbyvertreter in Berlin auf etwa 4.000 bis 5.000 geschätzt. Nachdem die Unionsparteien 2021 aufgrund mehrerer Korruptionsskandale (u. a. die sogenannten Maskendeals während der Corona-Pandemie) verschiedener Abgeordneter ihrer Fraktion den jahrzehntelangen Widerstand gegen ein verpflichtendes Lobbyregister aufgeben mußte, sind inzwischen über 6.000 Unternehmen, Verbände und Organisationen dort registriert, deren Mitarbeiterzahl nun auf 25.000 bis 30.000 geschätzt wird. Bei über 22.000 Mitarbeitern in der Bundesregierung und über 10.000 Mitarbeitern im Bundestag kommt also fast auf jeden Mitarbeiter von Parlament und Regierung ein Interessenvertreter. Worüber diese Interessenvertreter mit Regierung und Parlament reden, bleibt aber nach wie vor verborgen vor der Öffentlichkeit und damit auch das Ausmaß des Einflusses, den Interessenvertreter auf Politik und Gesetzgebung nehmen. Schon allein aufgrund der Zahl der Interessenvertreter und des damit verbundenen finanziellen Aufwands muß der Einfluß aber als erheblich eingeschätzt werden.

Ein besonderer Ort für diese Einflußnahme ist die Deutsche Parlamentarische Gesellschaft (DPG), ein exklusiver Club der Abgeordneten von Bund, Ländern und EU-Parlament. Diese Einrichtung gibt es seit 1951. Sie war ursprünglich gedacht als Ort, an dem sich die Abgeordneten aller Parteien unbeobachtet von der Öffentlichkeit parteiübergreifend austauschen konnten. Sie sollte dem besseren gegenseitigen Verständnis und der Vertrauensbildung unter den Abgeordneten dienen. Pervertiert wird dieser Zweck allerdings dadurch, daß jeder Abgeordnete auch Gäste mit in die DPG bringen kann, so daß diese nun in erheblichem Ausmaß dem von der Öffentlichkeit abgeschottetem Austausch zwischen Parlamentariern und Lobbyvertretern dient.

Neben diesem intransparenten Einfluß von Interessenvertretern auf Politik und Gesetzgebung gibt es auch eine völlig offene Einflußnahme im Gesetzgebungsverfahren. Inzwischen ist es üblich, daß Gesetzentwürfe Interessenverbänden vorab zur Stellungnahme zugesandt werden. Hierdurch werden die Gesetzentwürfe und die dazu erstellten Stellungnahmen der Öffentlichkeit allgemein zugänglich. Bemerkenswert ist, daß hierbei Stellungnahmen von Wirtschafts- und Unternehmensverbänden sehr viel stärker in der Gesetzgebung berücksichtigt werden, als Stellungnahmen von Verbraucher- und Umweltverbänden oder anderer sogenannter Nichtregierungsorganisationen. Auf EU-Ebene wurde schon öfter festgestellt, daß ganze Passagen in Richtlinien und Verordnungen der EU aus Stellungnahmen von Lobbygruppen wörtlich übernommen wurden. Auf nationaler Ebene ist auch der Einfluß von Kirchen und Gewerkschaften erheblich, die beide von der Pflicht zur Eintragung ins Lobbyregister ausgenommen sind, auch dies aufgrund intensiver und letztlich erfolgreicher Lobbyarbeit.

b) Warum werden Gesetze geschrieben?

Wer genau die Gesetze schreibt, ist also weitgehend intransparent, aber warum entstehen Gesetze überhaupt? Was ist der Anlaß? In der Theorie sollte die Regierung erkennen, wenn es in Wirtschaft und Gesellschaft Probleme gibt, dann überlegen, welche möglichen Lösungen vorhanden sind, Vor- und Nachteile gegeneinander abwägen, eventuell Experten und Interessenverbände anhören und dann die beste aller Möglichkeiten auswählen und diese in Form eines entsprechenden Gesetzes umsetzen. Es ist nicht bekannt, daß jemals ein Gesetz auf diese Art entstanden ist.

Medien spielen eine nicht unerhebliche Rolle. Das eindeutigste Beispiel hierfür war der bereits erwähnte „Florida-Rolf". Die Bild-Zeitung berichtete 2003 über ihn, und unverzüglich leitete die Bundesregierung eine Änderung des Sozialhilfegesetzes ein, um in Zukunft zu verhindern, daß Menschen von deutscher Sozialhilfe im Ausland leben können. Ob diese einen an der Gesamtzahl der Sozialhilfeempfänger gemessen relevanten Anteil ausmachten, hat niemanden interessiert. Zu der Zeit waren es weniger als 1.000.

Daß bei der Gesetzgebung so gut wie nie Alternativen gegeneinander abgewogen werden, ist schon daran zu erkennen, daß in den Gesetzesvorlagen, welche die Bundesregierung an das Parlament zur Diskussion und Abstimmung weiterleitet bei dem Punkt „Alternativen" fast immer „keine" steht. Das ist natürlich Unsinn. Alternativen gibt es immer, nur ist es meist politisch nicht gewollt, solche öffentlich zu diskutieren, weil zum Beispiel mächtige Lobbyinteressen hinter dem Gesetz stehen oder es sich um eines der sogenannten „Herzensprojekte" einer Partei handelt, wie zum Beispiel der Atomausstieg bei den Grünen oder der Mindestlohn bei der SPD, deren Sinn und Zweck zu hinterfragen, bei den politisch Verantwortlichen unerwünscht ist.

Auch Lobbygruppen können den Erlaß von Gesetzen bewirken. So haben Musik-, Film- und Medienkonzerne in den 1990er und 2000er Jahren massiv Lobbyarbeit betrieben, um eine deutliche Verschärfung des Urheberrechts zu erreichen. Hintergrund war, daß die aufkommende Digitalisierung von Musik und Film es erlaubte, beliebige viele verlustfreie Kopien von Musikstücken und Filmen zu erstellen. Dies bescherte den Musik- und Filmkonzernen einen deutlichen Einbruch des Umsatzes, was durch die Verbreitung solcher Werke über das Internet noch verschärft wurde. Der Gesetzgeber kam den Wünschen der Konzerne nach und verschärfte mehrfach das Urheberrecht und kriminalisierte damit weite Teile der Bevölkerung. So ist es inzwischen sogar strafbar, zu privaten Zwecken eine Kopie einer Blu-Ray oder CD anzufertigen, wenn diese über einen Kopierschutz verfügt, was bei praktisch allen Scheiben inzwischen der Fall ist.

c) Wie werden Gesetze geschrieben?

Wie schon erwähnt, beginnt die Arbeit an einem Gesetz in der Regel in einem Ministerium, meist in demjenigen, daß fachlich für den Bereich zuständig ist, für den das Gesetz Regelungen enthalten soll. Aber nie ist nur ein Ministerium an einem Gesetzgebungsverfahren beteiligt. Mindestens das Justizministerium wird immer eingebunden. Dort ist auch eine Abteilung „Bessere Rechtsetzung, Digitale Gesellschaft und Innovation" angesiedelt, die jeden Gesetzentwurf sprachlich überarbeiten soll, damit das Gesetz möglichst verständlich ist. Damit diese Abteilung nicht zu viel Arbeit hat, hat das Justizministerium ein „Handbuch für Rechtsförmlichkeit" herausgegeben, sozusagen eine Anleitung zum Gesetzeschreiben für die anderen Ministerien.

Betrifft ein Gesetz die Fachbereiche mehrerer Ministerien, erhält eines die Federführung und muß dann Einvernehmen mit den anderen beteiligten Ministerien herstellen. Es müssen also alle beteiligten Ministerien zustimmen. Wenn es darum geht, Geld auszugeben, muß auch immer das Finanzministerium zustimmen, was den Finanzminister so mächtig macht. Diese Beteiligung mehrerer Ministerien führt häufig zu sogenannten Formelkompromissen, also zu Gesetzestexten, die zum Beispiel formal das zugrundeliegende Problem lösen, in der Praxis aber wirkungslos sind. Ein Beispiel hierfür ist die sogenannte Mietpreisbremse, die 2015 eingeführt wurde. Formal begrenzt sie die Erhöhung der Mieten bei Neuvermietungen. In der Praxis konnte aber keine Verlangsamung der Mietsteigerungen in den relevanten Ballungsräumen festgestellt werden. Ein anderes Beispiel ist die bereits erwähnte Grundrente. Hier führte der Formelkompromiß zu einem Gesetzeswortlaut, der so kompliziert ist, daß ihn fast niemand versteht, und vor allem der durchschnittliche Rentenempfänger überhaupt nicht nachvollziehen kann, ob und gegebenenfalls in welcher Höhe ihm nach dieser Norm ein Zuschlag zu seiner Rente zusteht.

Haben die beteiligten Minister eine Einigung über einen Gesetzentwurf erreicht, geht dieser zunächst an den „Nationalen Normenkontrollrat", der in der Regel eine Stellungnahme zum Entwurf abgibt und vor allem verhindern soll, daß die Bürokratie in Deutschland überhand nimmt. Anschließend wird der Gesetzentwurf vom Kabinett verabschiedet und dann zunächst dem Bundesrat zugeleitet. Dieser gibt wiederum eine Stellungnahme zum Gesetzentwurf ab und leitet diesen dann an den Bundestag weiter, wo es den „Redaktionsstab der Gesellschaft für deutsche Sprache beim Deutschen Bundestag" gibt, der ebenfalls die sprachliche Qualität des Entwurfs überprüfen und gegebenenfalls verbessern soll.

Daß all diese Kontrollen, Überprüfungen und Stellungnahmen die Qualität der Gesetzgebung verbessert oder zumindest die Bürokratie in Deutschland reduziert hätten, ist nicht ersichtlich. Das Gegenteil ist der Fall. Die Klagen aus Wirtschaft und Gesellschaft über schlechte Gesetze und immer weiter zunehmende Bürokratie nehmen seit Jahren zu und werden immer lauter.

d) Papier ist geduldig

Ist ein Gesetz in Kraft getreten, ist in der Regel keine weitere Überprüfung, eine sogenannte Evaluation vorgesehen. Ob ein Gesetz den erstrebten Zweck erreicht, interessiert häufig niemanden, getreu dem Motto, wenn wir uns schon im Gesetzgebungsverfahren keine Gedanken um mögliche Auswirkungen eines Gesetzes gemacht haben, warum sollten wir das im Nachhinein tun? Aktiv wird die Politik meist nur, wenn Medien oder Interessengruppen mangelnde oder falsche Wirkungen eines

Gesetzes anprangern, aber nicht in der Art, daß dann umfassend analysiert würde, wie das Gesetz wirkt, sondern den öffentlichen Einwänden gegen das Gesetz wird meist mit entsprechenden Änderungen am Gesetz begegnet, unabhängig davon, ob die Einwände berechtigt sind oder nicht. Das führt meist zu Verschlimmbesserungen. Beispiele sind die Mietpreisbremse und der Mindestlohn. Nachdem erstere sich als weitgehend wirkungslos erwies, wurde sie zweimal vermeintlich verschärft. Es ist aber nicht bekannt geworden, daß sich die Wirkung dadurch nachhaltig verbessert hätte. Ähnliches gilt für den Mindestlohn. Nach dessen Einführung wurden zahlreiche Versuche bekannt, den Mindestlohn zu umgehen, worauf die Politik mit immer neuen bürokratischen Anforderungen in Form von Berichts- und Aufzeichnungspflichten reagierte, worauf Unternehmen mit immer neuen Ideen, wie der Mindestlohn unterlaufen werden könnte, reagierten.

Gesetze können nicht nur ihren Zweck verfehlen, sie können sogar kontraproduktiv sein, also das Gegenteil von dem erreichen, was sie – tatsächlich oder vermeintlich – beabsichtigen. Die wird nach einer Anekdote aus der Kolonialzeit der Briten in Indien „Kobra-Effekt" genannt. Dort hatte ein britischer Gouverneur als Reaktion auf eine Kobraplage eine Prämie für jede tote Kobra, welche die Inder den Briten brachten, geboten. Und die Inder lieferten auch immer mehr tote Kobras bei den Briten ab. Dennoch konnte kein nennenswerter Rückgang der Kobra-Population festgestellt werden. Die Inder hatten vielmehr angefangen, Kobras zu züchten, aufgrund der gebotenen Prämie für diese ein lukratives neues Geschäftsmodell.

Das Strafrecht ist ein weiteres Beispiel dafür, daß Gesetze Probleme lösen sollen, ohne daß sich der Gesetzgeber oder diejenigen, welche nach dem Strafrecht rufen, sich ernsthaft Gedanken darüber machen, ob dieses überhaupt, und wenn ja, die richtigen Antworten auf die sich jeweils stellenden Fragen geben kann.

4. Strafrecht

Das Strafrecht ist eins der ältesten Rechtsgebiete überhaupt. Schon die ältesten bekannten Rechtstexte, wie zum Beispiel der Kodex Hammurabi aus dem 18. Jahrhundert vor Christus, enthielten umfangreiche strafrechtliche Regelungen. Ein wesentlicher Grund für das Entstehen solcher Regeln dürfte die Notwendigkeit gewesen sein, Selbstjustiz und Blutrache in einem größeren Staatswesen einzudämmen.

a) Rache, nichts als Rache

Aber warum bestrafen wir Menschen in unserer modernen aufgeklärten Gesellschaft immer noch? Heute gibt es sogenannte „moderne" Strafrechtstheorien, die sich hauptsächlich mit den – vermeintlichen – präventiven Wirkungen des Strafrechts befassen. Als Generalprävention wird im wesentlichen die abschreckende Wirkung von Strafrecht auf den größten Teil der Bevölkerung bezeichnet. Dem liegt die Annahme zugrunde, daß die meisten Menschen Dinge, die verboten sind, nicht tun. Diese Annahme entspricht leider überhaupt nicht der Realität. Als Beispiele seien hier nur das an sich verbotene Kopieren urheberrechtlich geschützter Werke oder der Konsum von Drogen genannt. In beiden Fällen scheint die Strafbarkeit nur eine sehr geringfügige abschreckende Wirkung zu haben, wenn sie überhaupt eine hat.

Unter Spezialprävention wird zum einem die Resozialisierung des Täters genannt, die ebenfalls in der ganz überwiegenden Zahl der Fälle nicht erfolgt. Es gibt sogar Untersuchungen, die nahelegen, daß vor allem Haftstrafen die Wahrscheinlichkeit, daß der entsprechende Täter erneut straffällig wird, durch die Inhaftierung steigt anstatt fällt. Jedenfalls besteht in der Wissenschaft weitgehend Einigkeit, daß unser Strafrechtssystem wenig bis nichts zur Resozialisierung von Straftätern beiträgt. Lediglich der Schutz der Gesellschaft vor dem Täter während der Haft ist gewährleistet. Bei den vergleichsweise niedrigen Haftstrafen in Deutschland ist aber auch dieser Effekt eher vernachlässigbar. Wenn Haft die Rückfallgefahr tatsächlich erhöht, könnte dieser Effekt so gar überkompensiert werden, so daß von den modernen Strafrechtstheorien gar nichts mehr übrig bliebe. Somit bleibt als Grund für das Bestrafen von Menschen nur noch Rache übrig, wie Wesel in seinem Buch „Fast alles, was Recht ist" sehr zutreffend herleitet. Entsprechend ist auch die von konservativen Politikern bei jeder noch so unpassenden Gelegenheit mantraartig wiederholte Forderung nach immer neuen Verschärfungen des Strafrechts völlig unsinnig und anscheinend nur ein Ausdruck von Rachedurst. Ob aber Rache in einem modernen Rechtstaat ein angemessener Grund dafür ist, Menschen zu bestrafen, erscheint fraglich.

b) Das 19. Jahrhundert läßt schön grüßen

Das deutsche Strafrecht ist ein altes Strafrecht, erkennbar daran, daß es mit Straftatbeständen wie Hoch- und Landesverrat, Widerstand gegen die Staatsgewalt und Haus- und Landfriedensbruch beginnt, lange vor Mord und Totschlag. Es ist auch daran erkennbar, daß noch immer Dinge wie das Zerstören oder Verunglimpfen von Flaggen, sowohl der deutschen (§ 90a StGB) als auch ausländischer Flaggen (§ 104 StGB) und die Verunglimpfung des Bundespräsidenten (§ 90 StGB) strafbar sind, wobei letztes härter bestraft wird als zum Beispiel einfache Körperverletzung.

Daß unser Strafrecht alt ist, zeigt sich auch darin, daß Vermögen tendenziell immer noch besser geschützt wird als die körperliche Unversehrtheit einer Person. Zwar wurde der Strafrahmen von Körperverletzung in den 1990er Jahren demjenigen von einfachem Diebstahl angeglichen (in beiden Fällen heute Geldstrafe oder Freiheitsstrafe bis zu fünf Jahren), aber bei den strafschärfenden Straftatbeständen genügt bei Diebstahl schon zum Beispiel das Aufbrechen einer Geldkassette, um die Höchststrafe auf zehn Jahre anzuheben, bei Körperverletzungen dagegen müssen Sie dafür schon Waffen oder Gift oder einen Hinterhalt nutzen. Vor allem aber ist Raub, also zum Beispiel das Entreißen einer Handtasche oder das, was Jugendliche verharmlosend als „Abziehen" bezeichnen, also die Erzwingung der Herausgabe eines Gegenstands, zum Beispiel eines Handys durch Drohung mit Gewalt mit einer Höchststrafe von 15 Jahren bedroht. Um ein solch hohes Strafmaß durch eine physische Tat gegen einen Menschen zu riskieren, müssen sie diesen schon töten oder eine schwere Sexualstraftat begehen, wie Vergewaltigung oder schweren Mißbrauch von Kindern. Auch wird Körperverletzung immer noch nur auf Antrag der verletzten Person verfolgt, während bei Diebstahl von mehr als nur geringwertigen Sachen auf jeden Fall von den Staatsanwaltschaften ermittelt wird, selbst wenn der geschädigte Eigentümer das, aus welchen Gründen auch immer, gar nicht will.

c) Von der Zeit überholt

Neben der oben genannten Strafbarkeit der Zerstörung oder Verunglimpfung von Flaggen oder der Verunglimpfung des Bundespräsidenten enthält unser Strafrecht eine Vielzahl weiterer längst überholter Straftatbestände. So ist zum Beispiel in § 131 StGB die Darstellung extremer Gewalt unter Strafe gestellt. Viele härtere Actionfilme dürften bei wortlautgemäßer Auslegung unter diese Norm fallen, denn sie verherrlichen oft Gewalt und zeigen auch besonders grausame Varianten davon. Damit soll nicht gesagt werden, daß Verherrlichung von Gewalt nichts schlechtes sei. Sie ist ganz sicher verabscheuungswürdig, aber Polizei und Staatsanwaltschaften haben sicher wichtigere Dinge zu tun als gegen solche Filme oder Bücher vorzugehen.

Auch die Beschimpfung von Religionen (§ 166 StGB, im Volksmund Gotteslästerung genannt) sollte in unserer modernen Zeit kein Fall für Polizei und Staatsanwaltschaft mehr sein, vor allem da der systematische Mißbrauch von Kindern in der katholische Kirche oder der Mißbrauch des Islam als Begründung für allerlei Gräueltaten, wie zum Beispiel die Anschläge vom 11. September 2001 oder das Massaker an über 1.000 Israelis am 7.

Oktober 2023 ausreichend Anlaß zur Beschimpfung von Religionen bieten. Völlig absurd ist, wenn Unionspolitiker gar eine Verschärfung dieser Strafnorm fordern. Auch die nach § 167 StGB besonders unter Strafe gestellte Störung der Ausübung der Religion dürfte durch die Strafbarkeit von Haus- und Landfriedensbruch hinreichend geschützt sein und keiner besonderen Strafnorm bedürfen.

Noch unsinniger ist es, daß nach wie vor die Verbreitung von Pornographie (§ 184 StGB) strafbar ist. Damit ist „normale" Pornographie gemeint, also keine Kinder- oder Jugendpornographie. Für deren Verbreitung gibt es andere Paragraphen, und sie steht zu Recht unter Strafe. Strafbar ist zwar nur die Zugänglichmachung von Pornographie für Minderjährige, aber das ist Internet voll davon. Jedes Kind und jeder Jugendliche, der einen Computer oder ein Smartphone bedienen kann, kann sich auch Terrabyte von pornographischen Inhalten verschaffen. Die Server, auf denen diese Inhalte liegen, stehen wegen § 184 StGB eben nicht in Deutschland. Der durch die Norm erstrebte Jugendschutz läuft völlig ins Leere.

Auch Bigamie, also einen zweiten Ehepartner zu heiraten ist immer noch strafbar. Nicht nur, daß es heute weit mehr Beziehungsmodelle als die klassische Mann-Frau-Beziehung gibt, auch polygame Ehen, die in anderen Kulturkreisen geschlossen wurden, werden hier in Deutschland durchaus zum Teil anerkannt. Die Frage, ob andere als klassische Zweierbeziehungen vom Staat anerkannt werden sollen, ist hier irrelevant. Jedenfalls ist das ebenfalls keine Frage, die Polizei und Staatsanwaltschaften interessieren sollte.

Ob Beleidigungen immer noch Strafgerichte beschäftigen sollten, erscheint ebenfalls fraglich. Letztlich wird hier mit dem Strafrecht auf einen Mangel an Anstand und Respekt reagiert. Leider ist ein solcher Mangel heute weit verbreitet. Das Strafrecht wird diese Verbreitung aber ganz sicher nicht eindämmen. Hier für eine Verbesserung zu sorgen, ist eine gesellschaftliche

Aufgabe, keine für die Strafjustiz. Es ist schon nicht ersichtlich, inwiefern das Strafrecht hier einen positiven Beitrag leisten kann.

Schließlich erscheint es fraglich, warum Jagdwilderei noch immer ein Straftatbestand ist. 2022 hatte ein Wilderer zwei junge Polizisten erschossen, als diese sein Fahrzeug, auf dem sich seine illegale Jagdbeute befand, kontrollieren wollten. Einen ähnlichen Fall gab es 2013 in Österreich. Dort erschoß ein Wilderer drei Polizisten und einen Sanitäter. Ob es zu diesen Morden auch dann gekommen wäre, wenn Wilderei kein Straftatbestand, sondern zum Beispiel nur eine Ordnungswidrigkeit wäre, erscheint zumindest fraglich.

d) Unsinnige Straftatbestände

Darüber hinaus gibt es Straftatbestände, die unsinnig oder sogar kontraproduktiv sind. Zu letzterer Kategorie zählt zum Beispiel die Strafbarkeit der Unterhaltspflichtverletzung (§ 170 StGB). Danach ist es strafbar, wenn jemand den Unterhalt, den er oder sie einem Kind schuldet, nicht zahlt. Geschuldeten Unterhalt nicht zu zahlen, ist sicherlich verwerflich, aber eine Verurteilung zu einer Geldstrafe oder gar einer Gefängnisstrafe verbessert die Möglichkeiten einer unterhaltspflichtigen Person, dieser Pflicht nachkommen zu können, sicher nicht.

Dann gibt es noch so sinnfreie Straftatbestände, wie der Gebrauch von Pfandsachen (§ 290 StGB). Danach ist es strafbar, wenn ein Pfandleiher einen ihm verpfändeten Gegenstand selbst benutzt, und zwar auch dann, wenn dieser Gegenstand dadurch unverändert bleibt, keinerlei Schaden oder Verschleiß erleidet. Und selbst wenn der Gegenstand dabei beschädigt würde oder sonst an Wert verliert, würde es völlig ausreichen, das über das Schadenersatzrecht im Zivilrecht zu regeln.

Unsinnig, weil ohnehin schon nach anderen Normen strafbar sind die Straftatbestände der Hehlerei und der Geldwäsche. Beide Taten sind schon in der Straftat der Begünstigung enthalten und stellen daher nur Sonderfälle von letzterer dar. Die Strafrahmen sind für alle drei Straftaten dieselben. Insbesondere der Geldwäscheparagraph wurde seit seiner Einführung 1992 schon unzählige male umfassend verändert. Dennoch sind sich viele Experten einig, daß Deutschland ein Paradies für Geldwäsche ist.

Auch bei sehr jungen Straftatbeständen stellt sich gelegentlich die Frage, warum der Gesetzgeber eine ganz bestimmte Gestaltung eines Strafgesetzes gewählt hat. 2017 hatte das Landgerichts Berlin erstmals einen Raser, der bei einem illegalen Autorennen auf dem Kurfürstendamm in Berlin einen Unfall und dabei den Tod eines anderen Autofahrers verursacht hatte, wegen Mordes zu lebenslanger Haft verurteilt hatte. Daraufhin schuf der Gesetzgeber den neuen § 315d StGB. Nach dessen Abs. 5 wird mit Freiheitsstrafe von einem bis zu 10 Jahren bestraft, wer bei einem solchen illegalen Autorennen den Tod eines Menschen verursacht. Warum der Gesetzgeber hierbei einen niedrigeren Strafrahmen als zum Beispiel bei Körperverletzung mit Todesfolge (§ 227 StGB) gewählt hat, ist nicht ersichtlich. Anscheinend stuft der Gesetzgeber im Autoland Deutschland eine Tötung mit einem Auto als Tatwerkzeug als weniger schlimm ein als andere Tötungen. Rational ist diese unterschiedliche Wertung nicht zu erklären. Glücklicherweise sind die Gerichte dem nicht in allen Fällen gefolgt, sondern haben weitere Raser wegen Mordes zu lebenslanger Haft verurteilt. Immerhin sind solche Autorennen nun aber auch dann strafbar, wenn niemand dabei stirbt oder verletzt wird.

e) Al Capone, fehlende Cannabistote und viele Kollateralschäden

Stellen Sie sich vor, sie sind krank, sehr krank, so krank, daß sie kein normales Leben führen können, keiner Arbeit nachgehen und ständig um ihre Existenz fürchten müssen. Aber niemand darf von Ihrer Krankheit erfahren, vor allem nicht die Polizei, denn die würde sie sofort verhaften, weil Sie krank sind.

Sie halten dieses Szenario für absurd? Ist es keineswegs. Es ist vielmehr das Ergebnis der seit Jahrzehnten herrschenden repressiven Politik gegen Drogen, denn Sucht ist eine Krankheit. Da sind sich alle Experten einig. Und wer süchtig ist nach einer Droge, die illegal ist, macht sich schon durch deren bloßen Besitz strafbar. Geregelt ist das im „Gesetz über den Verkehr mit Betäubungsmitteln", kurz BtMG.

Im Grunde ist es erstaunlich, daß überhaupt eine repressive Politik gegen Drogen eingeführt wurde, denn durch das Scheitern der sogenannten Prohibition in den USA hätte allen Verantwortlichen klar sein müssen, daß eine solche Politik niemals positive Ergebnisse erzielen wird. Dort war von 1920 bis 1933 die Herstellung, der Transport und der Verkauf von Alkohol verboten. Zwar ging der Konsum von Alkohol dadurch kurzfristig etwas zurück, aber sehr schnell etablierten sich kriminelle Organisationen, die im Lauf der Zeit mit der illegalen Herstellung und dem Verkauf von Alkohol reich und mächtig wurden und zweitweise ganze Städte und Landstriche kontrollierten. Der berühmteste Kopf dieser Banden war Al Capone. Zum Glück für diese Organisationen begann der Kampf gegen andere Drogen als Alkohol ungefähr zu der Zeit, als die Prohibition aufgehoben wurden, so daß sie sich nahtlos diesen neuen illegalen Märkten zuwenden konnten. Heutzutage sind die inzwischen international operierenden Drogenkartelle aufgrund der in weiten Teile der Welt vor allem auf Druck der USA herrschenden repressiven Drogenpolitik so reich und mächtig, daß sie ganze Länder faktisch kontrollieren. Albert Einstein sagte mal, die Definition von Wahnsinn sei, immer dasselbe zu tun und ein anderes Ergebnis zu erwarten. Nach dieser Definition ist die repressive Drogenpolitik schlicht wahnsinnig, denn sie wird nun, die Prohibition mitgezählt, seit über 100 Jahren verfolgt, ohne auch nur das geringste positive Resultat erreicht zu haben, im Gegenteil: Diese Politik hat zu unermeßlichen Kollateralschäden fast überall auf der Welt geführt. Neben den eigentlichen Drogentoten dürften diesem Kampf der Staaten gegen die Drogenkartelle und in deren Kampf untereinander Million Menschen zum Opfer gefallen sein. Allein in Mexiko wurden im Drogenkrieg mehrere Hunderttausend Menschen seit dem Jahr 2000 ermordet, inzwischen über 30.000 jedes Jahr. Mittlerweile fordert der Kampf gegen Drogen auch in Europa zunehmend Opfer, wo es in den letzten Jahren zu mehreren spektakulären Morden an Anwälten und Journalisten kam, die den Drogenkartellen ein Dorn im Auge waren.

Positive Effekte der repressiven Drogenpolitik sind dagegen keine feststellbar, nirgendwo. Drogen sind vor allem in den für die Kartelle attraktiven Absatzmärkten in Europa und Nordamerika problemlos und in ausreichender Menge verfügbar. Wurden in den 1980er und 1990er Jahren von der Polizei beschlagnahmte Drogenmengen in den Pressemitteilungen in – meist wenigen – Kilogramm, manchmal sogar nur in Gramm angegeben, sind es heute meistens Tonnen.

Würde die repressive Drogenpolitik tatsächlich Erfolge im Sinne einer signifikanten Reduzierung der Drogeneinfuhr nach Europa erreichen, könnte das den Kartellen relativ egal sein, da bei gleichbleibender Nachfrage schlicht die Preise steigen würden. Vor allem Süchtige würden unabhängig vom Preis alles daran setzen, um an eine für sie ausreichende Menge an Stoff zu bekommen. Die steigenden Preise würden sehr wahrscheinlich zu einem Anstieg der Beschaffungskriminalität führen, also vor allem Diebstähle und Raub durch Süchtige, um ihre Sucht finanzieren zu können. Steigende Preise würden auch die Gewinnspanne der Kartelle steigen lassen und diesen ermöglichen, noch mehr Geld dafür auszugeben, den Stoff an der Polizei vorbei ins Land zu bringen. Konsumenten, denen die neuen Preise zu hoch wären, oder die aufgrund des eingeschränkten Angebots keinen Zugang mehr zu ihrer Lieblingsdroge hätten würden zu einem erheblichen Teil wahrscheinlich auf andere Substanzen, die leichter verfügbar sind, ausweichen.

Wird ein kleiner Drogendealer verhaftet, wird er in der Regel über Nacht durch jemand anderen ersetzt. Gelingt ausnahmsweise die Verhaftung eines führenden Kopfes eines Drogenkartells, führt das häufig zu einer Gewaltspirale, entweder, um den Drogenboß in Haft zu befreien oder aufgrund der Machtkämpfe innerhalb des Kartells um die Nachfolge. Dieser Gewalt fallen dann sehr häufig auch völlig unbeteiligte Menschen zum Opfer.

„Cannabis ist verboten, weil es illegal ist.", so 2014 die ehemalige Bundesdrogenbeauftragte von der CSU, Marlene Mortler. Immerhin wurde dieser Fehler in unserem Strafrechtssystem von der Ampel- Regierung inzwischen korrigiert, wenn auch sehr halbherzig. Der Satz ist aber symptomatisch für das Niveau, auf dem sich die Argumentation vor allem konservativer Politiker für die herrschende repressive Drogenpolitik bewegt, denn alle vermeintlichen Sachargumente, die für diese Politik angeführt werden, sind falsch.

Drogen sind nicht illegal, weil sie gefährlich sind. Sie sind gefährlich, weil sie illegal sind. Für illegale Drogen gibt es, eben weil sie illegal sind, keinerlei Qualitätskontrolle. Häufig ist die Qualität des Stoffs, der illegal gehandelt wird, erbärmlich. Vor allem aber ist den Konsumenten nie bekannt, wieviel von dem eigentlichen Wirkstoff in dem enthalten ist, was sie illegal kaufen. Das ist die häufigste Ursache für Überdosierungen und daraus resultierendem Tod des Konsumenten. Bei vielen Drogen ist die eigentliche Substanz gar nicht gesundheitsschädlich. So gibt es zahlreiche Beispiele von Menschen, die über Jahrzehnte in entsprechenden Programmen zum Beispiel in der Schweiz, zeitweise auch in Großbritannien, legal Heroin in sehr guter Qualität konsumieren, ohne daß dies ihre Gesundheit beeinträchtigen würde. Neben ungewollten Überdosierungen resultieren die meisten Gesundheitsschäden durch Drogenkonsum aus den Stoffen, mit denen die eigentliche Droge gestreckt, also vermischt wird, sowie aus Verunreinigungen, die aus dem

Herstellungsprozeß resultieren, der aufgrund der Illegalität der Drogen selten unter optimalen Bedingungen abläuft.

Speziell bei Cannabis wird gerade von konservativen Politikern dessen vermeintliche Gefährlichkeit betont. Dabei müßten gerade sie es besser wissen, denn als Reaktion auf das sogenannte Cannabis-Urteil des Bundesverfassungsgerichts, mit dem der Besitz geringer Mengen Cannabis faktisch legalisiert wurde, gab die damalige Regierung Kohl ein Gutachten in Auftrag, um die Gefährlichkeit von Cannabis zu belegen. Nach Analyse aller verfügbaren Studien zu dem Thema kamen die beauftragten Wissenschaftler jedoch zu dem Schluß, daß Cannabis harmlos ist. Alle Studien, welche die vermeintliche Gefährlichkeit des Stoffs zu belegen behaupteten, erwiesen sich entweder als wissenschaftlich mangelhaft durchgeführt oder aufgrund der geringen Zahl untersuchter Personen schlicht als nicht aussagekräftig. Alle wissenschaftlich belastbaren Studien belegten dagegen, daß der Genuß von Cannabis weder kurz- nach langfristig nachweisbare negative Auswirkungen hat. Während zum Beispiel an Alkoholmißbrauch allein in Deutschland jährlich 60.000 bis 70.000 Menschen sterben, ist an Cannabiskonsum noch niemand gestorben, noch nie, nirgendwo, weltweit. Es tauchen zwar immer wieder vereinzelt Meldungen über Tote durch Cannabiskonsum auf, die sich bisher aber alle als Falschmeldungen erwiesen haben. So gab auch das Bundesgesundheitsministerium auf eine Nachfrage von Frag-den-Staat an, ihm seien keine Todesfälle durch Cannabiskonsum bekannt. Auch die Weltgesundheitsorganisation gibt an, es sei praktisch unmöglich, eine tödliche Dosis von Cannabis zu konsumieren.

Eine Aufgabe der repressiven Drogenpolitik würde auch nicht zu einem dramatischen Anstieg des Drogenkonsums führen. So ist Cannabis inzwischen in einigen Ländern legal. Die Legalisierung hatte zwar jeweils zu Beginn meist einen leichten Anstieg des Konsums zur Folge, der aber nach einiger Zeit wieder zurückging.

Auch die Behauptung, die Legalisierung leichter Drogen wie Cannabis würde mittelfristig zu einem Anstieg des Konsums härterer Drogen führen, da Cannabis eine sogenannte Einstiegsdroge sei, ist falsch. In keinem der Länder, die Cannabis legalisiert haben, konnte ein deutlicherer Anstieg des Konsums härterer Drogen festgestellt werden als in Ländern, in denen Cannabis nach wie vor illegal ist. Auch die Erfahrungen mit der Prohibition in den USA sprechen dagegen. Vor der Prohibition war das am häufigsten konsumierte alkoholische Getränk Bier. Während der Prohibition gab es praktisch nur Hochprozentiges, da Herstellung und Verkauf von illegalem Bier weit aus weniger lukrativ für das organisierte Verbrechen war als bei Schnaps. Nach dem Ende der Prohibition war das mit Abstand am häufigsten getrunkene alkoholische Getränk wieder Bier. Auch heute ist die Herstellung und der Verkauf von harten Drogen für die Kartelle wesentlich gewinnbringender als bei Cannabis.

Zumindest in den USA ging es und geht es noch heute bei der Drogenpolitik nicht primär um die Bekämpfung des Drogenkonsums, sondern um die Diskriminierung bestimmter Minderheiten. Für den Beginn der repressiven Drogenpolitik in den 1930er Jahren ist sehr deutlich belegt, daß diese primär der Unterdrückung der Schwarzen und Asiaten in den USA diente. Daß sich daran bis heute wenig geändert hat, zeigt sich am Umgang mit der aktuellen Opioidkrise in den USA. Sie begann in den 1990er Jahren durch den leichten Zugang zu opioidhaltigen Schmerzmitteln in den USA. Wie die meisten Opioide hatten auch diese Schmerzmittel ein hohes Suchtpotential, so daß viele Patienten abhängig wurden. In den 2000er und 2010er Jahren verschärfte sich diese Krise. Aufgrund einer restriktiveren Gesetzgebung bezüglich opioidhaltiger Schmerzmittel und der daraus resultieren geringeren Verfügbarkeit dieser Mittel stiegen viele Süchtige auf andere Substanzen, wie Heroin und Fentanyl um. Betroffen waren vor allem Angehörige der weißen Mittelschicht auf dem Land und in den Vorstädten der Ballungsräume. Die Zahl der Toten durch Drogenmißbrauch in den

USA stieg aufgrund dieser Krise zuletzt auf über 100.000 pro Jahr. Das repressive Vorgehen der Polizei gegen Drogen beschränkte sich aber nach wie vor weitgehend auf die von Schwarzen bewohnten Viertel. Auf dem Land und in den überwiegend von Weißen bewohnten Vorstädten gibt es nach wie vor keine Drogenrazzien.

Auch in Deutschland spricht viel dafür, daß die Drogenpolitik zumindest auch für andere Zwecke mißbraucht wird. So wird vor allem in den von der Union regierten Bundesländern hauptsächlich gegen Cannabis auf alle Stufen der Wertschöpfungskette vorgegangen. Cannabis hat den Ruf, vor allem in der linken Szene beliebt zu sein. Dagegen ist ein hartes und vor allem systematisches Vorgehen der Polizei gegen Kokain außerhalb der Häfen, über die es ins Land geschmuggelt wird, bisher nicht bekannt geworden. Kokain gilt als High-Society-Droge und ist auch unter Managern beliebt. Vermutlich ist diese Klientel aber zu einflußreich, als daß die Politiker sie mit einem harten Vorgehen gegen ihre Lieblingsdroge verärgern wollte.

Eine weitere Lüge derjenigen, die sich für die repressive Drogenpolitik einsetzen ist, daß Drogen süchtig machen. Genausowenig wie jeder, der Alkohol trinkt, Alkoholiker ist, ist jeder Konsument illegaler Drogen süchtig. Das Suchtpotential der einzelnen Drogen ist sehr unterschiedlich. Mit am geringsten ist es bei Cannabis, am höchsten bei Nikotin. Alkohol, Heroin und Kokain liegen dazwischen, aber immer noch deutlich unter Nikotin. Die allermeisten Konsumenten illegaler Drogen werden nie süchtig. Und bei denen, die süchtig werden, ist in der ganz überwiegenden Zahl der Fälle nicht die Droge Ursache der Sucht und die Sucht nicht die eigentliche Krankheit. Viele Drogen helfen Menschen, die unter psychischen Erkrankungen leiden. Diese haben aber auch ein hohes Risiko, süchtig zu werden. Auch bei Streß oder traumatischen Erfahrungen suchen Menschen immer wieder Linderung durch Drogen und auch für sie ist die Suchtgefahr deutlich erhöht. Läßt der Streß nach, oder enden die traumatischen Erfahrungen, endet bei den meisten Betroffenen auch die Sucht ohne weiteres zutun. Belegt wird das zum Beispiel durch den Vietnamkrieg. Aufgrund der schlimmen Erfahrungen der US-Soldaten dort spritzten sich geschätzt etwa 20% von ihnen Heroin. Cannabis war keine Option, da die allgegenwärtigen Drogenspürhunde das zu leicht fanden. Etwa 95% der Soldaten kamen nach ihrer Rückkehr in die USA wieder weg von der Droge, die meisten ohne irgendeine professionelle Hilfe. Deshalb ist es auch besonders zynisch, nach aktueller Rechtslage in Deutschland von einem Drogensüchtigen zuerst zu verlangen, von der Droge weg zu kommen. Erst danach könne der Staat ihm oder ihr bei der Lösung anderer Probleme helfen.

Somit stellt sich die Frage, warum gerade konservative Politiker so vehement an der repressiven Drogenpolitik festhalten wollen und bei jedem Versuch, auch nur geringfügig davon abzuweichen, den Untergang des Abendlandes heraufbeschwören. Wenn Dummheit die Erklärung ist, müßte diese schon sehr groß sein. Weitere mögliche Erklärungen sind schlicht Zynismus und Menschenverachtung, was vor allem bei den Parteien mit dem C im Namen nicht einer gewissen Ironie entbehrt. Plausibler ist aber, daß die Drogenpolitik tatsächlich zur Unterdrückung politisch unliebsamer Gruppen, vor allem im linken Spektrum dienen soll. Und dann gibt es noch die Möglichkeit, daß die Politiker, die sich so vehement gegen Drogen einsetzen, auf der Gehaltsliste der Drogenkartelle stehen, denn für diese ist die repressive Drogenpolitik ein Segen. Sie garantiert die weitgehende Abwesenheit von Konkurrenz und daraus resultierende phantastische Monopolgewinne für die Kartelle, außerdem die Abwesenheit von Qualitätskontrollen. Die Kosten, welche die Bekämpfung der Drogen für die Kartelle verursacht, einschließlich Bestechungsgelder für Politiker und Mitarbeiter von Strafverfolgungsbehörden, werden durch die Monopolpreise bei weitem überkompensiert. Zumindest für den Beginn der repressiven Drogenpolitik in den USA in den 1930er Jahren ist sehr gut dokumentiert, wie die organisierte Kriminalität Politiker und Polizisten bestochen hat, damit diese gegen die legale Abgabe von Drogen vorgehen. In vielen anderen Ländern gibt es immer wieder Fälle von Polizisten und Politikern, die sich von den Drogenkartellen bestechen ließen. Es ist nicht ersichtlich, warum das in Deutschland anders sein sollte.

f) Geld oder Freiheit

Das deutsche Strafrecht kennt hauptsächlich zwei verschiedene Sanktionen für Straftäter: Geldstrafe oder Freiheitsstrafe, also Gefängnis. Und damit die Superreichen nicht zu sehr durch Strafen belastet werden, ist die maximale Höhe von Geldstrafen auf 10,8 Millionen Euro gedeckelt. Das entspricht 360 Tagessätzen zu je 30.000 Euro. Seit einer Reform in den 1970er Jahren wird eine Geldstrafe nicht mehr als absoluter Betrag festgesetzt, sondern nach Tagessätzen bemessen. Die Anzahl der Tagessätze soll sich dabei nach der schwere der Tat und der persönlichen Schuld des Täters richten, während die Höhe eines Tagessatzes sich nach dem Einkommen des Täters richten soll, in der Regel dem Nettoeinkommen. Damit macht nicht nur die absolute Obergrenze von Geldstrafen diese unsozial. Jemand, der arm ist, kein Vermögen, oder gar Schulden hat, kann ein Monatseinkommen, also 30 Tagessätze, nur sehr schwer entbehren, vor allem, wenn er oder sie zu dem Fünftel der Bevölkerung gehört, das über keinerlei Rücklagen oder Vermögen verfügt und sich die Geldstrafe im Wortsinn vom Mund absparen muß. Sind Einkommen oder auch Vermögen dagegen hoch genug ist, belastet der Verlust eines Monatseinkommens kaum. Geldstrafen, und das sind inzwischen fast 80% aller Strafen, treffen also vor allem arme Täter.

Freiheitsstrafe kann tatsächlich lebenslang sein, allerdings nur, wenn zusätzlich zur lebenslangen Freiheitsstrafe angeordnet oder im Urteil die besondere Schwere der Schuld festgestellt wird. Ist beides nicht der Fall, wird die lebenslange Freiheitsstrafe nach 15 Jahren zur Bewährung ausgesetzt, es sei denn, der

Straftäter hat sich während der Haft noch etwas anderes zu Schulden kommen lassen. Zwei Drittel aller Freiheitsstrafen werden aber zur Bewährung ausgesetzt. Der Täter muß also gar nicht ins Gefängnis. Der Staat hebt sozusagen nur den drohenden Zeigefinger. Ins Gefängnis muß der Täter nur, wenn er innerhalb der Bewährungsfrist, meist zwei oder drei Jahre, wieder eine Straftat begeht, oder besser gesagt, dabei erwischt wird.

Lange Zeit war zusätzlich zu Geld- oder Freiheitsstrafe der Entzug des Führerscheins oder ein Fahrverbot nur bei Verkehrsstraftaten möglich. Nach jahrzehntelanger Diskussion unter Juristen ist seit 2017 ein maximal sechsmonatiges Fahrverbot als Strafe auch bei anderen Straftaten also solchen mit Bezug zum Straßenverkehr möglich.

Weitere Sanktionen sind nur als Auflagen zusätzlich zur eigentlichen Strafe zum Beispiel als Voraussetzung für die Aussetzung einer Freiheitsstrafe zur Bewährung möglich. Hier ist das Spektrum der Möglichkeiten ein wenig größer, aber mit Schadenswiedergutmachung, Geldbußen oder gemeinnütziger Arbeit immer noch recht eingeschränkt. Gründe hierfür sind nicht ersichtlich, denn im Jugendstrafrecht sind deutlich mehr Sanktionsmöglichkeiten vorgesehen. Hier können Auflagen auch als alleinige Sanktion verhängt werden, nicht nur zusätzlich zu einer Jugendstrafe (Freiheitsstrafe). Stichhaltige Gründe, warum das nicht auch im Erwachsenenstrafrecht möglich ist, sind nicht erkennbar. Außerdem gibt es die Möglichkeit, einen sogenannten „Arrest" zu verhängen. Dabei handelt es sich im Grunde auch um eine Haftstrafe, aber nur für ein Wochenende (Freizeitarrest) oder von einer bis zu vier Wochen (Dauerarrest). Das soll den Jugendlichen einen Vorgeschmack auf Haft geben und so als Warnung dienen, damit sie überlegen können, ob sie das wirklich als Folge kriminellen Handels riskieren wollen. Warum das nicht auch bei Erwachsenen eine entsprechende Wirkung haben sollte, ist nicht ersichtlich.

Besonders vielfältig sind im Jugendstrafrecht die sogenannten Weisungen. So können sogenannte „soziale Trainingskurse" angeordnet werden, bei Gewaltstraftaten oft in Form eines Antigewalttrainings. Auch kann ein Täter-/Opferausgleich angeordnet werden. Das ist besonders dann sinnvoll, wenn die Straftat auf einem fortbestehenden Konflikt zwischen Täter und Opfer beruht, und soll helfen, diesen Konflikt zu lösen. Außerdem kann dem Täter so die Perspektive des Opfers näher gebracht werden und eine Versöhnung erleichtert werden. Während im Jugendstrafrecht ein solcher Täter-/Opferausgleich vom Gericht angeordnet werden kann, ist dies im Erwachsenenstrafrecht etwas, was der Täter nur freiwillig machen kann, um dadurch eine Strafmilderung zu erreichen. Schließlich kann dem Jugendlichen für eine bestimmte Zeit ein Betreuer zugewiesen werden, der ihm oder ihr helfen soll, das Leben zu ordnen und straffrei zu bleiben. Auch diesbezüglich ist nicht ersichtlich, warum das nicht auch im Erwachsenenstrafrecht sinnvoll wäre.

Eine besondere Strafe ist die Ersatzfreiheitsstrafe. Sie wird verhängt, wenn jemand eine gegen ihn verhängte Geldstrafe nicht zahlen will oder kann. Im ersteren Fall ist das nicht wirklich zu beanstanden, weil der Betroffene die Ersatzhaft ja einfach durch Zahlung der geschuldeten Geldstrafe abwenden könnte. Ist der Täter aber nicht in der Lage, seine Geldstrafe zu zahlen, weil er schlicht nicht genug Geld dafür hat, führt die Ersatzhaft zu einem speziellen Armenstrafrecht, quasi wie der mittelalterliche Schuldturm. Dies trifft zum Beispiel häufig Schwarzfahrer (juristisch: Erschleichen von Beförderungsleistungen, § 265a StGB), die oft deshalb schwarz fahren, weil sie sich den Fahrschein einfach nicht leisten können. Erst recht können sie sich dann eine Geldstrafe nicht leisten. Schwarzfahrer einzusperren erscheint ebenso absurd wie Menschen nur deshalb einzusperren, weil sie kein Geld haben. Ein spezielles Armenstrafrecht ist für eine moderne westliche Gesellschaft unwürdig.

g) Wenn Kinder morden

Schließlich ist das Alter noch ein wichtiger Aspekt im Strafrecht, denn unter 14-Jährige, rechtlich Kinder, sind nicht strafmündig. Sie können also nicht bestraft werden, egal was sie tun, auch nicht, wenn sie einen anderen Menschen töten. Dabei geschieht das gar nicht so selten. Die Kriminalstatistik listet für die letzten Jahre jeweils eine niedrige zweistellige Zahl von solchen Fällen auf. Der Mord an der 12-jährigen Luise im Frühjahr 2023, begangen von einem 12- und einem 13-jährigen Mädchen erlangte landesweite Aufmerksamkeit. Zwar befinden sich die Täterinnen nach Angaben der Landesregierung NRW in einer „therapeutischen Einrichtung", aber weitere Sanktionen sind rechtlich kaum möglich. Häufig gibt es gar keine Sanktionen für die jungen Täter. Zwar sieht das Kinder- und Jugendhilferecht im achten Teil des SGB gewisse Möglichkeiten vor, auf solche Taten zu reagieren, aber zum einen liegt es völlig im Ermessen der Jugendämter, ob sie überhaupt auf die Taten reagieren, und zum anderen sind die möglichen Sanktionen sehr beschränkt. Die Einweisung in ein geschlossenes Kinderheim ist nur bis zur Volljährigkeit möglich, aber weder die zuständigen Jugendämter noch die zuständige Familiengerichte haben Erfahrungen mit Strafverfahren und erscheinen daher völlig ungeeignet, solche Taten zu ahnden. Trotz der relativ hohen Zahl solcher Fälle und auch einer immer höheren Zahl anderer Gewalttaten durch Kinder, gibt es unter den politisch Verantwortlichen bisher noch nicht einmal eine Diskussion über Ergänzungen oder Änderungen des Rechts, um angemessen auf Straftaten von Kindern reagieren zu können.

5. Steuerrecht

Das deutsche Steuerrecht ist berüchtigt für seine Komplexität, in weiten Teilen wohl zu recht. Wie bereits erwähnt, gibt es für fast jede Steuer ein eigenes Gesetz, das jeweils detaillierte Vorschriften zu Steuersätzen, in vielen Fällen auch umfangreiche Vorschriften zur Ermittlung der Besteuerungsgrundlagen enthält, zum Beispiel bei Einkommens- und Gewinnsteuern. Aber damit nicht genug: Zusätzlich zu den Steuergesetzen gibt es noch unzählige Verwaltungsvorschriften zu allen möglichen Fragen des Steuerrechts und des Verwaltungsverfahrens in Steuersachen. Ferner gibt es zu den verschiedenen Steuergesetzen Verwaltungsrichtlinien, die festlegen, wie die Steuergesetze von der Finanzverwaltung auszulegen sind, und dann gibt es noch Schreiben des Bundesfinanzministeriums an die Finanzämter, in denen das Ministerium die Finanzämter an seinen Ansichten zu bestimmten Fragen des Steuerrechts teilhaben läßt. Zwar sind weder Verwaltungsvorschriften noch Verwaltungsrichtlinien noch die Schreiben des Finanzministeriums rechtlich für den Bürger verbindlich, aber die Finanzbeamten sind verpflichtet, sich an all diese Vorschriften, Richtlinien und Ministeriumsvorgaben zu halten. So entfalten sie schließlich für den betroffenen Bürger doch eine rechtliche Relevanz.

a) Gewinn und Steuer

Vor allem für Unternehmen gibt es sehr umfangreiche Vorschriften darüber, wie sie ihre Bücher zu führen haben. Die hierzu ergangenen Verwaltungsvorschriften und Verfügungen befassen sich zum Teil sehr detailliert damit, wie Unternehmen ihren Gewinn berechnen sollen. Damit nicht genug, unterscheidet sich die Art der Gewinnermittlung nach dem Körperschaftsteuergesetz in wesentlichen Punkten von derjenigen des Gewerbesteuergesetzes. Daher weicht der für die Körperschaftsteuer, also die Einkommensteuer für Unternehmen, zu ermittelnde Gewinn häufig von dem ab, der für die Gewerbesteuer, einer Steuer welche die Unternehmen zusätzlich an die Gemeinden zahlen müssen, maßgeblich ist. Außerdem unterscheiden sich beide Formen der Gewinnermittlung von den Buchführungsvorschriften im Handelsgesetzbuch, so daß sehr viele Unternehmen jedes Jahr ihren Gewinn schon nach deutschem Recht auf drei verschiedene Arten ermitteln müssen. Ist ein Unternehmen an der Börse notiert, muß es in der Regel noch eine Gewinnermittlung nach internationalen Standards vornehmen, die sich wiederum von den drei genannten Arten der Gewinnermittlung nach deutschem Recht unterscheidet, so daß es im Zweifel einen Jahresgewinn in vier verschiedenen Höhen ermitteln und ausweisen muß.

Besonders kleinlich ist der Staat bei Einzelhandel und Gastronomie. Hier hat er detaillierte Vorschriften erlassen, welche Eigenschaften eine elektronische Registrierkasse haben muß, insbesondere die Daten der Zahlungsvorgänge so zu speichern, daß sie nicht nachträglich verändert werden können. Ergänzt wird das Ganze durch die zur allgemeinen Bekanntheit gelangte Bonpflicht, also der Pflicht, jedem Kunden einen Beleg über den Zahlvorgang auszuhändigen. Offensichtlich unterstellt der Staat allen Einzelhandelsgeschäften und Gastronomiebetrieben, daß sie wesentliche Teile ihres Umsatzes schwarz, also am Staat vorbei unter Hinterziehung der anteiligen Steuern machen wollen. Dabei ist zu beachten, daß in großen Gastronomie- und Einzelhandelsbetrieben, vor allem bei Ketten, die zahlreiche Geschäfte, bzw. Restaurants oder Cafés betreiben, Umsätze an der Kasse schwarz zu machen schon deshalb faktisch ausgeschlossen ist, da die Kassen dort teil eines umfassenden IT-Systems sind, das alle Abläufe im Unternehmen steuert und überwacht, unter anderem Warenwirtschaft und Logistik, aber auch die Überwachung der Mitarbeiter. Gerade in großen Unternehmen haben die Verantwortlichen oft mehr Angst davor, daß ihre Mitarbeiter sie betrügen als ein Interesse daran, über die Manipulation von Kassendaten Steuern zu hinterziehen. Auch rein organisatorisch wäre eine solche Manipulation nur mit unverhältnismäßigem Aufwand so umzusetzen, daß sie bei Steuerprüfungen nicht sofort auffallen würde. Das bedeutet aber, daß die Regelungen zur Bonpflicht und zu den Anforderungen an Registrierkassen ausschließlich auf inhabergeführte kleine Ladenlokale, Cafés und Restaurants abzielen und damit im Einzelfall auf mögliche Steuerhinterziehungen von durchschnittlich vielleicht vierstelligen Beträgen jährlich. Auch solche Steuerhinterziehungen sind natürlich illegal und strafbar. Dabei wird aber übersehen, daß die genannten Regeln gerade für kleine Unternehmen erhebliche Kosten verursachen, für das Ziel der Bekämpfung von Steuerhinterziehung aber völlig ungeeignet sind, denn erstens muß eine elektronische Registrierkasse zwar den vom Gesetzgeber vorgegebenen Anforderungen genügen, aber nur, wenn eine solche Kasse überhaupt vorhanden ist. Das ist aber gar nicht vorgeschrieben. Der Ladenbesitzer kann auch entscheiden, daß ihm eine einfache Geldkassette reicht. Dann muß er auch keine Belege für seine Kunden ausstellen. Und zweitens bieten die genannten Vorschriften keine Gewähr dafür, daß Umsätze überhaupt durch die Kasse laufen. Daran ändern auch die im Gesetz vorgesehenen unangekündigten und in der Regel verdeckten Kassenprüfungen durch die Finanzbehörden nichts, denn nahezu alle inhabergeführten Geschäfte haben Stammkunden, bei denen der Eigentümer sicher sein kann, daß sie nicht vom Finanzamt kommen. So bieten die genannten Vorschriften ein weiteres Beispiel dafür, wie der Staat bei seinen Bürgern erheblichen und letztlich völlig sinnlosen Aufwand verursacht.

Auf der anderen Seite können vor allem große Unternehmen, die über Niederlassungen in mehr als einem Land verfügen, durch völlig legale Buchführungstricks Steuern vermeiden, indem sie Gewinne einfach dorthin verlagern, wo die Steuern am niedrigsten sind. Nach Schätzungen der EU entgehen Deutschland hierdurch über 150 Milliarden Euro Steuereinnahmen, jedes Jahr. Hiergegen erläßt der Staat – fast – gar keine Regeln, obwohl die daraus für die Staatskasse entstehenden Einnahmeverluste ein Vielfaches dessen ausmachen, was kleine Ladenbesitzer jemals an Steuern hinterziehen könnten.

b) Lohn und Steuer

Noch kleinlicher als bei Kleinunternehmen ist der Staat bei Arbeitnehmern. Diese müssen nicht nur Lohn und Gehalt versteuern, sondern darüber hinaus alles, was sie von ihrem Arbeitgeber erhalten, und was einen sogenannten geldwerten Vorteil bzw. Sachbezug darstellt. Dazu gehören zum Beispiel kostenlose Mahlzeiten und Mitarbeiterrabatte auf die Waren eines Unternehmens, wenn sie über einen bestimmten Betrag hinausgehen. Wenn Ihr Arbeitgeber Ihnen also Frühstück und Mittagessen am Arbeitsplatz zur Verfügung stellt, müssen Sie dafür jeweils einen gewissen Betrag versteuern. Der Staat ißt quasi mit.

Die Vorschriften, wie die private Nutzung eines vom Arbeitgeber zur Verfügung gestellten PKWs zu versteuern ist, erstrecken sich nicht nur über mehrere Paragraphen, sondern diese sind auch noch auf verschiedene Gesetze verteilt und würden insgesamt mehrere Seiten in diesem Buch füllen.

Auch sonst gibt es für fast jede nur erdenkliche Leistung eines Arbeitgebers an seine Arbeitnehmer eine gesonderte Regelung, ob und in welcher Höhe diese zum Einkommen hinzugerechnet werden muß. So können Brauereien zum Beispiel Bier im Wert von bis zu 1.080 Euro im Jahr steuerfrei an ihre Mitarbeiter abgeben als sogenannten Haustrunk.

Ähnlich kleinlich wie beim Einkommen eines Arbeitnehmers ist der Staat bei dessen Ausgaben, soweit sie vom zu versteuernden Einkommen abgezogen werden können. Besonders hohes Streitpotential bietet dabei das häusliche Arbeitszimmer. Hier geht das Einkommensteuergesetz davon aus, daß die Kosten für ein solches Zimmer grundsätzlich nicht vom Einkommen abgezogen werden können, es sei denn, dieses Arbeitszimmer stellt „den Mittelpunkt der gesamten betrieblichen und beruflichen Betätigung" dar. Wann das der Fall ist, wird von den Gerichten sehr restriktiv ausgelegt und von den Finanzämtern noch restriktiver, so daß die Rechtsprechung nur dazu inzwischen ganze Bände füllt. Dafür dürfen inzwischen aber für jeden Homeofficetag, deren Zahl durch die Coronapandemie drastisch angestiegen ist, 6 Euro vom Einkommen abgezogen werden, maximal aber 1.260 Euro im Jahr. Allerdings gibt es auch davon wieder Ausnahmen.

c) Mehrwert

Die wohl bekannteste Steuerart ist die Mehrwertsteuer, die eigentlich Umsatzsteuer heißt. Allgemein bekannt ist, daß es einen allgemeinen Umsatzsteuersatz von 19% und einen ermäßigten von 7% gibt. Weniger bekannt ist, daß es noch drei weitere Umsatzsteuersätze gibt, nämlich 0%, zum Beispiel für Medikamente und Leistungen von Ärzten, außerdem unter bestimmten Voraussetzungen 5,5% für alles, was Forstbetriebe erzeugen, und schließlich für Landwirte 9%. Dieser Satz gilt theoretisch auf für Winzer, nicht aber für alkoholische Getränke.

Es gibt einen mehrseitigen Anhang zum Umsatzsteuergesetz, in dem im einzelnen geregelt ist, welche Waren zum ermäßigten Umsatzsteuersatz von 7% verkauft werden dürfen. Konkret bedeutet das, daß wirklich fast jedes Produkt einzeln benannt ist, also zum Beispiel nicht pauschal Nutztiere, sondern jede Tierart ist einzeln aufgeführt, so daß zum Beispiel Landwirte, die Alpakas, Straußenvögel oder Bisons züchten, Pech gehabt haben, denn diese Tierarten sind in der genannten Liste nicht aufgeführt und müssen zu einem Umsatzsteuersatz von 19 % verkauft werden. Auch bei Gemüse sind die unter den ermäßigten Umsatzsteuersatz fallenden Arten einzeln aufgezählt, während Obst pauschal unter Früchte fällt. Obstsaft fällt aber nicht unter den ermäßigten Satz, Smoothies dagegen schon.

Besonders absurd wird das Ganze bei Coffee to go. Auf einen Kaffee als Getränk entfallen 19% Umsatzsteuer, bei Verzehr im Lokal immer und unabhängig von der Art des Kaffees. Will der Kunde den Kaffee jedoch mitnehmen, kommt es auf die Art des Kaffees an. Auf einen normalen, schwarzen Kaffee entfallen auch hier 19% Umsatzsteuer, auf einen Latte Macchiato hingegen 7%, wenn er mit Kuhmilch gemacht wird. Wird dagegen mit Soja- oder Hafermilch verwendet, sind es 19%. Schwierig wird es bei Cappuccino. Wird dieser mit einem drittel Espresso und zwei Dritteln Milch gemacht, wie bei Google angegeben, entfallen darauf 19% Umsatzsteuer. Wird er dagegen mit nur ca.

20% Espresso und dem Rest Milch gemacht, wie bei Wikipedia angegeben, sind es nur 7%, natürlich auch hier nur, wenn die Milch Kuhmilch ist. Bei Soja- oder Hafermilch sind es wieder 19%. Das würde einfach als skurrile Anekdote des deutschen Steuerrechts durchgehen, hat für die Verkäufer von Coffee to go aber reale Konsequenzen, da sie diesen Unsinn in ihrem Kassensystem korrekt abbilden müssen. Erheben sie zu wenig Umsatzsteuer, weil sie bei einer Kaffeevariante nur 7, statt der tatsächlich anfallenden 19% Umsatzsteuer berechnen und abführen, ist das Steuerhinterziehung.

6. (Un-)Sozialrecht

Das deutsche Sozialrecht ist vieles, aber eines ganz sicher nicht: Sozial. Und zwar auf allen Ebenen, von den Beiträgen über die Gremien bis zu den Leistungen. Die Ursprünge der Sozialversicherungen reichen bis ins Mittelalter zurück. Es begann mit Selbsthilfeeinrichtungen von Bergleuten und Handwerkern, die vor allem im Krankheits- und Todesfall einen minimalen Lebensunterhalt für die betroffenen, bzw. ihre Familien sicherstellen sollten, und schon damals wurde von einigen Fürsten die Mitgliedschaft in solchen Selbsthilfeeinrichtungen zum Beispiel für alle Angehörigen des jeweiligen Berufs, vor allem für Bergleute vorgeschrieben.

Ein richtiger rechtlicher Rahmen für die Sozialversicherungen wurde aber erst im Laufe des 19. Jahrhunderts geschaffen, und von Anfang an wurde die Ungerechtigkeit in diesem System angelegt, denn es gab schon damals die sogenannten Beitragsbemessungsgrenze. Während im Steuerrecht Geringverdiener von einem Freibetrag profitieren, auf den sie gar keine Steuern zahlen, müssen Arbeitnehmer von jedem Euro Bruttogehalt Sozialabgaben für Rente, Arbeitslosen-, Kranken- und Pflegeversicherung zahlen und zwar von jedem Euro, den sie verdienen, den gleichen Teil, egal ob sie 12.000 Euro im Jahr verdienen oder 60.000. Wenn Sie noch mehr verdienen, greift aber bald die Beitragsbemessungsgrenze, so daß Ihre Beiträge für Arbeitslosen-, Kranken- und Pflegeversicherung dann mit noch weiter steigendem Einkommen nicht weiter steigen. Für die Rentenversicherung ist die Beitragsbemessungsgrenze etwas höher, als für die anderen Sozialversicherungen, aber auch da gibt es einen Höchstbeitrag, so daß Spitzenverdiener in Relation zu ihrem Einkommen deutlich niedrigere Sozialbeiträge zahlen als Geringverdiener.

a) Bürgergeld und mehr

Viel öffentliche Aufmerksamkeit zog die vermeintliche Einführung des Bürgergelds auf sich, obwohl es sich tatsächlich nur um eine Änderung der Bezeichnung handelte. Was vorher Arbeitslosengeld II war, im allgemeinen Sprachgebrauch meist Hartz IV genannt, heißt nun Bürgergeld. Die mit der Namensänderung verbundene Erhöhung der Leistungen hätte es auch ohne Namensänderung gegeben, da sie aufgrund der relativ hohen Inflation seit Beginn des Ukrainekriegs zwingend war. Die vor allem von Unionspolitikern immer wieder geforderte Reduzierung der Leistungen wäre nach der Rechtsprechung des Bundesverfassungsgerichts schlicht verfassungswidrig. Dasselbe gilt für die von diesen Politikern immer wieder geforderten schnelleren und stärkeren Leistungskürzungen für solche Bürgergeldempfänger, die nicht immer unverzüglich allen ihren Pflichten nachkommen. Auch das wäre nach der Rechtsprechung des höchsten deutschen Gerichts verfassungswidrig.

Eine besondere Absurdität des deutschen Sozialrechts ist die Koexistenz von Bürgergeld und Sozialhilfe. Faktisch handelt es sich um dieselben Leistungen, nur daß Bürgergeldempfänger grundsätzlich arbeitsfähig sein müssen, während Sozialhilfeempfänger grundsätzlich nicht arbeitsfähig sind, es sei denn, sie leben mit einem Bürgergeldempfänger in einer sogenannten „Bedarfsgemeinschaft". Dann bekommen auch sie Bürgergeld statt Sozialhilfe. Andererseits bekommen Rentner, die noch ein wenig arbeiten, Sozialhilfe, wenn Rente und Zuverdienst zusammen immer noch unter den Sozialhilfesätzen liegen.

Die „Bedarfsgemeinschaft" ist ohnehin einer der perfidesten Begriffe im Sozialrecht. Die Idee dahinter ist, daß zum Beispiel Mitglieder einer Familie keine Sozialleistungen erhalten sollen, wenn der Lebensunterhalt der Familie durch eines oder mehrere der Familienmitglieder sichergestellt ist. Innerhalb einer Familie, bei der die Eltern verheiratet sind, ist das rechtlich insofern akzeptabel, als es dann zwischen den Familienmitgliedern Unterhaltsansprüche aus dem Familienrecht bestehen. Ist ein Paar nicht verheiratet, wird es sozialrechtlich aber trotzdem als Bedarfsgemeinschaft behandelt. Damit ist der Partner, der selbst kein Geld verdient, dem anderen Partner wirtschaftlich völlig ausgeliefert, ein vom Staat bewußt geschaffener paradiesischer Zustand für toxische Beziehungen und ein Alptraum für die Opfer derselben. Und nicht nur der Partner des Alleinverdieners ist diesem auf Gedeih und Verderb ausgeliefert, sondern auch dessen Kinder, denn auch deren Anspruch auf Sozialleistungen wird mit dem Einkommen desjenigen, der – vermeintlich – die Familie ernährt, verrechnet, auch dann, wenn die Person, von deren Einkommen die Familie lebt, gar kein Elternteil der Kinder ist. In dem Fall haben auch die Kinder keinen zivilrechtlichen Unterhaltsanspruch gegen ihr Stiefelternteil, sind also genauso wie ihr echtes Elternteil auf das Wohlwollen des Stiefelternteils angewiesen, mit dem Unterschied zu ihrem echten Elternteil, daß sie ihr Stiefelternteil nicht einfach verlassen können, solange sie noch minderjährig sind.

Eine Zeit lang brachte das Rechtsinstitut der Bedarfsgemeinschaft viele Wohngemeinschaften in Bedrängnis, da die Behörden schlicht bei jeder Form von Zusammenleben Bedarfsgemeinschaften vermuteten und versuchten, den Bewohnern die Beweißlast dafür aufzubürden, daß eine solche nicht vorliegt. Parallel dazu gab es Kontrollen der Behörden in den Wohnungen, um zu überprüfen, ob es sich denn wirklich nur um eine

WG oder doch um eine Beziehung zwischen den Bewohnern handelt. Es dauerte einige Jahre, bis die Gerichte diesem Unsinn ein Ende bereiteten. Vereinzelte entsprechende Kontrollen bei Bürgergeldempfängern gibt es aber immer noch, auch wenn die allermeisten davon rechtswidrig sind.

Besonders kompliziert sind die Regelungen für die Anrechnung von Einkommen von Bürgergeldbeziehern. Grundsätzlich sind für einen Bürgergeldempfänger 100 Euro Einkommen pro Monat anrechnungsfrei. Soviel darf jemand also dazu verdienen, ohne daß das Bürgergeld gekürzt wird. Stammen die Einnahmen aber aus einer Aufwandsentschädigung zum Beispiel für eine ehrenamtliche Tätigkeit, werden bis zu 3.000 Euro im Jahr, also 250 Euro pro Monat nicht angerechnet. Kinder von Bürgergeldempfängern, die mit ihren Eltern in einer Bedarfsgemeinschaft leben und nicht älter als 25 Jahre sind, dürfen bis zu 520 Euro monatlich verdienen, ohne daß dies auf das Bürgergeld angerechnet würde. Der Sinn hinter dieser Regelung ist, daß Kinder aus Familien, die von staatlichen Leistungen leben, lernen sollen, daß sich eigene Leistung lohnt.

Verdient ein erwachsener Bürgergeldempfänger mehr als 100 Euro im Monat dazu, darf er von diesem Mehrverdienst 20% behalten. 80% werden also auf das Bürgergeld angerechnet. Damit hat ein Bürgergeldempfänger, der einer geringfügigen Beschäftigung nachgeht, also einen Minijob mit einem Monatsgehalt von 520 Euro hat, 204 Euro mehr also ohne den Minijob. Verdient er noch mehr, so kann er von dem Betrag über 520 Euro bis zu 1.000 Euro 30% behalten, von einem Betrag über 1.000 Euro bis zu 1.200 Euro monatlich nur noch 10%. Um aber 1.200 Euro netto zu verdienen, muß er ein Bruttoeinkommen von ca. 1.500 Euro erzielen, denn davon werden, wie oben ausgeführt, gut 20% Sozialabgaben abgezogen. Von dem Rest werden dann 348 Euro nicht auf das Bürgergeld angerechnet. 1.500 Euro monatlich entsprechen etwa 28 Wochenstunden Arbeitszeit zum Mindestlohn für insgesamt 348 Euro mehr also ganz ohne

Arbeit. Mit dem Hinzuverdienst erhält er 2024 in Köln dann immer noch ca. 360 Euro Bürgergeld einschließlich Miete.

Während der Staat bei Kindern von Bürgergeldempfängern in Hinblick auf deren eigenes Einkommen inzwischen großzügiger geworden ist, zeigt er sich bei Geschenken für diese Kinder nach wie vor sehr kleinlich, mit einer Ausnahme: Insbesondere bei Geldgeschenken besteht die Gefahr, daß das Jobcenter auf die Idee kommt, sie vom Bürgergeld abzuziehen. Das ist nur dann nicht der Fall, wenn sie als sozialadäquat angesehen werden. Dies wird zum Beispiel für kleinere Geldgeschenke zu Weihnachten oder zum Geburtstag angenommen. Geldgeschenke ohne einen solchen Anlaß können allerdings angerechnet werden, sofern sie 10 Euro monatlich übersteigen. Die große Ausnahme davon sind Geldgeschenke zur Erstkommunion, Konfirmation, Firmung oder vergleichbarer religiöser Feste oder zur Jugendweihe. Diese sind bis zu einer Höhe von 3.100 Euro pro Kind anrechnungsfrei – Pech für diejenigen Kinder, in deren Leben es ein solches Fest nicht gibt, zum Beispiel weil sie nicht religiös sind oder einer Religion angehören, die ein vergleichbares Fest nicht kennt. Besonders bemerkenswert: Katholische Kinder können als einzige mit Erstkommunion und Firmung doppelt von dieser Regelung profitieren. Der Verstoß dieser Regelung gegen Art. 3 Abs. 3 GG, der eine Diskriminierung wegen des Glaubens oder der religiösen Anschauung verbietet, ist offensichtlich.

Erstaunlich ist, daß die Leistungen beim BaföG, die genauso wie das Bürgergeld den Lebensunterhalt der jeweiligen Empfänger sicherstellen sollen, deutlich niedriger sind als beim Bürgergeld. Während ein Bürgergeldempfänger 2024 zum Beispiel in Köln bis zu 1.214 Euro monatlich für Lebensunterhalt und Miete erhält, bekommt ein Student, der dort studiert und nicht bei seinen Eltern wohnt, nur maximal 855 Euro (ohne Zuschuß zur Kranken- und Pflegeversicherung), ein Schüler sogar nur 666 Euro monatlich. Warum das Leben für Schüler und Studenten soviel billiger sein soll als für andere Menschen, ist nicht ersichtlich. Das Bundesverfassungsgericht sah 2024 aber keinen Grund, diese Diskrepanz zu beanstanden. Darüber hinaus müssen Studenten beim BaföG nach einigen Semestern Leistungsnachweise erbringen, also nachweisen, daß sie erfolgreich studieren. Gelingt ihnen das nicht, wird das BaföG gestrichen. Auch wenn sie für ihr Studium länger brauchen als in der jeweiligen Studienordnung vorgesehen, erhalten sie für die zusätzlichen Semester kein BaföG mehr, bekommen aber auch kein Bürgergeld, solange sie noch studieren. Die sogenannte Förderungshöchstdauer orientiert sich immer an der in den jeweiligen Studienordnungen unter normalen Bedingungen vorgesehenen kürzest möglichen Studiendauer. Daß die durchschnittliche Studiendauer in praktisch allen Studiengängen deutlich darüber liegt, ignoriert der Gesetzgeber. Die Einkommensgrenzen für die Eltern von BaföG-Empfängern sind inzwischen so niedrig, daß es ausgeschlossen ist, daß jemand, der den BaföG-Höchstsatz erhält, für sein Studium finanzielle Unterstützung von den Eltern bekommt, wenn das BaföG wegfällt. Ist das Studium bis dahin nicht beendet und ein auskömmlicher Nebenjob nicht in Sicht, bleibt häufig nur der Abbruch des Studiums, was nicht nur volkswirtschaftlich Irrsinn ist.

b) Alt und krank

Wenn Sie krank sind, gehen Sie zum Arzt oder ins Krankenhaus, und ihre Krankenkasse bezahlt. Denn sie haben eine Krankenkasse. Immerhin sind Sie in Deutschland verpflichtet, eine zu haben. Ob Sie sich eine leisten können, ist dem Gesetzgeber egal. Schätzungen zufolge haben zwischen 500.000 und einer Million Menschen in Deutschland keine Krankenversicherung, ganz überwiegend, weil sie sich schlicht keine leisten können. Wenn allerdings ein Arbeitsunfall Ursache für ihren Arzt- oder Krankenhausbesuch ist, zahlt die zuständige Unfallversicherung dafür. In Deutschland gibt es Ende 2024 ganze 96 verschiedene gesetzliche Krankenversicherungen und 33 verschiedene Unfallversicherungen. Während die Unfallversicherungen direkt an die Ärzte zahlen, fließt das Geld der Krankenversicherung für die Ärzte an die kassenärztlichen Vereinigungen. Davon gibt es in Deutschland 17, für jedes Bundesland eine, außer Nordrhein-Westfalen, da gibt es davon zwei. Daraus ergeben sich insgesamt 1.632 verschiedene Vertragsbeziehungen zwischen gesetzlichen Krankenkassen und kassenärztlichen Vereinigungen. Dafür rechnet jede Arztpraxis dann nur mit der jeweils zuständigen kassenärztlichen Vereinigung ab.

Benötigen Sie nach ihrer Behandlung eine Reha, wird diese aber nicht von Ihrer Krankenkasse bezahlt, sondern von Ihrer Rentenversicherung, es sei denn, Sie sind schon in Rente. Dann zahlt die Krankenkasse die Reha. Benötigen Sie Pflege, zahlt die Pflegeversicherung – zum Teil, und zwar meist zu einem geringen Teil. Bei der Pflegeversicherung sind alle Leistungen gedeckelt und zwar fast immer so, daß sie den Bedarf nicht einmal ansatzweise decken. Bei einer Unterbringung in einem Pflegeheim deckt die Pflegeversicherung meist noch nicht einmal ein Drittel der Kosten. Aber auch für eine Pflege zu Hause reichen die Leistungen der Pflegekasse bei weitem nicht. Können Sie die Differenz selbst nicht oder nicht vollständig aufbringen, haben Sie Anspruch auf Grundsicherung, es sei denn, ihre Kinder verdienen sehr gut. Verdient mindestens eines Ihrer Kinder mehr als 100.000 Euro brutto im Jahr, muß dieses Unterhalt zahlen. Dabei bedeutet die Grenze von 100.000 Euro brutto nicht, daß Ihr Kind alles, was darunter liegt, behalten darf. Verdient es 100.001 Euro im Jahr, muß es bereits etwa 1.000 Euro monatlich Unterhalt an sie zahlen, vorausgesetzt, es lebt allein und hat keine eigenen Kinder. Aber auch wenn Sie in Pflege sind, zahlt die Krankenkasse immer noch Arzt, Krankenhaus und Medikamente.

Schwierig wird es, wenn nicht klar ist, welche Sozialversicherung für eine Behandlung oder Pflege aufkommen muß. Hier fehlt im Sozialrecht eine Regelung, daß die Kosten zunächst einmal von einer der Sozialversicherungsträger übernommen werden müssen. Im Extremfall müssen Sie mehrere Gerichtsverfahren gegen verschiedene Sozialversicherungsträger führen, bis Gerichte verbindlich festgestellt haben, welcher Träger zahlen muß.

Besonders komplex sind die Regelungen zur Krankenhausfinanzierung. Grundsätzlich gilt hier das sogenannte duale System, das bedeutet, daß die Krankenkassen die Betriebskosten der Krankenhäuser tragen und die Bundesländer deren Investitionskosten. Nur funktioniert das bei immer weniger Krankenhäusern. Weder reichen die Zahlungen der Krankenkassen an die Krankenhäuser zur Deckung von deren Betriebskosten, noch stellen die Bundesländer genug Geld für die notwendigen Investitionen in die Krankenhäuser zur Verfügung. Die Leistungen der Kassen wurden 2003 auf die sogenannten Fallpauschalen umgestellt. Während vorher hauptsächlich die Dauer eines Krankenhausaufenthalts maßgeblich für die Höhe der Zahlung der Krankenkasse an das Krankenhaus war, gibt es seitdem eine Pauschale für jede Behandlung. Während das alte System für die Krankenhäuser einen Anreiz darstellte, die Patienten solange wie möglich im Krankenhaus zu behalten, ist es bei den Fallpauschalen für die Krankenhäuser attraktiv, die Patienten möglichst früh nach Hause zu schicken, vor allem aber, eine Behandlung auch dann vorzunehmen, wenn diese nicht zwingend erforderlich ist. Daß dies gar nicht so selten vorkommt, zeigt sich daran, daß Ärzte und ihre Angehörigen, aber auch Juristen deutlich seltener operiert werden als der Bevölkerungsdurchschnitt. Auch sind die Fallpauschalen nicht fix. Führt ein Krankenhaus mehr Behandlungen durch, als eigentlich vorgesehen, greift der Fixkostendegressionsabschlag. Die Fallpauschalen werden also reduziert.

Beide Bezahlsysteme bieten jedoch keinerlei Anreize für die Krankenhäuser, ihre Leistungen besonders gut und mit ausreichend Personal zu erbringen. Die Folge ist eine immer weiter zunehmende Belastung von Pflegepersonal und Ärzten, was immer wieder zu kritischen Zuständen in den Krankenhäusern führt. Es gibt Versuche der Politik, hier gegenzusteuern, zum Beispiel durch das Pflegepersonal-Stärkungsgesetz, welches vorsieht, daß die Krankenhäuser neben den Fallpauschalen direkte Zahlungen von den Krankenkassen zur Deckung der Kosten des Pflegepersonals erhalten. Dafür werden die Fallpauschalen aber entsprechend reduziert. Daß die Regelung zu einer nachhaltigen Verbesserung der Bedingungen für das Pflegepersonal in Krankenhäusern geführt hat, ist bisher nicht ersichtlich. Inzwischen kämpft eine wachsende Zahl von Krankenhäusern mit der Insolvenz. Ob die von Karl Lauterbach Ende 2024 durchgesetzte Reform hier nachhaltig Abhilfe schaffen kann, wird sich zeigen.

c) Jung und allein

Ein von der Mehrheit der Bevölkerung kaum beachteter Bereich des Sozialrechts ist die Kinder- und Jugendhilfe. Die wesentlichen Regelungen hierzu befinden sich im 8. Buch des Sozialgesetzes. Danach haben Familien, die mit der Erziehung ihrer Kinder überfordert sind, Anspruch auf staatliche Hilfe. Und hier beginnt schon das Problem: Der Anspruch steht den Eltern zu, nicht den Kindern. Zwar können sich Kinder auch ohne ihre Eltern an das Jugendamt wenden und sich dort oder bei anderen Stellen beraten lassen. Sie können aber eine Unterstützung durch das Jugendamt nicht erzwingen. Erst wenn die Jugendlichen volljährig sind, steht ihnen der Anspruch auf Hilfe selbst zu. Allerdings endet die Hilfe eigentlich auch mit der Volljährigkeit. Das Gesetz sieht zwar eine Nachbetreuung vor, um sicherzustellen, daß die Jugendlichen ihr Leben selbst organisieren können, aber es erscheint unwahrscheinlich, daß ein Jugendlicher, der sein Leben nicht selbst organisieren kann, in der Lage ist, bei deutschen Behörden die ihm zustehende Hilfe einzufordern. Diese Jugendlichen sind daher darauf angewiesen, daß diejenigen, die sich von staatlicher Seite oder in deren Auftrag um sie kümmern, sie mit 18 Jahren nicht im Regen stehen lassen, sondern die Hilfe fortsetzen.

Das Gesetz sieht vor, daß die betroffenen Kinder und Jugendlichen in einer ihrem Alter und ihrer Entwicklung angemessenen und für sie verständlichen Form am Verfahren zu beteiligen sind. Mehr steht dazu nicht im Gesetz, keine Mindestanforderungen, keine Konkretisierung der Beteiligung, vor allem aber keinerlei Sanktionen, wenn diese Beteiligung ausbleibt. Damit ist die Vorschrift über die Beteiligung der Kinder und Jugendlichen in Verfahren der Jugendämter, die sie betreffen, reine Rechtsprosa ohne praktischen Wert. Ähnliches gilt für das Kindeswohl, auf das alle Verfahren und Maßnahmen der Kinder- und Jugendhilfe ausgerichtet sein sollen. Auch hier fehlt jede Konkretisierung des Begriffs, dessen Verwirklichung im Spektrum von linksalternativ bis rechtskonservativ extrem unterschiedlich bis hin zu völlig gegensätzlich gesehen werden dürfte. Und dabei ist noch nicht berücksichtigt, daß die Kinder und Jugendlichen selbst ebenfalls sehr unterschiedlich beurteilen dürften, was ihrem jeweiligen Wohl am besten gerecht wird. Enthält ein unbestimmter Rechtsbegriff ein derart breites Spektrum von Interpretationsmöglichkeiten, führt er nicht dazu, daß die zuständigen Behörden bei dessen Anwendung den Einzelfällen angemessen Rechnung tragen können, sondern schlicht zu völliger Willkür.

Das Gesetz enthält zwar Vorschriften zur Art der Hilfe, die Familien und deren Kindern gewährt werden kann, von einfacher Beratung bis zur Wegnahme der Kinder von den Eltern mit verschiedenen Möglichkeiten der Betreuung durch Dritte, aber weder sind die Voraussetzungen für die verschiedenen Hilfsmaßnahmen in einer Weise normiert, die den Interpretationsspielraum halbwegs einschränkt, noch ist die konkrete Ausgestaltung der Hilfsmaßnahmen entsprechend genauer beschrieben. Der eigentliche Zweck von Recht, daß Handeln staatlicher

Stellen zu regeln und vor allem zu begrenzen, wird daher völlig verfehlt.

Ebenso enthält das Gesetz eine Vorschrift, die vorsieht, daß die Kinder- und Jugendhilfe mit anderen öffentlichen Stellen zusammenarbeiten, aber auch hier fehlt jede Konkretisierung schon über das ob, geschweige denn, das wann und wie, so daß die Umsetzung auch hier völlig in der Hand der jeweils zuständigen Personen liegt.

Bezeichnenderweise hat es schon vor Jahren der Tierschutz in Art. 20a ins Grundgesetz geschafft. Mehrere Anläufe, die Rechte von Kindern im Grundgesetz zu verankern, sind dagegen gescheitert.

7. Verwaltungsrecht

Das Verwaltungsrecht ist eins der am meisten zersplitterten Rechtsgebiete überhaupt. Für jedes Gebiet gibt es mindestens ein, häufig aber auch mehrere Gesetze, Bau, Schule, Straßen, Wasser, Polizei ...

a) Bund und Länder

Aufgrund des föderalen Aufbaus Deutschlands, also der Aufteilung der Kompetenzen zwischen Bund und Ländern, gibt es für fast jedes Gebiet nicht nur Gesetze auf Bundesebene, sondern in der Regel für jedes Bundesland mindestens ein weiteres. Diese Zersplitterung gilt für fast alle Bereiche des öffentlichen Rechts, Straßen, Wasser, Raum- und Stadtplanung, Dienstrecht für die Mitarbeiter im öffentlichen Dienst ...

So gibt es beispielsweise im Baurecht das Baugesetzbuch und die Baunutzungsverordnung des Bundes und 16 verschiedene Landesbauordnungen, welche die Anforderungen an Gebäude regeln und auch wirklich verschieden sind, obwohl sich die technischen und physikalischen Anforderungen an ein Gebäude zwischen den Bundesländern nicht grundsätzlich unterscheiden dürften. Die Unterschiede in den Vorschriften verursachen aber unnötige Kosten bei Bau und Sanierung von Gebäuden, weil sie die Standardisierung von Bauteilen erschweren.

Gravierender als verschiedene Bauvorschriften sind für viele Menschen aber die erheblich umfangreicheren Unterschiede zwischen den Schulgesetzen der Bundesländer und den daraus resultierenden Unterschiede in den Schulsystemen. Für Familien mit schulpflichtigen Kindern kann so ein Umzug in ein anderes Bundesland schlaflose Nächte und Alpträume bedeuten. Nicht selten ziehen Familien aber auch nur deshalb in ein anderes Bundesland, weil sie die Schulen dort für besser halten als in dem Bundesland, aus dem sie wegziehen wollen. Dabei fordert Art. 72 Abs. 2 GG die Herstellung gleichwertiger Lebensverhältnisse in ganz Deutschland.

b) Überall Gefahr

Ähnlich deutlich wie die Schulgesetze unterscheiden sich auch die Polizeigesetze der Bundesländer voneinander. Dabei sind die darin vorgesehenen Eingriffsbefugnisse der Polizei in die Rechte der Bürger in der Regel umso gravierender, je konservativer ein Bundesland regiert wird. Hier gibt es sogar mehr als 17 verschiedene Gesetze, da es für die Bundespolizei und das Bundeskriminalamt jeweils eigene gibt. In den Bundesländern gibt es häufig verschiedene Gesetze für die Organisation der Polizeibehörden einerseits und deren Aufgaben andererseits. Wie oben schon ausgeführt, gibt es hier vor allem in den CDU-geführten Bundesländern die Tendenz, die Befugnisse der Polizei nahezu unbegrenzt zu erweitern, so daß das Bundesverfassungsgericht diesbezüglich schon mehrfach korrigierend eingreifen mußte. Dies hält die Unionsparteien allerdings nicht davon ab, immer neue Anläufe zu nehmen, die Befugnisse der Polizei über die grundgesetzlich gezogenen Grenzen hinaus auszudehnen und die Grundrechte bis zur Unkenntlichkeit zu verstümmeln, so daß inzwischen ständig mehrere entsprechende Klagen vor dem Bundesverfassungsgericht auf Entscheidung warten.

Vor allem gelüstet es die Sicherheitspolitiker der Union nach immer mehr pauschaler, anlaßloser Überwachung, wie zum Beispiel der Vorratsdatenspeicherung oder der immer stärkeren Ausweitung von Videoüberwachung im öffentlichen Raum. Begründet wird das immer mit dem gleichen – falschen – Argument, daß dies zu mehr Sicherheit führe. Insbesondere versteckte Terroristen sollen so leichter gefangen werden. Tatsächlich ist das Gegenteil der Fall. Gleicht die Suche nach versteckten Terroristen der sprichwörtlichen Suche nach der Nadel im Heuhaufen, so sorgt Massenüberwachung nicht etwa dafür, daß die Nadeln im Heuhaufen glänzender sind. Massenüberwachung vergrößert schlicht den Heuhaufen und macht es so nur noch schwieriger, wirklich gefährliche Menschen aus der Masse herauszufiltern. Das bereits genannte Beispiel der Rasterfahndung unmittelbar nach den Anschlägen vom 11. September 2001 zeigt das überdeutlich: Anstatt echte Verbrecher zu verfolgen, waren hunderte Polizisten deutschlandweit fast ein Jahr mit der Jagd nach einem Phantom sinnlos beschäftigt. Ein anderes Beispiel sind die bereits ebenfalls genannten Fluggastdaten. Das BKA wertete 2022 die Daten von über 120 Millionen Flugreisenden im Jahr aus. Das führte beim vermutlich automatischen Abgleich mit Datenbanken von tatsächlichen oder vermeintlich Terroristen und anderen für gefährlich gehaltenen Menschen zu über 440.000 Treffern. Davon sind allerdings etwa 80% falsch positive Treffer. Das heißt, Polizeibeamte mußten ca 350.000 dieser Treffer eigenhändig überprüfen, um dann festzustellen, daß sie ins Leere führen. Von den übrigen vermeintlich oder tatsächlich fast 90.000 echten Treffern betrafen weniger als 1.500 Personen, die tatsächlich zur Festnahme ausgeschrieben waren. Es ist nicht bekannt, wieviele Beamte damit ständig beschäftigt sind. Sicher ist aber, daß diese Art der Strafverfolgung hochgradig ineffizient ist.

Ein weiteres Beispiel ist der Versuch der automatischen Gesichtskontrolle am Berliner Bahnhof Südkreuz, der von der Bundespolizei aus unerfindlichen Gründen sehr positiv bewertet wurde. Unter den dortigen Versuchsbedingungen ergab sich eine Rate von falsch-positiven Treffern von knapp unter einem Prozent. Würde eine solche automatische Gesichtskontrolle an allen großen deutschen Bahnhöfen in Deutschland mit ihren jeweils Hundertausenden Fahrgästen täglich installiert, wie von vielen konservativen Sicherheitspolitikern und der Bundespolizei gewünscht, würde diese Quote zum einen sehr wahrscheinlich deutlich ansteigen und müßte dann in der Konsequenz zur Kontrolle von Zehntausenden harmloser Bahnfahrer täglich führen. Dies würde vermutliche sämtliche Beamte der Bundespolizei binden und so vor allem für die zahlreichen Taschendiebe an den Bahnhöfen zu paradiesischen Zuständen führen, aber wahrscheinlich auch wegen der damit verbundenen Repressalien für die betroffenen Fahrgäste spätestens nach einer Woche zu landesweiten Protesten führen. Die Absurdität einer solchen Überwachung ist offensichtlich. Davon unbeirrt hat der Gesetzgeber Ende 2024 das BKA zum Aufbau einer umfassenden Bilddatenbank für eine KI-gestützte Gesichtserkennung ermächtigt. Diese soll mit Hilfe des sogenannten Scrapings, also des automatisierten Extrahierens, Kopierens, und Speicherns fremder Bilder im Internet, erstellt werden. Genau das aber verbietet die im Sommer 2024 von der EU verabschiedete KI-Verordnung. Ein Anlaß dafür war die Entdeckung der ehemaligen RAF-Terroristin Daniela Klette, die ein Journalist mit Hilfe des Gesichtserkennungsprogramm PimEyes im Grunde durch Zufall gefunden hatte. Übersehen wird dabei, daß PimEyes in Europa sowohl gegen die Datenschutz-Grundverordnung (DSGVO) als auch die neue KI-Verordnung verstößt. Für die Sicherheitsbehörden scheint auch ein noch so geringer Erfolg bei der Strafverfolgung jeden auch noch so gravierenden Grundrechtseingriff zu rechtfertigen. Verhältnismäßigkeit scheint überhaupt keine Rolle mehr zu spielen. Unter anderem die Ermordung eines Polizisten in Mannheim durch einen Afghanen und der Messeranschlag in Solingen, mutmaßlich durch einen Syrer im Sommer 2024 müssen als Begründung für die neuen Sicherheitsgesetze herhalten, obwohl offensichtlich ist, daß keine der neuen Mittel und Befugnisse irgendetwas zur Verhinderung dieser beiden Taten beigetragen hätte, mit Ausnahme vielleicht des Messerverbots, dieses aber nur dann, wenn es systematisch in der Praxis kontrolliert wird, was aber völlig unrealistisch ist. Interessanterweise haben die vor allem seit 1990 viel zu zahlreichen Morde an Migranten durch Rechtsextremisten nie zu irgendwelchen Forderungen nach oder gar echten Verschärfungen der Sicherheitsgesetze geführt, noch nicht einmal nach der Ermordung von Walter Lübcke 2019, im Gegenteil: Die immer gewalttätigeren Ausschreitungen gegen Migranten Anfang der 1990er Jahre nutzte die Union dafür, ihre schon seit Beginn der 1980er Jahre laufende ausländerfeindliche Kampagne weiter zu verschärfen, um die SPD endlich zur Zustimmung zu einer Grundgesetzänderung zu bewegen, mit der das Asylrecht 1993 faktisch abgeschafft wurde.

Auch die bereits erwähnte Chatkontrolle, als deren Zweck die Bekämpfung der Verbreitung von Kinderpornographie angegeben wird, ist ein solches Beispiel. Die entsprechende EU-Regelung ist zwar noch nicht verabschiedet, aber vor allem der Meta-Konzern führt eine solche Kontrolle auf seinen verschiedenen Plattformen bereits durch. Dies führt zu Millionen von Meldungen an die Strafverfolgungsbehörden in den USA jedes Jahr. 2023 betrafen 180.000 solcher Meldungen Deutschland, die vom Bundeskriminalamt überprüft werden und von denen sich die Hälfte als falsch erwies. Die andere Hälfte wurde als strafrechtlich relevant eingestuft. Allerdings waren die „Täter" in etwa 40% dieser Fälle Minderjährige. Es scheint eine zunehmende Tendenz zu sein, daß schon Kinder online Bilder von sich tauschen, von denen ein Teil anscheinend als pornographisch eingestuft wird. Auch wenn es zweifellos nicht besonders klug ist, wenn ein Kind pornographische Bilder von sich mit anderen Kindern oder Jugendlichen über das Internet tauscht, sind doch erhebliche Zweifel angebracht, ob dies ein Fall für die Strafverfolgungsbehörden sein sollte. Die Liste solcher Beispiele ließe sich beliebig fortsetzen. Sie alle zeigen, daß je mehr Polizeibeamte in immer größeren Bergen von Datenmüll wühlen, desto weniger können sie echte Kriminelle jagen und tatsächlich fangen. Je mehr Überwachung und daraus resultierende Datenberge es gibt, desto weniger Sicherheit gibt es, also das Gegenteil des mantraartig wiederholten falschen Narrativs der Unionspolitiker, mehr Überwachung würde zu mehr Sicherheit führen.

Und trotzdem wird jeder neue Vorfall von Unionspolitikern genutzt, um wieder und wieder mehr Überwachung zu fordern. Der ein oder andere solche Fall eignet sich aber dafür, die Absurdität dieser Forderungen aufzuzeigen. Exemplarisch sei hier die Gewalttat im Kurpark von Bad Oeynhausen im Juni 2024 genannt, die zum Tod eines 20-jährigen führte. Der mutmaßliche Täter ist ein 18-jähriger Flüchtling aus Syrien, der 2016 nach Deutschland kam, also mit 10 Jahren. Die Tat wurde von fast allen führenden Unionspolitikern zum Anlaß genommen, eine massive Ausweitung der Videoüberwachung im öffentlichen Raum zu fordern. Dabei ist die Tat ein nahezu perfektes Beispiel dafür, daß Videoüberwachung wenig bis nichts zur Sicherheit im öffentlichen Raum beitragen kann. Täter und Ablauf der Tat sind hier bekannt. Es gibt Zeugen. Weder wäre eine Videokamera vor Ort von ihrem Mast gesprungen, um die Tat zu verhindern, noch hätte Videoüberwachung dafür sorgen können, schnell genug Hilfe herbeizuschaffen. Soweit bekannt, ist auch die Beweislage ausreichend, so daß eine Videoüberwachung hier auch keinen Beitrag zur Strafverfolgung hätte leisten können. Und wie bei den oben aufgeführten Überwachungsmaßnahmen ist auch bei weiträumiger Videoüberwachung der Personalaufwand erheblich, wenn es sich denn nicht um reine Symbolpolitik handeln soll. Wirklich zusätzliche Sicherheit an einem bestimmten Ort durch Videoüberwachung ist nur dann gegeben, wenn die Aufnahmen live von Sicherheitspersonal beobachtet werden und weitere Sicherheitskräfte in unmittelbarer Nähe möglicher Einsatzorte bereitstehen, um im Notfall einzugreifen. Dann ist aber unmittelbare sichtbare

Präsenz von Sicherheitspersonal an den entsprechenden Orten noch wirkungsvoller und kaum aufwendiger.

Seit 2006 haben durch die sogenannte Föderalismusreform die Länder die Gesetzgebungskompetenz für das Versammlungsrecht, und wenig überraschend haben vor allem unionsgeführte Länder Bayern, Nordrhein-Westfalen und Sachsen Versammlungsgesetze verabschiedet, die nicht etwa das Grundrecht der Versammlungsfreiheit schützen, sondern es weit über das verfassungsrechtlich zulässige Maß hinaus einschränken wollen. So sehen diese Gesetze vor, daß Gegendemonstrationen faktisch unzulässig sind, was eindeutig der Rechtsprechung des Bundesverfassungsgerichts widerspricht. Auch die vorgesehenen umfangreichen Personenkontrollen vor einer Versammlung sind, jedenfalls nach der bisherigen Rechtsprechung des höchsten deutschen Gerichts, zumindest in dem vorgesehenen Umfang nicht zulässig. Ebenso verfassungswidrig dürfte das pauschale absolute Verbot von Versammlungen auf Autobahnen im Versammlungsgesetz von Nordrhein-Westfalen sein. Es bleibt abzuwarten, inwieweit das Bundesverfassungsgericht all dem entgegentreten wird. Daß die ehemalige schwarz-gelbe Landesregierung in den Gesetzgebungsmaterialien zu ihrem Versammlungsgesetz die weißen Overalls der Klimaaktivisten mit SA- und SS-Uniformen gleichsetz, zeigt jedenfalls, daß den dafür verantwortlichen Politikern von Union und FDP jeder Sinn für Rechtstaatlichkeit abhanden gekommen ist. Daß es auch anders geht, zeigen unter anderem Berlin und Schleswig-Holstein, die vergleichsweise liberale Versammlungsgesetze erlassen haben, welche die Verwirklichung dieses für einen demokratischen Rechtstaat elementaren Grundrechts fördern und nicht behindern wollen.

c) Staat und Wirtschaft

Viele Politiker propagieren in Reden die freie Marktwirtschaft. Tatsächlich wird diese „Freiheit" in Deutschland aber durch eine Vielzahl von Gesetzen massiv eingeschränkt.

Einer der gravierendsten Eingriffe in diese Freiheit ist die bereits erwähnte Handwerksordnung. Wie schon die Zünfte im 17. und 18. Jahrhundert durch ihre strengen Regeln wesentlich zu einem wirtschaftlichen Niedergang dieses Wirtschaftssektors beigetragen haben, sorgt die Handwerksordnung seit Jahrzehnten für eine wirtschaftliche Stagnation des Handwerkssektors. Das strikte Verbot, mit der eigenen Tätigkeit in andere Handwerksberufe überzugreifen, ist extrem innovationsfeindlich und führt vor allem im Bausektor zu einer völligen Zersplitterung der Arbeiten und damit zu deren Ineffizienz durch mangelnde Koordination und dem Verzicht auf Synergieeffekte zwischen den 18 verschiedenen Handwerken im Bausektor. Zwar gibt es von diesem strikten Verbot, Tätigkeiten aus anderen Handwerken auszuüben, einige wenige Ausnahmen, aber für die allermeisten zulassungspflichtigen Handwerke gilt das Verbot. Spannend wird das Ganze mit der immer weiteren Verbreitung von Wärmepumpen. Während diese zur Zeit in der Regel von Installateuren und Heizungsbauern installiert werden, könnten genauso gut Elektriker für sich in Anspruch nehmen, diese Geräte in Gebäude einzubauen, denn eine Wärmepumpe ist im Grunde ein umgekehrter Kühlschrank, also ein Elektrogerät. Auch im Bereich der Informationstechnik und der damit verbundenen Leistungen gibt es seit Einführung des Informationstechnikers als Handwerksberuf immer wieder Diskussionen und Rechtsstreitigkeiten darüber, welche Tätigkeiten diesem Handwerk vorbehalten sind bei der Installation von Computern und Netzwerken in einer Firma. Gerade hilfreich ist das nicht, den Rückstand dieses Landes bei der Digitalisierung aufzuholen.

Ein sehr aktuelles Bespiel für eine in jeder Hinsicht verfehlte Gesetzgebung zur Regelung der wirtschaftlichen Tätigkeiten in diesem Land ist das sogenannte Lieferkettengesetz. Auf den ersten Blick erscheint die Intention dahinter, rechtswidrige, ausbeuterische und umweltschädliche Produktionsbedingungen zu bekämpfen, löblich zu sein. Tatsächlich ist das Gesetz aber zunächst eine neue Form von Postkolonialismus, denn es versucht faktisch anderen Ländern die Bedingungen für die Organisation von deren Wirtschaft zu diktieren. Zwar ist es richtig, daß die Produktionsbedingungen in vielen Teilen der Welt ausbeuterisch, ja unmenschlich sind, und auch die Umwelt wird durch Abbau von Rohstoffen und umweltschädliche Produktionsbedingungen in vielen Teilen der Welt zerstört, aber viele dieser Länder haben Jahrzehnte unter der Kolonialherrschaft europäischer Länder gelitten, was in weiten Teilen für die schlechten sozialen, politischen und wirtschaftlichen Bedingungen heute zumindest auch Ursache ist. Und nun wollen wieder Europäer den Menschen in diesen Ländern vorschreiben, was sie wie zu tun haben.

Darüber hinaus ist nicht ersichtlich, daß sich durch das Lieferkettengesetz irgendwas in einem anderen Land verbessern würde. Es mag zwar sein, daß der ein oder andere Großkonzern die Bedingungen in seinen eigenen Werken in anderen Ländern und durch die Marktmacht, vielleicht auch bei dem ein oder anderen Zulieferer etwas verbessert, aber die Regel dürfte sein, daß Produkte dann in Zukunft in Ländern gekauft werden, bei denen es keine oder zumindest geringere Bedenken bezüglich der Produktionsbedingungen gibt, was die Situation in den Ländern mit schlechten Bedingungen durch den Verlust von Kunden weiter verschlechtern wird.

Auch die im Gesetz vorgesehene Grenze der Unternehmensgröße, unterhalb derer das Gesetz theoretisch keine Anwendung finden soll, läuft in der Praxis fast völlig leer, da kleine Unternehmen sehr häufig Teil der Lieferkette großer Unternehmen sind und damit die Anforderungen des Lieferkettengesetzes doch erfüllen müssen. Wie soll aber ein kleiner Produktionsbetrieb zum Beispiel die Herkunft einer Schraube, die er bei einem Eisenwarenhändler kauft, nachvollziehen? Soll dieser Händler dann in Zukunft herausfinden, wo das Erz für die Schraube unter welchen Bedingungen abgebaut wurde, wie es von dort zur Verhüttung transportiert wurde, wie die Umweltstandards im Stahlwerk waren, aus welchen Minen die der Legierung hinzugefügten Metalle kamen und unter welchen Bedingungen sie verhüttet wurden? Und wie genau wurde die Schraube dann aus der Metallegierung hergestellt und über welche Zwischenhändler zu welchen Bedingungen schließlich an den Eisenwarenhändler verkauft? Und das ist nur eine Schraube. Die Dokumentation der Lieferkette eines komplexen Produkts und aller seiner Bestandteile, wie zum Beispiel eines Computers oder Autos würde einen irrwitzigen Aufwand erfordern. Das Ganze ist offensichtlich absurd. Hinzu kommt, daß zum Beispiel in einem Land wie China, das zur Zeit noch fast vollständig die Märkte zum Beispiel für die sogenannten seltenen Erden beherrscht, eine Kontrolle der Produktionsbedingungen nahezu unmöglich ist, weil die dortige Regierung eine solche Kontrolle mit allen erdenklichen Mitteln versucht zu unterbinden. Auch in Ländern wie zum Beispiel Vietnam dürfte das nicht einfacher sein.

Aber selbst wenn das Gesetz sein Ziel erreichen würde, und deutsche Unternehmen nur noch ethisch einwandfrei hergestellte Produkte zukaufen und weiterverarbeiten würden, würde dies die Preise dieser Produkte vermutlich in nicht wenigen Fällen deutlich steigern. Irgendwie müssen die durch bessere Arbeits- und Umweltbedingungen verursachten Kosten schließlich aufgebracht werden. Dies würde zum einen für die Kunden in Deutschland deutlich höhere Preise bedeuten, vor allem aber die Wettbewerbsfähigkeit der deutschen Unternehmen auf den internationalen Märkten gegenüber der Konkurrenz vor allem aus Asien deutlich verschlechtern. Hinzu kommt, daß nicht wenige Rohstoffe nahezu ausschließlich unter eigentlich inakzeptablen Bedingungen gefördert und weiterverarbeitet werden. Viele dieser Rohstoffe sind aber unverzichtbar für eine moderne Industrieproduktion. Bisher gibt es keine Idee, wie dieses Dilemma im Hinblick auf das Lieferkettengesetz gelöst werden könnte.

Ein Geschenk ist das Gesetz allerdings für die Beratungsbranche. Diese wird Millionen damit verdienen, Lieferketten tatsächlich oder vermeintlich zu dokumentieren, da die meisten Unternehmen diesen Aufwand selbst gar nicht leisten können oder wollen. So werden Unmengen Papier produziert werden, ohne daß es in der realen Welt nennenswerte Veränderungen geben wird. Wer soll kontrollieren, ob die in einem Gutachten beschriebenen Bedingungen zum Beispiel in Bangladesh den Tatsachen entsprechen oder nicht? Es ist schwer vorstellbar, daß die zuständigen Mitarbeiter beim Bundesamt für Wirtschaft und Ausfuhrkontrolle, kurz BAFA um die halbe Welt reisen, um überall, wo deutsche Unternehmen etwas einkaufen, nachzuprüfen, wie vor Ort die Bedingungen sind. Sie werden im wesentlichen nur Papier abheften.

Unter dem Neoliberalismus als lange vorherrschender Wirtschaftstheorie war direkte Wirtschaftsförderung verpönt, aber spätestens seit der Finanzkrise 2008/2009 sind alle möglichen Formen der Wirtschaftsförderung wieder sehr beliebt. Besondere Berühmtheit hat die sogenannte Abwrackprämie erlangt, die noch immer als gutes Beispiel für Wirtschaftsförderung herhalten muß, obwohl sie in wirtschaftlicher Hinsicht tatsächlich ein Desaster war. Zwar hat sie den Absatz von Neuwagen deutlich angekurbelt, aber nach ihrem Auslaufen ist der Absatz von Neuwagen derart eingebrochen, daß die zuvor erreichte Steigerung überkompensiert wurde. Insgesamt hat die Abwrackprämie den Absatz von Autos also nicht gesteigert, sondern reduziert. Darüber hinaus flossen über 60% der Prämie an ausländische Autohersteller, was der deutschen Wirtschaft nicht wirklich genutzt haben dürfte. Mit der Verschrottung unzähliger völlig intakter Gebrauchtwagen trug die Prämie darüber hinaus zur Vernichtung von Vermögen in erheblicher Höhe bei. Daß sie offiziell als Umweltprämie bezeichnet wurde, ist pures Greenwashing. Tatsächlich waren die Auswirkungen auf die Umwelt ausschließlich negativ, denn der überwiegende Teil der Umweltschäden durch einen PKW werden durch dessen Herstellung verursacht.

Auch die tatsächlichen Auswirkungen der Prämie für den Kauf von Elektroautos dürften wesentlich weniger positiv sein, als von der Politik gern behauptet wird. Der Kauf von etwa 2,1 Millionen Elektroautos wurden mit etwa 10 Milliarden Euro gefördert, aber auch davon floß über die Hälfte an ausländische Hersteller. Interessanter ist in diesem Fall aber, daß fast alle Hersteller die Preise für ihre E-Autos nach Auslaufen der Prämie deutlich senkten, in der Regel um mehr, als vorher die Prämie betrug. Es deutet also viel darauf hin, daß der größte Teil der Prämie nicht wirklich den Autokäufern zugute kam, sondern von den Autoherstellern fast vollständig abgegriffen wurde. Welche Preise die Hersteller ohne die Prämie für E-Autos in der Vergangenheit verlangt hätten, läßt sich im Nachhinein nicht feststellen.

Warum diese Programme immer als „Prämie" bezeichnet werden, ist nicht ersichtlich. Die von Robert Habeck vorgeschlagene Investitionsprämie in Höhe von 10 % auf alle Investitionen von Unternehmen ist geradezu eine Einladung, diesen Zuschuß für alle ohnehin geplanten Investitionen abzugreifen. Ob sie überhaupt zu zusätzlichen Investitionen führen würde, ist völlig ungewiß. Untersuchungen belegen für eine Vielzahl von Wirtschaftsförderungsprogrammen, daß sie häufig ihre Ziele verfehlen und der weit überwiegende Teil der Mittel sinnlos ausgegeben wird.

Auch die Deutsche Bahn ist ein schönes Beispiel für fragwürdige Gesetzgebung. Entstanden durch die sogenannte Bahnreform aus der als Behörde organisierten ehemaligen Deutschen Bundesbahn steht die Deutsche Bahn AG nach wie vor im alleinigen Eigentum der Bundesrepublik Deutschland. Aus der Bahnpolizei wurde durch Zusammenlegung mit dem Bundesgrenzschutz, der durch das Schengenabkommen eines Großteils seiner Aufgaben verlustig gegangen war, die Bundespolizei. Mit dem Eisenbahn-Bundesamt wurde eine Aufsichtsbehörde für die Eisenbahn geschaffen. Vor allem aber wurde die Verantwortung für den Nahverkehr auf der Schiene vom Bund auf die Länder übertragen. Dafür erhalten diese vom Bund Geld, um wiederum Eisenbahnunternehmen damit zu beauftragen, Nahverkehrszüge zu fahren. Insgesamt erhielten die Länder hierfür 2024 ca. 9,4 Mrd. Euro. Die Länder geben ihren jeweiligen Anteil an diesen Mitteln weiter an die jeweiligen Bestellorganisationen, die sogenannten Aufgabenträger. Die meisten Bundesländer haben eine solche Organisation, Baden-Württemberg und Rheinland-Pfalz haben zwei, Nordrhein-Westfalen, Hessen und Niedersachsen drei und Sachsen fünf. Mit dem ihnen zur Verfügung stehenden Geld kaufen diese Aufgabenträger zwei Drittel der Nahverkehrszüge bei DB Regio und deren Tochtergesellschaften, also Unternehmen, die zu 100% dem Bund gehören. Aber selbst für die Leistungen, die bei Eisenbahnunternehmen, die nicht dem Bund gehören, bestellt werden, müssen diese wiederum ein Entgelt für die Nutzung des Schienennetzes an die DB Infrago zahlen, wiederum ein Unternehmen, das zu 100% dem Bund gehört. Das Geld fließt also vom Bund an die Länder, von dort an die Aufgabenträger und von dort entweder direkt an Eisenbahnen des Bundes oder über andere Eisenbahnen zu einem erheblichen Teil an die Eisenbahninfrastrukturgesellschaft des Bundes, letztlich also im Kreis. Es sind sinnvollere Gestaltungen denkbar.

d) Und wer haftet?

Bei all der Flut an Gesetzen und Verordnungen ist es kaum zu glauben, daß ganze Rechtsgebiete fast völlig ungeregelt sind. Verständlich wäre das noch für Themen, die nur sehr wenige Menschen betreffen oder aus anderen Gründen nicht wirklich wichtig sind, aber es gibt in Deutschland ein für sehr viele Menschen sehr wichtiges Rechtsgebiet, daß nur sehr lückenhaft gesetzlich geregelt ist: Die Staatshaftung. In seiner Verzweiflung, die Bürger nicht völlig rechtlos dastehen zu lassen, hat der

Bundesgerichtshof unter anderem auf Vorschriften aus dem Preußischen Allgemeinen Landrecht aus dem 18. Jahrhundert zurückgegriffen, um den Opfern staatlichen Handelns eine angemessene Entschädigung zukommen zu lassen.

Zwar gibt es im BGB eine Grundnorm zur Haftung von Amtsträgern, aber die setzt zum einen Verschulden voraus und deckt zum anderen auch sonst nur einen Bruchteil der Schäden ab, welche der Staat seinen Bürgern verursachen kann. Am schwersten wiegt aber, daß der betroffene Bürger für diesen Anspruch das Verschulden des Amtsträgers nachweisen muß. Daneben gibt es in einigen Gesetzen spezifische Schadenersatzansprüche für ganz spezielle Fälle, und in Brandenburg und Thüringen gilt noch das alte Staatshaftungsgesetz der DDR.

Um die Lücken im Staatshaftungsrecht zu schließen, haben Gerichte ein Bündel verschiedener Ansprüche entwickelt, teilweise, wie oben erwähnt, auf sehr altes Recht gestützt, um die Bürger vor unangemessenen Schäden durch staatliches Handeln angemessen zu schützen. Welcher Anspruch wann greift, ist selbst für erfahrene Juristen nicht immer einfach zu beantworten. Wird der falsche Anspruch, möglicherweise vor dem falschen Gericht verfolgt, ist der richtige Anspruch möglicherweise verjährt, wenn feststeht, daß der falsche verfolgt wurde. Ohne anwaltlichen Rat hat der betroffene Bürger gar keine Chance, sich in diesem Dickicht zurecht zu finden.

Zwar hat der Bund Anfang der 1980er Jahre ein Staatshaftungsgesetz erlassen, welches aber vom Bundesverfassungsgericht für nichtig erklärt wurde, da der Bund damals dafür keine Gesetzgebungskompetenz besaß. Eine solche wurde später zwar ins Grundgesetz eingefügt, aber einen weiteren Anlauf, die Staatshaftung sinnvoll zu regeln, gab es bisher nicht. So müssen sich Juristen diesbezüglich noch immer mit über 200 Jahre altem Recht herumschlagen.

8. Zivilrecht

Das Zivilrecht ist geprägt von alten, vergleichsweise klaren Grundlagen, die im wesentlichen aus der ursprünglichen Fassung des Bürgerlichen Gesetzbuchs stammen und Ende des 19. Jahrhunderts von mehreren Kommissionen über viele Jahre hinweg entwickelt wurden, und von – vermeintlich – modernen Rechtsentwicklungen, die häufig nur schlecht zu den alten Grundlagen passen, vor allem aber fast immer überkomplex und dadurch wenig zielführend sind.

a) Konsumenten, überall Konsumenten

Eine dieser modernen Entwicklungen ist der sogenannte „Verbraucherschutz". Die Ursprünge des Zivilrechts stammen aus einer Zeit, als Verträge überwiegend per Handschlag geschlossen wurden und schriftliche Verträge die Ausnahme waren. In den letzten Jahrzehnten haben Unternehmen aber immer mehr Vertragsbedingungen zum eigenen Vorteil und Nachteil ihrer Kunden entwickelt, so daß sich der Gesetzgeber veranlaßt sah einzugreifen. Statt aber mit klaren Regeln den Unternehmen enge Grenzen bei dem Versuch, ihre Kunden zu übervorteilen, zu setzen, schuf der Gesetzgeber ein überkompliziertes Verbraucherschutzrecht, das selbst für Juristen schwer zu überblicken ist und zu sehr vielen Mißverständnissen führt. So hat das Widerrufsrecht im Onlinehandel dazu geführt, daß viele Menschen glauben, alle Verträge einfach ohne Grund widerrufen zu können. Die Voraussetzungen und Ausnahmen für den Widerruf im Onlinehandel kennt dagegen fast niemand genau, so daß dessen wirksame Ausübung häufig an kleinen Formalitäten scheitert.

Auch beim sogenannten Verbraucherkredit sind die gesetzlichen Regelungen für juristische Laien kaum verständlich und führen in der Praxis zu seitenlangem Kleingedrucktem, welches kaum jemand versteht und ohnehin niemand liest, im Fall von finanziellen Engpässen aber schnell zu existenziellen Problemen führen kann. Derartiges Recht schützt Verbraucher nicht, zumal die Komplexität zu sehr viel Rechtsprechung zur konkreten Bedeutung einzelner Regeln führt und so das Rechtsgebiet noch komplexer und die Vertragsbedingungen noch länger macht.

Auch das Reiserecht, das eigentlich klassisches Verbraucherschutzrecht ist, verfehlt diesen Zweck oft. Hier scheitert es meist an einer Banalität, denn das Gesetz verlangt, daß der Reisende bei einem Mangel diesen vor Ort der zuständigen Reiseleitung unverzüglich anzeigen muß. Das geschieht in der Praxis häufig nicht. Damit aber sind alle Ansprüche wegen eventueller Reisemängel ausgeschlossen, von wenigen Ausnahmen abgesehen. Dabei ist nicht ersichtlich, warum der Anspruch davon abhängen soll. Der Reiseveranstalter kann ja vorab dafür Sorge tragen, daß seine Leistung in Ordnung ist. Warum soll der Reisende extra darauf hinwirken, daß der Reiseveranstalter eine gute Leistung erbringt? Zumal diese Abhilfeverlangen häufig einen nicht unerheblichen Teil der knappen Urlaubszeit in Anspruch nehmen. Und wenn der Reisende tatsächlich erfolglos Abhilfe verlangt hat, kann er das häufig nicht beweisen und geht dann ebenfalls leer aus.

b) Ein Volk von Mietern

Die Deutschen sind ein Volk von Mietern. Mehr als die Hälfte aller Menschen wohnen hier in Mietwohnungen. In Europa ist der Anteil der Mieter nur in der Schweiz noch höher. Im EU-Durchschnitt liegt er nur knapp über 30%. Der hohe Anteil von Mietern macht Mietrecht in Deutschland zu einem politisch besonders heiklen und aufgrund der Bedeutung der eigenen Wohnung für die Menschen zu einem sehr emotionalen Thema. Vor allem der Schutz der Mieter vor ihren Vermietern spielt eine wichtige Rolle, und hier neben dem Schutz vor Kündigungen insbesondere Regelungen zur Miethöhe.

Schon lange gibt es Regelungen zur Begrenzung von Mieterhöhungen in bestehenden Mietverträgen. Dagegen war lange die

Miethöhe für neue Mietverträge unreguliert. Im wesentlichen als Reaktion auf zunehmende Proteste gegen immer weiter steigende Mieten führte der Bund 2015 mit der sogenannten Mietpreisbremse eine Regelung zur Begrenzung der Miethöhe auch bei Neuvermietung ein, die jedoch weitgehend wirkungslos blieb. Auch mehrere „Nachbesserungen" an der Regelung konnten daran nichts ändern. 2020 führte Berlin dann den sogenannten Mietendeckel ein, also eine Obergrenze der Miethöhe für ältere Wohnungen, die für viele bestehende Mietverträge eine Senkung der Miete bedeutete. Diese Regelung wurde aber etwa ein Jahr später vom Bundesverfassungsgericht für nichtig erklärt, weil Berlin dafür keine Gesetzgebungskompetenz besitzt.

Regelungen der Miethöhe sind schwierig und bringen fast immer eine Reihe sehr negativer Effekte mit sich, die in der Diskussion aber selten eine Rolle spielen. Zunächst einmal führt Mieterschutz dazu, daß es vor allem sozialen Randgruppen, für die es ohnehin schon sehr schwer ist, angemessenen Wohnraum zu bezahlbaren Preisen zu bekommen, noch schwerer gemacht wird, eine solche Wohnung zu finden. Je strenger der Mieterschutz ist, desto wichtiger ist es für Vermieter, daß ihre Mieter zuverlässig sind, möglichst pünktlich die Miete zahlen und an den Wohnungen möglichst keine Schäden verursachen. Mieter, bei denen Vermieter diesbezüglich Zweifel haben, gehen dann leer aus. Dabei spielt es keine Rolle, ob die Zweifel der Vermieter berechtigt sind oder nicht, jedenfalls dann, wenn Wohnraum knapp ist. Und steigende Mieten sind ein Zeichen von Knappheit. Und diese wird nicht dadurch verringert, daß es Vermietern erschwert wird, mit Investitionen in Wohnraum eine gute Rendite zu erzielen.

Vor allem der Mietendeckel in Berlin ist ein gutes Beispiel für die negativen Auswirkungen einer solchen Regelung auf den Wohnungsmarkt. So ging die Zahl der zur Neuvermietung angebotenen Wohnungen während der Geltung des Mietendeckels um etwa 40% zurück. Das ohnehin knappe Gut „Wohnraum" wurde also für Wohnungssuchende noch einmal drastisch verknappt. Außerdem kam die Planung von neuen Wohnungen in dieser Zeit fast völlig zum Erliegen. Selbst viele entsprechende Projekte, die schon lange geplant, aber noch nicht begonnen worden waren, wurden wegen des Mietendeckels erstmal auf Eis gelegt. So hat der Mietendeckel nicht nur während seiner Geltung zu einer Verknappung von Wohnraum geführt, sondern durch die Verzögerung und Verhinderung zahlreicher Neubauprojekte auch für die Zukunft das Angebot von Wohnraum in Berlin verknappt. Am meisten profitiert haben vom Mietendeckel übrigens relativ wohlhabende Mieter großer Altbauwohnungen, die Ende der 1990er oder in den frühen 2000er Jahren saniert wurden, und deren Mieten durch den Mietendeckel deutlich reduziert wurden.

c) Schutz vor Kündigung auch im Arbeitsrecht

Ähnlich vermint wie das Mietrecht ist auch der Kündigungsschutz im Arbeitsrecht. Seit 1951 gibt es das Kündigungsschutzgesetz, das hauptsächlich regelt, unter welchen Bedingungen ein Arbeitgeber jemanden entlassen kann. Für Kleinbetriebe gibt es eine Ausnahme vom allgemeinen Kündigungsschutz. Lange lag die Grenze dafür bei fünf Mitarbeitern, wobei es detaillierte Regelungen dazu gibt, wie Teilzeitbeschäftigte gezählt werden. Dann hob die Regierung Kohl diese Grenze 1996 auf zehn Mitarbeiter an. Zur Umsetzung eines Wahlversprechens senkte die rot-grüne Bundesregierung diese Grenze 1999 wieder auf fünf Mitarbeiter ab, um sie dann 2004 wieder auf zehn Mitarbeiter anzuheben.

Die wichtigste Regelung des Kündigungsschutzgesetzes ist aber die für sogenannte „Betriebsbedingte Kündigungen". Danach muß ein Unternehmer, wenn er Mitarbeiter entlassen will, eine sogenannte Sozialauswahl treffen. Das bedeutet, er muß diejenigen Mitarbeiter entlassen, für die der Verlust des Arbeitsplatzes wirtschaftlich am leichtesten zu verkraften ist. Wie wichtig ein bestimmter Mitarbeiter für das Unternehmen ist, spielt rechtlich keine Rolle. Im Extremfall muß ein Unternehmer, dessen Firma in wirtschaftliche Schwierigkeiten geraten ist, und der deshalb Leute entlassen muß, seine leistungsfähigsten Mitarbeiter feuern und die schwächsten behalten und so das Unternehmen insgesamt und damit auch die noch verbleibenden Arbeitsplätze gefährden.

Besonders zugespitzt wurde diese Problematik 2004 durch die Einführung des sogenannten „Betrieblichen Eingliederungsmanagements" (BEM). Danach kann ein Mitarbeiter, der längere Zeit krank ist, deswegen nicht mehr entlassen werden, es sei denn, es besteht gar keine Aussicht darauf, daß er wieder arbeitsfähig wird. Besteht diese Aussicht, muß der Arbeitgeber ihm eine Wiedereingliederung anbieten, die sich auch über Jahre hinziehen kann. Zwar muß der Arbeitgeber für die Zeit der Wiedereingliederung kein Gehalt zahlen. Der Arbeitnehmer erhält vielmehr für die Dauer der Wiedereingliederung Krankengeld. Der Arbeitgeber kann den Arbeitsplatz aber nicht einfach dauerhaft neu besetzen, solange die Wiedereingliederung dauert. Arbeitszeiten und Leistung des kranken Mitarbeiters können während der Wiedereingliederung erheblichen Schwankungen unterliegen und so für den Arbeitgeber kaum planbar sein. Gerade für kleine Unternehmen kann das eine erhebliche Belastung darstellen, denn anders als beim Kündigungsschutz gibt es beim BEM keine Ausnahme für Kleinbetriebe.

9. Noch lange nicht gleich

Art. 3 Abs. 2 des Grundgesetzes lautet: „Männer und Frauen sind gleichberechtigt. Der Staat fördert die tatsächliche Durchsetzung der Gleichberechtigung von Frauen und Männern und wirkt auf die Beseitigung bestehender Nachteile hin."

Aber sind Männer und Frauen tatsächlich gleichberechtigt in Deutschland? In der Geschichte der Bundesrepublik wurden seit Ende des zweiten Weltkriegs auf dem Gebiet der Gleichberechtigung sicher Fortschritte erzielt. Frauen brauchen nicht mehr die Erlaubnis ihrer Ehemänner, um einen Führerschein zu machen oder eine Arbeit aufzunehmen. Und auch die Entscheidung des Bundesgerichtshof zum ehelichen Beischlaf von 1966, in der er ausführte,

„Die Frau genügt ihren ehelichen Pflichten nicht schon damit, daß sie die Beiwohnung teilnahmslos geschehen läßt. Wenn es ihr infolge ihrer Veranlagung oder aus anderen Gründen, zu denen die Unwissenheit der Eheleute gehören kann, versagt bleibt, im ehelichen Verkehr Befriedigung zu finden, so fordert die Ehe von ihr doch eine Gewährung in ehelicher Zuneigung und Opferbereitschaft und verbietet es, Gleichgültigkeit oder Widerwillen zur Schau zu tragen."

widerspricht dem aktuell geltenden Recht gleich in mehrfacher Hinsicht. Damals meinten die Richter das aber völlig ernst. Das Zitat ist dem Urteil wörtlich entnommen.

Offensichtliche direkte Diskriminierungen sind seitdem deutlich seltener geworden, aber noch lange nicht völlig verschwunden. Daneben gibt es noch zahlreiche weniger offensichtliche indirekte Diskriminierungen in unserer Rechtsordnung, die auf den ersten Blick keine direkte Diskriminierung enthalten, faktisch aber diskriminierend wirken.

a) Abtreibung

Die offensichtlichste Diskriminierung von Frauen gegenüber Männern ist das Abtreibungsrecht, denn es betrifft ausschließlich Frauen. Kamala Harris stellte in ihrer Zeit als Senatorin bei einer Anhörung des Senats für die Berufung eines Richters für den US-Supreme-Court die richtige Frage hierzu: „Können Sie sich ein Gesetz vorstellen, daß der Regierung die Befugnis gibt, Entscheidung bezüglich der Körper von Männern zu treffen?" Natürlich ist ein solches Gesetz nicht vorstellbar. Würden Abtreibungen Männer statt Frauen betreffen, gäbe es die ganze Diskussion und erst recht die entsprechenden Verbote und

Straftatbestände nicht. Vor allem aber sind es fast immer Männer, die meinen, darüber entscheiden zu dürfen, inwieweit Frauen der Zugang zu Abtreibungen ermöglicht oder verweigert wird. Auch die beiden wesentlichen Entscheidungen des Bundesverfassungsgerichts dazu von 1975 und 1993 wurden jeweils von sieben männlichen Richtern und je einer Richterin getroffen.

Das wesentliche Narrativ der Abtreibungsgegner, es gehe ihnen um den Schutz von Leben, ist falsch und zynisch, denn das Verbot von Abtreibungen schützt Leben nicht, sondern gefährdet es. Jedes Jahr sterben weltweit zehntausende Frauen, weil ihnen der Zugang zu einer sicheren Abtreibung verweigert wird. Außerdem fördert die Verweigerung von Abtreibungen die allgemeine Kriminalität. Damit sind nicht die kriminalisierten Abtreibungen selbst gemeint. In einer sehr kontroversen Untersuchung ist Steven Levitt von der University of Chicago der Frage nachgegangen, warum es Mitte der 1990er Jahre zu einem deutlichen Rückgang der Gewaltkriminalität in den USA kam. Die üblichen Erklärungen (mehr Polizei, härtere Strafen, bessere wirtschaftliche Entwicklung) konnten seinen Recherchen nach nur einen kleinen Teil des Phänomens erklären. Durch vergleichende Untersuchungen kam er schließlich zu dem Schluß, daß die allgemeine Legalisierung von Abtreibungen durch den US-Supreme-Court 1973 etwa 20 Jahre später zu einem Rückgang der Kriminalität führte, weil nach dem entsprechenden Urteil viele Kinder, die eine hohe Wahrscheinlichkeit hatten, später kriminell zu werden, gar nicht geboren wurden. Die Schlußfolgerung erscheint logisch. Die allermeisten Frauen treiben nicht leichtfertig ab. Es ist fast immer eine schwierige und schwerwiegende Entscheidung. Häufig spielen wirtschaftliche Not, Beziehungskonflikte mit dem Kindesvater, oder sonstige Probleme der Mutter, die sie fürchten lassen, mit einem Kind überfordert zu sein, eine Rolle. Hat die Mutter in einer derartigen Situation keinen Zugang zu einer Abtreibung und muß das Kind zur Welt bringen, sind dessen Startchancen in der Gesellschaft vergleichsweise schlecht. Damit ist die Gefahr, daß es als Jugendlicher oder Erwachsener kriminell wird, deutlich höher als im Durchschnitt. Ein liberales Abtreibungsrecht kann also zur Kriminalitätsbekämpfung beitragen.

Umgekehrt ist ein restriktives Abtreibungsrecht das Einfallstor, die Gleichberechtigung von Frauen insgesamt zu unterminieren. Nach Einführung eines der restriktivsten Abtreibungsrechte in Polen führte die ehemalige rechtskonservative PiS-Regierung 2022 ein Schwangerschaftsregister ein. Ärzte waren verpflichtet zu melden, wenn sie bei einer Frau eine Schwangerschaft feststellten. Endete die Schwangerschaft dann nicht mit der Geburt eines gesunden Kindes, kam die Frau in Erklärungsnot. So sollte den Frauen auch der Zugang zu einer eigentlich legalen Abtreibung im Ausland versperrt werden. Von da ist der Schritt zu einer totalen Überwachung schwangerer Frauen nur noch ein kleiner. In den USA wird aufgrund der neuen restriktiven Abtreibungsgesetze in einigen Bundesstaaten den dort lebenden Frauen empfohlen, Apps zur Zyklusbeobachtung von ihren Handys zu löschen, damit die darin enthaltenen Daten von den Behörden nicht zu ihrer eigenen Strafverfolgung verwendet werden können. So schlimm sind die Verhältnisse in Deutschland noch nicht, aber liberal ist das Abtreibungsrecht hier definitiv nicht.

Die in Deutschland, aber auch in vielen anderen Ländern geltende Frist von 12 Wochen ist tatsächlich äußerst knapp bemessen. Viele Frauen erfahren erst nach 6 bis 8 Wochen, nicht selten auch noch später, daß sie schwanger sind. Dann müssen sie zunächst eine anerkannte Beratungsstelle aufsuchen und anschließend einen Arzt finden, der bereit ist eine Abtreibung durchzuführen. In manchen Teilen Deutschlands gibt es aber kaum noch Ärzte, die dazu bereit sind. Wenig überraschend ist die Situation für betroffene Frauen am schlechtesten in Bayern. So kann die 12-Wochenfrist schnell zu knapp bemessen sein. Dann aber muß die Frau in ein Land ausweichen, in dem diese

Frist großzügiger bemessen ist. Großzügig ist Deutschland bei Schwangerschaftsabbrüchen nur, wenn das Leben der Mutter in Gefahr oder das Kind behindert ist. Dann kann auch noch bis kurz vor der Geburt ein Schwangerschaftsabbruch vorgenommen werden. Wie das mit Art. 3 Abs. 3 Satz 2 GG, der vorschreibt, daß niemand wegen seiner Behinderung benachteiligt werden darf, vereinbar sein soll, ist nicht ersichtlich.

Jedenfalls trifft ein restriktives Abtreibungsrecht immer nur den ärmeren Teil der Frauen. Wohlhabende Frauen können immer problemlos in ein Land reisen, in dem sie legal und sicher eine Abtreibung vornehmen lassen können. Ein restriktives Abtreibungsrecht stellt also nicht nur eine Geschlechterdiskriminierung dar, sondern auch noch eine soziale.

b) Unterhalt

Art. 6. Abs. 5 des Grundgesetzes sieht vor, daß nichteheliche Kinder den ehelichen gleichzustellen sind. Lange Zeit hatten die Mütter von unehelichen Kindern nur Anspruch auf Unterhalt vom Vater für das Kind, nicht jedoch für sich selbst. Dann führte der Gesetzgeber einen solchen Unterhaltsanspruch für eine relativ kurze Zeit, in der Regel drei Jahre nach der Geburt des Kindes, ein, während geschiedene Mütter praktisch einen lebenslangen Unterhaltsanspruch gegen ihren ehemaligen Gatten hatten. Darin sah das Bundesverfassungsgericht 2007 einen Verstoß gegen den oben genannten Grundgesetzartikel, da es nicht nur die Mutter, sondern auch das uneheliche Kind benachteilige, wenn die uneheliche Mutter für sich selbst weniger Unterhalt erhält als eine geschiedene Mutter.

Daraufhin änderte der Gesetzgeber, damals unter einer schwarz-gelben Regierung, die Unterhaltsregelung nicht etwa dahingehend, daß uneheliche Mütter mehr Unterhalt für sich selbst zugestanden wurde. Vielmehr wurde der Unterhalt für geschiedene Mütter auf das Niveau der unehelichen Mütter abgesenkt, so daß nun alle Mütter für sich selbst für maximal drei Jahre nach der Geburt des Kindes Unterhalt beanspruchen können. Danach müssen sie, von Ausnahmen abgesehen, ohne finanzielle Unterstützung des Kindsvaters für sich selbst klar kommen. Nun trifft diese Regelung alleinerziehende Mütter genauso wie alleinerziehende Väter, nur sind über 80 % der Alleinerziehenden Frauen. Und alleinerziehend zu sein ist statistisch das größte Armutsrisiko in unserer Gesellschaft, welches durch die genannte Gesetzesänderung nun von den unehelichen Kindern auf die Scheidungskinder ausgeweitet wurde. So werden die unehelichen Mütter nun weitgehend so behandelt wie die geschiedenen, aber nicht zu ihrem Vorteil, sondern zu Nachteil der geschiedenen. Getroffen wurde der entsprechende Beschluß des Bundesverfassungsgerichts übrigens erneut von sieben männlichen Richtern und einer Richterin.

c) Mord und Totschlag

Frauen werden bei Mord und Totschlag nicht nur dadurch diskriminiert, daß sie deutlich öfter Opfer als Täter dabei sind. Eine Diskriminierung, die fast keine Beachtung findet, liegt auch in den Paragraphen im Strafgesetzbuch, welche die Tötung eines Menschen betreffen. Ursache dieser Diskriminierung ist die Tatsache, daß Männer im Durchschnitt Frauen physisch überlegen sind. Im Durchschnitt wird jeden 3. Tag in Deutschland eine Frau von ihrem Partner getötet. Häufig ist das eine Folge von häuslicher Gewalt, die eskaliert. Damit aber ist dem Mann oft eine Tötungsabsicht nicht nachzuweisen, so daß nur eine Bestrafung wegen Körperverletzung mit Todesfolge in Frage kommt, was deutlich milder als Mord und etwas milder als Totschlag bestraft wird. Gelegentlich töten auch Frauen ihre Partner. Da sie dies aufgrund körperlicher Unterlegenheit in der Regel nicht in einer offenen Auseinandersetzung tun kann, muß sie zu Methoden greifen, welche den Mann überraschen. Das nennen Juristen „heimtückisch", und damit ist es fast immer Mord, das mit Abstand am härtesten bestrafte Tötungsdelikt.

d) Prostitution

Sie gilt gemeinhin als das älteste Gewerbe der Welt: Die Prostitution. Schon für die Zeit der Gründung der ersten Städte ist ihre Existenz belegt. Für sie gilt, wie für Drogen, daß es schon immer eine Nachfrage dafür gegeben hat und immer geben wird und damit auch ein Angebot.

Zwar ist Prostitution in der Bundesrepublik schon immer legal, unterlag aber bis 2001 verschiedenen rechtlichen Restriktionen, die sich ausschließlich auf die Prostituierten selbst nachteilig auswirkten. Das sah die ehemalige rot-grüne Bundesregierung als nicht mehr zeitgemäß an und hob 2001 vor allem die Sittenwidrigkeit der Prostitution auf, so daß entsprechende Verträge über sexuelle Dienstleistungen nun rechtlich wirksam sind, wobei aber nur die Bezahlung, nicht jedoch die Leistung einklagbar ist.

Die Unionsparteien lehnten diese Liberalisierung der Prostitution von Anfang an ab und bemühten sich seitdem, die Rechtslage für Prostituierte wieder zu verschärfen, was ihnen 2017 mit der Verabschiedung des zynischerweise „Prostituiertenschutzgesetz" genannten Regelwerks auch gelang. Seitdem müssen Prostituierte sich amtlich registrieren und regelmäßig auf sexuell übertragbare Krankheiten untersuchen lassen. Das ist schon insofern ein Witz, weil das letzte, was die meisten Frauen wollen, die dieser Tätigkeit nachgehen, ist, dies auch noch öffentlich registrieren zu lassen. Damit ist ihre Tätigkeit nun aber nicht mehr legal, sondern stellt eine Ordnungswidrigkeit dar. Die Situation der Prostituierten verbessert das sicher nicht.

Häufig ist Prostitution aber doch strafbar, nämlich immer dann, wenn sie an einem Ort ausgeübt wird, der von der jeweiligen Kommune als sogenannter Sperrbezirk ausgewiesen wurde. Solche gibt es in fast allen größeren Städten. In München ist fast die gesamte Stadt Sperrbezirk.

Inzwischen wird von vielen Seiten, vor allem von den Unionsparteien, aber auch von Teilen der SPD gefordert, Prostitution nach dem sogenannten nordischen Model ganz zu verbieten. Danach wäre es für die Kunden der Prostituierten strafbar, deren Dienstleistungen in Anspruch zu nehmen. Die Prostituierten selbst würden sich zwar nicht strafbar machen, aber ihre Situation würde sich dennoch in vielerlei Hinsicht deutlich verschlechtern. Auch lassen sich die vermeintlichen Vorteile eines solchen Models in keinem der Länder, die es umgesetzt haben, nachweisen. Das einzige, was zum Beispiel für Schweden eindeutig belegt ist, ist ein deutlicher Rückgang der offen sichtbaren Straßenprostitution. Ob die Prostitution insgesamt zurückgegangen ist, wurde dagegen gar nicht erst ernsthaft untersucht, sondern nur pauschal behauptet. Was aber gut belegt ist, ist, daß eine solche Regelung die Situation vor allem der ohnehin in wirtschaftlicher Not befindlichen Prostituierten weiter verschlechtert. So haben nicht wenige Prostituierte in Schweden ihre Wohnung verloren und wurden obdachlos, weil Vermieter sich dort auch strafbar machen, wenn eine Frau in einer an sie vermieteten Wohnung der Prostitution nachgeht. Auch wird es gerade Frauen, die sich aus wirtschaftlicher Not prostituieren, mit so einem Verbot zusätzlich erschwert, ihren Lebensunterhalt sicherzustellen. Darüber hinaus zwingt ein solches Model die Prostituierten, ihre Tätigkeit im Verborgenen auszuüben, wodurch sie Übergriffen ihrer Kunden weitgehend schutzlos ausgeliefert sind. Zu behaupten, mit einem solchen Verbot den Schutz der Prostituierten erreichen zu wollen, ist eine glatte Lüge, zynisch und menschenverachtend. Infolge der Gesetzgebung in Schweden hat eine Bar asiatischen Frauen den Zugang verweigert mit der Begründung, diese würde häufig in Bars und Restaurants nach Freiern suchen. Ein schwedisches Gericht erklärte dieses offen rassistische Vorgehen 2013 für rechtmäßig.

III. Rechtsvollzug

Die deutsche Rechtsordnung weist also erhebliche Mängel auf. Aber auch die weniger schlechten Teile unserer Rechtsordnung nützen wenig, wenn sie in der Praxis schlicht ignoriert werden.

1. Die Polizei

Die Verkörperung der Staatsgewalt im Wortsinn ist die Polizei. Ihre Aufgabe ist es, Recht zu bewahren und durchzusetzen und notfalls wiederherzustellen. Wie sie das tun darf und soll, ist in den bereits erwähnten zahlreichen Gesetzen für die verschiedenen Polizeiorganisationen geregelt – theoretisch. Die polizeiliche Praxis weicht teilweise erheblich davon ab.

a) Gewalt

In einem Rechtstaat muß der Staat das Gewaltmonopol für sich beanspruchen und das im Zweifel auch durchsetzen. Das ist die zentrale Aufgabe der Polizei. Neben der Ermittlung bei Straftaten ist die Aufrechterhaltung von Sicherheit und Ordnung ihre wichtigste Aufgabe. Und dabei wendet die Polizei auch Gewalt an, meistens im Rahmen ihrer Aufgaben und Befugnisse, immer wieder aber auch darüber hinaus. Dann ist die Gewaltanwendung rechtswidrig und im Zweifel auch strafbar. Wie groß dieses Problem ist, ist schwer zu sagen, aber daß es diesbezüglich ein Problem gibt, ist inzwischen offensichtlich. Wahrscheinlich gab es dieses Problem schon immer, aber in den letzten Jahrzehnten ist es vor allem durch Kameras in Mobiltelefonen zunehmend in den Fokus der Öffentlichkeit geraten. Exemplarisch können hier die Polizeieinsätze gegen die Proteste anläßlich des G20-Gipfels in Hamburg genannt werden. Für diese ist durch zahlreiche Medienvertreter und Privatpersonen umfassend dokumentiert, daß die Polizei dort mit massiver und ganz überwiegend rechtswidriger Gewalt gegen ganz überwiegend friedliche Demonstranten vorgegangen ist. Und trotz dieser umfassenden Dokumentation hatte das keine Konsequenzen für die prügelnden Polizisten, gar keine, für niemanden – im Gegenteil. Der Einsatzleiter, der letztlich die Verantwortung für diese rechtswidrige Polizeigewalt trug, wurde anschließend auch noch befördert, und damit allen Polizisten signalisiert, daß sie letztlich wahllos gewalttätig im Dienst sein können, ohne auch nur die geringsten Konsequenzen befürchten zu müssen. Auch der damalige erste Bürgermeister Hamburgs und spätere Bundeskanzler Olaf Scholz fand nichts auszusetzen am brutalen Vorgehen der Polizei.

Wie gravierend das Problem tatsächlich ist, ist schwer zu ermitteln, da die Polizei mit allen Mitteln versucht zu verhindern, das Problem überhaupt als solches zu erkennen. Daher sind offizielle Zahlen hierzu völlig unbrauchbar. Die einzige Untersuchung, die ernsthaft versucht hat, etwas Licht in das Dunkel zu bringen, ist das Forschungsprojekt „KviaPol" (Körperverletzung im Amt durch Polizeibeamte). Danach ist von mindestens 10.000 Fällen rechtswidriger Gewalt durch Polizisten im Jahr in Deutschland auszugehen. Plausibel wären aber auch deutlich höhere Zahlen. Das mag angesichts von vielen Millionen Polizeieinsätzen jährlich nicht viel erscheinen, bedeutet aber immer noch, daß jedes Jahr eine ganze Kleinstadt von der Polizei verprügelt wird. Durch die zunehmende öffentliche Aufmerksamkeit für solche Vorfälle gerät die Polizei als Institution insgesamt in Verruf, worauf diese bisher durch weitere Abschottung reagiert. Dies wiederum macht eine echte Lösung des Problems unmöglich, was wiederum das Vertrauen in die Polizei weiter erschüttert – ein Teufelskreis.

Besonders schwer wiegt es, wenn die Polizei Menschen tötet, ohne hierüber umfassend Rechenschaft abzulegen, oder gar versucht, die Umstände eines von der Polizei verursachten Todes einer Person zu vertuschen, so geschehen nach den Morden an Benno Ohnesorg 1967 und Oury Jalloh 2005. In einem Land, in dem statistisch fast alles analysiert wird, gibt es keine systematische Erfassung, wieviele Menschen auf welche Weise durch die Polizei zu Tode kommen. Nur die von der Polizei erschossenen Personen werden erfaßt. Es sind jedes Jahr zwischen 10 und 20 Menschen. Ein großer Teil davon litt an psychischen Erkrankungen. Insgesamt dürfte nach den verfügbaren Informationen aber jedes Jahr eine mittlere zweistellige Zahl von Menschen in Deutschland durch die Polizei ums Leben kommen. Auch diese Intransparenz trägt nicht gerade dazu bei, das Vertrauen in die Polizei als Organisation zu stärken, zumal es auch hier so gut wie nie irgendwelche Konsequenzen für Beamte gibt, die im Dienst den Tod eines Menschen verursacht haben. Daß im sogenannten Kölner Polizeiskandal 2003 sechs Polizisten wegen gemeinschaftlicher Körperverletzung im Amt mit Todesfolge zu Bewährungsstrafen verurteilt wurden, ist einerseits schon eine absolute Ausnahme, andererseits eine Frechheit, weil die Mindeststrafe für Körperverletzung mit Todesfolge drei Jahre beträgt, was nicht zur Bewährung ausgesetzt werden kann. Warum bei den Polizisten ein minderschwerer Fall angenommen wurde, ist nicht nachvollziehbar. Daß ein Polizist in Deutschland zu einer langjährigen Haftstrafe verurteilt wird, weil er einen Menschen getötet hat ist undenkbar, anders als zum Beispiel in den USA Derek Chauvin, der Polizist, der George Floyd getötet hat und dafür 2021 zu über 20 Jahren Haft verurteilt wurde.

In äußersten Fall physische Gewalt auszuüben, gehört zu den Aufgaben der Polizei. Zwischen eindeutig rechtmäßiger und eindeutig rechtswidriger Gewalt liegt jedoch ein sehr weiter Graubereich, was den Umgang mit dem Thema sehr erschwert. Wenn aber schon in dem Bereich, wo die Rechtswidrigkeit offensichtlich ist, Konsequenzen ausbleiben, untergräbt das den Rechtstaat grundlegend. Und wenn die Polizeiorganisation als Ganzes sich schlicht weigert, diesbezüglich auch nur das geringste Problembewußtsein zu zeigen, selbst dann, wenn Menschen durch die Polizei getötet werden, verliert sie zu Recht das Vertrauen weiter Teile der Bevölkerung.

b) Rassismus und andere Diskriminierungen

Rechtswidrige Gewalt ist nicht das einzige Problem der Polizei. Rechtsextremismus und der damit verbundene Rassismus ist ein anderes. Wie schon erwähnt, fanden nach dem zweiten Weltkrieg viele Nazis Unterschlupf bei Polizei und Geheimdiensten. Dadurch ergab sich eine fatale Schieflage dieser Institutionen nach rechts. An dieser Schieflage scheint sich bis heute nichts geändert zu haben. Zahlreiche rechtsextremistische Chatgruppen, verteilt über alle Polizeibehörden in Deutschland, zahlreiche Polizeibeamte, die Mitglied in rechtsextremistischen Netzwerken und Organisationen sind, Beamte mit Andenken an die Nazidiktatur und rechtsextremistischen Tattoos zeugen von einem massiven strukturellen Problem innerhalb der Sicherheitsbehörden. Lange versuchten die Innenpolitiker die entsprechenden Vorfälle als Einzelfälle abzutun und bestritten vehement die Existenz eines umfassenderen Phänomens. Die schiere Zahl der Vorfälle strafen diese Verharmlosungsversuche jedoch Lügen. Trotzdem verhindern Polizei und Innenpolitiker beharrlich, daß dieses Problem intensiver untersucht wird. Konsequenzen hatten die bisher bekannt gewordenen Fälle für die als sicher rechtsextrem aufgefallenen Beamten nur ganz selten.

Dabei sind schon die wenigen bekannten Informationen besorgniserregend. Aus den bekannt gewordenen Fällen läßt sich schließen, daß über 1.000 Polizeibeamte sicher rechtsextrem sind. Das ist jedoch nur die sprichwörtliche Spitze des Eisbergs. Zwar scheint die Zurückhaltung unter Polizeibeamten, rechtsextreme Ansichten offen zu äußern, abzunehmen, aber trotzdem dürften bei den meisten Beamten immer noch die Hemmungen, solche Überzeugungen offen zu zeigen, überwiegen. Daher dürfte die Dunkelziffer hier sehr hoch sein. Studien zufolge haben etwa 8% der Bevölkerung klar rechtsextreme Ansichten. Da die Polizei, wie oben erwähnt, eine Schieflage nach rechts hat, dürfte der Anteil eindeutig Rechtsextremer an den Polizeibeamten größer sein als im Durchschnitt der Bevölkerung. Aber diese 8% würden bei etwa 340.000 Polizisten deutschlandweit bereits fast 30.000 bewaffneten und mit umfassenden hoheitlichen Befugnissen ausgestatteten Rechtsextremisten entsprechen. Die Anzahl Polizeibeamter, die mit solchen Ansichten zumindest sympathisieren, dürfte noch deutlich höher sein.

Ausdruck dieses Rechtsextremismus ist unter anderem Rassismus. Sogenanntes „Racial Profiling" gehört zum Polizeialltag. Das bedeutet, daß Menschen allein aufgrund ihrer äußeren Erscheinung als nicht deutsch von Polizisten wahrgenommen und ausschließlich deshalb kontrolliert werden. Zwar bestreiten auch hier – mit wenigen Ausnahmen, wie dem langjährigen Vorsitzenden der Deutschen Polizeigewerkschaft Rainer Wendt, der Racial Profiling offen beführwortet – Polizei und Innenpolitiker beharrlich, daß es dieses Phänomen gibt, aber entsprechende Studien belegen, daß farbige und andere Menschen mit erkennbaren Migrationshintergrund signifikant häufiger von der Polizei ohne jeden Anlaß kontrolliert werden, als solche, die als deutschstämmig wahrgenommen werden. Besonders bei anlaßlosen Kontrollen fokussieren sich Polizeibeamte sehr häufig auf fremdländisch wirkende Personen. Werden diese häufiger kontrolliert, werden zwangsläufig auch häufiger Gesetzesverstöße solcher Personen festgestellt, was nicht etwa eine Folge davon ist, daß sie häufiger gegen Gesetze verstoßen als Deutsche, sondern davon, daß sie wesentlich intensiver kontrolliert werden. So wird das Vorurteil, Migranten verübten mehr Gesetzesverstöße als Deutsche zu einer selbsterfüllenden Prophezeiung. Inzwischen gibt es zahlreiche Gerichtsentscheidungen, die dieses Vorgehen der Polizei bestätigen und immer als rechtswidrig einstufen. Teil dieses Vorgehens ist, daß in manchen Bereichen der Großstädte, die als Drogenumschlagplätze bekannt sind, praktisch ausschließlich farbige Menschen von der Polizei kontrolliert werden, weil ihnen auch ohne konkrete Hinweise Drogenhandel unterstellt wird. Ein Weißer könnte in diesen Gegenden wahrscheinlich völlig unbehelligt von der Polizei Drogen verkaufen, weil er nicht ins polizeiliche Beuteschema paßt. Der Rassismus innerhalb der Polizei hört leider nicht bei vergleichsweise harmlosen Personenkontrollen auf. Immer wieder kommt es zu Gewaltexzessen von Polizeibeamten gegen farbige Menschen. Oury Jalloh, ein Migrant aus Guinea in Afrika, der 2005 in Dessau von Polizisten getötet wurde, hat einen solchen mit seinem Leben bezahlt. Nur der Vollständigkeit halber sei erwähnt, daß Racial Profiling neben vielen anderen Vorschriften vor allem gegen Art. 3 Abs. 3 Satz 1 GG, der Diskriminierungen wegen Abstammung, Rasse, Heimat oder Herkunft verbietet, verstößt und damit schlicht verfassungswidrig ist. Der Vorsitzende der zweitgrößten Polizeigewerkschaft befürwortet also offen verfassungswidriges Verhalten der Polizei.

Umfragen zeigen, daß bis zu zwei Drittel aller Polizeibeamten mindestens latent rassistische Ansichten haben dahingehend, daß sie Menschen ausschließlich aufgrund ihrer ethnischen Herkunft ohne jede weitere Anhaltspunkte negativere Eigenschaften zuschreiben als deutschstämmigen Menschen. Noch besorgniserregender ist jedoch, daß dies von den meisten Beamten gar nicht als Rassismus angesehen wird. Innerhalb der Organisation Polizei fehlt das Problembewußtsein dafür also fast völlig. Vom Verlag für Polizeiwissenschaft gibt es ein „Lehrbuch" mit dem Titel „Türken und Araber verstehen und vernehmen" und die nordrhein-westfälische Polizei verwendet ein Dokument mit „Erläuterungen" zu arabischen Familienclans. Beide triefen nur so von rassistischen Klischees. Abbau von Rassismus und Verständnis für andere Kulturen kann so sicher nicht erreicht werden. Werden Migranten von der Polizei ganz überwiegend als potentiell Verdächtige gesehen und behandelt, hat das aber noch weiterreichende Auswirkungen. Das Vertrauen von Migranten in die Polizei und damit letztlich in unsere Gesellschaftsordnung wird dadurch nachhaltig erschüttert. Bei Konflikten und Problemen wenden sich viele Migranten daher gar nicht erst an die Polizei, weil sie dadurch nur weitere Nachteile befürchten. Sie sehen in der Polizei keinen möglichen Schutz, sondern eine latente Bedrohung. So fördert das Verhalten der Polizei unter anderem die vielbeklagte Entstehung von Parallelgesellschaften unter Migranten und verhindert deren Integration in unsere Gesellschaft. Auch so schaffen sich diskriminierende Vorurteile unter Polizisten letztlich ihre eigene Grundlage.

Eine andere Gruppe, die von der Polizei sehr viel rücksichtsloser als der Bevölkerungsdurchschnitt behandelt wird, sind Menschen, die als politisch links gelten. Die Geschichte am Anfang dieses Buchs ist nur ein Beispiel von vielen. Regelmäßig wird gegen linke Demonstrationen mit massiver Polizeigewalt vorgegangen. Regelmäßig befinden Gerichte dieses Vorgehen später als rechtswidrig, immer wieder auch das Bundesverfassungsgericht. Das hält die Polizei nicht davon ab, gegen den nächsten linken Protest wieder gewaltsam vorzugehen. Darüber hinaus werden in Bayern inzwischen regelmäßig Klimaaktivisten in Präventivhaft genommen, häufig für mehrere Wochen. Um derart hartes Vorgehen zu rechtfertigen, werden sie vor allem von Unionspolitikern immer wieder als Terroristen bezeichnet, was im Hinblick auf den völlig friedlichen Protest nahezu aller Klimaaktivisten sachlich jeder Grundlage entbehrt und die Gefahr birgt, daß die Polizei noch härter gegen völlig harmlose, friedliche Demonstranten vorgeht. In weiten Teilen der Polizei gilt links = Feind. Häufig werden linke Demonstranten im Vorfeld von Protesten polizeiintern als sehr gefährlich dargestellt, obwohl sie tatsächlich völlig harmlos sind. Auch dies birgt die Gefahr, ein stark überzogen hartes Vorgehen der Polizei gegen friedliche Bürger zu provozieren.

Schon einmal hat brutales Vorgehen der Polizei gegen linke Proteste fatale Folgen gehabt. Ende der 1960er Jahre reagierte der Staat mit massiver Polizeigewalt gegen die damaligen Studentenproteste, was schließlich in der Ermordung Benno Ohnesorgs gipfelte. Dies war sicher nicht der alleinige Grund für die anschließende Radikalisierung von Teilen der Protestbewegung, die schließlich zur Gründung mehrerer linksextremistischer Terrorgruppen geführt hat. Ohne das harte Vorgehen des Staates hätte es diese Radikalisierung aber vermutlich nicht gegeben. Ironischerweise hat zumindest der Berliner Verfassungsschutz unter anderem Hilfe beim Anschlag auf das Jüdische Gemeindehaus Berlin am 9. November 1969 durch die linksextremistische Gruppe „Tupamaros West-Berlin" geleistet, für den ein V-Mann des Verfassungsschutzes die Bombe beschafft hatte.

Gegen rechte Demonstranten geht die Polizei dagegen so gut wie nie gewaltsam vor. Da es bei rechten Protesten fast immer linke Gegenproteste gibt, führt das dann meistens dazu, daß die Polizei die rechten Proteste schützt und die linken Gegendemonstrationen gewaltsam auflöst, womit sich der Kreis zur Schieflage der Polizei nach rechts schließt.

c) Jede Menge Daten

Die Polizei erfaßt jede Menge Daten. Die Fluggastdaten sind nur die Spitze des Eisbergs. Die Polizeibehörden von Bund und Ländern unterhalten über 100 verschiedene Datenbanksysteme für alle möglichen Zwecke. Zwischen vielen dieser Datenbanken gibt es keine Schnittstellen, so daß Daten immer wieder manuell von einem System in ein anderes übertragen werden müssen. Häufig stimmen auch die Datenformate nicht überein, so daß bei der Übertragung von einem System in ein anderes zwingend Inkonsistenzen entstehen. Wie das Eingangsbeispiel des Buchs zeigt, gibt es auch keine wirksame Eingabekontrolle für Daten in die Systeme. In München wurde ein Mann im Alter von 22 Jahren fälschlich des Drogenkonsums beschuldigt. Trotz Freispruchs wurde er von der Polizei als potentieller Drogenkonsument gespeichert und in den Folgejahren zehnmal kontrolliert und am ganzen Körper untersucht, mehrfach bis in den Intimbereich, im Po und unter der Vorhaut. Drogen fand die Polizei nie bei ihm. Ein Drogentest, der nachgewiesen hätte, daß er keine Drogen konsumiert, wurde nie durchgeführt. Ein Gericht stellte schließlich fest, daß die Kontrollen rechtswidrig, weil völlig unverhältnismäßig waren. Seine Daten hat die Polizei daraufhin dennoch nicht gelöscht. Eine stichprobenartige Überprüfung der Daten in Polizeidatenbanken in Baden-Württemberg ergab, daß etwa 90% der Daten in den Datenbanken falsch oder aus anderen Gründen unbrauchbar waren. Konsequenzen wurden aus dieser Erkenntnis keine gezogen, obwohl falsche oder irreführende Daten in polizeilichen Datenbanken für die betroffenen Bürger erhebliche Folgen haben können. Auch hier kann die Geschichte zu Beginn dieses Buches als Beispiel dienen.

Nahezu alle Polizeigesetze von Bund und Ländern enthalten entsprechende Vorschriften zur Datenerfassung, Speicherung und Verarbeitung. Eine Kontrolle, ob diese Vorschriften eingehalten werden, gibt es aber, soweit erkennbar, nicht. Die Polizei scheint wahllos Daten von Bürgern, die mit ihr in Berührung kommen, zu speichern, auch wenn diese dazu keinerlei Anlaß gegeben und auch sonst nichts falsch gemacht haben. Auf eine Anfrage wurde bekannt, daß allein der Freistaat Bayern Daten von 30 Millionen Menschen in polizeilichen Datenbanken gespeichert hat, weit mehr als doppelt so viele, wie das Bundesland Einwohner hat. Es ist ausgeschlossen, daß dies rechtmäßig ist. Darüber hinaus ist es bei einer solchen Menge an Daten schlicht unmöglich, deren Qualität, also deren Richtigkeit auch nur ansatzweise zu überprüfen. Um das Ganze noch schlimmer zu machen, ergeben stichprobenartige Kontrollen immer wieder, daß vor allem zulässige Speicherfristen weit überschritten werden und entsprechende Vorschriften zur Löschung von Daten teils völlig ignoriert werden. Die in den Datenschutzgesetzen vorgeschriebenen Löschkonzepte sind fast in allen Sicherheitsbehörden schlicht nicht existent. Auch den Informationspflichten gegenüber den betroffenen Bürgern leisten die Polizeibehörden nur in wenigen Ausnahmefällen folge. Versuche der zuständigen Datenschutzbehörden, die Verarbeitung und Speicherung von Daten bei den Polizeibehörden wirksam zu überprüfen, werden von der Polizei soweit wie irgend möglich abgewehrt.

Dafür greifen Polizisten immer wieder illegal auf ihnen zugängliche Daten zu nicht-dienstlichen Zwecken zu. Die Daten werden benutzt um einen Ex-Partner zu stalken, den nervigen Nachbarn auszuspionieren, einen Nebenbuhler zu diskreditieren, den neuen Freund der Tochter zu überprüfen ... Ein Polizist hatte Daten minderjähriger Mädchen illegal abgefragt, um zu diesen dann sexuelle Kontakte aufzubauen. Zahlreiche Personen erhielten Drohschreiben von Rechtsextremisten, wofür diese offensichtlich Daten aus Polizeidatenbanken genutzt hatten. Die Ermittlungen hierzu zogen sich über mehrere Jahre hin, und am Ende sollen es mal wieder ganz wenige Einzeltäter gewesen sein. Ein wirkliches Aufklärungsinteresse war bei keiner beteiligten Polizeibehörde erkennbar. Wie viele illegale Abfragen von Daten es innerhalb der Polizeibehörden gibt, ist nicht bekannt. Bei etwa einer halben Million Abfragen in polizeilichen Datenbanken täglich, erscheinen einige hundert illegale Abfragen am Tag völlig plausibel. Die Polizeibehörden tun sich anscheinend schwer damit, hier Konzepte in ihrer IT-Infrastruktur zu etablieren, die zumindest nachvollziehbar machen, wer wann worauf aus welchem Grund zugegriffen hat, und auch Zugriffsrechte detailliert zu regeln. Technisch sind solche Konzepte inzwischen Standard im Sinne der nach der DSGVO erforderlichen technischen und organisatorischen Maßnahmen zum Schutz von Daten.

Angesichts dieser eklatanten Defizite in Bezug auf die Datenqualität und den Datenschutz bei den Polizeibehörden ist die Verwendung von Programmen zur umfassenden datenbankübergreifenden Datenanalyse, wie jene des US-Unternehmens Palantir besonders bedenklich und im Hinblick auf den Schutz der Grundrechte schlicht eine Katastrophe. Zwar hat das Bundesverfassungsgericht in einer Entscheidung von 2023 die Anwendung solcher Analysesysteme an enge Voraussetzungen geknüpft und auch rechtliche Grenzen für die zu verwendenden Daten gezogen, daß die Polizeibehörden dies bei ihrer Arbeit mit diesen Systemen beachten werden, ist angesichts der obigen

Ausführungen aber unwahrscheinlich. Dabei werten diese Systeme nicht nur die Daten in den zahlreichen polizeilichen Datenbanken aus, sondern verknüpfen diese zum Beispiel mit Daten aus Social-Media-Plattformen und sonst im Internet verfügbaren personenbezogenen Daten. So werden Daten von miserabler Qualität aus Polizeidatenbanken mit Daten aus dem Internet, deren Qualität auch nicht besser sein dürfte, zu umfassenden Persönlichkeitsprofilen von realen Menschen zusammengefügt. Beruhen diese Profile aber auf Daten von miserabler Qualität, sagen sie über den realen Menschen, auf den sie bezogen sind, faktisch nichts brauchbares aus. Sie können aber, wenn die Polizei daraus falsche Schlußfolgerungen in Bezug auf eine Person zieht, für diese massive negative und vor allem rechtswidrige Auswirkungen haben. Der Syrer Ahmed A. hat eine solche falsche Verknüpfung von Daten am Ende mit dem Leben bezahlt, da er mit einem Migranten aus Mali verwechselt und statt diesem dann inhaftiert wurde, und das, obwohl den Behörden bekannt war, daß der Gesuchte dunkelhäutig ist, Ahmed A. aber hellhäutig. In der Haftanstalt Kleve kam er schließlich bei einem Feuer, dessen Ursache nicht abschließend geklärt ist, 2018 ums Leben. Vor diesem Hintergrund ist die Verwendung der genannten Systeme zur Datenanalyse mit rechtstaatlichen Grundsätzen schlicht unvereinbar. Darüber hinaus verstößt die Verknüpfung zahlreicher Daten auch gegen das Datenschutzrecht. Danach benötigt jede Erhebung und Verarbeitung personenbezogener Daten eine Rechtsgrundlage, die jeweils den Zweck der Erhebung und Verarbeitung und deren Grenzen festlegt. Sollen Daten für einen anderen Zweck als den ursprünglichen verarbeitet werden, was bei der Verknüpfung von Daten aus verschiedenen Datenbanken regelmäßig der Fall sein dürfte, ist auch dafür eine entsprechende Rechtsgrundlage erforderlich. Fehlt diese, ist die Verarbeitung und damit auch die Verknüpfung rechtswidrig. Für das unbegrenzte automatisierte Sammeln von personenbezogenen Daten im Internet zur Strafverfolgung gibt es schlicht keine grundrechtskonforme Rechtsgrundlage, unter anderem, weil davon immer auch völlig Unbeteiligte betroffen sind. Es ist daher immer rechtswidrig. Das gilt erst recht für die Verknüpfung solcher Daten mit solchen aus polizeilichen Datenbanken.

Noch gefährlicher wird es für die Bürger, wenn das sogenannte „predictive policing" eingeführt werden sollte, das neuste Spielzeug auf der Wunschliste der Sicherheitspolitiker. Dabei soll mit Hilfe von künstlicher Intelligenz aufgrund der Auswertung von Daten vorhergesagt werden, wo und möglicherweise auch von wem Straftaten begangen werden, um diese dann verhindern zu können, bevor sie begangen wurden. Zu diesen Systemen gehören auch solche, die aus Videoaufnahmen von Menschenmengen jene herausfiltern sollen, die sich anders als die Mehrheit der Menge verhalten, einen Auffälligen Gang oder sonst irgendwie von der Menge abweichende Merkmale aufweisen. Solche Systeme würden sehr zuverlässig alle Menschen, die sich aufgrund einer physischen oder geistigen Behinderung anders bewegen als der Durchschnitt herausfiltern, was ein eklatanter Verstoß gegen Art. 3 Abs. 3 Satz 2 GG wäre. Auch hier würde wieder der Heuhaufen vergrößert, nicht das Auffinden potentieller Gewalttäter erleichtert. Auch ein System, daß zum Beispiel Messer in einer Menschenmenge finden soll und dann im Rheinland während des Karnevals eingesetzt alle mit Plastik- oder Holzschwertern bewaffneten als Römer oder Ritter verkleideten herausfiltert, würde sicher zahlreiche Anekdoten für die Boulevardpresse produzieren, ganz sicher aber keinerlei Beitrag zur Sicherheit der Veranstaltungen leisten. Alle bisher bekannten leistungsfähigen generativen KI-Systeme haben sich als zutiefst vorurteilsbehaftet, diskriminierend und rassistisch erwiesen. Versuche, ihnen das auszutreiben, zeigten bisher nur sehr geringen Erfolg. Auch neigen die Systeme immer wieder zum Halluzinieren und meinen die absurdesten Zusammenhänge erkannt und daraus noch absurdere Schlußfolgerungen gezogen zu haben. Auf ein solches System rechtliche, insbesondere grundrechtseinschränkende Maßnahmen gegen die Bürger zu stützen, wäre offensichtlich verfassungswidrig.

d) Aufrüstung

Seit Jahrzehnten schon rüstet die Polizei immer weiter auf, angefangen bei Pistolen mit immer größeren Magazinen und immer gefährlicherer Munition, über Maschinenpistolen und Granaten bis hin zu immer martialischeren gepanzerten Fahrzeugen, die ursprünglich für den Kriegseinsatz entwickelt wurden. Eine reale Bedrohungslage, für deren Bewältigung die entsprechende Ausrüstung auch nur hilfreich wäre, hat es weder bisher in der Geschichte der Bundesrepublik Deutschland gegeben, noch ist auch nur entfernt absehbar, daß es in Zukunft eine solche geben wird.

Es fängt schon beim der Kleidung der Polizisten in der Öffentlichkeit an. Während Polizisten früher bei normalen Einsätzen ganz normale Uniformen trugen, sind heute schußsichere Westen praktisch Standard, obwohl in Deutschland so gut wie nie auf Polizisten geschossen wird, und wenn, dann ist die Gefahr fast immer im voraus absehbar, wie zum Beispiel als 2016 die Polizei einem Reichsbürger die Schußwaffen abnehmen wollte und dieser dabei einen der Polizisten erschoß. Im normalen Polizeialltag geht die Gefahr, daß auf einen Polizisten geschossen wird, gegen null. Dennoch tragen praktisch alle Polizisten im Außendienst inzwischen schußsichere Westen, selbst bei Verkehrskontrollen. Bei der Ermordung zweier Polizisten im Landkreis Kusel bei einer solchen Verkehrskontrolle im Jahr 2022 durch zwei Wilderer nützten Westen auch nichts, da beide in den Kopf geschossen wurden. Noch martialischer tritt die Polizei bei Großveranstaltungen wie Demonstrationen oder Fußballspielen auf mit Ganzkörperschutzanzügen, Helmen und Schutzschilden, völlig vermummt, was der Polizei im Gegensatz zu den Demonstranten erlaubt ist. Gerade bei höheren Außentemperaturen ist das Tragen einer solchen Schutzausrüstung fast unerträglich, so daß immer wieder Polizeibeamte darin kollabieren. Zynischerweise werden diese Beamten dann häufig zu denen gezählt, die bei einem Einsatz verletzt wurden, um eine negatives Licht zum Beispiel auf Demonstranten zu werfen, obwohl diese am physischen Zustand jener Beamten völlig unschuldig waren.

Weithin bekannt dürften inzwischen auch die immer wieder auftauchenden Polizeipatrouillen mit Maschinenpistolen in Flughäfen und Bahnhöfen sein. Auch bei anlaßlosen Kontrollen sind häufig Polizisten, die solche Waffen offen tragen, zu sehen. Nicht ersichtlich ist, welchen Zweck diese Bewaffnung erfüllen soll, außer vielleicht einschüchternd auf das allgemeine Publikum zu wirken. Schußwaffeneinsatz durch die Polizei ist ohnehin auf absolute Extremsituationen beschränkt. In Bereichen wie großen Bahnhöfen oder Flughäfen, wo sich regelmäßig nicht unerhebliche Menschenmengen aufhalten, ist ein Schußwaffeneinsatz durch Polizisten nahezu undenkbar, weil die Gefahr, daß völlig Unbeteiligte schwer verletzt oder sogar getötet werden, viel zu groß ist. Wenn überhaupt, ist in solchen Umgebungen nur ein möglichst gezielter Schuß zu verantworten, wofür Maschinenpistolen denkbar ungeeignet sind. Damit könnte ein Polizist nur wahllos in die Menge schießen. Es ist nicht ersichtlich, warum die Polizei dafür die Möglichkeit haben sollte. In Sachsen erlaubt das Polizeigesetz sogar den Einsatz von Maschinengewehren. Für diese, ebenso wie für die dort und in Bayern auch zulässigen Handgranaten ist noch weniger ersichtlich, in welchem Einsatzszenario Polizisten diese sinnvoll und rechtskonform einsetzen könnten.

Schon seit den 1930er-Jahren setzt die Polizei in Deutschland Wasserwerfer ein. Im Lauf der Jahrzehnte wurden diese Maschinen immer größer, der mögliche Wasserdruck immer stärker und die dadurch möglichen Verletzungen bei Demonstranten immer schwerwiegender. Traurige Berühmtheit erlangte der völlig unverhältnismäßige Polizeieinsatz gegen die Proteste gegen Stuttgart 21 im Jahr 2010, bei dem etliche Demonstranten durch den Wasserwerfereinsatz erheblich verletzt wurden. Nachdem 1985 in Frankfurt ein Demonstrant von einem Wasserwerfer überrollt und dadurch getötet wurde, argumentierte die Polizei in dem anschließenden Gerichtsverfahren, dem Fahrer eines Wasserwerfers sei bei so einem Einsatz durch den Wassernebel keine klare Sicht auf die Straße vor dem Fahrzeug möglich. Der Fahrer hätte den Demonstranten schlicht nicht gesehen. Auf die Idee, daß aufgrund dieser Gegebenheiten der Einsatz von Wasserwerfern gegen unbewaffnete Demonstranten völlig unverantwortlich ist, kam danach aber niemand.

Der bisherige Höhepunkt der Aufrüstung der Polizei ist die Beschaffung von insgesamt mindestens 68 Panzerfahrzeuge des Typs Survivor R, ein eigentlich für Militäreinsätze entwickeltes, 15 Tonnen schweres Panzerfahrzeug, das mit Maschinengewehr und Granatwerfer bewaffnet werden kann. Auch hier ist schlicht kein Einsatzszenario vorstellbar, in dem ein solches Fahrzeug für einen Polizeieinsatz, der sich im Rahmen rechtsstaatlicher Grenzen bewegt, erforderlich wäre. Deren Beschaffung stellt also nur eine gewaltige Verschwendung von Steuergeldern dar.

e) Außer Kontrolle

Im Hinblick auf die vorstehenden Ausführungen ist es besonders bedenklich, daß die Polizei in Deutschland faktisch keiner Kontrolle unterliegt, gar keiner, also jedenfalls keiner, die irgendeine relevante Wirkung entfalten würde. Zwar gibt es in einigen Bundesländern vermeintlich unabhängig Beschwerdestellen, die Übergriffe von Polizisten untersuchen sollen, aber zum einen sind diese Stellen nicht wirklich unabhängig sondern ganz überwiegend wie die Polizei selbst dem jeweiligen Innenministerium unterstellt, und zum anderen sind sie weder auch nur ansatzweise angemessen ausgestattet, noch besitzen sie irgendwelche Befugnisse, die eine auch nur halbwegs effektive Kontrolle der Polizei ermöglichen würden.

An wen wollen Sie sich wenden, wenn ein Polizist Sie verprügelt hat? An die Polizei? Wohl kaum. Sie könnten zur Staatsanwaltschaft gehen, aber die ist auf eine gute Zusammenarbeit mit der Polizei angewiesen und stellt in über 95% der Fälle von Anzeigen gegen Polizeibeamte die Verfahren ein. Nur in etwa 2% der Fälle wird überhaupt Anklage erhoben. Davon wiederum führt nur ein geringer Teil zu einer Verurteilung. Zum Vergleich: Im allgemeinen Durchschnitt werden je nach Straftat und Bundesland nur 60 bis 80 % der Ermittlungsverfahren eingestellt, und im Falle einer Anklage über 80 % der Täter verurteilt. Aufgrund dieses faktisch nicht existenten Rechtschutzes gegen Polizeigewalt werden die allermeisten Polizeiübergriffe gar nicht erst zur Anzeige gebracht, besonders wenn sie sich gegen Migranten richten, denn diese fürchten zu Recht bei Problemen mit der Polizei auch Probleme mit der Ausländerbehörde zu bekommen. So sind Migranten der Polizei besonders schutzlos ausgeliefert und auch deutlich häufiger Opfer von Übergriffen durch Polizisten als der Durchschnittsbürger.

Umgekehrt können sich Polizisten fast sicher sein, daß rechtswidrige Übergriffe ihrerseits praktisch nie Konsequenzen für sie haben werden. Wird die oben genannte Zahl von mindestens 10.000 polizeilichen Übergriffen pro Jahr ins Verhältnis zur Zahl der Verurteilungen von Polizisten wegen solcher Übergriffe gesetzt, die im niedrigen zweistelligen Bereich liegt, beträgt die Wahrscheinlichkeit von rechtlichen Konsequenzen für gewalttätige Polizisten deutlich unter ein Prozent, geradezu eine Einladung an sie, rechtliche Grenzen zu mißachten. Selbst wenn Polizisten wegen Straftaten im Amt doch verurteilt werden, erhalten sie fast immer vergleichsweise niedrige Geldstrafen oder Bewährungsstrafen von weniger als 12 Monaten. Dann können sie nämlich im Polizeidienst verbleiben. Systematisch erfaßt wird die Zahl verurteilter Polizisten, die immer noch Dienst tun, nicht, aber es müßten bundesweit einige Hundert sein. Selbst wenn die Strafen mal etwas höher ausfallen, sind sie gemessen an den jeweiligen Taten immer noch lächerlich niedrig, wie im oben genannte Fall der ehemaligen Kölner Polizisten für die Tötung eines Mannes im Dienst.

Vor diesem Hintergrund sind die in fast allen Bundesländern erlaubten anlaßlosen Personenkontrollen besonders bedenklich, denn ohne eine effektive Kontrolle der Polizeiarbeit ist dabei Willkür Tür und Tor geöffnet, und Willkür ist, wie bereits ausgeführt, das Gegenteil von Rechtstaatlichkeit. Polizisten können bei solchen Kontrollen ihren Vorurteilen, vor allem solchen ausländerfeindlicher Natur, völlig freien Lauf lassen. Dabei erfüllen diese Kontrollen ihren vermeintlichen Zweck, als welcher besonders häufig die Bekämpfung grenzüberschreitender organisierter Kriminalität, Schleuserkriminalität oder illegale Grenzübertritte zu bekämpfen angegeben wird, praktisch nie. Über 90% der Kontrollen bleiben regelmäßig ergebnislos. Bei den restlichen 10% handelt es sich ganz überwiegend um Ordnungswidrigkeiten und Kleinkriminalität. Zu Verurteilungen kommt es, soweit hierzu Zahlen verfügbar sind, im Durchschnitt nur in unter einem Prozent der Kontrollen, ein hochgradig ineffizienter Einsatz der Polizeikräfte.

Auf jeden Versuch, eine wirksame Kontrolle der Polizei zu etablieren, reagieren vor allem die Polizeigewerkschaften regelmäßig empört und werfen denjenigen, die eine solche Kontrolle befürworten, vor, die Polizei unter Generalverdacht zu stellen. Dabei verkennen sie den neben Art. 1 Abs. 1 GG, der die Menschwürde schützt, entscheidenden Grundpfeiler unserer Rechtsordnung, Art. 20 Abs. 2 Satz 1 GG: „ALLE Staatsgewalt geht vom Volke aus." Das bedeutet, die Polizei übt die Staatsgewalt nicht im Namen und Auftrag eines abstrakten Staatswesens, sondern im Namen und Auftrag der Menschen in unserem Land aus. Damit haben diese Menschen umgekehrt Anspruch darauf, daß die Polizei im Detail und jedem Einzelfall umfassend Rechenschaft darüber ablegt, wie sie diese Staatsgewalt ausübt.

f) Unter Streß

Polizist ist ohne Zweifel einer der stressigsten Berufe in unserem Land, kann aber auch je nach Einsatzzweck über viele Tage extrem langweilig sein. Die Streßfaktoren variieren stark von Einsatzzweck zu Einsatzzweck.

So werden vor allem Beamte der Schutzpolizei, also die Polizisten, die täglich auf den Straßen Streife fahren, in entsprechend schwierigen Teilen der Großstädte permanent immer wieder neuen Konfliktsituationen ausgesetzt. Diese sind häufig nur schwer einzuschätzen, oft selbst für erfahrene Psychologen. Und gerade in Konfliktsituationen besteht für Polizeibeamte immer die Gefahr, in den Konflikt hineingezogen und möglicherweise verletzt oder wie im Fall des Polizisten in Mannheim im Mai 2024 sogar getötet zu werden. Zwar gibt es bei allen Polizeibehörden Psychologen, an welche sich Polizisten theoretisch jederzeit wenden können, um Einsätze und Streß zu verarbeiten, aber zum einen fehlt für eine systematische psychologische Betreuung aller entsprechend eingesetzten Beamten schlicht das Personal, zum anderen steht es immer noch im Widerspruch zum Selbstbild vieler Polizisten, sich als starke staatliche Autorität zur Streßbewältigung Hilfe zu suchen. Dabei ist längst belegt, daß permanenter Streß physisch und psychisch krank macht. Auch eine Supervision gibt es erst in wenigen Polizeibehörden, und wenn dann auch nur in Ansätzen. Polizeibeamte mit permanent unzureichend oder gar nicht bewältigtem Streß stellen aber eine Gefahr sowohl für sich selbst als auch für andere dar.

Auf andere Weise ist der Einsatz bei der Kriminalpolizei belastend. Am belastendsten dürfte hier der Einsatz bei der Bekämpfung von Kindesmißbrauch und Kinderpornographie sein. Aber auch Mord und Totschlag oder gravierende Körperverletzungen dürften an den allermeisten Beamten nicht spurlos vorübergehen. Zusätzlichen Streß verursacht dann die konkrete Ergreifung eines Täters, bei der immer gefährliche Situationen für die Beamten entstehen können. Auch in diesem Bereich fehlt eine systematische psychologische Betreuung der Beamten.

Auf der anderen Seite kann der Polizeidienst von lang anhaltender Langeweile geprägt sein. Manche Einheiten der Bereitschaftspolizei werden oft über Monate nicht eingesetzt. Oder sie müssen sich bereit halten, also irgendwo in ihren Mannschaftswagen warten oder an irgendwelchen vermeintlichen Gefahrenpunkten sich stundenlang die Beine in den Bauch stehen, meist dann selbst bei großer Hitze in voller Kampfmontur. Und dann weicht eine Demonstration doch nicht vom genehmigten Weg ab, wie von der Einsatzleitung befürchtet oder die Fußballfans bleiben wider Erwarten ruhig. Auch der Einsatz bei der Kontrolle eines kleinen, wenig frequentierten Grenzübergangs in ein Nachbarland, oder dem Dienst auf einer Stelle im ländlichen Raum dürften über viele Tage hinweg keinerlei Spannung bieten. Allerdings kann gerade bei der Bereitschaftspolizei die Langeweile schnell in extremen Streß umschlagen, wenn zum Beispiel Fußballfans plötzlich aufeinander losgehen, und Polizisten zwischen die Fronten und dadurch in lebensgefährliche Situationen geraten.

Auch ist die Polizei immer wieder ein bequemer Sündenbock für Politiker, wenn irgendwas schiefgeht. So trat nach dem brutalen Vorgehen der Polizei gegen die Demonstration gegen Stuttgart 21 im Jahr 2010 nicht etwa der Innenminister des Landes Baden-Württemberg zurück, der – wenig glaubhaft – behauptete, das harte Vorgehen gegen die Demonstranten weder angeordnet noch davon vorab gewußt zu haben. Gefeuert wurde vielmehr der Stuttgarter Polizeichef. Das Feuern des Innenministers übernahm ein Jahr später dann immerhin der Wähler bei der Landtagswahl. Als in der Silvesternacht 2015 in Köln rund um Dom und Hauptbahnhof mehrere hundert junge Männer ganz überwiegend nordafrikanischer und arabischer Herkunft über 1.000 sexuelle Übergriffe gegen Frauen, Raub und Diebstähle begingen und die Polizei mit der Situation vor allem aufgrund von viel zu wenig Personal vor Ort völlig überfordert war, wurde die Schuld dafür der Polizei gegeben. Dabei war das Problem im Vorfeld wohl kaum absehbar, so daß die Vorkehrungen und Personalplanungen für die Silvesternacht, in der auch Polizisten nicht gern Dienst tun, etwa den Vorjahren entsprachen. Als dann die Polizei ein Jahr später, ausnahmsweise diesmal aus guten Gründen ihre Aufmerksamkeit in der Silvesternacht an gleicher Stelle hauptsächlich auf junge Männer nordafrikanischer und arabischer Herkunft richtete, wurde ihr das von vielen ebenfalls vorgeworfen. Vorfälle wie im Vorjahr gab es, soweit bekannt, in der Silvesternacht 2016 in Köln nicht.

Im Hinblick auf diese Bedingungen, völlig fehlende Kontrolle der Polizei, permanenter Streß ohne ausreichende Streßbewältigung, dazu noch eine eher mäßige Bezahlung, ist die deutsche Polizei im Durchschnitt gerade übermenschlich gut. Das ist völlig ironiefrei gemeint. Der überwiegende Teil der Polizeibeamten macht einen sehr guten, häufig tadellosen Dienst, vor allem im Vergleich zu anderen Ländern, in denen gewalttätige Übergriffe durch und Rassismus bei der Polizei noch erheblich häufiger vorkommen. Dennoch entschuldigt das nicht das Fehlverhalten deutscher Polizisten und relativiert nicht die Gefahr, die von der Ausbreitung von Rechtsextremismus und Rassismus innerhalb der deutschen Polizei ausgeht.

g) Überall Schlapphüte

Es erscheint zwar schwer möglich, aber noch weniger Kontrolle als die deutschen Polizeibehörden unterliegen die Geheimdienste unseres Landes. Davon gibt es deutlich mehr als vielen bewußt ist. Der Bund unterhält mit dem Bundesnachrichtendienst (BND), dem Bundesamt für Verfassungsschutz (BfV) und dem Militärischen Abschirmdienst (MAD, nicht zu verwechseln mit dem gleichnamigen Satiremagazin) gleich drei verschiedene Geheimdienste. Daneben unterhält jedes Bundesland noch seinen eigenen Verfassungsschutz, so daß es insgesamt 19 Geheimdienste in der Bundesrepublik gibt.

Geheimdienste sind schon per Definition mit einem Rechtstaat unvereinbar, denn ihr handeln ist, wie der Name schon verrät, geheim, also weitgehend öffentlicher Wahrnehmung und damit auch jeder Kontrolle entzogen. Unkontrolliertes staatliches Handeln darf in einem Rechtstaat aber nicht zulässig sein. Fast alle deutschen Geheimdienste sind in der Vergangenheit immer wieder durch Überschreiten ihrer Befugnisse und rechtswidrige Aktionen aufgefallen, wobei die der Öffentlichkeit bekannt gewordenen Fälle nur die Spitze des Eisbergs sein dürfte. Die Zahl der geheim gehaltenen und vertuschten Rechtbrüche der Dienste dürfte um ein Vielfaches höher liegen. Und genau wie bei den Polizeibehörden gibt es auch bei den Geheimdiensten eine bedenkliche Schieflage nach rechts. Schon die Regierung Adenauer nutzte die Organisation Gehlen, die Vorgängerorganisation des BND, um die SPD umfassend zu bespitzeln. Auch nach Ende der Amtszeit Adenauers setzte der Dienst die Bespitzelung der SPD noch fort.

Für die Tätigkeit des BND gab es ganz lange gar keine gesetzliche Regelung. Erst 1990 wurde das BND-Gesetz erlassen. Neben der Bespitzelung der SPD sind immer wieder Bespitzelungen von Journalisten bekannt geworden. Dies ist gleich in doppelter Hinsicht illegal, da zum einen die Bespitzelung von Journalisten durch die Geheimdienste eine Verletzung der im Grundgesetz geschützten Pressefreiheit darstellt, zum anderen der BND im Inland gar nicht tätig werden darf. 2020 hat das Bundesverfassungsgericht entschieden, daß der BND auch im Ausland Journalisten jedenfalls nicht wahllos überwachen darf.

Auch die verschiedenen Verfassungsschutzbehörden überwachen gern Journalisten, was auch ihnen nicht erlaubt ist, aber trotzdem immer wieder vorkommt. Darüber hinaus ist die Verflechtung der Verfassungsschutzämter mit der Rechtsextremistischen Szene unübersichtlich und aus rechtstaatlicher Sicht mehr als bedenklich. So scheiterte das erste NPD-Verfahren bereits daran, daß der größte Teil der NPD-Parteiführung in der ein oder anderen Form für einen oder mehrere Verfassungsschutzbehörden arbeitete. Auch die Terroristen des Nationalsozialisten Untergrunds (NSU) wurden mindestens in den 1990er Jahren direkt und indirekt von verschiedenen Verfassungsschutzbehörden unterstützt und mehrfach vorab vor polizeilichen Ermittlungsmaßnahmen gewarnt. Nach dem Ende des NSU wurden in mehreren Verfassungsschutzbehörden in großem Umfang Akten vernichtet, höchst wahrscheinlich um die Verwicklung der Dienste in die Machenschaften der Terrorgruppe zu vertuschen. Generell ist von außen schwer zu beurteilen, ob die Verfassungsschutzbehörden die Rechtsextremisten in Deutschland eher überwachen oder eher unterstützen wollen. Sollte letzteres tatsächlich nicht der Fall sein, wäre den Diensten in Bezug auf die Bekämpfung des Rechtsextremismus in Deutschland eine erschreckende Naivität und Wirkungslosigkeit zu bescheinigen.

Dafür ist die Haltung der Dienste gegenüber linken Gruppen sehr klar. In ihnen wird nach wie vor eine massive Bedrohung unserer Gesellschaftsordnung gesehen. Anders ist jedenfalls der Aufwand, den die Verfassungsschutzämter zur Überwachung linker Gruppen und Organisationen betreiben, nicht zu erklären. Dabei gibt es keine sachlichen Gründe anzunehmen, irgendeine linke Gruppe oder Organisation stelle eine relevante Gefahr für die Rechts- und Gesellschaftsordnung unseres Landes dar. Gerade bei der Überwachung linker Gruppen werden die Grenzen des rechtlich zulässigen immer wieder überschritten, wie die wenigen bekannt gewordenen Fälle zeigen. So wurde zum Beispiel der Rechtsanwalt Rolf Gössner, unter anderem Mitherausgeber des jährlich erscheinenden Grundrechtereports 38 Jahre lang umfassend vom Bundesamt für Verfassungsschutz überwacht, was nach einem Urteil des Verwaltungsgerichts Köln von 2011 von Anfang an rechtswidrig war. Auch die Partei Die Linke wurde lange von mehreren Verfassungsschutzämtern überwacht und wird das zum Teil immer noch. Aktuell stehen auch Klimaaktivisten im Visier der sogenannten Verfassungsschützer. Besonders einschneidend ist die Entsendung von V-

Leuten in solche Gruppen. Um an relevante Informationen zu gelangen, bauen diese persönliche Beziehungen zu den zu bespitzelnden Personen auf bis hin zu engen Freundschaften und sogar intimen Beziehungen, die gleichen Methoden also, welche die Stasi mit ihren zahlreichen informellen Mitarbeitern verwendet hat, die ebenfalls die Menschen in ihrem privaten Umfeld bespitzelt haben.

Besonders bedenklich in Hinblick auf die Tätigkeit der Geheimdienste ist, daß sie Art und Umfang ihrer Tätigkeit und vor allem ihre Zielpersonen nach eigenem Ermessen auswählen. Sie legen selbst die Kriterien fest, anhand derer bestimmt wird, wer potentiell verfassungsfeindlich ist und wer nicht. Sie sind zwar theoretisch an die Weisungen der jeweiligen obersten Bundes- und Landesbehörden, also der entsprechenden Ministerien, bzw. im Fall des BND des Bundeskanzleramts gebunden. Inwiefern sie diese befolgen, läßt sich aber nicht wirklich kontrollieren. In den allermeisten Fällen gibt es aber schon keine detaillierten Anweisungen für die Tätigkeit der Dienste. Auch die vermeintliche Kontrolle durch die G10-Kommission bezüglich der Telekommunikationsüberwachung durch die Dienste, als auch das parlamentarische Kontrollgremium des Bundestages können schon allein aufgrund ihrer geringen personellen und sachlichen Ausstattung keine wirkliche Kontrolle über die Geheimdienste ausüben. Letztlich handeln die Dienste daher ganz überwiegend völlig willkürlich. Sogar Kinder und Jugendliche, vor allem solche, die in als links geltenden Gruppen aktiv sind, werden schon von den Verfassungsschutzämtern überwacht.

2. Auf'm Amt

Immer mal wieder müssen die Menschen „auf's Amt", also zu irgendeiner Behörde, um irgendwas zu beantragen.

a) (un)-zuständig

Die erste Hürde ist dabei schon herauszufinden, zu welcher Behörde der Bürger für welches Anliegen muß. Zwar wurden in den 1990er Jahren in den meisten Bundesländern die sogenannten Bürgerämter oder Servicecenter eingeführt, die ein paar wenige Aufgaben insofern bündeln, als daß der Bürger für diese Aufgaben dann immer zur selben Stelle muß. Für die überwiegende Zahl der Dinge aber, für welche der Bürger zum Amt muß, gibt es immer noch jeweils gesonderte Ansprechpartner und Anlaufstellen. Erschwert wird das Problem durch die Organisationsstruktur unseres Staates, in dem es, je nach Bundesland, bis zu sechs verschiedene Organisationsstufen gibt, angefangen beim Bund über die Länder, die überwiegend in Regierungsbezirke gegliedert sind, und schließlich bis zu drei Stufen der Kommunalverwaltung, mit Kreisen und Gemeinden und in manchen Bundesländern noch einer dazwischen geschalteten Stufe der Kommunalverwaltung (z.B. Verbandsgemeinden in Rheinland-Pfalz, Samtgemeinden in Niedersachsen). In Nordrhein-Westfalen gibt es zusätzlich noch zwei Landschaftsverbände, die zwar jeweils mehrere Regierungsbezirke umfassen, aber dennoch Teil der Kommunalverwaltung sind. In dieser komplexen Struktur den richtigen Ansprechpartner für ein konkretes Anliegen zu finden, kann durchaus eine Herausforderung sein.

Damit nicht genug, sind die Zuständigkeiten nicht immer völlig klar, so daß es nicht selten vorkommt, daß ein Bürger mit einem bestimmten Anliegen von einer Behörde zur nächsten und wieder zurückgeschickt wird, weil keine sich zuständig fühlt. Umgekehrt können sich auch Zuständigkeiten überlappen und daraus resultierend sich widersprechende Entscheidungen verschiedener Behörden ergeben. Einige Bekanntheit haben diesbezüglich Schlachtbetriebe erreicht, für welche die Behörden für die Lebensmittelaufsicht aus Hygienegründen glatte, leicht zu säubernde Böden verlangten, während die für die Arbeitssicherheit zuständigen Behörden raue Böden zur Minimierung der Rutschgefahr forderten. Clubbesitzer in Berlin zum Bespiel beklagten, daß sie für ihre Lokalitäten Genehmigungen von über einem Dutzend verschiedener Behörden benötigten, die weder untereinander zu irgendeiner Koordination in Bezug auf die Anliegen der Clubbesitzer bereit waren, noch sonst kooperativ.

b) Zoomaniaeffekt

Viele kennen aus eigener Erfahrung mit Behörden den Zoomaniaeffekt (nach dem Film „Zoomania", in dem bei der Verkehrsbehörde Faultiere arbeiten, welche die Protagonistin, eine Häsin bei der Polizei, durch ihr geringes Arbeitstempo zur Verzweiflung treiben). Lange Verfahrensdauern in nahezu allen Bereichen öffentlicher Verwaltung sind für die meisten Bürger zwar lästig, selten aber mit ernsten Konsequenzen verbunden. Wenn es zum Beispiel Monate dauert, bis man sich in einer Stadt nach einem Umzug neu anmelden kann, entsteht dem Betroffenen dadurch keinerlei Schaden. Geht es dagegen um Genehmigung oder andere Dokumente für Unternehmen, können erhebliche Verzögerungen schnell zu massiven wirtschaftlichen Schäden führen. Auch Privatpersonen können davon betroffen sein, wenn zum Beispiel die Erteilung einer Baugenehmigung für ein Einfamilienhaus deutlich länger dauert, als in der Finanzierung kalkuliert. Verschiebt sich dadurch auch der Bau, weil entscheidende Teile nicht vor dem Winter fertiggestellt werden können, kann das schnell existentielle Probleme verursachen.

Noch gravierender als bei einzelnen Verwaltungsverfahren ist der Zeitfaktor bei komplexen Planungsprozessen. Diese dauern in Deutschland häufig Jahrzehnte. Auf einem der vorderen Plätze bei der Planungsdauer dürfte zum Beispiel die Nord-Süd-Stadtbahn in Köln liegen. Die Anfänge für deren Planung reichen bis in den 1960er Jahre zurück. Begonnen wurde mit dem Bau aber erst 2004. Inzwischen wurden fünf Gesetze zur Beschleunigung von Planungsverfahren, vor allem für Verkehrsprojekte (1991, 2006, 2018, 2020 und 2023) vom Bundestag beschlossen. Daß diese zu einer nennenswerten Beschleunigung der Planungsverfahren geführt hätten, ist nicht ersichtlich. Ein wesentliches Element dieser Gesetze ist die Einschränkung des Rechtschutzes der Bürger gegen Planungsentscheidungen. Die eigentlichen Planungsverfahren werden dadurch aber nicht beschleunigt. Ein Kernproblem ist, daß die Planungsverfahren für den größten Teil ihrer Dauer eine rein interne Angelegenheit der Behörden sind. Erst wenn die Planung faktisch abgeschlossen ist, werden die Pläne der Öffentlichkeit bekannt gemacht, und Bürger können Einwände geltend machen. Daß die Behörden dann nach Jahrzehnten der Planung nur noch minimale Änderung am Planungsergebnis vernehmen werden, wenn überhaupt welche, ist naheliegend. Konflikte der Planung mit privaten Interessen treten dadurch häufig erst nach Abschluß der Planung zutage und müssen dann meist in langwierigen Gerichtsverfahren gelöst werden. Erweisen sich Einwände gegen die Planung schließlich als substantiell, muß im Extremfall der gesamte Planungsprozess von vorne beginnen.

Langwierige Verwaltungsverfahren richten nicht nur massive wirtschaftliche Schäden an. Im Extremfall können sie dazu führen, daß Menschen sterben. So gab es von Ende 1938 bis kurz vor Ausbruch des 2. Weltkriegs die sogenannten Kindertransporte von Deutschland vor allem nach Großbritannien, mit denen über 10.000 jüdische Kinder vor der Verfolgung durch die Nazis gerettet wurden. Kurz vor Ausbruch des Krieges stand ein weiterer solcher Transport an. Jeder dieser Transporte benötigte eine Genehmigung der britischen Behörden. Der zuständige Mitarbeiter befand sich jedoch im Urlaub. Eine Vertretung war anscheinend nicht vorgesehen, so daß die Genehmigung nicht mehr vor Ausbruch des Krieges erteilt wurde und der Transport danach nicht mehr durchgeführt werden konnte. Keines der für diesen Transport vorgesehenen Kinder überlebte den Holocaust.

c) Kompetenz

Gute Verwaltungsentscheidungen setzen voraus, daß die Personen, die diese Entscheidungen treffen, über die entsprechende fachliche Kompetenz verfügen, um den jeweiligen Sachverhalt korrekt zu beurteilen. Das ist vergleichsweise banal, wenn es zum Beispiel um die Ausstellung eines Führerscheins oder die Zulassung eines Autos geht. Baugenehmigungen sind fachlich schon deutlich schwieriger. Die reinen Baupläne mag ein einfacher Sachbearbeiter noch beurteilen können, wie geplante Höhe und Grundfläche oder Fluchtwege. Die Überprüfung der statischen Berechnung erfordert dagegen schon einen Bauingenieur. Diese gibt es zwar vereinzelt in den Bauämtern, aber nicht in der Anzahl, die für eine fundierte Prüfung aller Baugenehmigungen erforderlich wäre. Ähnliches gilt für den Nachweis ausreichender Isolierung und genügender Schallschutz. So wird meist nur geprüft, ob die vorgeschriebenen Unterlagen vorhanden sind, und diese dann abgeheftet. Eine inhaltliche Prüfung findet gar nicht statt. Erst recht gibt es keine Kontrollen auf den Baustellen, ob die tatsächliche Ausführung denn den Plänen entspricht. Auch eine Endkontrolle durch die Bauaufsicht gibt es inzwischen häufig nicht mehr.

Problematisch wird das, wenn es um die Genehmigung von Großanlagen zum Beispiel der chemischen Industrie geht. Hier gibt es dann auf staatlicher Seite oft niemand mehr, der die Planung solch komplexer Anlagen nachvollziehen, und die davon ausgehenden Risiken richtig beurteilen kann. Größere Unfälle gab es in dem Bereich schon lange nicht mehr in Deutschland, vermutlich weil die Betreiber selbst ein ausreichend großes Interesse haben, daß ihre Anlagen sicher sind. Die mangelnde Fachkunde der Behörden versuchen diese dann oft dadurch auszugleichen und zu kaschieren, daß immer neue Gutachten und Risikoabschätzungen im Planungsprozeß gefordert werden, was diesen häufig verzögert und oft auch signifikant verteuert. Wird die Planung dann abgeschlossen, enthalten die

Genehmigungen oft Auflagen, zum Beispiel Vorgaben für zusätzliche Sicherheitsvorkehrungen oder Umweltschutzmaßnahmen, welche die Kosten weiter in die Höhe treiben und auch schonmal die Wirtschaftlichkeit eines Projekts insgesamt in Frage stellen können.

Auch bei der Überwachung von Produktionsbetrieben durch die zuständigen Behörden führt fehlende entsprechende Fachkunde, häufig verbunden mit einer personell und oft auch sachlich völlig unzureichenden Ausstattung dieser Behörden, zu bedenklichen Lücken in der Kontrolle.

d) Die ewige Reform

Vielfache Defizite in der deutschen Verwaltung, insbesondere eine immer weiter ausufernde Bürokratie werden schon seit den 1970er Jahren beklagt. Die unmittelbar dadurch verursachten Kosten für Bürger und Unternehmen dürften sich inzwischen auf einen zweistelligen Milliardenbetrag belaufen. Der volkswirtschaftliche Gesamtschaden dürfte noch deutlich höher liegen, da Bürokratie Unternehmen und Selbständige in ihrer wirtschaftlichen Entfaltung hemmt und so die Wirtschaftsleistung über die unmittelbaren Kosten hinaus reduziert.

Erste echte Reformbemühungen gab es aber erst in den 1990er Jahren. Unter anderem sollte die Leistung der Staatsdiener verbessert werden. Leistungszulagen wurden eingeführt. Das Problem: Wie soll die Leistung der Staatsbediensteten gemessen werden? Sollen Lehrer nach der Zahl der Unterrichtsstunden, die sie geben, nach der Zahl der Schüler, die sie unterrichten, nach den Noten, die diese Schüler erreichen oder nach deren Werdegang nach Abschluß der Schule beurteilt werden? Soll ein Verwaltungsbeamter nach der Zahl der Personalausweise, die er ausstellt, oder nach der Zahl der Baugenehmigungen, die er erteilt, beurteilt werden? Soll ein Polizeibeamter danach beurteilt werden, wie viele Strafzettel er verteilt oder wie viele Drogendealer er verhaftet? Was, wenn er dafür eingeteilt ist, auf einem belebten öffentlichen Platz Präsenz zu zeigen, um die Sicherheit dort zu erhöhen? Wird er gut bewertet, wenn gar nichts passiert, oder nur, wenn es zu Konflikten kommt, die er, möglicherweise gewaltsam, beendet?

Jeder Bewertungsmaßstab für eine Arbeit setzt bestimmte Anreize. Im öffentlichen Dienst sind solche Anreize aber sehr häufig bedenklich aus rechtstaatlicher Perspektive. Wird ein Lehrer nach den Noten seiner Schüler beurteilt, wird er bei gleichbleibender Leistung bessere Noten geben. Wird ein Verwaltungsbeamter nach der Zahl der von ihm erteilten Baugenehmigungen beurteilt, wird er nicht besonders gründlich bei der Prüfung der entsprechenden Anträge sein. Wird ein Polizist nach der Zahl seiner Festnahmen beurteilt, wird er versuchen, besonders viele tatsächliche oder vermeintliche Straftäter festzunehmen. Hier ist offensichtlich, daß ein rechtstaatlich einwandfreies Kriterium nur die Zahl der berechtigten Festnahmen sein kann. Dies steht aber häufig erst nach langwierigen Ermittlungsverfahren fest, ist also für eine zeitnahe Leistungsbeurteilung ungeeignet. So ist die Messung der Leistung von Mitarbeitern des Staats meist schon am Fehlen geeigneter Beurteilungskriterien gescheitert, was viele Dienstherren aber nicht an der Einführung von Leistungszulagen hindert.

Gescheitert ist dieses System aber letztlich an etwas anderem: Mißgunst. Wurden in der Anfangszeit nach Einführung von Leistungszulagen diese zumindest vereinzelt in unterschiedlicher Höhe an die Mitarbeiter ausgezahlt, je nach der Bewertung ihrer Leistung durch ihre Vorgesetzten, führten sowohl die Unterschiede in den Bewertungen als auch in den Leistungszulagen schnell Mißgunst unter den Mitarbeitern und infolge dessen zu Beschwerden bei den Personalräten. Das wiederum führte dazu, daß Vorgesetzte die Ungleichbehandlung rechtfertigen mußten. So führten unterschiedliche Bewertungen und Leistungszulagen zu Mehrarbeit und Ärger für die Vorgesetzten, was die allermeisten dazu veranlaßte, alle Untergebenen ungefähr gleich zu bewerten und die Leistungszulagen gleichmäßig zu verteilen. Damit wird aber genau das Gegenteil dessen erreicht, was mit den Leistungszulagen ursprünglich beabsichtigt war. So wird allen Mitarbeitern signalisiert, daß es völlig egal ist, wie gut sie arbeiten, statt Motivation zu besserer Leistung führt es zu Demotivation.

Ein weiteres Feld, das Gegenstand umfassender Reformen wurde, war die kommunale Buchführung. In der Vergangenheit gab es in der öffentlichen Verwaltung die sogenannte „kameralistische Buchführung", was im Grundsatz schlicht bedeutet, daß Einnahmen und Ausgaben jeweils aufaddiert und dann einander gegenübergestellt werden. Das größte Defizit dieser Art der Buchführung ist, daß Bestandsvermögen, zum Beispiel Immobilien, Fahrzeuge, Infrastruktur nicht in der Buchhaltung auftauchten, was zumindest in einigen Kommunen zu einem unzureichenden Wissen über Zustand und vorhersehbar erforderlichen Investitionen in das Bestandsvermögen führte. Deshalb schreiben die meisten Bundesländer den Kommunen inzwischen vor, die sogenannte doppelte Buchführung zu verwenden, die auch in der Privatwirtschaft für die meisten Unternehmen vorgeschrieben ist. Darin werden nicht nur Einnahmen und Ausgaben erfaßt, sondern auch Vermögenswerte und deren Veränderung. Hierbei zeigten sich aber Probleme bei der Bewertung zahlreicher Vermögensobjekte, wie zum Beispiel öffentliche Abwassernetze. Vor allem aber wurden die nun verfügbaren Informationen in den allermeisten Kommunen nicht wirklich genutzt. Nun ist zwar bekannt, daß Schulen und Verwaltungsgebäude zunehmend verfallen, aber durch die neue Art, die Zahlen aufzuschreiben, war – Überraschung – nicht plötzlich mehr Geld da. Anders als in der Privatwirtschaft wurden, von wenigen Ausnahmen abgesehen, keine Rücklagen für absehbar notwendige Investitionen gebildet. Ein Kernproblem öffentlicher Haushaltsführung ist, daß die jeweiligen Haushalte immer nur für ein Jahr geplant und beschlossen werden, und damit langfristige Planungen sehr erschwert werden, konnte mit der neuen Art der Buchführung nicht überwunden werden. Was mit der Umstellung der Buchführung erreicht wurde, ist, daß der Aufwand dafür erheblich angestiegen ist, da die neue Form der Buchführung deutlich komplexer ist als die alte. Auch Probleme bei der Umstellung durch eine unzureichende Qualifikation der zuständigen Mitarbeiter und unzureichende EDV-Systeme führten zu erheblichen zusätzlichen Kosten ohne erkennbaren Nutzen.

Soweit ersichtlich, wurden in keiner Kommune durch Umstellung der Buchführung irgendwelche Einsparungen erzielt. Das verwundert nicht weiter. Nach wie vor richten sich Gehalt und Ansehen eines Dienststellenleiters nach der Größe seiner Dienststelle, vor allem der Anzahl der Mitarbeiter, erst in zweiter Linie nach dem Umfang der Sachausstattung. So besteht keinerlei Anreiz Geld einzusparen, in dem eine Dienststelle verkleinert wird, im Gegenteil. Für den Leiter ist es vorteilhaft, nach mehr Personal und Sachressourcen zu streben. Dadurch neigt jede Verwaltung dazu, sich immer weiter aufzublähen, ohne dadurch zusätzlichen Nutzen für die Gesellschaft zu generieren. Darüber hinaus gibt es weitere Faktoren, die zur Ineffizienz staatlicher Verwaltung beitragen. So werden Sach- und Personalressourcen fast immer getrennt voneinander geplant, so daß sie selten wirklich gut zueinander passen, wodurch wiederum die Arbeitsproduktivität der Mitarbeiter leidet. Auch Planung und Nutzung sind häufig in einer Weise voneinander getrennt, daß Ineffizienzen vorprogrammiert sind. So unterhält das Land Nordrhein-Westfalen eine landeseigene Immobiliengesellschaft, welche die Gebäude für die Universitäten des Landes plant und verwaltet. Wenig überraschend entsprechen diese häufig nicht dem tatsächlichen Bedarf der Universitäten, was Lehre und Forschung dort teils nachhaltig beeinträchtigt.

Geld fanden die Kommunen seit den 1990er Jahren aber auf andere Weise. Nach Ende des kalten Krieges durch den Zusammenbruch der sozialistischen Systeme, sahen viele die staatliche

Erbringung von Leistungen zunehmend kritisch. Der Glaube, Privatunternehmen könnten – fast – alles besser als staatliche, führte dazu, daß viele kommunale Unternehmen privatisiert, also verkauft wurden. Das betraf Energie- und Wasserversorger, Müllentsorgung, vor allem aber städtische Wohnungen. In den 1980er Jahren besaßen viele Großstädte im Westen Deutschlands eine große Zahl an Mietwohnungen, die meist zu vergleichsweise günstigen Mieten an sozial eher schwache Mieter vermietet wurden. Noch größer war der Anteil städtischer Wohnungen im Osten Deutschlands. Manche Städte, wie Düsseldorf oder Dresden, verkauften alle ihnen gehörenden Wohnungen. Immerhin nutzten diese beiden Städte die Erlöse, um ihre Schulden zu tilgen und waren in der Folge eine Weile schuldenfrei. Allein Berlin hat seit 1990 über 200.000 städtische Wohnungen verkauft, auch unter Beteiligung von Grünen und Linkspartei, die nun bitterlich beklagen, daß die privaten Immobilienkonzerne, denen diese Wohnungen nun gehören, damit Geld verdienen wollen. Viele Kommunen gingen soweit, auch ihre Verwaltungsgebäude an Immobiliengesellschaften zu verkaufen und dann zurück zu mieten, was kurzfristig immer Geld in die Kasse spülte, langfristig aber meist deutlich teurer wurde. Die Privatisierung öffentlicher Monopolbetriebe, wie zum Beispiel der Wasserversorgung oder Müllentsorgung, führte in der Regel vor allem zu steigenden Preisen für die Bürger, ohne daß sie dafür bessere Leistungen bekamen.

Und was hat das alles mit Recht zu tun? Wenn staatliche Institutionen Geld verschwenden und ineffizient arbeiten, führt das zu einer Verschlechterung der Leistungen des Staates für die Bürger, da die öffentlichen Mittel begrenzt sind, eine Tatsache, an der die Ampel-Regierung im November 2024 zerbrochen ist. Während eine leichte Verschlechterung staatlicher Leistungen meist noch keine rechtlich relevanten Auswirkungen hat, können diese bei weiter fortschreitender Verschlechterung der Leistungen gravierend sein. Ein Mangel an Lehrern beeinträchtigt das Recht der Kinder auf Bildung. Ein Mangel an Polizisten kann die Gesundheit oder sogar das Leben von Menschen gefährden.

In den sogenannten Sonntagsreden beklagen Politiker aller Couleur die stetig wachsende Bürokratie. Von 2017 bis 2024 wurden vier Bürokratieentlastungsgesetze verabschiedet. Soweit erkennbar haben diese bestenfalls den weiteren Anstieg der Bürokratiekosten etwas gedämpft. Als wesentliche Elemente des letzten dieser Gesetze stellt die Bundesregierung die Abschaffung der Meldezettel für deutsche Staatsangehörige in Hotels und die Reduzierung der Aufbewahrungspflicht für Buchführungsunterlagen von zehn auf acht Jahre dar. Sollte die Bundesregierung ernsthaft darin wesentliche Schritte zum Bürokratieabbau sehen, hat sie das Problem an sich nicht verstanden.

Geld eingespart haben öffentliche Institutionen allerdings durch etwas, was unter dem Begriff „Outsourcing" bekannt wurde. Wie es in der Privatwirtschaft eine Zeit lang Mode war, sich auf das Kerngeschäft zu konzentrieren, kamen Politiker auf die Idee, daß öffentliche Institutionen sich ebenfalls auf ihre eigentlichen Aufgaben konzentrieren und alles andere durch private Unternehmen erledigen lassen sollten. So wurden Gebäudereinigung, Kantinen, Wachdienste, Hausmeisterdienste, Wäschereien und was sich sonst noch zu eigenen schien an private Unternehmen vergeben. Obwohl diese damit Gewinn erzielen wollten, konnten dennoch vielfach Einsparungen erzielt werden, weil die Löhne der Personen, die diese Leistungen nun im Namen privater Unternehmen erbrachten, erheblich niedriger waren, als die der vorher im Staatsdienst beschäftigten Mitarbeiter, die diese Aufgaben vor dem Outsourcing wahrgenommen hatten.

e) Alles digital

Alle Probleme der deutschen öffentlichen Verwaltung werden jedoch bald gelöst sein, weil bald alles digitalisiert ist. Jedenfalls scheinen das alle Politiker zu glauben. Der Grad der Digitalisierung in der öffentlichen Verwaltung in Deutschland Ende 2024 ist mit erbärmlich noch fast freundlich umschrieben. So gilt ein Prozeß schon als digitalisiert, wenn der Bürger sich online ein Formular herunterladen kann, daß er dann ausdrucken und per Post an die zuständige Behörde schicken kann. Das gilt auch dann als digital, wenn das Formular nicht am Computer ausgefüllt werden kann, sondern leer ausgedruckt und dann von Hand ausgefüllt werden muß. Die meisten Verwaltungsvorgänge sind bisher über diesen Grad der Digitalisierung nicht hinausgekommen.

Was weithin verkannt wird, ist, daß Digitalisierung kein Selbstzweck ist und für sich allein keine Verbesserung mit sich bringt. Wird ein an sich schlechter Verwaltungsprozeß digitalisiert, entsteht ein digitaler schlechter Verwaltungsprozeß. So führt die Digitalisierung vielfach zur Aufrechterhaltung schlechter Prozesse. Statt diese grundlegend zu verbessern, sehen Politiker die Lösung bereits in der bloßen Digitalisierung.

Hinzu kommen noch neue Probleme durch die Digitalisierung. So hatte David Kriesel 2013 nachgewiesen, daß Scanner von Xerox, die auch in der öffentlichen Verwaltung zur Digitalisierung von Dokumenten eingesetzt werden, beim Scanvorgang vereinzelt Zeichen und Zahlen verändern, teilweise auch in einer Art und Weise, welche den Inhalt des betroffenen Dokuments verändert. Theoretisch müßten alle mit diesen Geräten jemals digitalisierten Dokumente manuell mit dem jeweiligen Original verglichen und auf Fehler überprüft werden. Abgesehen von dem damit verbundenen exorbitant hohen Aufwand würde das aber schon daran scheitern, daß die meisten Originale nach der Digitalisierung vernichtet wurden.

Ein weiteres wesentliches Problem im Zusammenhang mit der Digitalisierung ist der eklatante Mangel an entsprechend qualifiziertem Personal. IT-Fachleute sind absolute Mangelware auf dem Arbeitsmarkt. Öffentliches Dienstrecht und die damit verbundenen Tarifstrukturen machen es für Behörden nahezu unmöglich, mit den Gehältern, die solchen Fachleuten in der Privatwirtschaft geboten werden, mitzuhalten. Ohne solche Mitarbeiter ist es aber unmöglich, eine gut funktionierende IT-Infrastruktur als Voraussetzung für die Digitalisierung der Verwaltung aufzubauen und zu betreiben. Hierauf reagiert die Politik mit einer immer weiter zunehmenden Zentralisierung öffentlicher IT-Infrastruktur, ein Geschenk an alle Hacker. In Südwestfalen haben sich einige Kreise und Kommunen zu einem Zweckverband zusammengeschlossen und ihre IT dort zentralisiert. Diese wurde im Oktober 2023 Opfer eines Hackerangriffs und für Wochen völlig lahmgelegt. Über Wochen konnten die Verwaltung der angeschlossenen Kreise und Kommunen keinerlei Verwaltungsleistungen erbringen, keine Anträge entgegennehmen, keine Bescheide und Genehmigungen erlassen. Selbst etliche Monate nach dem Angriff liefen die Systeme noch nicht wieder völlig uneingeschränkt. Dennoch hält die Politik in Bund und Ländern unbeirrt an der immer weiter fortschreitenden Zentralisierung der IT-Infrastruktur in der öffentlichen Verwaltung fest.

2015 wurde unter Innenminister Thomas de Maizière die zentrale Datenbank für die kritische Infrastruktur geschaffen. Darin sind alle Einrichtungen in Deutschland, die zur kritischen Infrastruktur gehören, verzeichnet. Noch leichter kann es Hackern kaum gemacht werden, an die notwendigen Informationen zu kommen, wo sie ansetzen müssen, um das Land komplett lahm zu legen.

f) Fremd

Ausländer haben das Privileg, Erfahrungen mit deutschen Behörden zu machen, die deutschen Staatsangehörigen verwehrt sind, angefangen bei willkürlicher und respektloser Behandlung bis hin zu Entscheidungen, die das Leben der Betroffenen gefährden können. Zwar haben Migranten Anspruch auf einen Dolmetscher für alle Kontakte mit den Ausländerbehörden, aber die wenigsten Migranten wissen das, und die Ämter ziehen von sich aus häufig keinen Dolmetscher hinzu. Selbst wenn die Migranten einen Dolmetscher verlangen, wird dieser häufig verweigert. So sehen sich viele Flüchtlinge nach einer oft lebensgefährlichen Flucht einer für sie völlig unverständlichen Bürokratie gegenüber, der sie meist hilflos ausgeliefert sind.

Erst recht finden sich Migranten im Dickicht des deutschen Aufenthaltsrechts nicht zurecht, wissen meist nicht, ob und gegebenenfalls welchen Anspruch sie haben, in Deutschland zu bleiben. Erhalten sie nicht zufällig Hilfe durch eine Organisation, die Migranten beim Umgang mit den Behörden unterstützt, sind sie der Willkür derselben letztlich hilflos ausgeliefert und auf das Wohlwollen des für sie zuständigen Sachbearbeiters angewiesen. Besonders menschenverachtend ist dabei die sogenannte Kettenduldung. Zehntausende Menschen sind in Deutschland davon betroffen. Duldung bedeutet, daß der Betroffene kein Bleiberecht hat, aber aus verschiedenen Gründen trotzdem nicht abgeschoben werden kann. Eine Duldung wird in der Regel für sechs Monate bewilligt. Das heißt, die Betroffenen müssen alle sechs Monate zur Ausländerbehörde, um ihre Duldung verlängern zu lassen. Nicht wenige Menschen leben seit Jahrzehnten so in Deutschland, immer mit der Drohung im Nacken, daß die Duldung beim nächsten Termin nicht mehr verlängert wird und sie abgeschoben werden. Zwar gab es immer mal wieder Regelungen, daß Menschen, die eine gewisse Zeit in Deutschland waren und sich nichts zuschulden haben kommen lassen, Anspruch auf einen richtigen Aufenthaltstitel bekamen, obwohl sie dessen sonstige Voraussetzungen eigentlich nicht erfüllen. Regelmäßig ausgeschlossen von solchen Regelungen sind aber Menschen, die entweder falsche Angaben über ihre Identität gemacht haben oder aber deren Identität nicht festgestellt werden konnte. Ein entscheidendes Problem dabei ist, daß viele Menschen, die vor Krieg und Verfolgung fliehen, ihre wahre Identität auf der Flucht verschleiern müssen, um den Verfolgern zu entkommen. Dazu müssen sie Dokumente, die Rückschlüsse auf ihre wahre Identität erlauben, vernichten, kommen in Deutschland also mit falschen Papieren an, denn sie können sich auch keine neuen echten Papiere in der Botschaft oder einem Konsulat ihres Landes besorgen, vor dessen Verfolgung sie ja gerade geflohen sind. Und damit sitzen sie in der Falle: Ihre wahre Identität können sie nicht nachweisen, und mit einer also solcher erkannten falschen Identität können sie in Deutschland kein dauerhaftes Aufenthaltsrecht erwerben. Das Bundesverfassungsgericht hat sogar entschieden, daß ein Migrant selbst nach Erwerb der deutschen Staatsangehörigkeit noch abgeschoben werden kann, wenn herauskommt, daß er hier unter falscher Identität lebt. In der Regel dürfen Menschen, deren Identität nicht geklärt ist, und die deshalb keinen Aufenthaltstitel erhalten, auch nicht arbeiten, müssen also von staatlichen Leistungen leben, was ihnen dann wiederum vor allem Unionspolitikern und Rechtsextremisten zum Vorwurf gemacht wird. Menschen, deren Identität nicht geklärt ist, können aber auch nicht abgeschoben werden, fehlende Mitwirkung an der Feststellung der Identität führt aber wiederum zur Verweigerung eines Aufenthaltstitels. So stecken diese Menschen in einer mit der Menschenwürde kaum zu vereinbaren Situation fest, teilweise für Jahrzehnte, ohne daß es für sie eine Aussicht auf einen Ausweg gäbe.

Zwischen 15.000 und 20.000 Menschen werden jedes Jahr aus Deutschland abgeschoben, die meisten davon völlig friedliche harmlose Menschen, die nur auf der Suche nach einem sicheren und besseren Leben sind. Gerade Bayern und Baden-Württemberg sind berüchtigt dafür, daß sie immer wieder auch Menschen abschieben, die perfekt in unsere Gesellschaft integriert sind und einer geregelten Arbeit oder Ausbildung nachgehen. Das ist besonders absurd, weil die deutsche Wirtschaft inzwischen nicht nur an einem Mangel von Fachkräften, sondern generell an einem Arbeitskräftemangel leidet. Statt aber das Arbeitskräftepotential, das schon hier ist, zu nutzen, lassen Politiker lieber produktive Mitglieder unserer Gesellschaft abschieben, um dann auf der anderen Seite um die halbe Welt zu reisen, und dort um Arbeitskräfte für Deutschland zu werben.

Horst Seehofer prahlte einmal damit, daß just an seinem 69. Geburtstag 69 Migranten nach Afghanistan abgeschoben wurde. Der Deutschlandfunk ist in einer Recherche dem Schicksal dieser Menschen nachgegangen und fand heraus, daß der größte Teil davon nach Europa zurückgekehrt ist, viele nach Deutschland. Nach dem Messerangriff durch einen Afghanen in Mannheim, bei dem er einen Polizisten tötete, forderten viele Politiker, er müsse nach Afghanistan abgeschoben werden. Dabei wird zunächst übersehen, daß er mit 14 nach Deutschland kam, vor der Tat also schon 11 Jahre hier lebte, folglich ganz wesentlich hier sozialisiert wurde. Wenn er sich in die falsche Richtung entwickelt hat, ist das hier passiert, nicht in Afghanistan und sollte daher hier sanktioniert werden. Außerdem gibt es bei einer Abschiebung nach Afghanistan für ihn hauptsächlich zwei Szenarien, die eintreten können: Die Taliban richten ihn als vermeintlichen Verräter hin. Wenn diese Gefahr besteht, wäre eine Abschiebung schlicht verfassungswidrig. Oder die Taliban feiern ihn als Helden wegen der Tötung eines Ungläubigen, bilden ihn zu einem richtigen Terroristen aus und schicken ihn dann zurück nach Deutschland. Es scheint unwahrscheinlich, daß ein Politiker hier das wollen würde.

3. Bakschisch

Kaum etwas untergräbt den Rechtstaat so sehr wie Korruption. Die diesbezüglichen Straftatbestände im Strafgesetzbuch sind aber sehr eng gefaßt. Im Grunde ist danach nur strafbar, wenn es für eine konkrete Verwaltungsleistung, zum Beispiel eine Genehmigung, eine konkrete geldwerte Gegenleistung gibt und die Verwaltungsleistung ohne die Gegenleistung nicht ergangen wäre. Diese offensichtliche und lange sehr verbreitete Form der Korruption ist inzwischen in Deutschland selten. Privatwirtschaft und Politik sind inzwischen aber wesentlich kreativer, so daß die meisten Formen von Korruption heute nur noch schwer strafrechtlich zu fassen sind.

a) Nochmal Lobbyismus

Vor der Bundestagswahl 2009 erhielt die FDP Parteispenden in Höhe von insgesamt 1,1 Millionen Euro von einem Unternehmen, das einem Unternehmer gehört, der unter anderem mehrere Hotels in Deutschland besitzt. Nach der Wahl setzte die FDP eine Absenkung der Umsatzsteuer für Hotelübernachtungen von 19 auf 7% durch, allerdings auf eine sehr deutsche Art. Der niedrigere Umsatzsteuersatz gilt nur für die eigentliche Übernachtung und die unmittelbar damit verbundenen Leistungen. Auf alle übrigen Leistungen eines Hotels, wie Minibar, Pay-TV, Fitness- und Wellnessbereich, Mahlzeiten und Hotelbar fällt immer noch der Umsatzsteuersatz von 19% an.

Der Zusammenhang zwischen Spende und Gesetzesänderung ist offensichtlich, strafrechtlich aber irrelevant, denn für eine Parlamentsentscheidung zu zahlen, ist nicht strafbar. Nur der direkte Kauf der Stimme eines konkreten Abgeordneten ist strafbar.

Vor der Bundestagswahl 1998 spendete ein Ehepaar 5,9 Millionen DM an die CDU, die höchste Einzelspende, die eine Partei jemals erhalten hatte. Im Anschluß erhielt ein Konsortium, an dem eine Firma des Paares beteiligt war, den Zuschlag zum Kauf von 110.000 Wohnungen der ehemaligen Deutschen Bundesbahn, obwohl das Angebot des Konsortiums erheblich unter dem der Konkurrenz lag. Hier wurde ein Zusammenhang von beiden Seiten bestritten.

Große Bekanntheit erlangte auch die sogenannte Spendenaffäre der CDU unter Helmut Kohl. Die Partei hatte in den 1980er und 1990er Jahren Spenden in erheblicher Höhe angenommen, ohne diese in ihren Rechenschaftsberichten anzugeben, was rechtswidrig war. Die Partei unterhielt in dieser Zeit sogenannte „schwarze Konten". Insgesamt soll die Partei auf diesen illegalen Wegen mehr als 10 Millionen DM an Spenden erhalten haben. Die meisten Spender sind nach wie vor unbekannt, da Helmut Kohl sich nach Bekanntwerden der Affäre beharrlich weigerte, deren Namen preiszugeben. Ebensowenig wie die Namen der Spender wurde bekannt, wofür das Geld geflossen war. Verwickelt in die Affäre war unter anderem auch Wolfgang Schäuble, der trotzdem später für viele Jahre Finanzminister unseres Landes war.

Sehr beliebt ist inzwischen auch das sogenannte „Sponsoring", eigentlich aus dem Sport bekannt, wo einzelne Sportler oder Teams Sponsoren haben, die sie finanziell unterstützen. Hier aber sind damit finanzielle Zuwendungen von Firmen an Ministerien und andere Behörden gemeint. So werden inzwischen zum Beispiel viele Betriebsfeiern in Ministerien weitgehend von Unternehmen finanziert. Umgekehrt werden Ministerialbeamte auch zu Veranstaltungen von Unternehmen und Unternehmensverbänden eingeladen, die offiziell fast immer der Information über ein bestimmtes Thema dienen sollen, meist aber auch mit gutem Essen verbunden sind.

b) Goldene Kontakte

Immer wieder nutzen Abgeordnete ihre Kontakte zu Parteifreunden in Ministerien und Verwaltung, um diese wiederum in Kontakt mit Unternehmen zu bringen und so Geschäfte zwischen diesen und dem Staat anzubahnen. Häufig fließt für die Kontaktvermittlung Geld von den Unternehmen an die Abgeordneten, meist als Beraterhonorar getarnt. Die sogenannten Maskendeals erlangten traurige Berühmtheit, die immerhin am Ende dazu führten, daß drei Bundestagsabgeordnete von CDU und CSU zurücktreten mußten. Weitere Unionspolitiker waren in den Skandal verwickelt. Über die Rücktritte hinaus gab es aber für die Deals selbst keine rechtlichen Konsequenzen. Schon vor der Coronazeit waren Abgeordnete negativ durch hohe Honorare für solche Kontaktvermittlungen aufgefallen, unter anderem Philipp Amthor, ebenfalls CDU.

Nicht immer fließt erkennbar Geld an die handelnden Politiker. So hatte Andreas Scheuer von der CSU als Bundesverkehrsminister Ende 2018 die Verträge mit den Unternehmen für die Einführung der PKW-Maut unterschrieben, obwohl damals schon ein Verfahren gegen diese Maut vor dem EuGH anhängig war, dessen Ausgang mindestens als ungewiß beurteilt wurde. Im Sommer 2019 untersagte das Gericht schließlich die Einführung der Maut wegen Verstoß gegen europäisches Recht. Damit mußten die bereits unterschriebenen Verträge wieder gekündigt werden. Der anschließende Rechtstreit mit den Unternehmen wurde mit einem Vergleich beendet, aufgrund dessen die Unternehmen 243 Millionen Euro vom Bund erhielten, für nichts. Hinzu kamen Prozeßkosten in zweistelliger Millionenhöhe. Eine plausible Erklärung, warum er die Verträge unterschrieben hatte, obwohl das Verfahren vor dem EuGH anhängig war, konnte Andreas Scheuer nicht abgeben.

Die Liste von Affären und Skandalen, bei denen Politiker und Parteien Geld von Unternehmen oder Privatpersonen in mindestens zweifelhaften Zusammenhängen oder sonst Vorteile für sich oder Freunde und Verwandte erhalten haben, ist lang und vielfach im Internet zu finden. Was dabei auffällt ist, daß in die ganz überwiegende Zahl dieser Fälle die Unionsparteien und ihre Mitglieder verwickelt sind. Geht es um höhere Geldbeträge sind fast ausschließlich Unionspolitiker die Akteure. Die Unionsparteien erhalten auch generell mit Abstand die meisten Parteispenden.

c) Selbstbedienung

Betrachten Staatsbedienstete den Staat als Selbstbedienungsladen, untergräbt auch das den Rechtstaat nachhaltig, weil es den Bürgern signalisiert, daß die Mitarbeiter des Staates selbst das Recht ignorieren und brechen. Besonders gravierend ist eine solche Erschütterung des Rechtsbewußtseins, wenn der Rechtsbruch durch Polizisten erfolgt, vor allem, wenn es sich um führende Köpfe der Polizei handelt.

Rainer Wendt ist seit 2007 Vorsitzender der Deutschen Polizeigewerkschaft und seit dem nicht mehr als Polizist tätig. Dennoch bezog er bis 2017 seine volle Beamtenbesoldung, und nicht nur das, er wurde sogar 2008 und 2010 wegen vermeintlich herausragender Leistungen auch noch befördert. 2018 stellte eine interne Untersuchung des Innenministeriums NRW fest, daß die Bezahlung von Wendt trotz fehlender Tätigkeit für die Polizei rechtswidrig war. Es kam jedoch anscheinend niemand in verantwortlicher Position im Ministerium auf die Idee, die Beförderungen zu widerrufen oder das Geld zurückzufordern. Damit aber nicht genug, bezog Wendt in dieser Zeit auch über 100.000 Euro aus diversen Nebentätigkeiten, die er unter Verstoß gegen das Beamtenrecht seinem Dienstherrn nicht angezeigt hatte. Tatsächlich hätte er sich die Nebentätigkeiten sogar vorab genehmigen lassen müssen. Wendt, der öffentlich immer lautstark für ein hartes Vorgehen gegen Gesetzesbrecher eintritt, scheint in Bezug auf sich selbst von der Befolgung des Rechts eher wenig zu halten. Wenig überraschend ist er Mitglied von CDU und CSU.

4. Steuer

Das Steuerrecht ist schon an sich ungerecht, wie bereits gezeigt. Der Vollzug des Steuerrechts ist es aber noch mehr: Auf der einen Seite setzt sich das massive Mißtrauen des Staates gegen Kleinunternehmer fort, auf der anderen Seite verzichtet der Staat auf Millionen an Steuerforderungen gegen große Unternehmen und wohlhabende Unternehmer. Und er verpflichtet seine Finanzbeamten regelmäßig zum Rechtsbruch.

Wenn Sie Kleinunternehmer sind, stehen die Chancen gut, daß Ihre Firma einer Betriebsprüfung unterzogen wird. Ganz sicher können Sie sein, wenn ein Finanzbeamter irgendwas an ihren Jahresabschlüssen auffällig findet. Große Unternehmen sind dagegen weitgehend sicher vor Betriebsprüfungen durch das Finanzamt und auch vor der Steuerfahndung brauchen sie sich nicht wirklich zu fürchten.

Von 1974 bis 1978 arbeitete im Bayerischen Finanzministerium ein recht gewissenhafter Beamter im Bereich Steuerfahndung, der immer wieder gegenüber seinen Vorgesetzten, schließlich auch gegenüber dem Landtag monierte, daß in mehreren Fällen Steuerforderungen des Staates in erheblicher Höhe schlicht nicht bei den Steuerschuldnern beigetrieben wurden, dem Staat also entgingen. Gemeinsam hatten die meisten der fraglichen Steuerschuldner sehr gute Verbindungen zum damaligen Bayerischen Ministerpräsidenten Franz-Josef Strauß. 1978 waren die Vorgesetzten den unbequemen Beamten leid und versetzten ihn gegen seinen Willen in eine andere Abteilung und überzogen ihn mit Straf- und Disziplinarverfahren, die ihn im Ergebnis aber alle entlasteten. Auf die von ihm monierte ungleiche Anwendung des Steuerrechts konnte er so aber keinen Einfluß mehr nehmen. Er schrieb schließlich ein Buch über seine Erfahrungen als Beamter im bayerischen Finanzministerium.

Auch in Hessen mußten einige besonders hartnäckige Steuerfahnder am eigenen Leib erleben, daß Macht und Einfluß über dem Recht stehen können. Eine Abteilung der Steuerfahndung in Frankfurt nahm sich ab Mitte der 1990er Jahre die dortigen Banken vor, denen vor allem Beihilfe zur Steuerhinterziehung ihrer Kunden vorgeworfen wurde, indem die Banken ihren Kunden halfen, Geld an der Steuer vorbei ins Ausland zu schaffen. Teil der Ermittlungen war unter anderem eine Durchsuchung in der Vorstandsetage der Commerzbank. Insgesamt trieben sie für den Staat etwa eine Milliarde DM an hinterzogenen Steuern bei. Dann übernahm 1999 die CDU unter Roland Koch die hessische Landesregierung. Deren Finanzminister erließ Mitte 2001 eine Verfügung an die Steuerfahndung, die deren Arbeit faktisch zum Erliegen brachte. Hiergegen lehnte sich die oben genannten Abteilung auf, so daß sie vom CDU-Finanzminister schließlich aufgelöst und alle dort tätigen Steuerfahn-

der versetzt wurden. Vier besonders widerspenstige Beamte
wurden schließlich 2006 aus dem Dienst entfernt, indem sie aufgrund falscher psychologischer Gutachten wegen angeblicher
Dienstunfähigkeit in den vorzeitigen Ruhestand versetzt wurden. Inzwischen ist rechtskräftig gerichtlich festgestellt, daß die
Gutachten falsch waren. Der Gutachter mußte an alle vier Schadenersatz zahlen. Wie hoch die Steuerausfälle sind, die der Staat
aufgrund der Auflösung der einst so erfolgreichen Steuerfahn-
dungsabteilung erleiden mußte, ist leider nicht bekannt. Sie
dürften erheblich sein.

2016 verzichtete die Finanzverwaltung in Hamburg auf die
Rückforderung von Steuern, welche die Warburg-Bank mit
Cum-Ex-Geschäften ergaunert hatte. Im zeitlichen Zusammenhang mit diesem Verzicht gab es mehrere Treffen zwischen dem
damaligen Ersten Bürgermeister und späteren Bundesfinanzmi-
nister und schließlich Bundeskanzler Olaf Scholz und dem Chef
der Warburg-Bank Christian Olearius. Scholz bestritt die Treffen
zunächst, räumte sie dann aber ein, bestritt aber einen Zusammenhang mit dem Steuerverzicht und will sich im übrigen an
die Gesprächsinhalte nicht mehr erinnern können. Die Bank
mußte schließlich aufgrund eines Urteils des Landgerichts Bonn
in einem Cum-Ex-Strafverfahren die Steuern doch noch zurück-
zahlen, zuzüglich weiterer mit Cum-Ex-Geschäften rechtswidrig
erlangter Steuererstattungen.

Neben diesen Rechtsbrüchen der Finanzbehörden in Einzelfällen ergehen regelmäßig Verfügungen des Bundesfinanzministeriums, mit denen alle Finanzbeamten zum Rechtsbruch verpflichtet werden. Das nennt sich dann „Nichtanwendungsverfü-
gung" und bedeutet, daß ein gerade ergangenes Urteil des Bun-
desfinanzhofs zugunsten der Steuerzahler von der Finanzverwaltung nicht allgemein auf alle Steuerzahler übertragen werden darf, sondern nur diejenigen davon profitieren sollen, die
selbst Rechtsmittel gegen ihre Steuerbescheide in den der jeweiligen Gerichtsentscheidung vergleichbaren Fällen einlegen. Da

dies meist nur wenige der Betroffenen tun, kann der Staat so von unzähligen Bürgern rechtswidrig zu hohe Steuern einziehen.

5. Noch unsozialer

Das Sozialrecht ist, wie schon dargestellt, trotz seines ausufernden Umfangs an vielen Stellen äußerst vage und wimmelt nur so von sogenannten unbestimmten Rechtsbegriffen, wie zum Beispiel „angemessen". Diese geben den Behörden viel Spielraum bei der Gewährung, vor allem aber der Verweigerung von Sozialleistungen. Daß die Behörden diesen Spielraum jemals zugunsten der Sozialleistungsempfänger genutzt hätten, ist nicht bekannt geworden.

a) Bürgergeld und co.

Hartz IV, Arbeitslosengeld II (ALG II), Grundsicherung, Bürgergeld, sind alles Bezeichnungen für die Leistungen nach dem 2. Buch des SGB. Das Ganze gilt als Bürokratiemonster. Die Zahl der Klagen vor den Sozialgerichten ist seit Einführung dieser Leistung im Jahr 2005 explodiert, und im Gegensatz zu sonstigen Klagen vor diesen Gerichten ist der Anteil erfolgreicher Klagen gegen Bescheide der Arbeitsagenturen mit 30 bis 40% sehr hoch. Weit über eine Million Klagen gegen Hartz-IV-Bescheide gab es bisher. Das Problem fängt schon mit den Zuständigkeiten an: Für die Leistungen nach SGB I, also Arbeitslosengeld I sind die Arbeitsagenturen, früher Arbeitsamt genannt, zuständig, für ALG II die Jobcenter, die manchmal, aber nicht immer im gleichen Gebäude sitzen wie die Arbeitsagenturen. Für Sozialhilfe sind die kommunalen Sozialämter zuständig. Ist nicht völlig eindeutig, welche Leistung einem Bürger zusteht, kann es leicht passieren, daß er von Amt zu Amt geschickt wird, ohne ans Ziel zu gelangen und die ihm zustehenden Leistungen auch tatsächlich zu bekommen.

Ärger gibt es bezüglich aller nach SGB II möglichen Leistungen. In Bezug auf die Grundleistungen sind Zuverdienst und Bedarfsgemeinschaften häufige Streitpunkte. Die bereits geschilderte komplizierte Berechnung macht es den meisten Menschen schwer bis unmöglich nachzuvollziehen, ob die Berechnung des Jobcenters korrekt ist oder nicht. Die größeren Probleme bereiten aber zusätzliche Leistungen und Wohnungskosten. Zusätzliche Leistungen betreffen besondere Bedürfnisse, die nicht von der Grundleistung abgedeckt sind. So hat zum Beispiel eine alleinerziehende Mutter Anspruch auf Erstattung der Kosten eines Umzugs in die Nähe ihrer Eltern oder anderer Familienangehöriger, weil solch ein Netzwerk ihre Chancen, wieder arbeiten gehen zu können, deutlich steigern. Dennoch wird eine solche Unterstützung von den Arbeitsagenturen häufig verweigert. Entsprechende Beispiele lassen sich für praktisch alle zusätzlichen Leistungen nach SGB II finden.

Soweit erkennbar machen die Wohnungskosten aber den größten Teil der Streitigkeiten aus. Das Gesetz sieht vor, daß diese übernommen werden müssen, wenn sie angemessen sind. Dabei ist getrennt geregelt, wie groß die Wohnung insgesamt und wie teuer der einzelne Quadratmeter sein darf. Nicht selten kommt es vor, daß jemand, der erstmalig Bürgergeld beantragt, in einer eigentlich zu großen Wohnung lebt. Die Antragsteller werden dann regelmäßig aufgefordert, sich eine kleinere und preiswertere Wohnung zu suchen. In Ballungsräumen mit angespanntem Wohnungsmarkt ist es aber fast immer faktisch unmöglich, eine solche alternative Wohnung zu finden. In fast allen Kommunen liegen die Ansätze für maximal zulässige Mieten nach SGB II unter dem Marktniveau, in viele Ballungszentren zum Teil erheblich darunter. Immer wieder führt das dazu, daß die Jobcenter zu geringe Wohnungskosten zahlen oder manchmal auch gar keine, und die Menschen dadurch ihre Miete nicht mehr bezahlen können und deswegen schließlich obdachlos werden. Auch der Auszug eines Mitglieds einer Bedarfsgemeinschaft kann eine derartige Folge haben, wenn die Wohnung dann für die verbleibenden Mitglieder der Bedarfsgemeinschaft den Regeln entsprechend zu groß und zu teuer ist. Ebenso kann eine Mieterhöhung zu einem Problem werden, wenn die Wohnung damit zu teuer wird. Immer wieder haben Sozialgerichte die Art der Berechnung der angemessenen Wohnungskosten durch viele Jobcenter als rechtswidrig kritisiert, weil sie die Kosten zu niedrig ansetzen. Dennoch halten viele dieser Jobcenter weiter an der als rechtswidrig befundenen Berechnung der Wohnungskosten fest, so daß die Leistungsempfänger immer wieder gegen die Bescheide klagen müssen, denn die Leistungen nach SGB II müssen jedes Jahre neu beantragt werden.

Ein weiteres gravierendes Problem in Bezug auf die Leistungen nach SGB II ist auch die Dauer der Verfahren. Zwar muß das Jobcenter theoretisch innerhalb von zwei Wochen über einen Antrag entscheiden, aber es kann zum Beispiel Unterlagen nachfordern, was die Bearbeitung verzögert. Werden mehrfach Unterlagen nachgefordert, können die zwei Wochen deutlich überschritten werden. In dieser Zeit müssen die Antragsteller sehen, wie sie klar kommen. Lehnt das Jobcenter den Antrag ab, hat es für eine Entscheidung über einen Widerspruch schon drei Monate Zeit. Weist es den Widerspruch zurück, dauert ein Gerichtsverfahren mindestens mehrere Monate, oft auch über ein Jahr. Es kam schon vor, daß dem Antragsteller dann unterstellt wurde, er müßte offensichtlich Einkünfte verschwiegen haben, da er ja in der ganzen Zeit von irgendwas leben mußte. Tatsächlich leihen sich viele Menschen, die Anspruch auf Bürgergeld haben, zur Überbrückung oft Geld von Freunden oder Familienangehörigen, um das nach Auszahlung des Bürgergelds wieder zurückzuzahlen. Das kann aber dann daran scheitern, daß das Jobcenter die dann relativ große Nachzahlungssumme als Vermögen betrachtet und wiederum auf den laufenden Anspruch auf Bürgergeld anrechnet.

Beim BaföG kann schon die Bewilligung an sich schon länger dauern, manchmal mehrere Monate, und auch hier funktioniert das Spiel mit der Nachforderung von Unterlagen, um die Bewilligung hinauszuzögern. Auch die Berechnung ist immer wieder falsch, meist weil vom Einkommen der Eltern zu geringe Abzüge und Selbstbehalte abgesetzt werden. Auch hier ist völlig unklar, wovon die Studenten bis zur Bewilligung und Auszahlung des BaföG leben sollen.

b) Krankheit und Gesundheit

Die gesetzliche Krankenversicherung soll die medizinische Versorgung der Versicherten gewährleisten. In den allermeisten Fällen tut sie das auch, aber vor allem bei Menschen, die an seltenen Krankheiten leiden oder sonst besondere Behandlungen benötigen, verweigern die Kassen häufig die Kostenübernahme. Können sie sich die Behandlung nicht mit eigenem Geld leisten und haben keine Unterstützung durch Angehörige oder Freunde, sind sie oft schon durch ihre Krankheit daran gehindert, sich gegen die Krankenversicherung zur Wehr zu setzen. Und selbst wenn sie allein oder mit Hilfe rechtlich gegen die Krankenkasse vorgehen, kommt es bei lebensbedrohlichen Krankheiten immer wieder vor, daß die Patienten den Ausgang des Rechtstreits nicht mehr erleben.

Beruht eine Behandlung auf einem Arbeitsunfall und die gesetzliche Unfallversicherung muß – eigentlich – die Behandlungskosten übernehmen, passiert es durchaus häufig, daß diese sich weigern. Die Rechtsprechung dazu, was ein Arbeitsunfall ist und was nicht, füllt ganze Bände. Grundsätzlich sind auch Unfälle auf dem Weg von und zur Arbeit von der gesetzlichen Unfallversicherung abgedeckt. Allein hierzu gibt es unzählige Gerichtsurteile, welche Umwege dabei noch vom Versicherungsschutz abgedeckt sind und welche nicht mehr. Zahlt die Unfallversicherung erst einmal nicht, zahlt in der Regel erst einmal auch die gesetzliche Krankenversicherung nicht, wenn ein Arbeitsunfall jedenfalls nicht von vorneherein ausgeschlossen ist. Damit zahlt erst einmal niemand für die Behandlung, so daß entweder der Patient auf die Behandlung oder Arzt oder

Krankenhaus auf ihr Geld warten müssen. Zahlt die Krankenkasse doch, kommt es immer wieder zu Gerichtsverfahren zwischen Unfall- und Krankenversicherung darüber, welche Versicherung am Ende die Kosten tragen muß. Selbst wenn zwischen Unfallversicherung und Patient rechtskräftig geklärt ist, daß die Unfallversicherung die Kosten nicht übernimmt und die Krankenkasse zunächst zahlt, kann diese immer noch gegen die Unfallversicherung klagen.

Besonders prekär ist aber die Situation in der Pflege. Wie ausgeführt, sind die Leistungen der Pflegekassen schon an sich viel zu knapp bemessen. Gerade die gesetzlichen Pflegekassen verweigern darüber hinaus aber auch immer wieder berechtigte Leistungen, meist, indem die Betroffenen in zu niedrige Pflegestufen eingruppiert werden, nicht selten auch schonmal gleich zwei Stufen zu niedrig. Aber schon die Beantragung von Pflegeleistungen dürfte aufgrund des bürokratischen Aufwands die meisten Pflegebedürftigen überfordern. Vor allem Menschen, die an Demenz leiden, sind dazu schlicht nicht in der Lage. Haben sie keine Hilfe durch Angehörige oder Freunde, bekommen sie keine Leistungen. Aber auch wenn ihnen jemand hilft, artet das für denjenigen häufig in einen zermürbenden Kampf mit der Pflegekasse aus, da an Demenz erkrankte Patienten besonders häufig deutlich zu niedrig von den Pflegekassen eingestuft werden, so daß am Ende häufig die Sozialgerichte entscheiden müssen.

c) Kinder

Wie schon ausgeführt, sind die Regeln für die Kinder- und Jugendhilfe an den entscheidenden Stellen mehr als vage. Wenig überraschend ist die Tätigkeit der Jugendämter in weiten Teilen willkürlich und kann schon in einem einzigen Jugendamt sehr stark von Sachbearbeiter zu Sachbearbeiter variieren. So werden immer wieder Kinder völlig zu unrecht ihren Eltern aufgrund eines vagen Verdachts, der sich dann häufig nicht bewahrheitet, weggenommen. Familien und deren Vertrauen in den Staat und seine Institutionen werden dadurch zerstört, Eltern und Kinder häufig traumatisiert. Auf der anderen Seite belassen Jugendämter Kinder häufig in Familien, obwohl sie von gravierenden Problemen Kenntnis haben. Mehr als einmal haben Kinder eine solche Untätigkeit mit ihrem Leben bezahlt. Viel häufiger aber werden Kinder und Jugendliche wegen der Untätigkeit der Behörden Opfer von Mißbrauch, sexuell, physisch, mental. In sehr vielen der in den letzten Jahren bekannt gewordenen großen Mißbrauchsskandale gab es schon relativ früh entsprechende Hinweise, die von den entsprechenden staatlichen Stellen aber häufig ignoriert oder nicht ernst genommen wurden. Wie häufig Kinder ihren Eltern weggenommen werden, schwankt zwischen den verschiedenen Jugendämtern um den Faktor vier oder fünf, was mit sachlichen Gründen nicht zu erklären ist.

Die meisten Jugendämter kümmern sich aber gar nicht selbst um die Kinder und Jugendlichen und ihre Familien, sondern beauftragen inzwischen ganz überwiegend private Träger mit Betreuungs- und Unterstützungsleistungen. Da solche Aufträge regelmäßig nur für einige Monate vergeben werden, ist zum einen nicht gewährleistet, daß es in der Hilfe Kontinuität bei den tätigen Personen und Leistungen gibt, zum anderen haben die privaten Leistungserbringer offensichtlich wenig Interesse daran, daß ihre Hilfe nicht mehr erforderlich ist. Dadurch wird nachhaltig in Frage gestellt, daß die betroffenen Kinder und Familien die richtige Hilfe im richtigen Ausmaß und für die richtige Dauer erhalten. Auch entstehen so zusätzliche Schnittstellen, die zu Mißverständnissen und Falschbeurteilungen und damit wiederum zu falschen Hilfsleistungen führen können. Auch die Zusammenarbeit zwischen Jugendämter und anderen Institutionen, insbesondere Schulen und Kindergärten ist völlig unterentwickelt, wenn sie überhaupt existiert.

Besonders schwierig ist die Situation unbegleiteter minderjähriger Flüchtlinge. Solange sie minderjährig sind, dürfen sie von Ausnahmen abgesehen, nicht abgeschoben werden. Dies droht ihnen aber in dem Moment, in dem sie volljährig werden, jedenfalls dann, wenn bis dahin ihr Aufenthaltsstatus nicht positiv geklärt wurde. Entsprechend schwierig gestaltet sich die Betreuung und Entwicklung dieser Kinder, da sie oft über Jahre in völliger Ungewißheit über ihr Schicksal leben müssen. Groß ist dann das Erstaunen, wenn sich einige wenige dieser Jugendlichen radikalisieren.

6. Istanbul

Was hat Istanbul mit dem Rechtsvollzug in Deutschland zu tun? Dort wurde 2011 das „Übereinkommen des Europarats zur Verhütung und Bekämpfung von Gewalt gegen Frauen und häuslicher Gewalt", kurz Instanbul-Konvention unterzeichnet. 2017 wurde sie von Deutschland ratifiziert. Sieben Jahre später gibt es aber noch immer erhebliche Umsetzungsdefizite, angefangen bei so banalen Dingen wie Frauenhäusern. Derzeit gibt es deutschlandweit etwa 6.800 Plätze in Frauenhäusern. Erforderlich wären aber nach den Empfehlungen der Konvention mindestens 21.000. Das Problem ist schon seit Jahrzehnten bekannt, ohne daß Politiker in Bund und Ländern sich bisher veranlaßt sahen, Abhilfe zu schaffen. Die Verantwortung für diese Untätigkeit tragen übrigens alle sogenannten etablierten Parteien, die in den letzten Jahrzehnten irgendwo in Bund oder Land an der Regierung beteiligt waren. Besonders groß ist der Mangel in den bevölkerungsreichsten Bundesländern Baden-Württemberg, Bayern und Nordrhein-Westfalen, außerdem in Rheinland-Pfalz, dem Saarland, Sachsen und Thüringen. Ein Mangel an solchen Plätzen führt dazu, daß Frauen und Kinder der Gewalt der Männer hilflos ausgeliefert sind, wenn sie nicht anderweitig Unterschlupf finden. Mehr als einmal hat eine Frau dies mit ihrem Leben bezahlt.

Seit 2002 gibt es in Deutschland das Gewaltschutzgesetz, nach dem Frauen zum Beispiel eine Abstandsverfügung, also ein Kontaktverbot gegen einen Mann erwirken können, allerdings sind die Gerichte mit der Anordnung eines solchen Verbots sehr zurückhaltend. Auch werden diese Verfügungen immer nur befristet erlassen, meist für ein halbes Jahr, selten länger, so daß die Frau immer wieder aufs Neue eine solche Verfügung beantragen und dafür jedesmal nachweisen muß, daß die Bedrohung durch den Mann noch besteht, was besonders dann schwierig sein kann, wenn er sich für die Dauer einer Verfügung friedlich verhalten hat. Auch die Polizei ist immer noch sehr zurückhaltend damit, einen Partner der Wohnung zu verweisen. Solange eine Frau keine Verletzungen aufgrund physischer Gewalt vorweisen kann, muß sie in der Regel flüchten, um sich einer Bedrohung durch ihren Partner zu entziehen, was aufgrund des eklatanten Mangels an Plätzen in Frauenhäusern häufig schwierig, nicht selten sogar unmöglich ist.

Auch haben Frauen in Deutschland keinen Anspruch darauf, mit einer Beamtin zu sprechen, wenn sie sich an die Polizei wenden. Kein einziges Polizeigesetz in Bund und Ländern sieht einen solchen Anspruch vor. In einigen wenigen Bundesländern gibt es Dienstanweisungen, nach denen einer Frau „möglichst" eine Polizistin als Ansprechpartnerin zur Verfügung gestellt werden sollte, was aber, soweit bekannt nicht immer geschieht, und immer wieder wird von Fällen berichtet, in denen es männlichen Polizisten, vorsichtig formuliert, massiv an Feingefühl im Umgang mit hilfesuchenden Frauen mangelt.

Schließlich gibt es im Familienrecht keinerlei spezielle Vorschriften für den Umgang mit Paaren, bei denen es Gewalt in der Beziehung gab. Vor allem in Scheidungs- und Sorgerechtsverfahren werden fast immer beide Parteien zum selben Termin geladen, was auch schon mehr als eine Frau mit dem Leben bezahlt hat, weil der Mann die Begegnung mit der Frau im Gerichtssaal dazu nutzte, diese zu töten. In einem Fall versuchte die Justiz anschließend der Rechtsanwältin der dann toten Frau die Schuld dafür in die Schuhe zu schieben mit der Begründung, sie hätte stärker vor der Gefährlichkeit des Mannes warnen müssen. Dabei hatte sie umfassend zur Gewalt in der Beziehung vorgetragen. Häufiger wird Frauen, die sich weigern, an einem Termin teilzunehmen, bei dem auch ihr gewalttätiger Ex-Partner anwesend ist, von Familienrichtern einfach das Sorgerecht für ihre Kinder aberkannt.

IV. Rechtsverfolgung

Wie schon ausgeführt, beruht das Strafrecht in Deutschland ganz überwiegend auf Rache. Schon das steht im Widerspruch zu einem modernen Rechtstaat. Wesentlich stärker wird die Rechtstaatlichkeit jedoch dadurch beeinträchtigt, daß sie in vielfacher Hinsicht von massiver Ungleichbehandlung geprägt ist.

1. Klein und groß

Strafverfolgungsbehörden und Justiz in Deutschland sind ganz überwiegend mit Kleinkram beschäftigt. Das sind in der Regel einfache Fälle, die allen Beteiligten hohe Erledigungszahlen bescheren, was sich positiv auf die Karriere auswirkt. Große Verfahren gegen organisierte und Wirtschaftskriminalität sind aufwendig und mühsam und oft mit ungewissem Ausgang, dazu für Ermittler und Staatsanwälte häufig mit ganz persönlichen Gefahren verbunden.

a) Bagatellen

Wer bei einem Verstoß gegen die Verkehrsregeln erwischt wird, kann sicher sein, einen Bußgeldbescheid zu erhalten. Kaum ein Rechtsverstoß wird in Deutschland so beharrlich verfolgt wie eine Verletzung der Straßenverkehrsordnung. Auch Schwarzfahren wird sehr konsequent sanktioniert. Über 50.000 Menschen werden jedes Jahr deswegen verurteilt. Zwei junge Frauen wurden wegen Containerns, also der Entnahme weggeworfener Lebensmittel aus den Abfallcontainern eines Supermarktes verurteilt, wenig überraschend in Bayern. Zumindest wenn der Zugang zu den Abfallcontainern versperrt oder diese selbst verschlossen sind, gilt das in Deutschland immer noch als Diebstahl, zwar einer wertlosen Sache, aber dennoch Diebstahl. Die Staatsanwaltschaft trieb das Verfahren durch drei Instanzen. Schließlich landete es vor dem Bundesverfassungsgericht, das keine Einwände gegen die Verurteilung hatte. In anderen Län-

dern ist es dagegen verboten, genießbare Lebensmittel wegzu-
werfen.

Auch Widerstand gegen Vollstreckungsbeamte wird von Polizei
und Staatsanwaltschaft mit Vehemenz verfolgt, auch dann,
wenn gar kein Widerstand vorliegt, wie im Eingangsbeispiel
dieses Buchs oder auch im folgenden Fall: Mehrere Polizisten
hatten während des Christopher Street Days 2016 einen homo-
sexuellen Mann ohne den geringsten Anlaß verprügelt und kör-
perlich schwer mißhandelt und homophob beleidigt. Als er das
öffentlich machte, zeigten die Polizisten ihn wegen Widerstands
gegen Vollstreckungsbeamte an, was dazu führte, daß er von
der Staatsanwaltschaft Köln deswegen angeklagt wurde. Zu seinem Glück sagte eine junge Polizeianwärterin gegen ihre Kollegen, einer davon ihr Chef, aus und bestätigte die Darstellung
des Opfers. Es gab auch ein paar neutrale Zeugen, die ebenfalls
die Version des Opfers bestätigten. In dem Strafverfahren vor
dem Amtsgericht stellte der Richter daher fest, daß hier fälschlicherweise das Opfer von der Staatsanwaltschaft angeklagt
wurde und stattdessen die Polizisten als die wahren Täter hätten angeklagt werden müssen. Der Mann wurde freigesprochen.
Trotz dieses eindeutigen Ergebnisses trieb die Staatsanwaltschaft diese offensichtlich falsche Anklage noch durch zwei
weitere Instanzen vor dem Landgericht und dem Oberlandesgericht, die beide die Ansicht ihres Kollegen beim Amtsgericht
teilten. Anklage gegen die Polizisten wurde trotzdem nicht erhoben. Am Ende mußte das Land Nordrhein-Westfalen dem
Opfer Schadenersatz in fünfstelliger Höhe zahlen. Die Polizeianwärterin, die bis zur Aussage gegen ihre Kollegen nur erstklas-
sige Noten und Bewertungen erhalten hatte, fiel danach durch
ihre Prüfung. Ihre Klage dagegen vor dem Verwaltungsgericht
war aber erfolgreich.

b) Große Fische

Auf der anderen Seite sind Strafverfolgungsbehörden und Gerichte bei organisierter und Wirtschaftkriminalität sehr zurück-

haltend. Oft wird gar nicht oder nur sehr schleppend ermittelt, und wenn doch mal ein Fall vor Gericht kommt, endet er häufig mit einer Einstellung gegen im Verhältnis vergleichsweise geringe Auflagen oder mit milden Strafen.

Viel öffentliche Aufmerksamkeit erhielt der Fall von Uli Höneß. Er wurde 2014 wegen Hinterziehung von Steuern in Höhe von insgesamt 28,5 Millionen Euro zu dreieinhalb Jahren Haft verurteilt, von denen er jedoch nur ein halbes Jahr in echter Haft verbrachte und dann in den offenen Vollzug verlegt wurde, tagsüber die Haftanstalt also verlassen konnte. Auch die Wochenenden hat er in dieser Zeit wohl überwiegend bei seiner Familie verbracht. Das Gericht nahm im Urteil keinen schweren Fall der Steuerhinterziehung an, obwohl der BGH schon lange vorher entschieden hatte, daß ein schwerer Fall der Steuerhinterziehung immer anzunehmen ist, wenn der hinterzogene Betrag über 50.000 Euro beträgt. Höneß wurde nach wenig mehr als eineinhalb Jahren ganz aus der Haft entlassen. Sein Fall ist dabei nur ein Beispiel für Strafverfahren gegen Prominente in Deutschland. Sie enden sehr oft mit Einstellung, selten mit Verurteilungen, und wenn, dann wie im Fall Höneß, mit sehr milden Strafen. Zum Vergleich: Bei Sozialbetrug, also dem Erschleichen von Sozialleistungen mit falschen Angaben genügt regelmäßig schon ein Schaden in fünfstelliger Höhe, um zu einer Haftstrafe in der Höhe, wie diejenige, die Höneß erhalten hat, verurteilt zu werden.

Der wahrscheinlich mit Abstand größte Fall von Wirtschaftskriminalität ist das, was unter dem Begriff „Cum-Ex" allgemein bekannt geworden ist. Durch geschicktes Handeln von Aktien zwischen mehreren Beteiligten im Kreis rund um den Dividendenstichtag, also den Tag, an welchem dem jeweiligen Aktionär die Dividende auf seine Aktien ausgezahlt werden, wurde verschleiert, wer eigentlich Anspruch auf die Dividende hat. Von dieser Dividende behalten die Banken die Kapitalertragssteuer ein und stellen den Aktionären darüber eine Bescheinigung aus, mit welcher diese unter bestimmten Voraussetzungen von den Finanzbehörden die Erstattung dieser Steuer verlangen können. Laienhaft zusammengefaßt verloren die Finanzbehörden durch den mehrfachen Kauf und Verkauf der Aktien rund um den Dividendenstichtag den Überblick darüber, wem eine solche Steuererstattung zustand, so daß es zur doppelten oder gar mehrfachen Erstattung dieser Steuern kam, obwohl sie nur einmal abgeführt wurden. Das Prinzip war den Behörden seit 1991 bekannt. Ermittlungen oder andere Maßnahmen dagegen gab es aber sehr lange keine, bis Anne Brorhilker bei der Staatsanwaltschaft Köln 2013 einen solchen Fall auf den Tisch bekam und sich darein verbissen hat. Während die Banken in den 1990er Jahren diese Geschäfte nur auf eigene Rechnung und nur in vergleichsweise geringem Umfang durchführten, nahm der Betrug mit Beginn des 21. Jahrhunderts immer größere Ausmaße an. Zu Beginn arbeitete Frau Brorhilker allein an diesem Thema. 2014 ließ sie dann Büros in 14 Ländern durchsuchen. Das Ergebnis waren neun Tonnen beschlagnahmte Akten. Dennoch mußte sie diese Akten bis 2017 mit nur zwei weiteren Mitarbeitern sichten und bearbeiten. Auch danach bekam sie zunächst nur noch einmal zwei weitere Mitarbeiter für die Cum-Ex-Verfahren, so daß die Gruppe dann insgesamt zu fünft war. So kam es erst 2019 zur ersten Anklage. Erst 2023 wurde die Abteilung von Frau Brorhilker auf 30 Mitarbeiter aufgestockt, soweit bekannt aber überwiegend Berufsanfänger. Bis diese in den sehr komplexen Cum-Ex-Verfahren, die schon jetzt kaum jemand wirklich nachvollziehen kann, sinnvoll mitarbeiten können, dürften jedoch Jahre vergehen. Außerdem dürften die bisherigen Mitarbeiter der Abteilung absehbar mit der Einarbeitung dieser neuen Staatanwälte beschäftigt und damit an ihrer Ermittlungsarbeit gehindert sein. Kurz nach Aufstockung der Abteilung kam es zu einem Machtkampf zwischen Frau Brorhilker und dem Justizminister von Nordrhein-Westfalen, Benjamin Limbach von den Grünen. Dieser wollte ihr die Hälfte der Abteilung kurz nach der personellen Aufstockung wieder wegnehmen, was er dann aber wieder aufgeben mußte. Frau Brorhilker verließ den Staatsdienst jedoch frustriert Ende Mai 2024. Alle bis dahin abgeschlossenen Verfahren, ungefähr 20, führten zur Verurteilung der jeweils Angeklagten, meist Bänker und Anwälte. Das Verfahren gegen Christian Olearius, Chef der Hamburger Warburg-Bank und ehemaliger Freund des damaligen ersten Bürgermeisters Hamburgs und späteren Kanzlers Olaf Scholz, wurde nur drei Wochen nach Ausscheiden von Frau Brorhilker aus dem Staatsdienst wegen vermeintlicher Prozeßunfähigkeit von Olearius aus gesundheitlichen Gründen eingestellt. Auch gab es nach ihrer Kündigung bis Ende 2024 nur noch eine einzige weitere Anklage in Sachen Cum-Ex. Soweit bekannt, wird gegen ca. 1.800 Beschuldigte in dieser Sache ermittelt. Über 100 Banken sind darin verwickelt, unter anderem auch fast alle Deutschen Landesbanken, also Banken, die dem Staat gehören. Auch die haben ihren Eigentümer so um Millionen betrogen. Bisher kam es noch zu keiner Anklage gegen einen Landesbänker wegen Cum-Ex. Ob es überhaupt dazu kommen wird, erscheint zweifelhaft. Der bisherige Gesamtschaden durch Cum-Ex für den deutschen Staat wird auf bis zu 36 Milliarden Euro geschätzt, und Gerüchten zufolge gehen die Geschäfte noch immer munter weiter, nun nur noch etwas komplexer und damit noch schwerer durchschaubar als zuvor.

Ein anderes weithin bekanntes Phänomen organisierter Kriminalität in Deutschland sind diverse Rocker Clubs. Sie treiben seit den 1990er Jahren in Deutschland ihr Unwesen. Die bekanntesten sind die Hells Angels und die Bandidos. Soweit bekannt, verdienen diese Clubs ihr Geld hauptsächlich mit Menschen-, Waffen- und Drogenhandel. Außerdem pflegen beide Organisationen eine tiefe Feindschaft zueinander, die um 2010 herum in Deutschland eskaliert ist und zu einer Reihe von Morden geführt hat. Immer wieder führt die Polizei Durchsuchungen in Clubheimen und bei einzelnen Mitgliedern durch. Gelegentlich kommt es auch zu Anklagen. Zwar werden einzelne Ortsgruppen immer mal wieder nach Vereinsrecht verboten, aber dennoch sind die Clubs nach wie vor aktiv. Selbst, als die Rivalität zwischen beiden Clubs um 2010 herum in offene Gewalt umschlug, hielt sich die Polizei weitgehend zurück. Das mag menschlich verständlich sein, ist ein Vorgehen gegen die bis an die Zähne bewaffneten Rocker immerhin mit erheblichen Gefahren verbunden, die einen Polizisten bereits das Leben gekostet haben. Das Rechtsempfinden der Bürger wird aber empfindlich gestört, wenn diese Clubs ihre Feindschaft vom Staat weitgehend unbehelligt mit massiver Gewalt, von Schlägereien bis hin zu Schießereien öffentlich austragen können. Auch daß der Staat sie bei ihren kriminellen Geschäften nur gelegentlich und kaum spürbar stört, trägt nicht gerade dazu bei, das Vertrauen der Bürger in die Sicherheitsbehörden zu stärken. Ein nachhaltiger permanenter Fahndungsdruck auf die Clubs ist nicht erkennbar, ebensowenig wie der politische Willen, dem Treiben der Clubs ernsthaft ein Ende zu bereiten. Der ehemalige Bundeskanzler Gerhard Schröder hatte sogar eine Zeit lang eine Bürogemeinschaft mit dem Rechtsanwalt der Hannoveraner Hells Angels.

Noch ungestörter als die Rockerclubs kann die italienische Mafia in Deutschland ihren Geschäften nachgehen. Soweit bekannt, sind die verschiedenen Gruppierungen der italienischen Mafia mindestens seit den 1970er Jahren in Deutschland aktiv, wobei diese Aktivitäten seit den 1990er Jahren stark zugenommen haben sollen. Die Mafia scheint Deutschland vor allem als Geldwäscheparadies zu sehen, kontrolliert aber wohl auch einen nicht unerheblichen Teil des Drogenhandels, vor allem denjenigen mit Kokain. Ermittlungsaktivitäten gegen die italienische Mafia in Deutschland scheinen nahezu nicht existent zu sein. Regelmäßig verzweifeln italienische Ermittler und Staatsanwälte an der aus ihrer Sicht mehr als schleppenden und völlig unzureichenden Ermittlungstätigkeit der deutschen Strafverfolgungsbehörden in diesem Bereich. Eine Ausnahme davon bildeten lediglich die sogenannten Mafiamorde von Duisburg, bei denen 2007 sechs Italiener vor einem Restaurant mitten in der

Nacht erschossen wurden. Diese Morde wurden relativ rasch aufgeklärt und die Täter festgenommen und schließlich in Italien verurteilt. Obwohl bei den Ermittlungen offenkundig wurde, daß die Mafia in Deutschland weitreichende feste Strukturen aufgebaut hat, gab es diesbezüglich keine Folgeermittlungen. Ähnlich verhielt es sich im Fall Mario Lavorato, einem italienischen Gastwirt und führenden Kopf der 'Ndrangheta, dem aus Calabrien, also der Stiefelspitze Italiens kommenden Teil der Mafia, in Deutschland. Dieser war seit den 1990er Jahren eng mit dem CDU-Politiker und späteren Baden-Württembergischen Ministerpräsidenten Günther Oettinger befreundet, der regelmäßig in seinem Restaurant zu Gast war. Auch die CDU-Fraktion im Baden-Württembergischen Landtag wurde immer wieder von Lavorato bewirtet. Nachdem die italienischen Behörden 2016 die Deutschen in diesem Fall um Hilfe baten, zogen sich die Ermittlungen in Stuttgart hin. Seine Festnahme erfolgte Anfang 2018 schließlich in Italien. Als der in Deutschland zuständige Ermittler Folgeermittlungen gegen die Mafia in unserem Land, vor allem in Baden-Württemberg, anstellen wollte, wurde er gegen seinen Willen in eine andere Abteilung versetzt, die für die Mafia nicht zuständig ist. Da die Mafiamorde von Duisburg für den Geschmack der Mafiosi zu viel öffentliche Aufmerksamkeit auf ihre Aktivitäten in Deutschland gezogen haben, gibt es seitdem ein internes mafiaeigenes Schiedsgericht in Deutschland, das bei Konflikten zwischen den verschiedenen Clans vermitteln und schlichten soll, um so die Aufmerksamkeit der Strafverfolgungsbehörden zu vermeiden. Es ist, soweit bekannt, das einzige weltweit außerhalb Italiens. Soll ein Mafioso, der in Deutschland lebt, aus welchen Gründen auch immer, getötet werden, wird er nun anscheinend nach Italien gelockt und dort umgebracht. Darüber, wie weit die Mafia inzwischen mit der deutschen Wirtschaft verflochten ist, läßt sich aufgrund der fehlenden Ermittlungen diesbezüglich nur spekulieren.

2. Arm und reich

„Sie haben das Recht auf einen Anwalt. Wenn Sie sich keinen Anwalt leisten können, wird Ihnen einer gestellt." Millionenfach ertönt dieser Satz in Filmen und Serien, die aber meist aus Amerika kommen. In Deutschland wird Ihnen kein Anwalt gestellt, es sei denn, Sie sollen in Untersuchungshaft. Nur dann haben Sie Anspruch auf einen Pflichtverteidiger. Damit erscheinen vor allem ärmere Angeklagte fast immer ohne Anwalt vor dem Strafrichter. Ob sie verstehen, was da vor Gericht vor sich geht und was das, was Richter und Staatsanwalt sagen, bedeutet, läßt sich meist nicht beurteilen, ist aber unwahrscheinlich. Daß sie die ihnen im Strafverfahren zustehenden Rechte überhaupt kennen, geschweige denn effektiv wahrnehmen können, ist ausgeschlossen, sofern sie nicht selbst Juristen sind. Das Recht auf ein faires Verfahren existiert für Angeklagte, die sich keinen Anwalt leisten können, vor deutschen Gerichten nur in der Theorie. Aber selbst in den seltenen Fällen, in denen ein Pflichtverteidiger gestellt wird, ist die Fairness des Verfahrens vor allem dadurch beeinträchtigt, daß der Pflichtverteidiger von dem Richter bestellt wird, der auch das Verfahren führt. Theoretisch kann der Angeklagte sich seinen Pflichtverteidiger zwar aussuchen, aber dafür müßte er zunächst einen Rechtsanwalt kennen, und dieser auch bereit sein, die Verteidigung zu übernehmen. Bestellt der Richter den Verteidiger, wird dieser sehr zurückhaltend sein, wenn der Richter durch seine Verfahrensführung die Rechte des Angeklagten beeinträchtigt. Zeigt sich der Anwalt hier zu kritisch, wird der Richter beim nächsten Fall einfach einen anderen Anwalt als Pflichtverteidiger auswählen.

Wohlhabende Angeklagte haben dagegen in der Regel Anwälte, die zu den besten ihres Fachs gehören, und davon in der Regel mehr als einen. Zugelassen sind vor Gericht im Strafverfahren selbst drei Verteidiger, aber oft sind Anwälte schon im Vorfeld eines Strafverfahrens entscheidend, um zu verhindern, daß Polizei und Staatsanwaltschaft rechtswidrige Ermittlungen durchführen, vor allem aber, um den Aufwand für die Ermittlungen in die Höhe zu treiben und so die Neigung der Staatsanwaltschaft, das Verfahren einzustellen, zu steigern. Im Ermittlungsverfahren ist die Zahl der Anwälte nicht begrenzt. Anne Brorhilker berichtet, daß bei einigen der von ihr im Rahmen der Ermittlungen zum Cum-Ex-Betrug angeordneten Durchsuchungen, vor allem bei Banken, um die 100 Anwälte anwesend waren, bei einer Durchsuchung sogar etwa 200. In den Cum-Ex-Verfahren nutzte den bisherigen Angeklagten die Vertretung durch einen Anwalt ausnahmsweise bisher nicht viel, da die Hartnäckigkeit von Frau Brorhilker zu vergleichsweise hohen Haftstrafen in diesen Sachen führte. Ob es nach ihrem Weggang von der Staatsanwaltschaft erneut zu hohen Haftstrafen gegen weitere Angeklagte kommt, muß sich erst noch zeigen. In anderen Verfahren können gute Verteidiger aber häufig niedrigere Strafen erreichen, als ohne sie verhängt würden. Auch Einstellungen sind häufiger als in Verfahren ohne Verteidiger.

Aber auch unabhängig von der Anwesenheit eines Verteidigers werden arm und reich unterschiedlich bei der Verhängung von Strafen behandelt. Studien belegen, daß gegen arme Angeklagte häufiger Haftstrafen verhängt werden, besonders, wenn sie kein gefestigtes soziales Umfeld haben. Auch werden Haftstrafen seltener zur Bewährung ausgesetzt als bei wohlhabenden Angeklagten. Und Geldstrafen sind bei armen Angeklagten im Verhältnis häufig höher als bei wohlhabenden Menschen. Die schon erwähnte absolute Obergrenze für Geldstrafen ist hier nur ein Faktor. Ein armer Angeklagter ohne Anwalt weiß häufig nicht, daß es an ihm liegt, dem Gericht etwas zu seiner Einkommenssituation zu sagen, um eine zu hohe Geldstrafe zu vermeiden. Sagt er nichts, schätzt das Gericht meist das Einkommen. Bei Menschen, die von Mindestlohn oder staatlichen Sozialleistungen leben, fällt diese Schätzung meist zu hoch aus und damit auch die Geldstrafe. Umgekehrt fällt die Schätzung bei sehr wohlhabenden Angeklagten fast immer zu niedrig aus, häufig sehr viel zu niedrig und damit wiederum auch die Geldstrafe.

Und dann gibt es in Deutschland noch eine ganz besondere Armutsstrafe, die sogenannte Ersatzfreiheitsstrafe. Die wird verhängt, wenn jemand, der zu einer Geldstrafe verurteilt wurde, diese nicht bezahlen kann oder will. Dann muß er für jeden Tagessatz Geldstrafe einen Tag ins Gefängnis. Schätzungen gehen davon aus, daß etwa 50.000 Menschen jedes Jahr eine solche Ersatzfreiheitsstrafe verbüßen. So kommen zum Beispiel auch Schwarzfahrer häufig ins Gefängnis, obwohl dafür nur extrem selten eine Haftstrafe verhängt wird.

Es gibt sie also, die sprichwörtliche Zweiklassenjustiz in Deutschland, und obwohl dieses Problem allgemein bekannt ist, gibt es von der Politik keinerlei Ansätze, hier Abhilfe zu schaffen, und zwar von keiner Partei im politischen Spektrum.

3. Rechts und links

Noch gravierender als bei arm und reich ist die Diskrepanz bei der Verfolgung links- und rechtsextremistischer Straftaten, wobei links gar nicht extremistisch sein muß, um ins Visier der Strafverfolgungsbehörden zu geraten.

a) Das Trauma

Wie schon ausgeführt, richteten die deutschen Sicherheitsbehörden ihren Blick von Anfang an nach links, vor allem, weil dort viele alte Nazis Unterschlupf und ein neues Betätigungsfeld fanden. Eine echte Gefahr von links gab es aber nur etwa zwei Jahrzehnte lang. Diese Zeit war jedoch traumatisch, vor allem für die führenden Köpfe des Landes, denn die waren das Ziel der „Rote Armee Fraktion" (RAF), die im Kern von 1971 bis 1991 aktiv war. Zu ihren bekanntesten Opfern gehören der damalige Generalbundesanwalt Siegfried Buback (1977 erschossen), der damalige Vorstandssprecher der Dresdner Bank Jürgen Ponto (ebenfalls 1977 erschossen), der damalige Arbeitgeberpräsident Hans Martin Schleyer (auch er 1977 erschossen), der damalige Vorstandssprecher der Deutschen Bank Alfred Herrhausen (1989 durch einen Sprengsatz getötet) und den damaligen Präsidenten der Treuhandanstalt Detlef Karsten Rohwedder (1991 erschossen). Die Namen der weiteren 28 Todesopfer der Organisation, überwiegend Fahrer und Polizisten, aber auch Soldaten und Grenzbeamte, sind heute weitgehend vergessen. Vor allem die zweite Hälfte der 1970er und der Anfang der 1980er Jahre waren durch die Jagd auf die Mitglieder der Organisation und die dafür verschärften Sicherheitsgesetze und Fahndungsmaßnahmen geprägt. In allen öffentlichen Gebäuden hingen jahrelang Fahndungsplakate. Weite Teile der Sicherheitsbehörden waren über Jahre ausschließlich mit der Verfolgung der RAF und ihrer Mitglieder beschäftigt. Die große Aufmerksamkeit dürfte die Organisation vor allem der Tatsache verdanken, daß ihre hauptsächlichen Ziele die führenden Köpfe aus Politik und Wirtschaft waren, nicht die einfachen Leute auf der Straße.

Noch heute, über drei Jahrzehnte nach Ende ihrer aktiven Zeit, muß die RAF als Beweis für die vermeintliche Gefährlichkeit linker Gruppen herhalten. Dabei war das letzte Todesopfer der RAF, der Polizist Michael Newrzella, der von Michael Grams 1993 in Bad Kleinen erschossen wurde, gleichzeitig das letzte Todesopfer von Linksextremisten in Deutschland. Seitdem haben Linksextremisten in unserem Land niemanden mehr getötet.

b) The blind Side

Die eigentliche Gefahr wurde und wird dabei noch immer weitgehend übersehen: Sie geht nicht von links, sondern von rechts aus. Die Zahlen sind hier völlig eindeutig. Selbst in den 1970er Jahren, als die RAF die meisten Morde beging, dürfte die Zahl der Todesopfer rechtsextremistischer Gewalt über derjenigen der Opfer der Linksextremisten gelegen haben. Dies läßt sich nicht mehr wirklich nachvollziehen, da Opfer rechtsextremistischer Gewalt damals als solche nicht erfaßt wurden. Für alle anderen Jahrzehnte in der Geschichte der Bundesrepublik ist aber gesichert, daß die Zahl der von Rechtsextremisten getöteten Menschen weit über derjenigen lag, die Linksextremisten getötet haben. Allein in den Jahren 1992 bis 1994 wurden mehr Menschen von Rechtsextremisten ermordet als die RAF insgesamt getötet hatte, und zwar in jedem einzelnen dieser drei Jahre. Viele kritisierten damals, daß die von den Unionsparteien zu dieser Zeit geführte offen ausländerfeindliche Asyldebatte die Gewalt gegen Migranten in diesen Jahren besonders angeheizt und so zu deren Ausmaß entscheidend beigetragen habe. Insgesamt haben Rechtsextremisten zwischen 1990 und 2020 mehr als 400 Menschen in Deutschland getötet. Davon waren 21 noch nicht einmal 10 Jahre alt. Offiziell anerkannt als Opfer von Rechtsextremisten wurden von der Bundesregierung nur 113 von den über 400. Warum sich die Politik so hartnäckig weigert, viele Opfer von Rechtsextremisten als solche anzuerkennen, ist nicht ersichtlich. Es zeigt aber deutlich, daß die Gefahr von rechts von der Politik entweder völlig unterschätzt oder bewußt heruntergespielt wird. Die Zahl der Opfer rechtsextremer Gewalt seit 1990, die nur verletzt und nicht getötet wurden, liegt bei weit über 10.000, wobei hier die Dunkelziffer noch einmal ein Vielfaches davon betragen dürfte. Die Zahlen zeigen eindeutig, wo die Gefahr wirklich liegt.

c) Diskrepanz

Die Bemühungen der Strafverfolgungsbehörden bei der Bekämpfung links motivierter und rechtextremistischer Taten stehen im krassen Widerspruch zu den harten Fakten. Obwohl die Zahlen eindeutig sind, wird von Politikern und Sicherheitsbehörden immer wieder behauptet, Rechts- und Linksextremismus seien ähnlich gefährlich in Deutschland. Bei dem Aufwand, der in beiden Bereichen für Ermittlungen getrieben wird, ist die Diskrepanz aber noch viel größer. Noch immer wird massiv gegen tatsächliche und vermeintliche Kriminalität von links vorgegangen, während Rechtsextremisten vor allem in weiten Teilen Ostdeutschlands immer noch von den Sicherheitsbehörden weitgehend unbehelligt ihren Gewaltexzessen frönen und ganze Dörfer und Kleinstädte terrorisieren können.

Besonders deutlich zeigt sich das im Vergleich zwischen RAF und dem Nationalsozialistischen Untergrund (NSU). In Listen im Internet werden 60 bis 80 Personen als ehemalige Mitglieder der RAF gelistet. Insgesamt wurden jedoch 517 Personen wegen Mitgliedschaft in der RAF, also wegen Mitgliedschaft in einer terroristischen Vereinigung verurteilt, weitere 914 wegen Unterstützung der RAF, also Unterstützung einer terroristischen Vereinigung. Allein an diesen Zahlen läßt sich ablesen, welchen Aufwand der Staat damals getrieben hat und wie weitreichend das Umfeld durchleuchtet und vielfach auch bestraft wurde, um dem Treiben dieser Terrororganisation ein Ende zu bereiten. Noch heute wird nach ehemaligen Mitgliedern derselben gefahndet, wie die Festnahme von Daniela Klette Anfang 2024 zeigt. Beim NSU ging der Staat dagegen nach Auffliegen der Gruppe von nur drei Mitgliedern aus, von denen dann nur noch Beate Zschäpe lebte. Ganze vier Unterstützer wurden mit ihr zusammen angeklagt. Angeblich haben die Polizeibehörden über 400 weitere Personen überprüft, letztlich aber angeblich keinen weiteren Unterstützer finden können. Aus den zahlreichen Untersuchungsausschüssen und eigenen Ermittlungen der Nebenkläger ist bekannt, daß zahlreiche Spuren von den Ermittlungsbehörden schlicht nicht verfolgt wurden. Auch gibt es sehr viele Unstimmigkeiten in den vermeintlichen Ermittlungsergebnissen, an deren Aufklärung auf staatlicher Seite aber niemand Interesse zu haben scheint. 95 Opfer und Angehörige von Opfern traten im NSU-Prozeß als Nebenkläger auf und trugen erheblich zur Aufklärung bei. Was das Trios vom Abtauchen im Jahr 1998 bis zu dessen Auffliegen im Jahr 2011 getrieben hat, wurde bisher nur in wenigen Bruchstücken rekonstruiert. Verschiedene Quellen gehen von mindestens 100 Unterstützern des Trios aus, andere von bis zu 200. Bei Durchsuchungen wurden mehrere Listen mit Namen von Unterstützern gefunden, die aber angeblich für die Ermittlungen keine Relevanz haben sollten. Auch die These der Behörden, es hätte außer den drei bekannten Mitgliedern des NSU keine weiteren gegeben, ist wenig glaubwürdig. Dafür ist bekannt, daß verschiedene Verfassungsschutzbehörden insgesamt 40 V-Leute im Umfeld des NSU hatten. Bei dem Mord, den der NSU 2006 in Kassel beging, war ein Mitarbeiter des hessischen Verfassungsschutzes zur Zeit der Tat in dem Internetcafé anwesend, in dem die Tat geschah, will aber angeblich weder die Schüsse gehört, noch sonst irgendwas von der Tat mitbekommen haben und auch sonst keine Kenntnis vom NSU und seinen Taten gehabt haben. Auch bei anderen rechtsextremistischen Tätern, wie dem Mörder von Walter Lübcke, oder demjenigen, der 2019 einen letztlich an einer zu starken Tür gescheiterten Anschlag auf die Synagoge in Halle verübte, oder demjenigen, der 2020 in Hanau neun Menschen erschoß, immer ging die Polizei von Einzeltätern aus, die weder in ein Netzwerk eingebunden gewesen sein sollen, noch irgendwelche Unterstützer gehabt haben sollen, und das, obwohl allgemein bekannt ist, daß die rechtsextreme Szene europaweit sehr gut vernetzt ist.

Nicht nur bei den Ermittlungen gibt es erhebliche Unterschiede zwischen rechtsextremistischen und linken Straftaten, auch bei den Urteilen weichen die Strafmaße erheblich voneinander ab. So wurde einer der Unterstützer des NSU wegen Beihilfe zu neun Morden zu drei Jahren Haft verurteilt. In Hamburg wurden linke Demonstranten wegen des Werfens von Flaschen auf Polizeibeamte zu längeren Haftstrafen verurteilt. Klimaaktivisten erhielten wegen des Festklebens auf Straßen schon mehrfach Haftstrafen ohne Bewährung. Rechte Schläger erhalten dagegen sehr häufig nur Bewährungsstrafen, auch wenn sie ihre Opfer halb tot geprügelt haben. Sterben die Opfer dieser Gewaltexzesse, gehen die Gerichte nicht selten von einer fehlenden Tötungsabsicht aus und verurteilen die Täter nur wegen Körperverletzung mit Todesfolge, was mit einer geringeren Strafe bedroht ist als Mord und Totschlag. Auch im Fall von Hans-Josef Bähner, einem Lokalpolitiker der CDU, nahm die Staatsanwaltschaft keine Tötungsabsicht an. Er hatte Ende 2019 in Köln-Porz nach einer verbalen Auseinandersetzung aus nächster Nähe auf einen jungen Polen geschossen, nachdem er diesen zuvor rassistisch beschimpft hatte. Das Gericht verurteilte ihn nur wegen gefährlicher Körperverletzung, dabei genügt für eine Verurteilung wegen Totschlags schon, wenn der Täter weiß und in Kauf nimmt, daß sein Opfer durch die Tat sterben kann, wovon in dem Fall definitiv auszugehen ist. Und wie auch in diesem Fall gehen die Gerichte noch viel häufiger bei solchen Taten davon aus, daß es keine rassistischen Motive für die Tat gebe, selbst wenn sich solche, wie bei dem Fall in Köln, geradezu aufdrängen.

Größere Aufmerksamkeit erlangte das Verfahren gegen Lina E. vor dem Oberlandesgericht Dresden von 2021 bis 2023, vor dem Oberlandesgericht deshalb, weil ihr und ihren Mitangeklagten unter anderem die Bildung einer kriminellen Vereinigung im Sinne des § 129 StGB vorgeworfen wurde. Der Gruppe, die von den Strafverfolgungsbehörden als linksextrem eingestuft wird, wurde vorgeworfen, den Spieß umgedreht und gezielt Rechtsextremisten verprügelt zu haben, insgesamt in sechs Fällen. Für Lina E. endete das Verfahren mit der Verurteilung zu einer Haftstrafe von fünf Jahren und drei Monaten, und das, obwohl selbst die Bundesanwaltschaft zugibt, daß es gegen sie gar keine harten Beweise gibt. Es kann ihr noch nicht einmal die Anwesenheit bei auch nur einer der im Prozeß gegen sie verhandelten Taten, die zwischen 2018 und 2020 begangen wurden, zweifelsfrei nachgewiesen werden, geschweige denn eine aktive Beteiligung daran. Die Verurteilung stützt sich einzig auf die Aussage eines Kronzeugen, der von der linken Szene wegen des Vorwurfs der Vergewaltigung ausgeschlossen wurde, sowie bloße Mutmaßungen, die auf relativ schwache Indizien beruhen. Auch die Mitangeklagten wurden zu Haftstrafen ohne Bewährung verurteilt.

In Mecklenburg-Vorpommern bildete sich 2016 die rechtsextremistische „Prepper-Gruppe" Nordkreuz, die Teil des sogenannten „Hannibal-Netzwerks" ist, zu dem weitere rechtsextremistische Gruppen gehören. Führender Kopf von Nordkreuz ist Marco Gross, damals noch Beamter beim Landeskriminalamt Mecklenburg-Vorpommern. Bei einer Durchsuchung bei ihm fand die Polizei 2019 über 50.000 Schuß scharfer Munition, die überwiegend aus Polizei- und Bundeswehrbeständen stammten, außerdem etliche Schußwaffen. Auch wurden „Feindeslisten" mit über 5.000 Namen gefunden, darunter Politiker und Journalisten. Aus Unterlagen ging hervor, daß die Gruppe 200 Leichensäcke und Ätzkalk, der die Verwesung beschleunigt, bestellen wollte. Eine kriminelle Vereinigung nahm die Staatsanwaltschaft hier nicht an. Auch der Generalbundesanwalt sah keine Veranlassung, den Fall zu übernehmen. Marco Gross wurde zu einer Bewährungsstrafe wegen Besitzes illegaler Waffen verurteilt. Dabei wertete das Gericht strafmildernd, daß er 30.000 Schuß Munition und einen Teil der Waffen legal besessen habe, was die Frage aufwirft, warum eine Privatperson in Deutschland 30.000 Schuß Munition legal besitzen kann. Ein weiteres Mitglied der Gruppe, das auch Polizist war, wurde aus dem gleichen Grund zu einer Geldstrafe verurteilt. Der ehemalige Innenminister Mecklenburg-Vorpommerns, Lorenz Caffier von der CDU, hatte übrigens gute Verbindungen zu der Gruppe und hat unter anderem selbst eine Schußwaffe samt Munition über das Netzwerk bezogen, weshalb er schließlich zurücktreten mußte. Und jetzt stellen Sie sich bitte kurz vor, was bei den Sicherheitsbehörden los gewesen wäre, hätten sie bei Lina E. und ihrer Gruppe etliche Schußwaffen und etwa 50.000 Schuß scharfer Munition gefunden. Die Gruppe Nordkreuz besteht, soweit bekannt, immer noch, von den Sicherheitsbehörden anscheinend unbehelligt.

Warum die Sicherheitsbehörden solche offensichtlich gefährlichen rechtsextremistischen Gruppen derart nachsichtig behandeln, ist nicht nachvollziehbar. Sie belegen aber einmal mehr die bedrohliche Schieflage nach rechts von Polizei, Geheimdiensten und Staatsanwaltschaften.

4. Noch einmal: Drogen

Wie schon beschrieben, ist es völlig kontraproduktiv, Drogen zu verbieten. Noch unsinniger ist aber die praktische Drogenpolitik.

a) Keine Opfer

Die Statistiken über Straftaten mit Bezug zu Drogen sind ohne jede verwertbare Aussage, denn Drogendelikte sind, von wenigen Ausnahmen abgesehen, sogenannte opferlose Verbrechen. Zumindest sehen sich die meisten Konsumenten nicht als Opfer der Droge und damit auch nicht als Opfer eines Dealers sondern als dessen Kunden. Und Dealer und andere Mitglieder der Drogenbanden sehen sich auch eher selten als Opfer der Drogen. Verfolgt werden Drogendelikte daher nur, wenn die Polizei aktiv Kontrollen in dem Bereich durchführt. Führt sie mehr Kontrollen durch, gibt es in der Statistik mehr Drogenkriminalität. Würde sie gar keine Kontrollen in diesem Bereich durchführen, gäbe es statistisch gar keine Drogenkriminalität. Da Cannabis deutlich häufiger im Freien konsumiert wird als andere Drogen, finden bezüglich dieser Droge auch die meisten Kontrollen statt. Nach der Legalisierung dieses Stoffs müßte sich die Drogenkriminalität in der Statistik mehr als halbieren, auch wenn Markus Söder nach der Legalisierung angekündigt hat, in Bayern alle Möglichkeiten ausschöpfen zu wollen, um weiter gegen diese Droge vorzugehen. So hat er deren Konsum zum Beispiel auf dem Oktoberfest 2024 verbieten lassen, einer Veranstaltung, bei der es im wesentlichen darum geht, Alkohol bis zur Bewußtlosigkeit zu konsumieren, also eine Droge, deren negative Auswirkungen sowohl auf den einzelnen Trinker als auch auf sein Umfeld und die Gesellschaft nach Ansicht aller Experten wesentlichen gravierender sind als die von Cannabis. Aber die durch Alkoholkonsum verursachten Gewaltexzesse,

Verkehrstoten und Leberschäden gelten in Bayern ja als Kulturgut.

Straftaten im Zusammenhang mit Drogen bieten als sogenannte Kontrolldelikte, also solche die nur durch Polizeikontrollen aufgedeckt werden können, weil es so gut wie keine entsprechenden Anzeigen aus der Bevölkerung gibt, sehr viel Raum für Willkür. Wenn also in der Statistik Migranten häufiger als Drogendealer ausgewiesen werden, liegt das wahrscheinlich nicht daran, daß diese häufiger mit Drogen dealen als Deutsche, sondern schlicht häufiger auf Drogen kontrolliert werden.

b) Cannabis und Koks

Vor der Teillegalisierung von Cannabis in Deutschland im April 2024 betraf die Hälfte aller Strafverfahren wegen Drogen vor deutschen Gerichten den Konsum von Cannabis, ein weiteres Sechstel den Handel damit. Zwei Drittel der Verfahren betrafen also die mit Abstand harmloseste aller Drogen, aber auch die verbreitetste. Über 1.000 Tonnen Cannabis wurden 2023 in Europa beschlagnahmt. Aufgrund der stärkeren Kontrollen in Bezug auf Cannabis sind Schätzungen der insgesamt am Markt verfügbaren Mengen bei dieser Droge schwierig, auch weil viele Konsumenten anders, als bei den meisten anderen Drogen, die Pfanzen selbst zu Hause anbauen, was in Deutschland seit April 2024 völlig legal ist. Das bei Managern und in elitären Clubs sehr beliebte Kokain ist dagegen deutlich seltener Gegenstand von Strafverfolgung. Von Drogenrazzien in den Chefetagen oder den angesagten Clubs der Republik ist bisher kaum etwas bekannt geworden. Dabei muß die Zahl der Konsumenten dieser Droge erheblich sein. Im Jahr 2023 wurden in Europa etwa 300 Tonnen Kokain beschlagnahmt, ganz überwiegend in den Häfen Amsterdam und Rotterdam. Ausgehend von einer Kontrollquote beim Containerumschlag im einstelligen Prozentbereich läßt sich daraus schließen, daß etwa 3.000 Tonnen der Droge im Jahr in Europa konsumiert werden. Dabei ist schon einkalkuliert, daß die Trefferquote der Behörden etwas besser als völlig zufällig ist, sie also ein gewisses Geschick bei der Auswahl der zu kontrollierenden Container haben. Jedenfalls scheint der Marktpreis der Droge trotz seit Jahrzehnten stetig steigender Beschlagnahmemengen stabil zu bleiben, was darauf schließen läßt, das zum einen die konsumierten Mengen seit Jahren steigen und die Bemühungen der Behörden, die Verbreitung der Droge einzudämmen, völlig ins Leere laufen. Verbraucht ein durchschnittlicher Konsument ein Gramm Kokain pro Woche, was 10 bis 15 Lines entspricht, reichen 3.000 Tonnen für 60 Millionen Menschen, mehr als 10% der Bevölkerung der EU. Die EU-Kommission ging 2021 von nur 3,7 Millionen Kokainkonsumenten aus, was angesichts der beschlagnahmten Mengen völlig unrealistisch wenig scheint. Diese 3,7 Millionen müßten dann permanent zugekokst sein. Bei einem Straßenpreis von mindestens 50 Euro pro Gramm Kokain stellen 3.000 Tonnen einen Gegenwert von 150 Milliarden Euro dar, das Hundertfache dessen, was die EU-Mitgliedsstaaten 2023 für die Bekämpfung von Drogen insgesamt aufgewendet haben. Der Einkaufspreis für ein Gramm Kokain in Südamerika liegt bei etwa zwei Euro. Die Gewinnspannen beim Geschäft mit der Substanz sind also gewaltig, und das für nur einen Stoff aus dem bunten Strauß der stimulierenden Substanzen.

Zuverlässigen Quellen zufolge zahlen die Kartelle allein einige tausend Euro für jedes Kilo Kokain, das jemand aus einem der großen Häfen Europas ins Hinterland bringt. Ein Hafenarbeiter, aber auch ein Polizei- oder Zollbeamter können ihr Einkommen glatt verdoppeln, wenn sie einmal im Monat ein einziges Kilo Kokain aus einem Hafen landeinwärts bringen. Dagegen ankämpfen zu wollen, ist offensichtlich aussichtslos. Auch würde eine deutlich höhere Kontrollquote schlicht den Außenhandel der EU zu sehr stören. Allein in den vier größten Seehäfen Europas werden pro Jahr mehr als 40 Millionen Container umgeschlagen. Und selbst wenn die Kontrollen in Antwerpen und Rotterdam signifikant verschärft würden, können die Drogenkartelle einfach auf kleinere Häfen ausweichen oder den Stoff mit kleinen Boten an Stränden nach Europa bringen. Wirksame Kontrollen in allen Seehäfen, von denen es über 1.200 in der EU gibt, würden die Behörden schon personell völlig überfordern, von etwa 70.000 Kilometer Küstenlinie gar nicht zu reden.

c) Doch Opfer

Eine effektive Bekämpfung von Drogenhandel und -konsum ist also schlicht unmöglich. Das heißt, die gesamte repressive Drogenpolitik ist reine Symbolik ohne irgendeinen erkennbaren Nutzen für die Gesellschaft. Sie verursacht aber massenweise Kollateralschäden, angefangen bei den Drogentoten, die aufgrund der durch die Illegalität der Substanzen an deren schlechter Qualität oder falscher Dossierung sterben, über die unzähligen jungen Menschen, die völlig unnötig kriminalisiert werden, weil sie die ein oder andere illegale, aber oft gar nicht so gefährliche Substanz einfach mal ausprobieren wollen, während Komasaufen völlig legal ist, und die Opfer der Gewalt der Drogenbanden, weil sie deren Geschäfte stören oder schlicht zur falschen Zeit am falschen Ort waren und ins Kreuzfeuer gerieten, bis hin zu den Opfern der Sicherheitsbehörden, die unschuldig ins Visier übereifriger Drogenfahnder geraten, wie der bereits genannte Fall aus München zeigt. Eigentlich sind diese negativen Effekte der repressiven Drogenpolitik seit Jahrzehnten offensichtlich, weshalb sich die Frage aufdrängt, warum so viele, vor allem konservative Politiker, so verbissen daran festhalten wollen. Soweit erkennbar, bieten sich nur Dummheit, Zynismus und Menschenverachtung, Mißbrauch der Drogenpolitik zu anderen Zwecken oder Bestechung durch die Drogenkartelle als Erklärung an.

5. Schreibtischtäter

In Film und Fernsehen werden Strafverfahren meist in beeindruckenden Räumen mit hohen Decken dargestellt, mit etwas erhöht sitzenden Richtern, Staatsanwalt und Verteidiger an sich gegenüberliegenden Tischen, umfangreichen Beweisaufnahmen und am Ende einer Urteilsverkündung, bei der alle im Saal stehen müssen. Die Realität sieht in weit über 80% der Strafverfahren jedoch anders aus. Diese werden nicht durch ein Urteil sondern einen sogenannten Strafbefehl beendet. Das bedeutet, der zuständige Staatsanwalt bestimmt nach Studium der Akte ein Strafmaß, in der Regel eine Geldstrafe. Möglich ist aber auch eine Haftstrafe, die nicht länger als ein Jahr dauert und zur Bewährung ausgesetzt wird. Dies hält er dann in einem Strafbefehl fest, der anschließend von einem Richter gegengezeichnet werden muß, was in der Praxis fast immer geschieht. Anschließend wird der Strafbefehl dem Täter zugestellt. Dieser hat dann zwei Wochen Zeit, Einspurch dagegen einzulegen. Tut er das nicht innerhalb dieser Frist, ist der Strafbefehl rechtskräftig, wirkt also genauso, wie eine Verurteilung. Bei diesem Verfahren hat der Staatsanwalt in der ganz überwiegenden Zahl der Fälle den Täter nie gesehen, der Richter erst recht nicht. Nicht selten erfährt der Beschuldigte erst durch den Strafbefehl, daß ihm überhaupt eine Straftat vorgeworfen wird, denn nicht immer wird er dazu von der Polizei vernommen, bevor diese die Akten an die Staatsanwaltschaft zur Anklageerhebung weitergibt. Eigentlich gewährt Art. 103 Abs. 1 GG jedem einen Anspruch auf rechtliches Gehör vor Gericht, welches durch dieses rein schriftliche Verfahren offensichtlich nicht gewährt wird. Dennoch geht der überwiegende Teil der Juristen davon aus, daß die Möglichkeit, gegen einen Strafbefehl Einspruch einzulegen, der dann zu einer richtigen Verhandlung vor einem Richter führt, ausreicht, um diesen Anspruch auf rechtliches Gehör zu gewährleisten.

Gerade für jemanden, der zu Unrecht beschuldigt wird und deshalb überhaupt nicht mit einem Strafbefehl rechnet, sich vielleicht in einem längeren Urlaub befindet, kann die kurze Einspruchsfrist aber leicht zur Falle werden. Dabei wird nach einem Einspruch ein erheblicher Teil der Strafbefehle wieder aufgehoben. Den größten Teil ihrer Arbeit verbringen viele Staatsanwälte und Strafrichter also am Schreibtisch, ohne jeden direkten Kontakt zu Straftätern und deren Opfern, vor allem aber mit der Bekämpfung von Kleinkriminalität. Ein spürbarer Beitrag zur Verbesserung der Sicherheit in unserem Land wird dadurch ganz sicher nicht geleistet.

Besonders fatal ist dieses weitgehend anonyme Verfahren für Menschen, die aus welchen Gründen auch immer, ihre Post nicht oder nur selten öffnen, zum Beispiel, weil sie unter psychischen Problemen oder unter Demenz leiden. Sie erhalten zunächst eine Ladung der Polizei, die sie nicht öffnen oder nicht zur Kenntnis nehmen oder nicht verstehen oder schlicht nicht befolgen, dann den Strafbefehl, den sie ignorieren, schließlich die Aufforderung, die Geldstrafe zu zahlen, die sie nicht beachten. Daraufhin beantragt der zuständige Staatsanwalt die Festsetzung einer Ersatzfreiheitsstrafe und einen Haftbefehl, was dann erneut von einem Richter abgesegnet werden muß. So steht plötzlich die Polizei vor der Tür und verhaftet einen psychisch kranken oder an Demenz leidenden Menschen. Deshalb sitzen nicht wenige Menschen in den Gefängnissen dieses Landes, die eigentlich in eine Klinik oder ein Pflegeheim gehören.

6. Jugend

Junge Menschen neigen manchmal zu Unfug. Manches davon interessiert die Polizei. Das endet dann gelegentlich vor einem Jugendrichter, der darüber entscheiden muß, welche Folgen strafbares Verhalten Jugendlicher haben soll. Soweit die Theorie.

a) Zu langsam

Der ganz überwiegende Teil der Jugendkriminalität sind Bagatellen, kleine Diebstähle, mal eine Schlägerei, ein paar Drogen. Wie bei Erwachsenen auch, ist die Verfolgung solcher Bagatellen reine Willkür. Ein junger Mensch muß sich entweder sehr dumm dabei anstellen oder wirklich Pech haben, um erwischt und strafrechtlich belangt zu werden. Bei den meisten ist das gar nicht schlimm, denn es ist bei vielen schlicht Teil des sich

Ausprobierens und Erwachsenwerdens und läßt nach ein paar Jahren wieder nach. Die Jugendlichen führen dann ein straffreies Leben.

Bei einigen aber führen anfänglich kleine Straftaten, vor allem, wenn sie ohne negative Konsequenzen bleiben, schnell auf die sprichwörtliche schiefe Bahn. In manchen Gegenden bilden sich Jugendbanden, die das Problem verschärfen. Vor allem junge Männer in größeren Städten, die sich langweilen, scheinen dafür anfällig. Und hier gibt es in der Verfolgung von Jugendstrafbarkeit ein entscheidendes Problem: Strafverfahren dauern. Ein Jahr ist durchaus normal von dem Zeitpunkt, an dem ein Jugendlicher bei einer Straftat erwischt wird, bis er deswegen schließlich vor Gericht steht. Im Alter von 14 oder 15 ist das eine sehr lange Zeit. In diesem Jahr kann der Jugendliche sich einer Bande angeschlossen und eine Vielzahl von Straftaten begangen haben, die innerhalb des Jahres letztlich ohne Folgen blieben und ihn so zu immer weiteren Straftaten ermutigen. Oder es war eine einmalige Sache, die nach einem Jahr eigentlich schon wieder vergessen ist. Im ersten Fall ist die Verfolgung der Tat von vor einem Jahr faktisch sinnlos, da sie den Jugendlichen viel zu spät erreicht, die kriminelle Karriere jedenfalls mit einer Strafe für eine so weit zurückliegende, meist eher harmlose Tat kaum bremsen könnte, während die inzwischen verübten Taten, wenn sie den Behörden überhaupt bekannt sind, noch gar nicht angeklagt wurden. In Berlin gab es, hauptsächlich durch das Engagement der Jugendrichterin Kirsten Heisig 2009 einen Versuch, die Zusammenarbeit von Staatsanwaltschaft, Polizei, Jugendamt und Gericht so zu verbessern und zu beschleunigen, daß die Anklage innerhalb von ein bis zwei Wochen erfolgen konnte, so daß der Zusammenhang zwischen Tat und Sanktion für den Jugendlichen klar und spürbar war. Nach dem mysteriösen Tod der Richterin – sie wurde im Sommer 2010 in einem Wald in Berlin erhängt aufgefunden – verlief das Projekt wieder im Sande.

b) Zu sanft!

Kirsten Heisig schrieb ein Buch über ihre Tätigkeit als Jugendrichterin mit dem Titel „Das Ende der Geduld". Darin beklagt sie unter anderem, der Staat sei zu nachsichtig mit jugendlichen Straftätern. Im Jugendstrafrecht steht der Erziehungsgedanke im Vordergrund. Die Jugendlichen sollen vor allem von weiteren Straftaten abgehalten werden. Strafe ist dabei nur ein untergeordnetes Mittel. Anders als im Erwachsenenstrafrecht gibt es im Jugendstrafrecht einen bunten Strauß an Sanktionen, angefangen bei einer bloßen Ermahnung, über die Zuordnung eines Betreuers für eine gewisse Zeit, mit dem sich der Jugendliche regelmäßig treffen muß, meist einmal pro Woche, Sozialstunden, also gemeinnützige Arbeit, die der Jugendliche absolvieren muß, soziale Trainingskurse, in denen das Verhalten des Jugendlichen diskutiert wird, Antiaggressionstrainings bis hin zu Jugendarrest und Jugendknast. Das Gericht kann zusätzlich zu Sanktionen für die jungen Täter auch Hilfen für deren Familien verfügen, wenn es den Eindruck hat, daß diese mit der Erziehung des Jugendlichen überfordert ist. Nicht selten kommt es vor, daß gegen denselben Jugendlichen wegen mehrerer Straftaten nacheinander mehrfach zum Beispiel Sozialstunden verhängt werden. Zwar steigt die Zahl dieser Stunden meist von Urteil zu Urteil, aber wenn die erstmalige Verhängung von Sozialstunden keine Verhaltensverbesserung erreicht hat, wird deren erneute Verhängung eine solche wahrscheinlich auch nicht erreichen. Die Zuweisung eines Betreuers oder ein sozialer Trainingskurs wird von vielen Jugendlichen erst gar nicht als Sanktion wahrgenommen, erst recht nicht eine Ermahnung durch einen Richter. Haftstrafen werden gegen Jugendliche nur äußerst selten und nur bei sehr gravierenden Straftaten verhängt. Auch mit Verurteilungen zu einem Arrest, dessen Dauer bis zu vier Wochen betragen kann, sind die Jugendrichter meist sehr zurückhaltend.

Die Jugendlichen sind allerdings dem Wohlwollen des Richters oder dessen Fehlen völlig ausgeliefert, da die Beiordnung eines Strafverteidigers nur in Ausnahmefällen vorgesehen ist. Gerade Jugendliche aus ärmeren, sogenannten „bildungsfernen" Schichten sehen sich einer allmächtigen Justizmaschinerie ausgeliefert, deren Verfahren sie nicht verstehen, und in denen sie ganz sicher nicht die ihnen zustehenden Rechte wahrnehmen können. Fatal ist das, wenn sie fälschlich beschuldigt werden. Die negativen Erziehungsfolgen der Verurteilung eines unschuldigen Jugendlichen können kaum überschätzt werden.

c) Zu jung!

Sind die jungen Täter unter 14, sind den Strafverfolgungsbehörden die Hände gebunden, denn dann sind sie nach deutschem Recht noch nicht strafmündig und können deshalb auch nicht bestraft werden. Das mag bei kleinen Delikten wie zum Beispiel dem Diebstahl geringwertiger Sachen (rechtlich sind Sachen geringwertig, wenn sie weniger als ca. 25 Euro wert sind) hinnehmbar sein, aber oft beginnen kriminelle Karrieren schon mit 11 oder 12 Jahren. Die Jugendlichen werden in dem Alter zum Beispiel von Erwachsenen systematisch für Taschendiebstahl, als Drogenkuriere oder Boten für andere Zwecke, oder auch andere Teile von deren kriminellen Aktivitäten eingesetzt. Oder sie schließen sich schon in diesem jungen Alter einer Jugendbande an. Auf diese Kinderkriminalität reagiert der Staat bisher ziemlich hilflos, nämlich fast gar nicht. Werden Kinder bei irgendwas erwischt, bringt die Polizei sie entweder selbst zurück zu den Eltern oder verständigt diese, damit sie ihre Kinder abholen. Eine zusätzliche Benachrichtigung des Jugendamts ist jedenfalls nicht zwingend. Und selbst wenn es verständigt wird, ist eine weitere Zusammenarbeit zwischen Strafverfolgern und Jugendämtern in solchen Fällen nicht vorgesehen. Ob die Jugendämter für den Umgang mit straffälligen Kindern die richtigen Stellen sind, erscheint zumindest zweifelhaft.

7. Ermittlungen

Bevor jemand angeklagt und verurteilt werden kann, muß die Polizei ermitteln. Sie kennen das aus zahlreichen Krimis im deutschen Fernsehen, das Lieblingsgenre der Deutschen. Nur hat die Realität wenig mit „Tatort" oder „Rosenheim Cops" gemeinsam.

a) Zeit

Während im Fernsehen der Täter meist nach ein paar Tagen gefaßt und vor allem eindeutig überführt wird, sieht das in der Praxis völlig anders aus. Ermittlungen ziehen sich hin. Nehmen wir ein Verfahren gegen einige Personen wegen Veruntreuung. Es gibt fünf Zeugen, die über ganz Deutschland verstreut sind. Bei der Staatsanwaltschaft geht eine Anzeige ein, in der die Zeugen benannt sind. Nun muß der zuständige Staatsanwalt zunächst prüfen, ob das, was in der Anzeige steht, für einen Anfangsverdacht ausreicht und er oder sie ein Ermittlungsverfahren eröffnet. Liegt ein Anfangsverdacht vor, muß eigentlich ein Ermittlungsverfahren eröffnet werden, es sei denn, ein öffentliches Interesse an der Strafverfolgung wird verneint. Zwar sind die Schwere der Tat und deren Bedeutung für die Gesellschaft zwei der Entscheidungskriterien – bei Mord wird das öffentliche Verfolgungsinteresse in der Regel bejaht werden – aber andere Kriterien sind die jeweilige Einzelfallbewertung, die an sich schon der Willkür fast völlig Tür und Tor öffnet. Vor allem aber das Kriterium der sinnvollen Nutzung der Personalressourcen der Staatsanwaltschaft kann immer einen Grund liefern, kein Verfahren zu eröffnen.

Schon die Prüfung, ob ein Ermittlungsverfahren eröffnet wird, kann Wochen oder gar Monate dauern, je nach aktueller Arbeitsbelastung des Staatsanwalts. Anders als in der Serie „Der Staatanwalt" ermitteln deutsche Staatsanwälte praktisch nie selbst, sondern delegieren diese Aufgabe an die Polizei, also auch die Vernehmung von Zeugen. Die Vorladung von Zeugen an einen anderen Ort als dem, an dem sie wohnen, kostet Geld, weil Fahrtkosten entstehen. Billiger ist die Verschickung von Akten, auch heute noch weitgehend Papierakten, die per Post verschickt werden. In unserem Fall schickt der Staatsanwalt nach Eröffnung des Ermittlungsverfahrens die Akte also an die Kriminalpolizei in dem Ort, wo der erste zu vernehmende Zeuge wohnt, verbunden mit einer Anweisung, was die Polizei diesen Zeugen fragen soll. Die Polizei lädt diesen Zeugen dann zur Vernehmung. Bei unserer Untreue geht es um einen mittleren vierstelligen Betrag, also nichts großes. Daher wird die Sache nicht unbedingt als besonders dringlich behandelt. So können bis zur Vernehmung des Zeugen und der Erstellung des Vernehmungsprotokolls schonmal ein paar Wochen vergehen. Dann wird die Akte von der Polizei wieder zurück an den zuständigen Staatsanwalt geschickt, auf dessen Schreibtisch sie dann je nach Arbeitsbelastung weitere Wochen oder gar Monate verbringen kann, bis er Zeit hat, das Vernehmungsprotokoll zu lesen und die Akte dann an die nächste Polizeidienststelle zur Vernehmung des nächsten Zeugen verschickt. Bei der Vernehmung von fünf Zeugen an fünf verschiedenen Orten durch fünf verschiedene Polizisten können so leicht ein bis zwei Jahre vergehen, bis der Staatanwalt schließlich die Anklageschrift erstellen und an das zuständige Strafgericht schicken kann. Dafür muß er sich die Akten mindestens sechsmal ansehen. Durch die getrennte Vernehmung der Zeugen an verschiedenen Orten durch verschiedene Polizisten hat keiner von ihnen einen Gesamtüberblick über das Verfahren, kann die Vernehmungen also auch nicht an einer Gesamtstrategie ausrichten. Das Ganze ist nicht nur sehr zeitaufwendig, sondern auch hochgradig ineffizient, in dem Fall nur, um ein paar Fahrtkosten zu sparen.

Sind kompliziertere Ermittlungen erforderlich, kann dies die Ermittlungen noch mehr in die Länge ziehen. Vor einigen Jahren dauerte die Auswertung eines Handys in Hamburg über ein Jahr, also nicht die eigentliche Auswertung. Diese dauert in der Regel ein paar Tage, manchmal auch nur ein paar Stunden, aber es gab zu wenig Kapazitäten für solche Auswertungen. Oft werden diese auch an Firmen vergeben, weil der Polizei das Personal dafür fehlt, was aus rechtstaatlicher Sicht mehr als bedenklich ist, erhalten so Privatpersonen Zugriff auf die Handydaten anderer Menschen. Oft werden aber auch gar keine Spuren gesichert. So gibt es in Deutschland nun schon ziemlich lange ein massives Problem mit Wohnungseinbrüchen. Deren Zahl steuert inzwischen auf die 100.000 im Jahr zu, häufig verübt von spezialisierten Banden. So erschreckend hoch die Zahl dieser Straftaten ist, so niedrig ist die Aufklärungsquote, die sich ebenso seit Jahren mit geringen Schwankungen um die 15% bewegt. Weil die Schäden meist von Versicherungen zumindest zum Teil gedeckt sind, und diese regelmäßig eine Anzeige bei der Polizei fordern, dürfte bei diesen Straftaten die Dunkelziffer sehr gering sein. Neben allgemeinen Schwierigkeiten, solche Taten aufzuklären, lassen die Ermittlungstätigkeiten der Strafverfolgungsbehörden in diesem Bereich erheblich zu wünschen übrig. Nur selten werden nach einem Wohnungseinbruch systematisch alle erdenklichen Spuren am Tatort gesichert. Das erscheint einerseits verständlich, weil professionelle Täter oft nur wenige verwertbare Spuren hinterlassen, und der Aufwand, diese aus den Spuren der Bewohner einer Wohnung herauszufiltern, erheblich wäre. Ohne systematische Spurenanalyse ist es aber fast unmöglich, die Täter zu überführen.

Die lange Dauer von Ermittlungen ist vor allem dann ein Problem, wenn der Täter festgenommen und Untersuchungshaft verhängt wird. Diese ist dann anzuordnen, wenn Flucht- oder Wiederholungsgefahr besteht, also befürchtet wird, daß der Täter weitere Straftaten begehen wird, wenn er auf freiem Fuß bleibt. Der dritte Grund für Untersuchungshaft ist die Verdunklungsgefahr, also die Gefahr, daß der Täter Beweise verschwinden läßt, welche die Staatsanwaltschaft braucht, um ihn zu überführen. Theoretisch darf die Untersuchungshaft nicht mehr als sechs Monate dauern. Nur in absoluten Ausnahmefällen kann eine längere Untersuchungshaft angeordnet werden. Immer wieder kommt es daher vor, daß Straftäter aus der Untersuchungshaft entlassen werden müssen, weil die Ermittlungen oder auch die Strafverfahren selbst gegen sie zu lange dauern.

b) Mal wieder (un-)zuständig

Darüber hinaus wird die Aufklärung von Straftaten durch den Föderalismus in Deutschland erheblich behindert. Polizei ist in Deutschland Ländersache. Die Kompetenzen des BKA sind sehr eng begrenzt auf die Verfolgung schwerster Straftaten, wie Terrorismus und andere sogenannte staatsgefährdende Straftaten. Aber es gibt nicht nur 16 Landespolizeibehörden. In Nordrhein-Westfalen ist die Polizei, von wenigen Ausnahmen abgesehen, Sache der Kreise. Es gibt dort also 47 Kreispolizeibehörden. Begeht ein Täter seine Straftaten in den Zuständigkeitsbereichen verschiedener Polizeibehörden, sind die Chancen, daß ein Zusammenhang dazwischen erkannt wird, ziemlich gering. Aber auch in Ländern mit einer einheitlichen Polizeiorganisation werden Serientaten oft nicht erkannt, wenn der oder die Täter ihre Taten zumindest in den Zuständigkeitsbereichen verschiedener Staatsanwaltschaften begehen. Taten ein und desselben Täters in verschiedenen Bundesländern dürften nur in Ausnahmefälle als zusammenhängend erkannt werden. Die NSU-Morde sind hier ein trauriges Beispiel, und das, obwohl bei neun davon dieselbe Waffe verwendet wurde. Es gibt auch keine gesetzliche Regelung für die länderübergreifende Zusammenarbeit der verschiedenen Polizeibehörden, so daß die Effektivität von Ermittlungen in solchen Fällen sehr stark von den jeweils handelnden Personen und deren Kooperationsbereitschaft abhängt. Darüber hinaus kann die Effektivität auch dadurch massiv beeinträchtigt werden, wenn kostspielige Ermittlungsmaßnahmen erforderlich sind, aber keins der beteiligten Länder die Kosten dafür übernehmen will.

c) Eingriff oder Übergriff

Einige Ermittlungsmaßnahmen der Polizei greifen tief in die Freiheitsrechte der Bürger ein, so zum Beispiel bei den bereits erwähnten Wohnungsdurchsuchungen. Zwar unterliegen diese einem Richtervorbehalt – ein Richter muß eine Durchsuchung anordnen, außer bei Gefahr im Verzug – aber die entsprechenden Anträge der Staatsanwaltschaft werden nur in absoluten Ausnahmefällen abgelehnt. Ein ehemaliger Verfassungsrichter hat sich bereits besorgt gezeigt über die hohe Zahl rechtswidriger Durchsuchungen. So ordnete eine Amtsrichterin die Durchsuchung einer Rechtsanwaltskanzlei zur Aufklärung eines Parkverstoßes an, also wegen einer sehr geringfügigen Verkehrsordnungswidrigkeit. Auf eine Beschwerde des Anwalts hielt auch das nächsthöhere Landgericht dies für erforderlich und angemessen. Daraus folgt, daß der Richtervorbehalt für die Betroffenen faktisch wertlos ist. Dabei ist in diesem Fall schon juristischen Laien auf den ersten Blick klar, daß eine Durchsuchung wegen Falschparkens offensichtlich völlig unverhältnismäßig ist. Das Bundesverfassungsgericht war – wenig überraschend – derselben Ansicht. Teil des Problems ist hier, daß die rechtlichen Hürden für eine Durchsuchung, zumindest bei einem Verdächtigen, denkbar gering sind. Hier genügt ein einfacher Verdacht und die bloße Möglichkeit, Relevantes für die Aufklärung der Tat bei dem Verdächtigen zu finden.

Im Vergleich zur Durchsuchung von Wohnungen werden Telefone in Deutschland relativ selten abgehört, was wiederum an dem damit verbundenen Aufwand liegen mag, denn selbst wenn die abgehörten Gespräche aufgezeichnet werden, muß sie sich irgendwann jemand anhören. Wurden die Gespräche in einer fremden Sprache geführt, ist häufig noch ein Dolmetscher erforderlich, was die Kosten einer solchen Ermittlungsmaßnahme weiter in die Höhe treibt. Das Abhören von Telefonen greift aber nicht nur in die Rechte des Nutzers des Telefons ein, sondern in die Rechte aller, mit denen dieser während der Abhörung telefoniert. Das sind häufig Dutzende weiterer Personen.

Am tiefsten in die Rechte der Menschen greift aber der Einsatz von V-Leuten und verdeckten Ermittlern ein. V-Leute sind im Grunde das, was im Fernsehkrimi meist Informant heißt, also jemand aus der kriminellen Szene, der die Polizei mit Informationen versorgt und dafür entweder Geld oder Straffreiheit für eigene Straftaten erhält. Das Problem dabei: Diese Menschen werden vom Staat angehalten, jeden in ihrem Umfeld zu belügen, auch Partner, Kinder, enge Freunde. Tiefer kann der Staat kaum in die Rechte der Menschen eingreifen, wie hier in die tiefste Privatsphäre. Und davon betroffen sind nicht nur die V-Leute, sondern eben auch ihr gesamtes Umfeld. Noch tiefer in die Rechte der Menschen greift nur noch der Einsatz verdeckter Ermittler ein, also von Polizisten, die so tun, als seinen sie selbst Verbrecher, um das Vertrauen echter Verbrecher zu erringen. Dabei müssen sie häufig selbst zumindest kleinere Straftaten begehen, um glaubwürdig als Kriminelle zu sein. Die „Zielpersonen", fast immer aber auch zahlreiche Menschen in deren Umfeld müssen sie belügen, häufig über Monate, manchmal über Jahre. Sie müssen zu diesem Personenkreis – falsche – Freundschaften aufbauen, möglicherweise sogar intime Beziehungen. Vor allem aber gefährdet eine solche Tätigkeit auch massiv das private Umfeld der verdeckten Ermittler. Sie können Partner, Kinder oder Freunde während dieser Tätigkeit nur sehr selten oder gar nicht sehen. Werden sie enttarnt, bedeutet das häufig Lebensgefahr für ihr gesamtes privates Umfeld und natürlich auch für sie selbst. Derartiges ist eines demokratischen Rechtstaats schlicht unwürdig.

d) Die Früchte der verbotenen Baumes

Im amerikanischen Strafrecht gibt es den Grundsatz, daß die „Fruits of a poisoned tree", also die Früchte eines vergifteten Baumes im Strafverfahren nicht verwendet werden dürfen. In vielen amerikanischen Krimiserien wird das immer wieder thematisiert. Gemeint ist damit: Beachtet die Polizei bei den Ermittlungen die rechtlichen Vorschriften nicht, dürfen die so gewonnenen Beweise nicht gegen den Angeklagten verwendet werden. Und das gilt nicht nur für die auf rechtswidrige Weise erlangten Beweise selbst, sondern auch für alle weiteren Beweise die aufgrund dieser rechtswidrig erlangten gefunden wurden. In manchen amerikanischen Bundesstaaten genügt es für ein Verwertungsverbot bereits, wenn weitere Beweise zumindest auch, wenn auch nicht ausschließlich, durch die widerrechtlich erlangten aufgefunden wurden. In anderen sind nur solche ausgeschlossen, welche ausschließlich auf den rechtswidrigen Beweisen beruhen. In Deutschland dagegen können die Staatanwälte – fast – alles an Beweisen verwenden, egal wie viele Vorschriften die Polizei gebrochen hat, um diese zu finden. Hier ist es praktisch unvorstellbar, daß ein Mörder nicht verurteilt wird, weil zum Beispiel eine Wohnungsdurchsuchung rechtswidrig war. Um das zu verhindern, hat die Rechtsprechung sehr restriktive Regeln aufgestellt, die ein Strafverteidiger beachten muß, um erfolgreich den Ausschluß eines Beweismittels zu erreichen, aber selbst wenn der Anwalt sich daran gehalten hat, kommt es immer wieder vor, daß der BGH das Strafverfolgungsinteresse des Staates über die Rechte des Beschuldigten stellt. Das davon ausgehende Signal an die Strafverfolgungsbehörden ist fatal: Es sagt ihnen, daß sie rechtliche Grenzen bei Ermittlungen weitgehend ignorieren können, solange es ihnen am Ende gelingt, den Täter zu überführen.

Damit aber nicht genug: Lange Zeit fand der BGH es auch völlig in Ordnung, wenn verdeckte Ermittler die später verurteilten Straftäter zu diesen Straftaten angestiftet haben, die also ohne diese Anstiftung gar nicht begangen worden wären. Unterstellt wurde dabei, daß ein rechtschaffener Bürger sich eben nicht anstiften läßt. Selbst wenn die verdeckten Ermittler erheblichen Druck auf die späteren Täter ausüben mußten, damit diese überhaupt bereit waren, eine Straftat zu begehen, sah der BGH dies nicht als Hindernis, sie wegen dieser Straftat dann auch zu verurteilen. Es soll also völlig in Ordnung sein, wenn der Staat Menschen zu Straftaten verleitet und sie anschließend deshalb verurteilt? Ein sehr merkwürdiges Verständnis von Rechtstaatlichkeit, und zwar auf allen Ebenen: Polizei, Staatsanwaltschaften und Gerichte. Der EGMR fand dies auch und stufte dieses Vorgehen der deutschen Strafjustiz als Verstoß gegen die Europäische Menschenrechtskonvention ein.

e) Mißbrauch

Viel unerwünschte Aufmerksamkeit erlangte die Katholische Kirche in den letzten Jahrzehnten durch die Aufdeckung immer neuer Fälle von sexuellem Mißbrauch, vor allem von katholischen Priestern an Kindern und Jugendlichen, aber auch von Personal an katholischen Schulen, Kindergärten und Kinderheimen. Vor allem seit den 2010er Jahren trieben einige Bistümer viel medialen Aufwand um eine vermeintliche Aufklärung der Mißbrauchsfälle in ihrem jeweiligen Bereich, aber erstaunlicherweise wurden dabei nur Fälle „aufgedeckt", die schon längst verjährt waren. Soweit ersichtlich, hat diese innerkirchliche „Aufklärung" zu keiner einzigen Anzeige gegen einen Täter geführt, so als hätte der Mißbrauch schon vor Jahrzehnten einfach aufgehört. Dabei gibt es auch aktuell immer wieder Vorwürfe und auch Anzeigen gegen Priester und andere Kirchenmitarbeiter wegen sexueller Übergriffe. Diese gehen aber nie von der Kirche selbst aus. Auch stimmt das Ausmaß der von der Kirche im Rahmen dieser „Aufklärung" selbst genannten Fälle nicht einmal ansatzweise mit dem tatsächlichen Ausmaß überein. Aufgedeckt wurden nur einige tausend Fälle. Tatsächlich ist nach plausiblen Schätzungen aber von einer hohen fünfstelligen oder sogar sechsstelligen Zahl von Opfern sexuellen Mißbrauchs in der Katholischen Kirche und ihren Einrichtungen seit Ende des zweiten Weltkriegs auszugehen.

Der eigentliche Skandal in diesem Skandal ist aber die Untätigkeit staatlicher Ermittlungsbehörden. Es ist kein einziger Fall bekannt geworden, in dem eine Staatsanwaltschaft von sich aus

Ermittlungen gegen die Kirche und ihre Repräsentanten eingeleitet hätte. Dabei spricht nichts dafür, daß die Mißbräuche aufgehört haben. Es gibt noch nicht einmal Belege dafür, daß das Ausmaß geringer geworden ist gegenüber früheren Jahrzehnten. Dafür gibt es Belege, daß die Kirche auch im 21. Jahrhundert noch versucht hat, Mißbrauchsfälle zu vertuschen, indem Priester, gegen die entsprechende Anschuldigungen erhoben wurden, woandershin versetzt, und ihnen damit neue Opfer zugänglich gemacht wurden. Die bekannten Tatsachen über sexuellen Mißbrauch in der Katholischen Kirche müßten eigentlich genug Anlaß für umfassende Ermittlungen der Strafverfolgungsbehörden gegen diese Institution und ihre „Würdenträger" bieten, Grund genug, alle Bistumsverwaltungen zu durchsuchen und Personalakten zu beschlagnahmen. Versetzt ein Bischof einen Priester, der des sexuellen Mißbrauchs beschuldigt wird, ist das mindestens Beihilfe. Je nach Fallkonstellation könnte es auch als Mittäterschaft oder Anstiftung ausgelegt werden. Aber selbst wenn Opfer oder deren Eltern Anzeige erstatten, ermitteln Polizei und Staatsanwaltschaften häufig nur äußert zögerlich und zurückhaltend. Nur zweimal wurde bisher überhaupt gegen einen Bischof ermittelt. Beide Ermittlungsverfahren wurden aber nach kurzer Zeit wieder eingestellt.

Die Zurückhaltung des Staates ist angesichts des bisher bekannten Ausmaßes des sexuellen Mißbrauchs in der Katholischen Kirche und ihren Einrichtungen nicht nur ein Skandal, sondern verstößt massiv gegen die rechtliche Pflicht der Behörden, bei hinreichendem Verdacht von Straftaten zu ermitteln. Das ist nicht nur ein Schlag ins Gesicht aller Opfer, sondern führt auch zu einer latenten Gefahr für alle Kinder und Jugendlichen, die Kontakt zur Kirche und ihren Repräsentanten haben, denn den Tätern wird so signalisiert, daß sie, wenn sie nur geschickt genug vorgehen, noch immer nichts zu befürchten haben. Verschärft wird dieser Skandal noch dadurch, daß der Staat die Katholische Kirche seit Jahrzehnten mit jährlich über 100 Millio-

nen Euro finanziell unterstützt und so über lange Zeit den Mißbrauch und dessen Vertuschung mitfinanziert hat.

Aber auch außerhalb der Kirche sind die Strafverfolgungsbehörden sehr nachsichtig mit Mißbrauchstätern. Immer wieder
werden bei sexuellem Mißbrauch nur Bewährungsstrafen verhängt, teilweise auch in Fällen, in denen sich der Mißbrauch
über viele Jahre erstreckte oder es mehrere Opfer gab. Dabei ist
gerade bei solchen Taten die Wiederholungsgefahr besonders
groß. Solche Täter auf freiem Fuß zu lassen, gefährdet daher
andere Kinder und Jugendliche. Manchmal beruhen solche
Urteile auf einem „Deal", einer Absprache zwischen Verteidigung, Staatsanwaltschaft und Gericht. Der Täter gibt zumindest
einen Teil der ihm vorgeworfenen Taten zu, so daß die Opfer
nicht vor Gericht aussagen müssen, und erhält dafür nur eine
Bewährungsstrafe. Die Gefahr, der dadurch andere potentielle
Opfer ausgesetzt werden, spielt im deutschen Strafrecht keine
Rolle.

8. Fehler

Polizisten, Staatsanwälte und Richter sind Menschen, und Menschen machen Fehler. Im Strafverfahren haben diese Fehler aber
mitunter massive Auswirkungen auf das Leben der Betroffenen.
Nicht selten werden dadurch ganze Existenzen zerstört.

a) Nicht neutral

Eigentlich ist die Staatsanwaltschaft verpflichtet, neutral, ergeb-
nisoffen und in alle Richtungen zu ermitteln. Diese Verpflichtung gilt auch für die Polizei. Die Praxis sieht jedoch fast immer
anders aus. Fällt erst mal ein Verdacht auf eine Person,
versuchen die Ermittlungsbehörden meist, diesen Verdacht zu
erhärten und in diese Richtung zu ermitteln. Auch hier ist der
NSU ein trauriges Beispiel. Die Polizei hatte sich hier darauf
versteift, daß die jeweiligen Täter im Umfeld der jeweiligen
Opfer zu suchen seien, und deshalb ausschließlich in diese

Richtung ermittelt, Angehörige und Freunde der Opfer mit falschen Verdächtigungen überzogen und sie so zum zweitenmal zum Opfer, diesmal der Strafverfolgungsbehörden, gemacht. In der Keupstraße Köln hatte sich über Jahre eine gute und herzliche Gemeinschaft von Anwohnern und Ladenbesitzern gebildet, die durch die Verdächtigungen der Polizei nach dem Bombenanschlag 2004 völlig zerstört wurde, weil danach jeder jedem mißtraute. Dabei gab es in mehreren der Fälle schon früh Hinweise auf rassistische Motive, denen aber nie nachgegangen wurde.

Ein berühmtes Opfer dieses Vorgehens von Polizei und Staatsanwaltschaft war Jörg Kachelmann, einst erfolgreicher Fernsehmoderator und Unternehmer, bis ihn eine Frau beschuldigte, sie vergewaltigt zu haben. Im Rückblick gab es nur eine in sich völlig widersprüchliche Aussage des vermeintlichen Opfers, die eigentlich noch nicht einmal für eine Anklageerhebung hätte ausreichen dürfen. Hinzu kam, daß alle „harten" Beweise Kachelmann entlasteten. Vor allem fanden sich auf der vermeintlichen Tatwaffe, einem Messer, mit dem er das Opfer bedroht und am Hals verletzt haben soll, keinerlei Spuren irgendeiner Art von ihm. Auch sonst gab es keine Spuren von Kachelmann auf relevanten Gegenständen, wie zum Beispiel der Kleidung des vermeintlichen Opfers. Polizei und Staatsanwaltschaft hielten dieses jedoch für glaubwürdig und ignorierten schlicht alle Beweise, die dessen Aussage widersprachen. Für Kachelmann hatte das gravierende Folgen. Er verlor alle Verträge mit Rundfunk und Fernsehen, mußte am Ende seine Produktionsfirma verkaufen und verbrachte mehr als vier Monate in Untersuchungshaft. Als Entschädigung erhielt er, wie alle Justizopfer 25 Euro pro Hafttag. Dieser Betrag wurde 2020 immerhin auf 75 Euro pro Hafttag angehoben. Sein Schaden durch dieses völlig absurde Verfahren dürfte jedoch in die Millionen gehen. Weitere Entschädigungen vom Staat hat er aber nicht erhalten. Trotz eindeutigen Gutachtens bezüglich des vermeintlichen Tatmessers behauptete die Staatsanwaltschaft auch nach dem Freispruch Kachelmanns weiterhin wahrheitswidrig, daran hätten sich DNA-Spuren von ihm befunden. Kachelmann mußte hiergegen durch zwei Instanzen vor den Verwaltungsgerichten klagen, bevor die Staatsanwalt einlenkte und sich verpflichtete, solche Behauptungen in Zukunft zu unterlassen. Die Ermittlungen gegen das vermeintliche Opfer wegen Falschbeschuldigung stellte die Staatsanwaltschaft ein. Das Oberlandesgericht Frankfurt sah es aber in einem Schadenersatzprozeß Kachelmanns gegen die Frau als erwiesen an, daß sie ihn fälschlich beschuldigt, also gelogen hatte und verurteilte sie zu Schadenersatz.

Der Fall Jörg Kachelmanns erhielt sehr viel öffentliche Aufmerksamkeit, weil er zum einen schon vorher sehr bekannt war, zum anderen zu den Vorwürfen gegen ihn auch nach dem Freispruch nicht einfach schweigen wollte, sondern sich vehement gegen jeden zur Wehr setzte, der nach dem Prozeß behauptete, es sei doch etwas dran an den Vorwürfen. Viele vergleichbare Verfahren, in denen die Existenz von unschuldigen Menschen durch übereifrige und von Vorurteilen geleitete Strafverfolger vernichtet wird, gelangen nie ans Licht der Öffentlichkeit. Besonders fatal ist ein solches Vorgehen der Strafverfolger, wenn es nicht, wie bei Kachelmann, mit einem Freispruch endet, sondern mit einer – falschen – Verurteilung.

b) Uneinsichtig

Wie oft es vorkommt, daß Menschen unschuldig wegen einer Straftat in Deutschland verurteilt werden, weiß niemand, denn außer den Betroffenen und dem ein oder anderen Journalisten interessiert sich niemand dafür. Schätzungen gehen davon aus, daß fünf bis zehn Prozent derjenigen, die in deutschen Gefängnissen sitzen, unschuldig sind, aber weder von staatlicher Seite, noch von der Rechtswissenschaft gibt es Untersuchungen zum dem Thema. Bekannt wird eine falsche Verurteilung dagegen nur selten, meist aufgrund der hartnäckigen Recherchen eines engagierten Journalisten oder der Beharrlichkeit eines Rechtsanwalts.

Wird in den USA bekannt, daß jemand unschuldig hinter Gittern sitzt, dauert es meist nur ein paar Tage, maximal wenige Wochen, bis er oder sie wieder auf freiem Fuß ist. Die deutsche Justiz ist da etwas weniger einsichtig. Symptomatisch ist der Fall Manfred Benno Genditzki. Er wurde 2009 des Mordes an einer von ihm betreuten älteren Dame beschuldigt, der er regelmäßig behilflich war, und die er am Tage ihres Todes aus dem Krankenhaus abgeholt und nach Hause gefahren hatte. Er wurde Anfang 2009 in Untersuchungshaft genommen. 2010 wurde er vom Landgericht München II wegen Mordes verurteilt, obwohl es gar keine Beweise gegen ihn gab. Insbesondere gab es kein Motiv. Zwar hob der BGH das Urteil acht Monate später wegen Verfahrensfehlern auf, aber wiederum ein Jahr später wurde er erneut vom Landgericht wegen Mordes zu einer lebenslangen Freiheitsstrafe verurteilt. Die alte Dame war in ihrer Badewanne ertrunken. Sie hatte dort öfter Wäsche eingeweicht und vor ihrem Tod auch schon öfter Schwächeanfälle erlitten, die zu Stürzen führten. Angehörige des Verurteilten konnten schließlich mit Hilfe eines Gutachtens nachweisen, daß entgegen der Annahme des Gerichts das vermeintliche Opfer sehr wohl bei dem Versuch, Wäsche einzuweichen, gestürzt und so in die Badewanne gefallen sein könnte. Einen hierauf gestützten Antrag von Mitte 2019 auf Wiederaufnahme des Verfahrens lehnte das Landgericht Ende 2020 als unzulässig ab, denn das Beweismittel, also das Gutachten, enthielt keine neuen Tatsachen. Schon ganz zu Beginn des Verfahrens war der Gerichtsmediziner zunächst von einem Unfall ausgegangen. Im deutschen Strafprozeßrecht ist eine Wiederaufnahme nämlich nur bei neuen Beweisen möglich. Eine andere Bewertung bereits im Urteil berücksichtigter Beweise genügt für eine Wiederaufnahme nicht, selbst wenn deren Bewertung im ursprünglichen Urteil geradezu haarsträubend falsch ist. Auf die sofortige Beschwerde gegen die Ablehnung der Wiederaufnahme ließ das Oberlandesgericht diese schließlich weitere 10 Monate später zu. Es dauerte aber noch einmal fast ein Jahr, bis Genditzki freigelassen und noch ein weiteres Jahr, bis er schließlich endgültig freigesprochen wurde.

In vielen ähnlichen Fällen, bei denen es nicht um Mord ging, hatten die Justizopfer ihre Strafe längst abgesessen, bevor die Justiz zur Einsicht gezwungen wurde und die Verurteilungen aufhob. Wikipedia enthält einer Liste dieser Justizirrtümer, die bekannt geworden sind. Die ganz überwiegende Zahl der Justizopfer bleibt aber unbekannt, weil sie niemanden haben, der sich beharrlich genug für sie einsetzt, um das ihnen widerfahrene Unrecht wieder gut zu machen. Besonders perfide: Die meisten Justizopfer bestreiten natürlich auch nach ihrer Verurteilung die Tat. Werden sie zu Gefängnis verurteilt, bedeutet das, daß sie nicht wegen guter Führung nach der Hälfte oder zwei Drittel der Strafe auf Bewährung entlassen werden, weil sie als uneinsichtig gelten.

Noch schlimmer als aufgrund von Fehlern von Ermittlern, Staatsanwälten und Richtern unschuldig im Gefängnis zu sitzen ist es, wenn diese Personen vorsätzlich jemanden unschuldig ins Gefängnis bringen. Das erfüllt eigentlich den Straftatbestand der Freiheitsberaubung.

c) Vorsatz

1994 beschuldigte eine 18-jährige Frau ihren Vater, sie mehrfach vergewaltigt zu haben. Dieser wurde 1995 daraufhin vom Landgericht Osnabrück zu sieben Jahren Haft verurteilt, obwohl dem Gericht bekannt war, daß eine ärztliche Untersuchung am vermeintlichen Opfer ergeben hatte, daß sie noch nie Geschlechtsverkehr hatte, die Anschuldigungen gegen ihren Vater also falsch sein mußten. Ob es für die Verurteilung eine Rolle spielte, daß der Vater ein sprichwörtlicher Familientyrann war und über Jahre die gesamte Familie terrorisiert hatte, läßt sich nicht nachweisen, aber seine Tochter hatte er definitiv nicht vergewaltigt. Der BGH wies die Revision des Vaters gegen das Urteil trotzdem zurück.

Damit nicht genug, beschuldigte die Tochter auch ihren Onkel, sie vergewaltigt zu haben. Abgesehen von der Tatsache, daß sie noch nie Geschlechtsverkehr hatte, sprach gegen diese Anschuldigung auch der Versuch des Gerichts im Rahmen der Beweisaufnahme, eine der angeblichen Taten, die vermeintlich in einem PKW stattgefunden hatte, zu rekonstruieren. Der Versuch ergab, daß der von ihr behauptete Tatablauf unmöglich war. Dennoch verurteilte das Gericht ihn 1996 zu viereinhalb Jahren Haft. Auch hier wies der BGH die Revision zurück.

Beide mußten ihre Strafe voll absitzen, da auch sie – wahrheitsgemäß – während der gesamten Haftzeit daran festhielten, unschuldig zu sein, und so als uneinsichtig galten. Die Journalistin Sabine Rückert von der Zeit wurde 2001 auf den Fall aufmerksam und beschäftigte sich intensiv damit. Zusammen mit einem neuen Verteidiger für den Onkel fand sie heraus, daß dieser physiologisch gar nicht in der Lage war, Geschlechtsverkehr zu haben. Mindestens diese Tatsache war im ersten Verfahren unbekannt und nicht berücksichtigt worden. Dennoch weigerte sich die zuständige Staatsanwältin, eine Wiederaufnahme des Verfahrens anzuordnen. Das Landgericht Oldenburg entschied jedoch anders. Das Wiederaufnahmeverfahren dauerte aber noch bis 2005 und endete mit einem Freispruch wegen erwiesener Unschuld für den Onkel. Die psychische Belastung durch das Verfahren und die Haft führten bei dem Onkel zu einer posttraumatischen Belastungsstörung, so daß er nach der Freilassung keiner Arbeit mehr nachgehen konnte und auch immer noch Hilfe im täglichen Leben benötigt.

2006 wurde auch die Verurteilung des Vaters aufgehoben. Konsequenzen hatten dieser vorsätzliche rechtswidrige Freiheitsentzug aber weder für die verantwortlichen Richter, Staatsanwälte oder Polizisten. Entsprechende Klagen vor den Zivilgerichten wurden abgewiesen. Auch hier war es nur dem Engagement einer hartnäckigen Journalistin zu verdanken, daß die Fehlurteile aufgedeckt wurden, wenn auch letztlich mindestens für den Onkel zu spät, dessen Leben durch das Verfahren zerstört wurde.

Auch im Fall von Ralf Witte, der von der Tochter eines Freundes 2001 der Vergewaltigung beschuldigt wurde, wies ein medizinisches Gutachten nach, daß das vermeintliche Opfer noch nie Geschlechtsverkehr hatte. Außerdem hatte Witte für beide vom Opfer angegebenen Tatzeitpunkte Alibis. Dennoch verurteilte ihn das Landgericht Hannover 2004 zu zwölf Jahren und acht Monaten Gefängnis. Bezüglich der Alibis nahm es an, das vermeintliche Opfer hätte sich wahrscheinlich im Tatzeitpunkt geirrt. Erst 2009 kam er nach einer Wiederaufnahme seines Verfahrens wieder frei. Im Laufe des neuen Verfahrens stellte sich heraus, daß Polizei und Staatsanwaltschaft im ersten Prozeß entlastendes Material zurückgehalten hatten, das gezeigt hätte, daß das vermeintliche Opfer nicht glaubwürdig ist. Auch hier hatten diese vorsätzlichen Fehlurteile weder für einen der Richter, noch für jemand bei Polizei und Staatsanwaltschaft irgendwelche Konsequenzen.

In der Strafjustiz gibt es keinerlei Fehlerkultur. Richter, Staatsanwälte und Polizisten müssen keine Konsequenzen befürchten, wenn sie Unschuldige mit Strafverfahren überziehen oder ins Gefängnis bringen. Dabei spielt es für die Opfer dieser Justiz nicht wirklich eine Rolle, ob diese wie in den zuletzt geschilderten Fällen böswillig oder nur aus Unfähigkeit handeln. Dafür werden Richter für andere Dinge belangt, wie ein Strafrichter, der wegen Rechtsbeugung, also vorsätzlicher Mißachtung des Rechts, verurteilt wurde, weil er wegen Arbeitsüberlastung regelmäßig Urteile zu spät verfaßte.

V. Rechtschutz

Ein Rechtstaat muß nicht nur ausreichend Schutz vor Verbrechern bieten. Um zu verhindern, daß auf den Straßen das Faustrecht herrscht, muß es Organisationen und Verfahren geben, um Streitigkeiten sowohl zwischen den Bürgern als auch zwischen Bürger und Staat in geordneter Weise zu lösen und beizulegen. Ein Rechtstaat braucht also Gerichte, ein Justizsystem. Und das muß effektiv sein, also möglichst schnell und möglichst richtig entscheiden. Beides ist in Deutschland leider nicht der Fall.

1. Richter

Eine zentrale Rolle in der Justiz nehmen die Richter ein. Sie sollen unabhängig und objektiv sein, aber sie sind auch nur Menschen und damit nicht perfekt und voller – überwiegend unbewußter – Vorurteile. Deshalb wurde schon früh festgelegt, daß nicht eine Person alleine vor Gericht entscheiden soll. Es wurden sogenannte Spruchkörper eingeführt, also die Besetzung eines Gerichts mit mehreren Berufsrichtern oder einer Mischung aus Berufs- und Laienrichtern. Diese müssen dann gemeinsam entscheiden, meist mit qualifizierter Mehrheit, also zum Beispiel Zweidrittel-, manchmal auch mit einfacher Mehrheit.

a) (Un-)qualifiziert

Richter sind Juristen. Das scheint eine Selbstverständlichkeit, ist in der Praxis aber ein Problem, denn entscheidend sind vor Gericht in den allermeisten Fällen nicht Rechtsfragen, sondern technische, medizinische, psychologische oder andere Probleme. Von diesen Fachgebieten verstehen Juristen aber nichts und damit auch Richter nicht. Sie können also nicht beurteilen, ob zum Beispiel eine Fuge an einem Bauwerk fachlich richtig oder falsch ausgeführt wurde, ein Schaden an einem Auto durch einen bestimmten Unfall verursacht wurde oder schon vorher vorhanden war, ob eine Komplikation bei einer Operation Folge eines ärztlichen Fehlers oder nur eines allgemeinen Risikos war, ohne daß der Arzt etwas falsch gemacht hat. Deshalb ziehen die meisten Richter Sachverständige hinzu, die dann vom Gericht beauftragt werden, solche fachlichen Fragen zu klären. Anschließend schreiben die Richter meist ins Urteil, daß der Sachverständige Recht hat und das Verfahren deshalb in der ein oder anderen Weise zu entscheiden sei. Der BGH hat entschieden, daß ein Urteil erkennen lassen muß, daß der Richter sich inhaltlich mit dem Sachverständigengutachten auseinandergesetzt und sich aufgrund dessen Inhalts eine eigene Meinung zum Sachverhalt gebildet hat, die Grundlage seiner Entscheidung ist. Das würde aber voraussetzen, daß der Richter das Sachverständigengutachten versteht, was zumindest in fachlich komplizierten Fällen nahezu ausgeschlossen ist. Also entscheiden faktisch Sachverständige viele Gerichtsverfahren. Nicht wenige Richter maßen sich Fachkenntnisse in anderen Bereichen an, weil sie zum Beispiel zehn Jahre lang Bausachen, also Rechtstreitigkeiten wegen Bauarbeiten bearbeitet haben. Das ist anmaßend, respektlos und unverschämt. Würde ein Sachverständiger in Bausachen behaupten, das bißchen Recht, welches für die Entscheidung der meisten Gerichtsverfahren ausreicht, würde er auch so beherrschen, ohne Jurastudium, weil er seit zehn Jahren Gutachten für Gerichtsverfahren erstellt, würden dem alle Richter empört widersprechen.

Mangelnde Fachkenntnisse auf anderen Gebieten sind aber nicht das einzige Problem. Die meisten Richter in Deutschland ergreifen diesen Beruf unmittelbar nach dem zweiten Staatsexamen, dessen Bestehen die „Befähigung zum Richteramt" in Deutschland verleiht. Das heißt, sie haben meist vier bis fünf Jahre Jura studiert und dann noch ein zweijähriges Referendariat absolviert, was im Grunde einem Praktikum mit mehreren Stationen beim Zivilgericht, der Staatsanwaltschaft, der öffentlichen Verwaltung und einem Rechtsanwalt entspricht. In kaum einem anderen Land werden Menschen mit so wenig Ausbildung und Berufserfahrung auf Richterposten berufen. In Großbritannien zum Beispiel muß ein Jurist mindestens sieben Jahre

Berufserfahrung als Rechtsanwalt haben, bevor er sich auf einen Richterposten bewerben darf. In den USA muß jeder, der Jura studieren will, zuerst einen Bachelorabschluß in einem anderen Fach erwerben, bevor er sich an einer Law-School für ein dreijähriges Masterstudium in Jura bewerben kann. Fortbildungen, welche die Juristen nach dem zweiten Examen zumindest etwas besser auf ihren Beruf vorbereiten, gibt es keine, zumindest keine verpflichtenden. So ist das mit Abstand wichtigste Beweismittel zumindest im Zivil- und Strafverfahren der Zeuge. Dabei ist aus sehr vielen wissenschaftlichen Untersuchungen auch bekannt, daß der Zeugenbeweis mit Abstand der unzuverlässigste ist. Menschen lügen, etliche Male jeden Tag. Also lügen Zeugen auch vor Gericht. Daß das strafbar ist, scheint nur wenig abzuschrecken. Noch häufiger als absichtlich sagen Zeugen aber im besten Glauben falsch aus. Die menschliche Erinnerung ist nicht zuverlässig, die menschliche Wahrnehmung nicht objektiv. Und anders als vor allem aus amerikanischen Filmen bekannt, werden Zeugen in Deutschland zunächst und überwiegend von den Richtern befragt. Die Anwälte stellen meist nur ergänzende Fragen. Wenn Sie sich so etwas mal ansehen wollen, können Sie im Grunde zu jedem deutschen Gericht gehen. Die Verfahren dort sind, von wenigen Ausnahmen abgesehen, öffentlich und für jedermann zugänglich. Die Art, wie viele Richter Zeugen vernehmen, ist haarsträubend. Schulungen in Aussagenpsychologie und Vernehmungstechniken hat nur ein geringer Bruchteil der Richter, da diese zwar gelegentlich angeboten werden, aber, wie schon erwähnt, nicht verpflichtend sind. Fortbildungen sind in der Berufstätigkeit eines Richters grundsätzlich nicht vorgesehen. Die Richter müssen dafür ihre Freizeit aufwenden. Entsprechend gering ist die Motivation vieler Richter, an Fortbildungen teilzunehmen. In einigen Bundesländern gibt es zwar in den Landesgesetzen eine Fortbildungspflicht für Richter, in den meisten Bundesländern und für die Bundesrichter gibt es das aber nicht. Und da, wo es eine solche Pflicht gibt, ist diese nicht konkretisiert, und es hat in der Regel auch keine Konsequenzen, wenn sie nicht erfüllt wird.

b) (Nicht) neutral

Richter müssen neutral sein. Sie dürfen weder eine Partei bevorzugen noch benachteiligen. Vor den Zivilgerichten dürfte das in den meisten Fällen tatsächlich insoweit der Fall sein, als die Richter keine unmittelbaren Gründe haben, nicht neutral zu sein, und wenn, müssen sie die Bearbeitung eines Falls wegen Befangenheit ablehnen. Das ist zum Beispiel dann der Fall, wenn ein Richter mit einer der Parteien verwandt ist, oder ein eigenes wirtschaftliches Interesse am Ausgang des Verfahrens hat, zum Beispiel Aktien eines Unternehmens hat, dessen Aktienkurs vom Ausgang des Verfahrens stark beeinflußt werden kann. Solche und andere Befangenheitsgründe sind für die Parteien eines Rechtstreits aber nur selten erkennbar, wenn die Richter sie nicht selbst offenlegen, und das tun sie so gut wie nie. Aber selbst, wenn solche Gründe nicht vorliegen, sind Richter nicht zwingend neutral. Geht es zum Beispiel um einen Rechtstreit zwischen Mieter und Vermieter, wird die Entscheidung mit sehr hoher Wahrscheinlichkeit auch davon abhängen, ob der Richter selbst Mieter oder Vermieter ist. Nur in ganz seltenen Fällen halten sich die Richter selbst für befangen und übergeben die Bearbeitung eines Falls an einen Kollegen. Viel häufiger lehnt eine der Parteien einen Richter wegen Befangenheit ab. Das stört dann erst recht den unter Zeitdruck stehenden ordnungsgemäßen Ablauf der Verfahren. Deshalb wird solchen Befangenheitsanträgen nur in ganz seltenen Fällen stattgegeben, selbst dann nicht, wenn sich eine Voreingenommenheit aus Sicht eines juristischen Laien geradezu aufdrängt. So wurde ein Richter wegen Befangenheit abgelehnt, weil er mit einer der Parteien zusammen im Vorstand eines Vereins saß. Die Richter, die über den Ablehnungsantrag zu entscheiden hatten, sahen darin aber erstaunlicherweise keinen Grund, welcher die Objektivität des Richters beeinträchtigen könnte. Fast jeder Mensch, der kein Richter ist, würde das vermutlich anders sehen. Es gibt unzählige ähnliche Beispiele.

Gravierender ist das Problem aber in den anderen Gerichtsbarkeiten, bei denen der Bürger als Kläger dem Staat gegenüber steht, denn Richter sind Beamte und damit Teil des Staates. Auch hängt ihr berufliches Fortkommen, also ihre Karriere im Zweifel vom Wohlwollen des jeweiligen Justizministers ab. So dürften die Karriereaussichten eines Verwaltungsrichters, der den Behörden das Leben allzu schwer macht und überdurchschnittlich häufig zugunsten der Bürger gegen die Verwaltung entscheidet, eher nicht so gut sein. Dasselbe dürfte für einen Finanzrichter gelten, der überdurchschnittlich häufig zugunsten der Steuerzahler gegen den Staat entscheidet. Auch bei den Sozialgerichten gibt es dieses Problem.

Bei den Strafgerichten gestaltet sich das Problem noch etwas anders. So sind in Bayern die Laufbahnen von Richtern und Staatsanwälten dieselben. Das heißt, ein Staatsanwalt kann sicher jederzeit auf eine Richterstelle bewerben und umgekehrt. Wie aber soll ein Richter in einem Strafverfahren neutral sein, der vorher selbst jahrelang Staatsanwalt war?

Gerade die Besetzung höherer Richterposten, also vor allem die Auswahl der Präsidenten der Oberlandes- und Oberverwaltungsgerichte, aber auch die Auswahl der Richter an den Bundesgerichten, also Bundesgerichtshof, Bundesverwaltungsgericht, Bundessozialgericht, Bundesfinanzhof, Bundesarbeitsgericht und schließlich des Bundesverfassungsgerichts sind letztlich rein politische Entscheidungen. Richter, die sich im Lauf der Zeit als besonders staatskritisch gezeigt haben, sind bei der Besetzung dieser höchsten Richterposten chancenlos. In Rheinland-Pfalz wollte die Landesregierung unter Kurt Beck 2012 sogar mal das Oberlandesgericht Koblenz ganz auflösen, weil es ihm zuvor nicht gelungen war, dort einen ihm genehmen Gerichtspräsidenten einzusetzen.

c) Ganz allein

In Krimiserien werden Richter meist als wohlhabende, mächtige Menschen dargestellt, oft auch mit Mitarbeitern, die sie bei ihrer Arbeit unterstützen. Die Realität sieht leider völlig anders aus. Das Nettogehalt eines Richters als Berufsanfänger liegt je noch Bundesland zwischen 3.000 und 3.500 Euro (nach Abzug von Steuern und der privaten Kranken- und Pflegeversicherung des Richters). Lange Zeit waren Richterstellen bei jungen Juristen sehr beliebt, so daß es mehr Bewerber als Stellen gab. Inzwischen wird es für die Bundesländer aber immer schwieriger, vor allem für ländliche Regionen Richter zu finden. Aber auch in Ballungsräumen wie München ist das inzwischen schwierig, da die Einstiegsgehälter der Richter hier im Verhältnis zu den Lebenshaltungskosten relativ niedrig sind. Vor den Amtsgerichten, wo es in Zivilsachen maximal um 5.000 Euro geht (bei höheren Streitwerten sind die Landgerichte zuständig), mag das niedrige Richtergehalt vergleichsweise unproblematisch sein. Vor den Landgerichten sieht das aber anders aus. In vielen Verfahren geht es da um hohe Geldbeträge, so daß schlecht bezahlte Richter zumindest theoretisch eine hohe Motivation besitzen könnten, sich von einer Partei bestechen zu lassen, um in deren Sinne zu entscheiden. Wieviele Richter dieser Versuchung erliegen, ist nicht bekannt. Öffentlich werden solche Fälle nur sehr selten, vermutlich auch, weil in vielen Fällen eine solch unzulässige Einflußnahme auf ein Verfahren nicht erkennbar ist, denn Gerichtsentscheidungen sind nur ganz selten offensichtlich richtig oder falsch. Vielmehr gibt es fast immer einen relativ weiten rechtlichen Rahmen, in dem sich eine Entscheidung zulässigerweise bewegen kann. Daß die niedrigen Richtergehälter aber eine Gefahr für eine unabhängige Justiz darstellen, ist offensichtlich.

Trotz dieser relativ schlechten Bezahlung gibt es in Deutschland, soweit erkennbar, gemessen an der Bevölkerung mehr Richter als irgendwo sonst auf der Welt. So gibt es nach diesem

Maßstab hier mehr als doppelte so viele Richter, wie in Frankreich oder Italien, und mehr als dreimal soviele, wie in Großbritannien. Dennoch arbeiten die Gerichte bei uns nicht signifikant besser und schneller als in diesen Ländern. Das könnte daran liegen, daß Richter in Deutschland nicht nur vergleichsweise schlecht qualifiziert sind, sondern auch vergleichsweise schlecht ausgestattet. Heute müssen Richter in Deutschland – fast – alles selber machen. Es gibt zwar an allen Gerichten noch die sogenannten Geschäftsstellen, wo die Akten verwaltet, eingehende Schreiben den jeweiligen Akten zugeordnet werden, und vom Richter für die Parteien eines Rechtstreits verfaßte Schreiben verschickt werden, aber diese werden mit immer weniger Personal ausgestattet. Auch an den Schreibdiensten bei den Gerichten wird immer mehr gespart, so daß viele Richter Verfügungen, Beschlüsse und Urteile heute nicht mehr diktieren, sondern selbst schreiben. Auch Wachtmeister und Protokollführer gibt es immer weniger, so daß die Richter meist selbst den Schlüssel für einen Gerichtssaal holen, diesen aufschließen und nach der Verhandlung wieder abschließen müssen. Und während der Verhandlung müssen sie selbst Protokoll führen. Dadurch haben die Richter immer weniger Zeit für ihre eigentliche Arbeit, nämlich Akten zu lesen, Gerichtverhandlungen und Beweisaufnahmen durchzuführen, gegebenenfalls zu Rechtsfragen oder auch anderen fachlichen Fragen in einem Verfahren zu recherchieren und vor allem Entscheidungen zu treffen. Auch ihren Terminkalender müssen Richter meist selbst führen. Das alles macht ihre Arbeit und damit diejenige der Justiz insgesamt ineffizient und langsam.

2. Noch einmal (un-)zuständig

Wenn jemand in Deutschland aus welchem Grund auch immer vor Gericht gehen will, ist die erste Frage, vor welches denn?

a) Viele Gerichte

Zunächst gibt es in Deutschland die sogenannten „Ordentlichen Gerichte" (was nicht heißt, daß die anderen unordentlich sind). Dazu gehören Zivil- und Strafgerichte, Familiengerichte und solche, die für die Angelegenheiten der sogenannten Freiwilligen Gerichtsbarkeit gehören. Letztere entscheiden zum Beispiel über die Erteilung eines Erbscheins und anderer Angelegenheit im Zusammenhang mit Erbschaften. Dann gibt es die Arbeitsgerichte, die für alle Streitigkeiten aus Arbeitsverträgen, aber zum Beispiel auch für Streitigkeiten zwischen einem Betriebsrat und der Geschäftsführung, zuständig sind.

Die Sozialgerichte sind zuständig für alle Streitigkeiten wegen Angelegenheiten, die mit dem Sozialgesetzbuch und den darin festgelegten Pflichten und Leistungen zu tun haben, allerdings nicht solche, bei denen es um BaföG oder Wohngeld geht, obwohl diese zu den sogenannten besonderen Teilen des Sozialgesetzbuchs gehören. Für solche Streitigkeiten sind die Verwaltungsgerichte zuständig. Diese sind auch für alle anderen Verfahren zwischen Staat und Bürger zuständig, außer wenn es um Steuern geht. Dafür sind die Finanzgerichte zuständig, allerdings auch für das Kindergeld, das auch zu den besonderen Teilen des SGB zählt.

b) Instanzen

Für jede dieser Gerichtsarten gibt es mehrere Instanzen. So gehören zur ordentlichen Gerichtsbarkeit die Amtsgerichte, die Landgerichte, die Oberlandesgerichte und der Bundesgerichtshof. In Zivilsachen beginnen kleine Verfahren vor den Amtsgerichten, größere vor dem Landgericht. Die Berufung geht dann zum nächst höheren Gericht, also vom Amtsgericht zum Landgericht, bei Beginn beim Landgericht zum Oberlandesgericht. In einem Berufungsverfahren wird also das gesamte Verfahren noch einmal wiederholt, also auch Beweise erhoben und Sachfragen diskutiert. Die Revision geht aber immer zum BGH. Im

Revisionsverfahren geht es nur um Rechtsfragen, also zum Beispiel nicht, ob ein Zeuge glaubwürdig ist oder nicht, sondern nur darum, ob das Berufungsgericht dessen Glaubwürdigkeit anhand der richtigen Kriterien beurteilt hat. In Strafsachen gehen kleine Sachen auch zuerst zum Amtsgericht, in der Berufung zum Landgericht und in der Revision zum Oberlandesgericht. Große Strafverfahren beginnen dagegen vor dem Landgericht, in Ausnahmefällen, wie dem NSU-Verfahren vor dem Oberlandesgericht. In beiden Fällen gibt es keine Berufung, sondern nur eine Revision beim Bundesgerichtshof. Bei Ordnungswidrigkeiten sind immer zuerst die Amtsgerichte zuständig, es sei denn, es geht um ein Bußgeld wegen eines Verstoßes gegen die DSGVO, dann ist ab einem Bußgeld von 100.000 Euro das Landgericht zuständig. Für die Beschwerde gegen eine Bußgeldentscheidung ist in jedem Fall das Oberlandesgericht zuständig. Auch bei Familiensachen geht es beim Amtsgericht los, Beschwerdeverfahren gehen vor das Oberlandesgericht. Haben Sie noch den Überblick?

Einfacher ist es bei Arbeits-, Sozial- und Verwaltungsgerichten, die alle jeweils drei Instanzen haben. Klagen gegen Planfeststellungsbeschlüsse zum Beispiel müssen aber vor einem Oberverwaltungsgericht erhoben werden, ebenso Klagen gegen Bebauungspläne, so daß es in diesen Sachen nur zwei Instanzen gibt. Vor den Finanzgerichten gibt es grundsätzlich nur zwei Instanzen. Beim Bundespatentgericht ist die zweite Instanz der BGH.

Und dann gibt es bei den Bundesgerichten noch die großen Senate. Die werden gebildet und müssen entscheiden, wenn sich zwei „normale" Senate desselben Gerichts über eine bestimmte Rechtsfrage nicht einig sind. Besteht zwischen verschiedenen Bundesgerichten Streit über eine bestimmte Rechtsfrage, also zum Beispiel zwischen dem Bundesgerichtshof und dem Bundesarbeitsgericht, muß der gemeinsame Senat der obersten Gerichte des Bundes zusammentreten und diesen Streit verbindlich für alle Gerichte entscheiden.

Schließlich gibt es noch das Bundesverfassungsgericht, das zwar das höchste deutsche Gericht ist, aber immer wieder betont, kein Superrevisionsgericht zu sein, obwohl es das faktisch ist, da seine Entscheidungen sogar wie Gesetze gelten und damit für alle anderen Gerichte bindend sind. Tatsächlich gibt es in Deutschland also bis zu vier Gerichtsinstanzen, die jemand durchlaufen kann, um sein Recht zu bekommen, oder auch nicht zu bekommen.

Sinn ergibt dieses Chaos keinen. Vieles ist schlicht historisch so gewachsen, manches Ergebnis verschiedener Versuche der Politik, Verfahren zu beschleunigen, oft aber einfach nur, um Geld einzusparen. Verschiedene Anläufe, dieses komplexe Gerichtssystem insgesamt zu vereinfachen und übersichtlicher zu gestalten, sind bisher allesamt im Sande verlaufen.

Daß selbst vier Instanzen immer wieder mal nicht reichen, um richtige Entscheidungen zu treffen, zeigt sich darin, daß Deutschland nicht selten vom Europäischen Gerichtshof für Menschenrechte zu Schadenersatz verurteilt wird, weil die Rechte aus der Europäischen Menschenrechtskonvention verletzt wurden, die eigentlich für alle deutschen Gerichte einschließlich des Bundesverfassungsgerichts bindend sind. Entscheidet der EGMR gegen Deutschland, muß auch das Bundesverfassungsgericht in der Sache falsch entschieden haben, da nur dann eine Beschwerde beim EGMR zulässig ist. Die Stellung des EuGH (das Gericht der Europäischen Union, nicht zu verwechseln mit dem EGMR) in diesem Chaos zu beschreiben, würde hier zu weit führen.

3. Verfahren

Das Chaos mit den verschiedenen Gerichten ist natürlich noch nicht genug. Es muß in Deutschland für jedes dieser verschiedenen Gerichte auch unterschiedliche Regeln für die Verfahren dort geben. So gibt es für die Zivilgerichte die Zivilprozeßordnung, die allerdings nicht nur Regeln für das Verfahren vor den

Zivilgerichten, sondern auch für die Zwangsvollstreckung enthält. Für die Strafgerichte gibt es die Strafprozeßordnung, die wiederum nicht nur Regeln für das Strafverfahren vor Gericht, sondern auch für das Ermittlungsverfahren von Polizei und Staatsanwaltschaft enthält. Für die Familiengerichte und die freiwillige Gerichtsbarkeit gibt es das Gesetz über das Verfahren in Familiensachen und in den Angelegenheiten der freiwilligen Gerichtsbarkeit (FamFG), für die Arbeitsgerichte das Arbeitsgerichtsgesetz, für die Sozialgerichte das Sozialgerichtsgesetz, für die Verwaltungsgerichte die Verwaltungsgerichtsordnung, für die Finanzgerichte die Finanzgerichtsordnung. Das Verfahren vor dem Bundespatentgericht ist im Patentgesetz und im Markengesetz geregelt. Und für das Bundesverfassungsgericht gibt es das Bundesverfassungsgerichtsgesetz. Auch hier sind bisher alle Versuche, diese Vielfalt zumindest ein wenig einzudämmen, kläglich gescheitert.

a) Noch einmal Richter

Richter sind – theoretisch – unabhängig. Dies äußert sich zum Beispiel darin, daß sie das Verfahren vor Gericht weitgehend frei im Rahmen der jeweiligen Prozeßordnung gestalten können, also insbesondere Termine ansetzen, wann es ihnen am besten paßt. Theoretisch müssen sie dabei alle Verfahren gleich behandeln, aber kontrollieren kann das niemand. Hat ein Richter auf ein bestimmtes Verfahren keine Lust, kann er es relativ lange hinauszögern, bevor dies Konsequenzen hat. Vor allem stehen die Chancen aber gut, daß er für ein unliebsames Verfahren irgendwann nicht mehr zuständig ist, wenn er es nur lange genug hinauszögert.

Richter sind Menschen, und Menschen sind faul, also sind auch Richter faul. Sie haben die Wahl, ein Verfahren mit möglichst wenig Aufwand möglichst oberflächlich zu bearbeiten oder gründlich und möglichst gut. Viele wählen die erste Alternative, aber nicht nur aus Faulheit, sondern weil es im Gerichtssystem so vorgesehen ist. 2005 wurde PEBB§Y eingeführt, das Personalbedarfsberechnungssystem. Ausgedacht hat sich das die Arthur Andersen Business Consulting GmbH, eine Wirtschaftsberatungsgesellschaft. In diesem System ist festgelegt, wie lange ein Richter für einen bestimmten Fall brauchen darf. Jedenfalls wird nach den dort festgelegten Bearbeitungszeiten die Zahl der notwendigen Richter bemessen. Darin sind zum Beispiel für eine Verkehrsunfallsache 232 Minuten als durchschnittliche Bearbeitungszeit vorgesehen. In dieser Zeit muß der Richter die Akte mehrfach in die Hand nehmen, nämlich immer dann, wenn eine der Parteien etwas zu dem Fall geschrieben hat oder ein Gutachten eingeht oder das Protokoll einer mündlichen Verhandlung. Er muß mindestens eine mündliche Verhandlung durchführen, eventuell Zeugen vernehmen, möglicherweise einen Sachverständigen auswählen, dann dessen Gutachten lesen und schließlich ein Urteil schreiben, wenn es zu keinem Vergleich zwischen den Parteien kommt. Im Schnitt muß er zwei solcher Verfahren vollständig an einem Arbeitstag bearbeiten, also etwa 400 Verfahren pro Jahr. Es ist ausgeschlossen, daß ein Richter derart viele Verkehrsunfallsachen sorgfältig und sachgerecht in einem Jahr bearbeiten kann. Komplizierte Rechtsfragen in Einzelfällen oder unübersichtliche Unfallumstände und dadurch bedingte aufwendigere Recherchen sprengen den vorgegeben Zeitrahmen bei weitem. Chancen, das bei einfacheren Fällen wieder auszugleichen, bestehen kaum, da die Zeitvorgaben selbst für einfache Fälle schon knapp bemessen sind. Die für andere Verfahren vorgesehenen Zeiten sind nicht großzügiger. Erdreistet sich ein Richter, darauf zu bestehen, seine Verfahren trotzdem sorgfältig zu bearbeiten, wird er die von ihm erwarteten Erledigungszahlen nicht erreichen können. Ist das über einen längeren Zeitraum der Fall, kann das Konsequenzen haben. Ein Richter am Oberlandesgericht Karlsruhe war bekannt für seine gewissenhafte Fallbearbeitung, benötigte dafür aber, wenig überraschend, mehr Zeit als in PEBB§Y vorgesehen, so daß der Präsident des Gerichts schließlich eine Untersuchung seiner Fallbearbeitung anordnete. Dabei wurde festgestellt, daß er etwa ein Drittel weniger Fälle abschloß als seine Kollegen, was zu einer entsprechenden Ermahnung durch den Gerichtspräsidenten, die Fälle schneller zu bearbeiten, führte.

Nicht nur Strafrichter, sondern Richter allgemein sind Schreibtischtäter. Schon vor Corona neigten viele Richter dazu, die Menschen, um die es in ihren Fällen ging, so wenig, wie irgend möglich zu Gesicht zu bekommen. Zwar ist für die meisten Gerichtsverfahren eine mündliche Verhandlung zwingend vorgeschrieben, aber das läßt sich mit Zustimmung der Streitparteien leicht umgehen. Die reine Bearbeitung von Akten benötigt weniger Zeit als sich mit Menschen, die häufig verärgert und wütend aufeinander sind, im Gerichtssaal auseinanderzusetzen. Ein Beweismittel im Zivilprozeß ist die sogenannte Inaugenscheinnahme, was bedeutet, daß der Richter das Gericht verläßt und sich den Gegenstand des Streits, also zum Beispiel eine Baustelle persönlich ansieht. Aufgrund des bereits erwähnten Mangels an Fachkenntnis bei den Richtern wäre das häufig nicht hilfreich. Manchmal sind Dinge aber offensichtlich, wenn sie in Augenschein genommen werden. So ein Ausflug in die Realität kostet aber viel Zeit, welche im Zeitbudget für die Fallbearbeitung nicht vorgesehen ist.

Wie bereits geschildert, wurden aufgrund der Tatsache, daß Richter Menschen und deshalb voller Vorurteile sind, Spruchkörper bei Gericht gebildet, damit mehrere Richter zusammen einen Fall entscheiden und so individuelle Vorurteile weniger Einfluß auf die Entscheidung haben. Das ist aber sehr aufwendig und damit teuer. Deshalb ist heute in den meisten Verfahren die Entscheidung durch Einzelrichter, also einen Richter alleine vorgesehen, der dann im Urteil seine Vorurteile uneingeschränkt zur Entfaltung bringen kann. Er muß sich dieser dabei gar nicht bewußt sein, aber jeder Mensch hat welche, die das Denken und Handeln nachhaltig beeinflussen. Bei Richtern haben sie aber erhebliche Auswirkungen auf ihre Entscheidungen und damit auf das Leben anderer Menschen.

Schließlich gibt es noch eine andere Eigenschaft deutscher Richter, die im Hinblick auf ihren Beruf äußerst problematisch ist: Entscheidungsschwäche. Thorsten Schleif, selbst Richter, beschreibt in seinem Buch „Urteil: Ungerecht" sehr verständlich, warum die Auswahlkriterien für den Richterberuf nicht gerade entscheidungsstarke Charaktere anlocken. Das Problem dabei ist, daß Entscheidungen zu fällen, sozusagen der Kern der Richtertätigkeit ist. Nicht wenige Richter sind berüchtigt dafür, daß sie die Parteien, mit denen sie vor Gericht zu tun haben, geradezu zu einem einvernehmlichen Vergleich zu zwingen versuchen, häufig dadurch, daß sie sich relativ offen weigern, ein Urteil zu fällen. Damit sollen nicht die Richter kritisiert werden, die in sinnvoller und gut begründeter Weise versuchen, Streitparteien zu einer Einigung zu bewegen, die aber, wenn diese Bemühungen scheitern, kein Problem damit haben, durch Urteil zu entscheiden.

Noch schlimmer als entscheidungsschwache Richter sind allerdings arrogante desinteressierte Richter. Sie behandeln Streitparteien und Anwälte von oben herab, wirken betont gelangweilt und desinteressiert, häufig auch genervt in dem Sinn, daß sie versuchen, den Eindruck zu vermitteln, es sei ihrer unwürdig den von den Streithähnen vorgebrachten Unsinn auch nur zur Kenntnis zu nehmen. Ein solches Verhalten ist respektlos und würde in fast allen anderen Berufen zumindest dann nachhaltige Konsequenzen nach sich ziehen, wenn es über längere Zeiträume gezeigt wird. Richter aber kommen damit auch über Jahrzehnte ohne jede Sanktion durch. Und dieser Richtertyp ist leider ziemlich weit verbreitet.

b) Langwierig

Trotz dieser engen Zeitvorgaben dauern Gerichtsverfahren in Deutschland lange, teilweise sehr lange, oft zu lange. Bereits mehrfach wurde Deutschland vom EGMR wegen Verletzung des Rechts auf ein faires Verfahren verurteilt, weil Gerichtsverfahren in Deutschland zu lange dauern. Nach Art. 6 Abs. 1

Satz 1 der Europäischen Menschrechtskonvention muß ein Gerichtsverfahren, um fair zu sein, innerhalb angemessener Frist durchgeführt werden. Das ist zwar ein sehr dehnbarer Begriff, aber Gerichtsverfahren in Deutschland haben diesen derart überdehnt, daß der EGMR Deutschland immer wieder eine zu lange Verfahrensdauer attestiert. Eine Zusammenstellung der Wissenschaftlichen Dienste des Bundestags listet für die Zeit von 2000 bis 2008 allein 18 Fälle auf, in denen der EGMR deswegen gegen Deutschland entschieden hat. 2010 stellt er schließlich in einem weiteren Verfahren fest, daß die deutsche Justiz ein systematisches Problem mit zu langen Verfahren hat. Das hat allerdings nicht dazu geführt, daß die Verfahrensdauern verkürzt worden wären. Stattdessen wurde ein Entschädigungsanspruch für den Fall, daß ein Verfahren zu lange dauert, eingeführt. Dessen Voraussetzungen sind allerdings so streng und die Höhe der Entschädigung so niedrig, daß der Anspruch mit „Witz" noch freundlich charakterisiert ist. Das Bundesverwaltungsgericht entschied zum Beispiel, daß es noch nicht zu einer Entschädigung berechtigt, wenn ein Verwaltungsgericht in einem Verfahren zwei Jahre lang gar nichts tut. Das liege nach Ansicht des Bundesverwaltungsgerichts noch im Rahmen des normalen Verfahrensgangs, der entschädigungslos hinzunehmen sei. Unter der deutschen Richterschaft gibt es bezüglich der Relevanz der Verfahrensdauer für die Effektivität des Rechtschutzes so gut wie kein Problembewußtsein. Ein Richter ging in einem Fachartikel davon aus, daß die deutsche Justiz gerade für Streitigkeiten über kleine Beträge mit den Streitbeilegungsmöglichkeiten bei Amazon, ebay oder PayPal durchaus mithalten könne, vor allem auch in zeitlicher Hinsicht. Deutlicher hätte er nicht zum Ausdruck bringen können, daß seine Sicht sowohl auf diese Streitbeilegungsmöglichkeiten als auch auf die deutsche Justiz kaum weltfremder sein könnte.

Ein zu langes Verfahren ist in den meisten Fällen gleichzusetzen mit gar keinem Rechtsschutz. Stellen Sie sich vor, sie haben einen Verkehrsunfall. Sie sind nicht schuld, aber die gegnerische

Versicherung zahlt nicht. Ihr Auto ist schwer beschädigt. Ohne die Versicherung können Sie sich die Reparatur nicht leisten. Sie sind aber auf das Auto angewiesen, also verklagen Sie die Versicherung. Das Verfahren erforderte eine Beweisaufnahme. Zeugen des Unfalls müssen vernommen, ein Sachverständigengutachten erstellt werden. Je nachdem, wie der zuständige Richter das Verfahren führt, gibt es entweder nur einen Termin vor Gericht für die Zeugenvernehmung, oder drei oder vier. So oder so wird das Verfahren mindestens ein Jahr dauern, eineinhalb Jahre ist wahrscheinlicher, zwei Jahre wäre noch nicht ungewöhnlich. Und das ist nur die erste Instanz. Verliert die Versicherung da, kann sie Berufung einlegen, wodurch mindestens ein weiteres Jahr bis zu einer dann endgültigen Entscheidung vergeht. Da Sie sich die Reparatur nicht leisten können, können Sie es sich natürlich auch nicht leisten, das Geld für einen Mietwagen vorzustrecken, das sie ohnehin nur erstattet bekommen, wenn Sie das Gerichtsverfahren gewinnen. Was machen Sie?

Oder Sie und ihre Familie bauen gerade ein Haus. Es soll in einem Jahr fertig sein. Dann aber gibt es Probleme mit dem Rohbau. Der damit beauftragte Bauunternehmer macht einen Fehler, der erst behoben werden muß, bevor sie weiter bauen können, da sonst dadurch weitere Schäden am Haus drohen. Der Bauunternehmer aber weigert sich, den Fehler zu beheben, leugnet, daß ein solcher überhaupt vorliegt. Stattdessen will er sein Geld. Sie zahlen nicht, also verklagt er Sie. Damit steht Ihre Baustelle erst einmal still. Ein anderes Unternehmen damit zu beauftragen, den Fehler zu beheben und die Bauarbeiten fortzusetzen, könnten Sie sich nur dann leisten, wenn Sie den Unternehmer, der Sie verklagt, nicht bezahlen müssen. Das wissen Sie aber erst, wenn das Gerichtsverfahren beendet ist. Das Risiko, am Ende des Prozesses den alten und einen neuen Unternehmer bezahlten zu müssen, zuzüglich der nicht gerade geringen Gerichts- und Anwaltskosten, können Sie sich nicht leisten. Bausachen, wie Verfahren über Streitigkeiten bezüglich Bauleistungen vor Gericht heißen, dauern, wenn eine Beweisaufnahme durchgeführt wird, mindestens zwei Jahre in der ersten Instanz, meistens aber drei, gelegentlich auch noch länger. Eingeplant hatten Sie aber maximal sechs zusätzliche Monate, in denen Sie nach der geplanten Fertigstellung Ihres Hauses zusätzlich zu den Kreditraten für Ihr Haus auch noch Miete zahlen. Noch weitere 18 oder gar 30 Monate Doppelbelastung können Sie sich auf keinen Fall leisten. Ein Berufungsverfahren, also eine zweite Instanz, können Sie erst recht nicht risikieren. Und jetzt? Wenn sie nicht doch noch eine Möglichkeit finden, an mehr Geld zu kommen, ist das Ergebnis wahrscheinlich: Privatinsolvenz.

Ähnlich dramatisch können die Folgen sein, wenn Sie auf die Entscheidung eines Sozialgerichts warten, weil zum Beispiel das Jobcenter Ihren Antrag auf Bürgergeld fälschlicherweise abgelehnt hat. Bis zur Entscheidung des Sozialgerichts dauert es auch oft ein Jahr, mindestens aber ein halbes. Wovon sollen Sie so lange leben, ihre Miete zahlen? Sie können nur hoffen, daß das Zivilgericht für die Räumungsklage ihres Vermieters länger braucht als das Sozialgericht, um Ihnen endlich das Ihnen zustehende Bürgergeld zu bewilligen. Die Chancen dafür stehen gar nicht so schlecht. Dann aber entscheidet das Sozialgericht gegen Sie. Schließlich sind Sie in den Monaten bis zur Entscheidung des Gerichts ja irgendwie über die Runden gekommen, müssen also offensichtlich bei Ihrem Antrag auf Bürgergeld Einkommen oder Vermögen verschwiegen haben (so schon geschehen!). Weitere Belege dafür haben weder Gericht noch Jobcenter, weil Sie ja auch nichts verschwiegen haben, aber bis zur Entscheidung des Landessozialgerichts als Berufungsinstanz hat das Amtsgericht wahrscheinlich schon über die Räumungsklage Ihres Vermieters entschieden, und Sie sind möglicherweise schon obdachlos, wenn Sie vor dem Landessozialgericht hoffentlich endlich Recht bekommen. Und wenn nicht, können Sie ja von ihrem neuen Schlafplatz unter der Brücke auch noch Revision vor dem Bundessozialgericht einlegen.

Oder Sie liegen mit einer schweren, vor allem aber seltenen Erkrankung im Krankenhaus. Es geht ihnen immer schlechter. Anerkannte Therapien für Ihre Krankheit gibt es nicht. Ihre Ärzte haben eine Idee, wie man Ihren Zustand verbessern könnte, aber die Krankenkasse lehnt die Kostenübernahme ab, weil die mögliche Therapie eben nicht anerkannt ist. Sie selbst haben nicht genug Geld, die Behandlung selbst zu bezahlen. Sollen Sie jetzt vom Krankenhausbett, aus dem Sie ohnehin nur noch mit viel Mühe herauskommen, vor dem Sozialgericht klagen, bzw. erst einmal einen Anwalt finden, der das für Sie übernehmen kann? Da Ihre Krankheit selten ist, wird das Verfahren vor dem Sozialgericht mindestens ein Jahr dauern, da auf jeden Fall ein Sachverständigengutachten erforderlich sein wird, denn die Sozialrichter verstehen nichts von Medizin, und erst recht nichts von seltenen Krankheiten. Ihre Ärzte geben Ihnen aber kein Jahr mehr ohne die Behandlung ...

Vor den Verwaltungsgerichten geht es meist um weniger dramatische Fälle, aber auch hier kann es um Leben und Tod gehen, vor allem dann, wenn es um die Abschiebung eines Migranten geht. 16.430 Menschen wurden 2023 aus Deutschland abgeschoben. Davon waren knapp 3.000 noch minderjährig. Über 1.200 Menschen wurden nach Afghanistan abgeschoben, über 800 nach Syrien, in dem damals noch immer Bürgerkrieg herrschte. Wie hoch der Anteil derer ist, die sich vor der Abschiebung in Deutschland strafbar gemacht haben, ist nicht genau bekannt, da nicht alle Bundesländer hierzu Daten erheben. Aus den bekannten Zahlen läßt sich aber schließen, daß der Anteil der Straftäter auf jeden Fall unter einem Viertel liegt, möglicherweise unter einem Fünftel. Das heißt, von denen, die abgeschoben wurden, haben sich mindestens 12.000 gar nichts in Deutschland zu schulden kommen lassen. Wie schon erwähnt, werden vor allem aus Bayern und Baden-Württemberg nicht wenige abgeschoben, die hier einen regulären Job haben oder sich in einer Ausbildung befinden. Auch von den bereits erwähnten Seehofers 69 waren nur 19 in Deutschland straffällig geworden, 50 dagegen völlig unbescholten. Nun gibt es vor den Verwaltungsgerichten in Verfahren betreffend das Aufenthaltsgesetz, wie das ehemalige Ausländergesetz seit 2005 heißt, eine Besonderheit: Klagen gegen Entscheidungen der Ausländerbehörden haben meist keine aufschiebende Wirkung. Die Erhebung der Klage hält dann die Umsetzung der Entscheidung der Ausländerbehörde nicht auf. Insbesondere wenn die Ausländerbehörde Ihre zwangsweise Abschiebung anordnet, ist das der Fall. Sie können dann zwar noch vor dem Verwaltungsgericht gegen ihre Abschiebung klagen, werden dann aber ziemlich sicher vor der Entscheidung über diese Klage abgeschoben. Wenn das Verwaltungsgericht dann ein bis zwei Jahre später entscheidet, daß ihre Abschiebung rechtswidrig war, sind sie vielleicht inzwischen schon in Afghanistan von den Taliban getötet worden. Aber Sie haben immerhin noch postum von einem deutschen Gericht Ihr Recht bekommen.

Nicht unbedingt lebensgefährlich, dafür aber mit ähnlichen wirtschaftlichen Risiken, wie die Verfahrensdauer in Bausachen vor den Zivilgerichten, ist es verbunden, wenn Sie gegen eine Behörde klagen müssen, die Ihnen zum Beispiel die Genehmigung für Ihr neues Haus verweigert. Zu diesem Zeitpunkt haben Sie das Grundstück dafür ja schon gekauft, denn sonst hätten Sie das Geld für die Planung noch gar nicht ausgegeben. Auch diesmal gibt es zwar etwas Puffer in ihrem Finanzierungsplan, aber definitiv nicht genug, um sich einen langjährigen Rechtstreit um die Baugenehmigung leisten zu können. Sie müßten schon in der ersten Instanz vor dem Verwaltungsgericht mit einer Verfahrensdauer von mindestens zwei Jahren rechnen, eventuell auch mehr. Vor allem aber legen die Behörden fast immer Rechtsmittel, also Berufung oder Beschwerde ein, wenn sie in der ersten Instanz vor dem Verwaltungsgericht verlieren, so daß es in der Regel danach noch einmal zwei weitere Jahre vor dem Oberverwaltungsgericht weiter geht, im ungünstigsten Fall dann noch einmal ein bis zwei Jahre vor dem Bundesverwaltungsgericht. Anders als bei Ärger mit einem Bauunternehmer können Sie auch nicht einfach zu einer anderen Behörde gehen. Selbst wenn Sie genug Ausdauer für einen solch langen Rechtsstreit haben, wird dieselbe Behörde, die Ihnen die Genehmigung rechtswidrig verweigert hat, auch die Bauarbeiten beaufsichtigen und kann Ihnen dabei weiteren Ärger bereiten, zum Beispiel die Bauausführung beanstanden und ihnen die Baustelle stillegen. Dagegen können Sie natürlich wieder klagen ...

Der sogenannte „Instanzenzug", also die Möglichkeit, gegen die Entscheidung eines erst- oder zweitinstanzlichen Gerichts Rechtsmittel einzulegen, verlängert gerichtliche Verfahren bis zu einer endgültigen Entscheidung signifikant. In allen Zweigen unserer Gerichtsbarkeiten kann es durch Rechtsmittel fünf, sechs, sieben Jahre dauern. Auch über zehn Jahre ist nicht völlig ungewöhnlich. Noch länger kann es dauern, wenn das jeweils höchste Gericht, also zum Beispiel der Bundesgerichtshof oder das Bundesverwaltungsgericht das Verfahren zurückverweist. Wie schon geschrieben, erheben diese Gerichte selbst keine Beweise, sondern entscheiden nur über Rechtsfragen. Sind nach deren Ansicht in den Vorinstanzen zu wenig oder die falschen Beweise erhoben worden, verweisen sie den Rechtstreit zurück, meist an das Berufungsgericht, das dann erneut verhandeln und entscheiden muß. Gegen diese Entscheidung kann dann natürlich erneut Revision beim höchsten Gericht des jeweiligen Gerichtszugs eingelegt werden, die dann im ungünstigsten Fall wieder mit einer Zurückverweisung und einer weiteren, dann dritten Verhandlung vor dem Berufungsgericht enden kann. Theoretisch können die Gerichte dieses Ping-Pong-Spiel unendlich lange betreiben. Zwei Zurückverweisung des BGH in derselben Streitsache sind jedenfalls dokumentiert. Das bedeutet dann ein Verfahren vor dem Landgericht, drei Verfahren vor dem Oberlandesgericht und zwei vor dem BGH, immer in demselben Rechtstreit. So kann es leicht zu einer Gesamtdauer eines Gerichtsverfahren von deutlich mehr als zehn Jahren kommen.

Noch länger kann es dauern, wenn Europarecht eine Rolle spielt. Geht es in einem Rechtstreit um eine Frage des Europarechts, die vom EuGH noch nicht abschließend entschieden wurde, müssen die nationalen Gerichte, mindestens das jeweils letztinstanzliche dem EuGH die maßgebliche Rechtsfrage zur Entscheidung vorlegen. Wenn Sie in einem solchen Rechtstreit das Verfahren über zum Beispiel sechs Jahre bis zum BGH getrieben haben, legt der dann die Sache dem EuGH vor, der sich gerne schonmal zwei bis drei Jahre mit so einer Entscheidung Zeit läßt. Dies betrifft dann aber nur die Auslegung des europäischen Rechts. Entscheidungen in der Sache trifft der EuGH dabei nicht, sondern der Rechtstreit geht nach der EuGH-Entscheidung vor dem nationalen Gericht weiter, in Ihrem Beispiel also vor dem BGH, der dann unter Berücksichtigung der Entscheidung des EuGH meist wieder an das Berufungsgericht zurückverweist. Auch so kann es zu einer Gesamtverfahrensdauer von über zehn Jahren führen.

Und damit ist das Ende ja noch nicht erreicht. Gibt es vor den normalen Gerichten eine rechtskräftige, also abschließende Entscheidung, mit der Sie nicht zufrieden sind, können Sie sich unter bestimmten Voraussetzungen mit Ihrem Anliegen an das Bundesverfassungsgericht wenden und dort Verfassungsbeschwerde einlegen. Bis zur Entscheidung darüber können je nachdem bis zu zehn Jahre vergehen. Gibt auch das Bundesverfassungsgericht Ihnen nicht Recht, bleibt dann noch der Weg zum EGMR. Auch der braucht in der Regel wieder mehrere Jahre, im Durchschnitt werden drei bis sechs angegeben. Weder beim Bundesverfassungsgericht, noch beim EGMR ist aber Schluß. Bekommen sie von einem der beiden schließlich doch Recht, wobei sie zum EGMR nur dann kommen, wenn Sie vor dem höchsten deutschen Gericht verloren haben, geht es wieder vor den Fachgerichten weiter, hier also in der Regel beim Berufungsgericht. So können Sie Ihr halbes Leben mit einem einzigen Rechtstreit verbringen.

Das mag für die jeweils beteiligten Juristen an solchen Verfahren aus akademischen und für die Anwälte möglicherweise auch aus finanziellen Gründen interessant sein. Für die Parteien des Verfahrens, also Sie in dem Beispiel, dürfte das Ergebnis am Ende eines derart langen Verfahrens kaum noch, wenn überhaupt, von Interesse sein. Wenn Sie nicht all Ihre Energie und Aufmerksamkeit diesem Verfahren gewidmet, sondern Ihr Leben weitergelebt haben, sollte das Ende eines 20 oder 30 Jahre dauernden Rechtstreits Sie nicht mehr wirklich berühren. Falls doch, haben Sie letztlich Ihr Leben der Justiz geopfert.

Nur der Vollständigkeit halber sei noch ein weiterer verfahrensverlängernder Faktor erwähnt: Der Richterwechsel. Dauert ein Verfahren länger, stehen die Chancen relativ gut, daß es nicht von dem Richter beendet wird, vor dem es begonnen hat. Bei einem Verfahren vor dem Landgericht, das zum Beispiel drei Jahre dauert, kann es gut sein, daß es von drei verschiedenen Richtern bearbeitet wird. Es können aber auch fünf verschiedene sein. Jeder dieser Richter muß sich neu in das Verfahren einarbeiten. Bei einem komplexen Verfahren kann das viel Zeit in Anspruch nehmen. Vor allem ist es aber hochgradig ineffizient.

c) Und wieder Zuständigkeit

Die vielen verschiedenen Gerichte können effektiven Rechtschutz ebenfalls erschweren oder gar verhindern, zum einen, wenn unklar ist, welches Gericht nun für einen Rechtstreit zuständig ist, zum anderen, wenn ein Rechtstreit so komplex ist, daß mehrere Gerichte nacheinander oder parallel damit befaßt werden müssen.

So ist, wie bereits erwähnt, die Abgrenzung der Zuständigkeiten zwischen Sozial- und Verwaltungsgerichten nicht immer sofort klar. Klagen Sie vor dem falschen Gericht, sind die Fristen für eine Klage vor dem richtigen Gericht in der Regel abgelaufen, wenn der Fehler auffällt. Auch zwischen Zivil- und

Arbeitsgerichten sind die Zuständigkeiten nicht selten unklar. Hier gibt es zwar nicht immer Klagefristen, aber dauert ein Verfahren länger, und wird erst gegen dessen Ende festgestellt, daß eigentlich ein anderes Gericht zuständig ist, können Ihre Ansprüche inzwischen verjährt sein, denn die Klage vor dem falschen Gericht hält die Verjährung nicht auf.

Aber auch zwischen Zivil- und Verwaltungsgerichten kann es Zuständigkeitsprobleme geben. So müssen Schadenersatzansprüche gegen den Staat grundsätzlich vor den Zivilgerichten geltend gemacht werden, manche Ansprüche aufgrund rechtswidrigen Handelns des Staates aber vor den Verwaltungsgerichten. Je nach Fallkonstellation müssen Sie auch vor beiden Gerichtsbarkeiten parallel klagen, oder Sie müssen zunächst einmal vor den Verwaltungsgerichten klären lassen, ob das Handeln des Staates Ihnen gegenüber denn überhaupt rechtswidrig war. Erst wenn das abschließend, also rechtskräftig festgestellt ist, können Sie dann vor den Zivilgerichten einen möglichen Schaden einklagen. Wie lange das dann insgesamt dauern kann, können Sie sich anhand der obigen Ausführungen zur Verfahrensdauer selbst überlegen.

4. Bindend?

Gerichtsentscheidungen sind bindend, wenn sie denn einmal rechtskräftig, also abschließend sind. Das gilt in erster Linie für die Parteien des Rechtstreits, bei Entscheidungen der jeweils höchsten Gerichte aber auch für die unteren Gerichte. Das heißt aber nicht zwingend, daß diese das auch beachten. So gab es zum Beispiel in dem Sorgerechtsstreit Görgülü mehrere Entscheidungen des Bundesverfassungsgerichts, die – eigentlich – die gleiche Geltung wie ein Gesetz haben und damit von allen Gerichten und staatlichen Institutionen beachtet werden müssen, aber dennoch vom Oberlandesgericht Naumburg mißachtet wurden, das sich trotz entsprechender Entscheidungen des Bundesverfassungsgerichts beharrlich weigerte, Herrn Görgülü das Sorgerecht für sein Kind zu übertragen. Schließlich verweiß das Bundesverfassungsgericht den Rechtstreit dann nicht mehr an das Oberlandesgericht zurück, sondern entschied selbst zugunsten des Vaters, um diesem Ping-Pong-Spiel zu Lasten der Familie ein Ende zu setzen. Hintergrund war, daß die Kindesmutter das Kind nicht wollte und ohne Zustimmung des Vaters zur Adoption freigegeben hatte, so daß es zunächst zu einer Pflegefamilie kam. Diese wollte das Kind adoptieren, wogegen sich der Vater vor Gericht zur Wehr setzte, allerdings zunächst nur in der ersten Instanz erfolgreich. Diese Entscheidung wurde dann aber vom Oberlandesgericht Naumburg aufgehoben und dem Vater nicht nur das Sorgerecht sondern auch der Umgang mit dem Kind verweigert. Auch das Bundesverfassungsgericht gab ihm zunächst nicht recht. Dies tat erst der EGMR, was das Oberlandesgericht aber wenig beeindruckte, wodurch es zu dem oben erwähnten hin und her zwischen diesem und dem höchsten deutschen Gericht kam. Es dauerte über acht Jahre, bis der Sohn 2008 endlich bei seinem Vater leben durfte. Trotz Anzeige wegen Rechtsbeugung blieben diese offensichtlich rechtswidrigen und anmaßenden Entscheidungen der Naumburger Richter für diese völlig folgenlos. Es blieb nicht der einzige Sorgerechtsstreit vor dem Oberlandesgericht Naumburg, in welchen das Bundesverfassungsgericht eingreifen mußte.

Besonders wenig um die Grenzen, die ein Rechtstaat der Macht des Staates eigentlich setzen sollte, schert sich der Ministerpräsident von Bayern, Markus Söder, und bleibt damit der Linie der meisten seiner Vorgänger treu.

In Bayern scheint ein besonderer religiöser Eifer zu herrschen, denn der dortigen Staatregierung ist es schon seit langem wichtig, daß das Kruzifix als Symbol des christlichen Glaubens im öffentlichen Raum, insbesondere in öffentlichen Gebäuden, überdeutlich sichtbar angebracht ist. Je mehr Kreuze, desto besser, wie die Staatsregierung mitteilte. Nach zehnjährigem Rechtstreit hatten mehrere Eltern und Schüler 1995 vor dem Bundesverfassungsgericht Recht bekommen, daß die Anbringung von Kreuzen in öffentlichen Schulen verfassungswidrig sei, weil sie gegen die Religionsfreiheit und das Neutralitätsgebot, das für den Staat hinsichtlich der Religionen und Weltanschauungen gilt, verstoße. Die entsprechende Regelung in der Bayerischen Schulordnung wurde für nichtig erklärt. Praktische Auswirkungen hatte das Urteil des Bundesverfassungsgerichts allerdings schon damals nicht. Nur ganz wenige Kreuze sind daraufhin aus den Schulen verschwunden. Der größte Teil blieb einfach hängen. Als eine ihrer ersten Amtshandlungen verabschiedete die bayerische Landesregierung unter Markus Söder 2018 den sogenannten Kreuzerlaß. Dieser schrieb vor, daß im Eingangsbereich aller bayerischen Behörden und damit auch aller Schulen „gut sichtbar ein Kreuz anzubringen" ist. Das Kreuz sei ein „Ausdruck der geschichtlichen und kulturellen Prägung Bayerns". Dabei gehören selbst in Bayern weniger als 60% der Bevölkerung einer christlichen Religion an, bundesweit inzwischen weniger als die Hälfte. Dieser Erlaß kann durchaus als offener Affront gegen das Bundesverfassungsgerichts gesehen werden, welches wahrscheinlich noch Gelegenheit haben wird, darüber zu entscheiden, ob er verfassungskonform ist. Vor allem aber ist der Erlaß ein Schlag ins Gesicht all derjenigen, die keine Christen sind. Ihnen wird damit signalisiert: „Ihr gehört nicht zu Bayern!"

Auch in einem anderen Fall hat Söder offen Gerichtsentscheidungen gegen den Freistaat Bayern mißachtet. Darin ging es um Regeln zur Reinhaltung der Luft in Städten. Der Freistaat war dazu verurteilt worden, weitere Maßnahmen zur Verbesserung der Luftqualität in einigen Städten zu ergreifen, weil dort die geltenden Grenzwerte regelmäßig überschritten wurden. Im Endeffekt hätte das Fahrverbote für alte Diesel-PKW bedeutet. Allerdings weigerte sich die Bayerische Staatsregierung zunächst unter Horst Seehofer, dann unter Markus Söder, die Entscheidung umzusetzen, so daß der Bayerische Verwaltungsgerichtshof schließlich dem EuGH die Frage vorlegte, ob gegen ein

Regierungsmitglied in einem solchen Fall Erzwingungshaft angeordnet werden könnte. Diejenigen, die Söder schon im Gefängnis sahen, wurden allerdings enttäuscht. Dieser offene Rechtsbruch der Bayerischen Staatsregierung blieb bisher völlig folgenlos. Die damit an die Bürger gesandte Botschaft ist fatal: Wenn schon die Regierenden sich nicht an das Recht halten, warum sollen sie das dann tun? Ironischerweise gehen Polizei und Strafverfolgungsbehörden gerade in Bayern gegen Rechtsverstöße der einfachen Bürger besonders hart vor. Nur für die Staatsregierung selbst gilt das Recht nicht, wenn es ihr nicht paßt. Zustände wie im Mittelalter.

5. Das höchste Gericht

Das Bundesverfassungsgericht genießt nicht nur in Deutschland, sondern auch in anderen Ländern ein hohes Ansehen. Bei genauer Betrachtung scheint das nicht wirklich berechtigt. Das Gericht schützt die Bürger kaum bis gar nicht vor Übergriffen des Staates, auch wenn es vor allem unter Andreas Voßkuhle als Präsident immer sehr viel öffentliche Aufmerksamkeit für seine vermeintlich die Verfassung schützenden Entscheidungen gesucht und gefunden hat.

a) Wieder einmal: Die Richter

Daß das Bundesverfassungsgericht sehr staatstragend ist, also von ganz wenigen Fällen abgesehen fast immer auf Seiten des Staates und seiner Repräsentanten steht, liegt zu einem nicht unerheblichen Teil daran, wie die Richter dort ausgewählt und ernannt werden. Dies geschieht nämlich streng nach Parteiproporz, wobei sich für die Zukunft noch zeigen muß, ob sich der bisherige Proporz aufrechterhalten läßt. Bisher haben Union und SPD die Besetzung der Richterposten am höchsten deutschen Gericht weitgehend unter sich ausgemacht, wobei sie in den ersten Jahrzehnten der Bundesrepublik gelegentlich der FDP gestatteten, einen neuen Verfassungsrichter zu benennen. Seit 2002 dürfen die Grünen dabei auch mitspielen. Vorgeschla-

gen werden meist Richter von anderen Gerichten, Juraprofesso-
ren, gelegentlich auch hohe Verwaltungsbeamte. Zweimal wurden bisher ehemaligen Ministerpräsidenten an das Gericht berufen. Fast kein Verfassungsrichter hat berufliche Erfahrungen
außerhalb des öffentlichen Dienstes. Von den 16 Verfassungs-
richtern Ende 2024 haben nur zwei Erfahrungen als Rechtsanwalt, darunter der Präsident des Gerichts Stephan Harbarth.
Aber auch diese beiden sind vor ihrer Berufung an das höchste
deutsche Gericht dem Staat nicht in die Quere gekommen. Ruth
Bader Ginsburg wurde 1993 als Richterin an den US-Supreme-
Court, dem obersten Gerichtshof der USA, berufen. Zuvor hatte
sie ihr Leben zu einem großen Teil damit verbracht, Menschen
in Verfahren gegen den Staat zu beraten und zu vertreten, und
so nicht unerheblich zum Abbau von Diskriminierungen unter-
schiedlichster Art beigetragen. Eine solch beeindruckende,
staatskritische Persönlichkeit hätte in Deutschland nicht die
geringste Chance, Verfassungsrichterin zu werden. Der US-
Senat hatte ihre Berufung 1993 mit 96 gegen drei Stimmen bestä-
tigt. Sie war, soweit bekannt, die bisher einzige Richterin an
diesem Gericht, die einen Fanclub hatte. Fast alle Richter am US-
Supreme-Court haben zumindest ein paar Jahre ihres Berufs-
lebens in einer Anwaltskanzlei oder einem Privatunternehmen
verbracht.

Die aus der Art der Auswahl der Richter resultierende Staats-
treue des Bundesverfassungsgerichts zeigt sich besonders
deutlich in der niedrigen Erfolgsquote von Verfassungsbeschwerden. Dabei ist zwar auch zu berücksichtigen, daß ein
nicht unerheblicher Teil dieser Beschwerden schlicht unsinnig
ist, aber ein deutlich staatskritischeres Gericht käme mit Sicherheit zu einer höheren Erfolgsquote dieser Beschwerden als
knapp über ein Prozent. Dies entsprach 2023 ganzen 55 erfolgreichen Verfassungsbeschwerden von insgesamt 4.735, über die
das Gericht in dem Jahr entschieden hat.

b) Maximal schwach ausreichend

Grundrechte sind für Jurastudenten je nach Universität Lehrstoff im ersten oder zweiten Semester. Die Prüfung der Erfolgsaussichten einer Verfassungsbeschwerde ist eine sehr typische Prüfungsaufgabe im öffentlichen Recht, sowohl im Studium, als auch später im Examen. Dabei muß zuerst geprüft werden, welche Grundrechte für den Fall relevant sein könnten und inwiefern in diese eingegriffen wurde. Dann muß anhand eines dreistufigen Schemas geprüft werden, ob der oder die Eingriffe verfassungsrechtlich gerechtfertigt sind. Auf der ersten Stufe muß der Eingriff geeignet sein, um das damit angestrebte Ziel, meist eine Verbesserung der Sicherheit für die Bürger, zu erreichen. Ist er das, muß er auch dafür erforderlich sein. Es darf also kein Mittel geben, daß weniger in die Grundrechte eingreift, aber trotzdem das angestrebte Ziel erreicht. Nur wenn auch das der Fall ist, wird auf der dritten Stufe der Prüfung abgewogen, ob die Schwere des Eingriffs im Hinblick auf das angestrebte Ziel zu rechtfertigen ist, was im Grunde eine Abwägungsentscheidung ist. Ein typischer Fehler bei solchen Aufgaben ist, daß Studenten die Prüfung der Geeignetheit und Erforderlichkeit überspringen und direkt zu dritten Stufe, der sogenannten Verhältnismäßigkeitsprüfung im engeren Sinne, springen. Eine solche Klausur wird dann in der Regel nur noch mit maximal schwach ausreichend bewertet.

Das Bundesverfassungsgericht macht aber genau das. Ausführungen dazu, ob ein Grundrechtseingriff überhaupt geeignet und erforderlich für die Erreichung eines bestimmten Ziels ist, finden sich in den Entscheidungen des Gerichts so gut wie nie. Das Gericht springt fast immer direkt zur dritten Stufe der Prüfung. Dabei würden viele staatliche Maßnahmen bei ernsthafter Prüfung schon an der Geeignetheit scheitern. So kann, wie bereits erläutert, anlaßlose Massenüberwachung die Sicherheit der Menschen nie verbessern, sondern immer nur verschlechtern, weil sie massenhaft Daten produziert, in denen die relevanten kaum noch zu finden sind. Auch an der Frage, ob bestimmte Grundrechtseingriffe erforderlich sind, würden bei ernsthafter Prüfung viele staatliche Maßnahmen scheitern. Nicht selten sind Alternativen zwar aufwendiger, aber meist nicht in einem Maß, das massive Grundrechtseingriffe rechtfertigen würden, denn der Eingriff erleichtert den Behörden dann zwar etwas die Arbeit, verbessert die Erreichung des angestrebten Ziels an sich aber nicht wirklich.

Während die ersten beiden Stufen dieser Prüfung bei ehrlicher Analyse der entsprechenden Fälle häufig klare Ergebnisse liefern würden, führt die Abwägung der widerstreitenden Rechtsgüter auf der dritten Stufe nur selten zu zwingenden Lösungen. Vielmehr besteht hier reichlich Spielraum, die Entscheidung in die ein oder andere Richtung zu lenken. Damit basieren die meisten Entscheidungen des Bundesverfassungsgerichts aber nicht auf rechtlichen Erwägungen, sondern auf persönlichen Einstellungen und Ansichten der entscheidenden Richter, sind also letztlich politisch.

c) Politik

Besonders deutlich wird das in den beiden Entscheidungen des Gerichts zur Strafbarkeit des Schwangerschaftsabbruchs, in denen es das Lebensrecht des ungeborenen Kindes absolut und grundsätzlich über das Recht der Mutter auf freie Entscheidung über ihr Leben setzte. In Kanada ist es um die Rechtstaatlichkeit sicher nicht schlechter bestellt als in Deutschland, und dennoch verzichtet das Land völlig auf die Bestrafung von Schwangerschaftsabbrüchen. Zu behaupten, eine bestimmte Entscheidung ergebe sich zwingend aus dem Grundgesetz, ist schlicht Unsinn.

Das gilt auch für viele andere Entscheidungen des Gerichts. Gerade in Bezug auf die zahlreichen Sicherheitsgesetze, mit denen sich das Bundesverfassungsgericht in den letzten Jahrzehnten befassen mußte, legte es oft dar, daß diese zu tief in die Grundrechte eingriffen, verwarf aber entsprechende Befugnisse nur im Fall der Vorratsdatenspeicherung vollständig. In allen anderen diesbezüglichen Entscheidungen ließ das Gericht alle Eingriffe in die Grundrechte dem Grunde nach durchgehen und stellte lediglich bei einigen Beschränkungen hinsichtlich der Voraussetzungen und des Umfangs der Anwendung auf. Das ist letztlich inkonsequent, vor allem aber naiv, denn wenn den Sicherheitsbehörden ein bestimmtes Instrument zum Beispiel zur Überwachung erst einmal grundsätzlich zur Verfügung steht, läßt sich dessen rechtmäßige Anwendung im Alltag kaum bis gar nicht kontrollieren. So können zum Beispiel mit der „Pegasus-Software" alle Aktivitäten auf einem Mobiltelefon einschließlich sämtlicher Kommunikation, die darüber geführt wird, aber auch alle anderen Aktivitäten, Daten, Bilder überwacht und ausspioniert werden. Daß die Sicherheitsbehörden sich bei deren Anwendung an die vom Bundesverfassungsgericht hierfür aufgestellten Beschränkungen, die nur die Nutzung eines geringen Teils der Möglichkeiten der Software gestatten würde, halten werden, ist sehr unwahrscheinlich. Das Gericht suggeriert durch solche Entscheidungen einen vermeintlichen Schutz der Grundrechte, der für die Bürger faktisch wertlos ist.

Rein politisch war auch die Entscheidung des Gerichts zur Geldpolitik der Europäischen Zentralbank (EZB), vor allem zu deren Programm zum Kauf von Staatsanleihen der Euroländer. Dieses wurde zuvor vom EuGH als mit dem europäischen Recht in Einklang stehend beurteilt, und für die Geldpolitik der EZB ist allein europäischen Recht maßgeblich, das der Überprüfung durch das Bundesverfassungsgericht entzogen ist. Die entsprechenden Befugnisse hat Deutschland gemäß Art. 23 Abs. 1 Satz 2 GG an die Europäische Union übertragen. Letztlich blieb die Entscheidung aber ohne jede Konsequenz.

Die letzte Entscheidung, bei der besonders deutlich wurde, daß es nicht um Recht, sondern um Politik ging, war diejenige, mit der das Gericht 2023 verhindert hat, daß die Bundesregierung für den Bundeshaushalt eingeplante Kredite, die ursprünglich für die Folgen der Corona-Epidemie eingeplant waren, dafür aber nicht benötigt wurden, anderweitig verwenden durfte. Faktisch hat das Gericht damit die Ampelregierung gestürzt, die mit diesem Geld die Konflikte innerhalb der Regierung lösen wollte, nach der Entscheidung zu einer anderen Lösung derselben aber nicht mehr in der Lage war. Nun enthält das Grundgesetz nach Einführung der sogenannten Schuldenbremse formal strengere Regeln zur Schuldenaufnahme als zuvor, um zu verhindern, daß der Staat zu viele Schulden macht, was grundsätzlich sinnvoll scheint. Faktisch hat diese Regelung aber nur die Anforderungen an die Kreativität der Regierungen zur Begründung der Schuldenaufnahme erhöht. Und die Beurteilung dieser Kreativität ist ganz sicher keine Rechtsfrage, sondern eine rein politische.

d) Zeit

Wie bei allen anderen Gerichten ist auch beim Bundesverfassungsgericht Zeit ein entscheidender Faktor, und die Dauer der Verfahren vor dem Gericht stellen deren Sinn an sich in Frage.

Als erstes Beispiel sei der sogenannte „große Lauschangriff" erwähnt, für den die Regierung Kohl mit Unterstützung der SPD 1998 das Grundgesetz ändern ließ. Dieser sah weitreichende Befugnisse der Sicherheitsbehörden zur Bekämpfung der organisierten Kriminalität vor, insbesondere das Abhören von Wohnungen. Über die hiergegen erhobenen Verfassungsbeschwerden entschied das Gericht erst 2004 und schränkte die Befugnisse der Sicherheitsbehörden wieder deutlich ein, allerdings nicht, indem es das Abhören von Wohnungen wieder untersagte, sondern nur die Voraussetzungen dafür verschärfte. Sechs Jahre lang konnten die Sicherheitsbehörden aber die neuen Befugnisse völlig uneingeschränkt nutzen.

Noch gravierender war der Zeitfaktor bei der bereits im Grundrechtskapitel erwähnten sogenannten Online-Durchsuchung, auch unter dem Stichwort „Bundestrojaner" bekannt geworden.

Dabei installieren Polizei und Geheimdienste Spionagesoftware auf privaten Computern. Zuerst führte Nordrhein-Westfalen 2006 entsprechende Befugnisse für seinen Verfassungsschutz ein. Hier brauchte das Gericht nur zwei Jahre, dies für verfassungswidrig zu erklären. In Ignoranz dieser Entscheidung führte der Bundesgesetzgeber dann aber noch weitergehende Befugnisse dieser Art für das Bundeskriminalamt ein. Um darüber zu entscheiden, brauchte das Gericht dann ganze acht Jahre, in denen das BKA weitgehend ungehindert private Computer ausspionieren konnte, bevor die Richter in Karlsruhe dem 2016 deutlich engere Grenzen setzten, als vom Gesetzgeber ursprünglich vorgesehen. Und der Chaos-Computer-Club hatte schon 2011 herausgefunden und öffentlich gemacht, daß die Staatstrojaner, also die von den Behörden eingesetzte Spionagesoftware, private Computer viel umfassender ausspionieren kann, als in den schließlich für verfassungswidrig erklärten Vorschriften ohnehin schon vorgesehen war. Die 2017 in die Strafprozeßordnung aufgenommen Befugnisse zur Online-Durchsuchung ließ das Verfassungsgericht dann unbeanstandet, benötigte aber auch für diese Entscheidung sechs Jahre.

Auch für die bereits erwähnte Entscheidung zur bundesweiten Rasterfahndung nach den Anschlägen am 11. September 2001 in den USA brauchte das Gericht fünf Jahre. Geholfen wurde den Betroffenen dadurch faktisch nicht mehr, da der Schaden dadurch bei den meisten schon entstanden war und allenfalls noch finanziell ausgeglichen werden konnte, was, soweit bekannt, nicht geschehen ist. Der Fall ist aber ein gutes Beispiel für den Mißbrauch bestehender Befugnisse der Sicherheitsbehörden und das Fehlen effektiven Rechtschutzes hiergegen.

e) Highlights und Ignoranz

Ohne Zweifel gibt es unter den Entscheidungen des Bundesverfassungsgerichts herausragende Höhepunkte. Herauszuheben sind das Volkszählungsurteil von 1983 und der Brokdorf-Beschluß von 1985. Beide Entscheidungen schienen die Rechte der

Bürger auf Privatsphäre, bzw. die Versammlungsfreiheit massiv zu stärken. Auch der zweite Beschluß des Gerichts zu Sitzblockaden von 1995 schien das Recht auf friedlichen Protest zu entkriminalisieren, aber in allen drei Fällen scheint es sich um Betriebsunfälle gehandelt zu haben, denn in allen ließ das Gericht im Anschluß zu, daß die vermeintlich geschützten Rechte vom Staat dann doch wieder weitgehend eingeschränkt wurden, ohne daß sich das Gericht dem erneut nennenswert entgegengestellt hätte. Wie am Anfang des Buchs beschrieben, unterliegen sowohl das mit dem Volkszählungsurteil geschaffene Recht auf informationelle Selbstbestimmung, als auch das Versammlungsrecht inzwischen sehr weitgehenden Einschränkungen. Vor allem beim Versammlungsrecht werden diese massiv dazu mißbraucht, rechtmäßigen friedlichen Protest zu erschweren oder ganz zu unterbinden. Das Verfassungsgericht ist davon aber unbeeindruckt und läßt dem Staat diesbezüglich fast völlig freie Hand, ein merkwürdiges Verständnis vom Schutz der Verfassung.

VI. Recht still

Das Jahr 2020 wird noch lange in Erinnerung bleiben als das Jahr, in dem die Welt stillstand. Eine globale Ausnahmesituation. Zunächst schien die Politik schnell, aber besonnen darauf zu reagieren. Das Virus war neu. Niemand wußte, was es anrichten würde und wie gefährlich es war. Die Bilder aus Bergamo und New York City in den ersten Wochen zeigten, daß es jedenfalls nicht harmlos ist. Der Rechtstaat wurde weitgehend abgeschafft. Dahinter stand zwar keine böse Verschwörung der Regierungen in Bund und Ländern, wie viele Querdenker, die sich damals noch nicht so nannten, und Verschörungstheoretiker behaupteten, aber für viele Menschen waren die Auswirkungen gravierend. Wie ein Brennglas warf die Pandemie Schlaglichter auf zahlreiche Mißstände in unserem Staatswesen.

1. Eingesperrt

Die meisten Bundesländer verhängten weitgehende Ausgangssperren und Begegnungsverbote. Vielerorts waren Aufenthalte im Freien nur noch aus besonderen Gründen zulässig. Besonders streng waren – wenig überraschend – die Regeln in Bayern. Dort durften allein lebende Singles offiziell über Monate keinen Kontakt zu anderen Menschen haben, der nicht beruflich oder zum Einkaufen war. Sie durften also weder Freunde, noch Familienangehörige treffen und damit keine physischen sozialen Kontakte haben. Fast alle Schulen und Universitäten wurden geschlossen, Gastronomie sowieso, ebenso fast alle Geschäfte außer solche für den täglichen Bedarf. Auch Reisen waren faktisch fast vollständig untersagt.

Dann kam der Sommer. Die Infektionszahlen gingen zurück. Die Beschränkungen wurden etwas gelockert, aber es war klar, daß das Problem nicht verschwunden war und sich im Herbst wieder verschärfen würde. Es wäre aber genug Zeit gewesen, Konzepte zu entwickeln, wie mit der Situation umgegangen werden könnte, ohne erneut einen weitgehenden Stillstand zu verfügen. Und was tat die Regierung in den Sommermonaten? Nichts. Gar nichts. Und im Herbst wurden erneut weitgehende Beschränkungen verfügt. Umfangreiche Testkonzepte, die schon 2020 hätten etabliert und zur relativen Normalisierung hätten beitragen können, gab es erst 2021, kurz bevor Impfungen für alle zur Verfügung standen.

Damit nicht genug wurden die detaillierten und komplexen Regelungen dazu, was gerade gestattet war unter welchen Voraussetzungen und was nicht, über Monate alle zwei Wochen geändert, manchmal nur in Details, manchmal aber auch sehr weitreichend. Es war gar nicht einfach, den Überblick darüber zu behalten, welche Regeln jeweils gerade aktuell waren. Hinzu kam, daß sich in der damals alle zwei Wochen stattfindenden Konferenz aus Kanzlerin und Ministerpräsidenten zwar alle immer auf jeweils neue Regeln einigten, die Bundesländer dann aber doch jeweils mehr oder weniger stark voneinander abweichende Regeln erließen. Und selbst wenn Maßnahmen von der Wissenschaft bereits einhellig als völlig oder weitgehend nutzlos eingestuft wurden, hielt die Politik teilweise noch lange daran fest, so zum Beispiel bei der Pflicht, auch im Freien Masken zu tragen, was Wissenschaftler schon nach den ersten Monaten der Pandemie als weitgehend nutzlos einstuften. Im Frühling 2021 wurde wegen steigender Infektionszahlen erneut eine abendliche Ausgangssperre verhängt, obwohl die Wissenschaft sich einig war, daß die Ansteckungsgefahr im Freien um etwas den Faktor 1.000 geringer war als in geschlossenen Räumen. Polizei und Ordnungsämter interessierte das alles nicht. Sie verhängten oft schon bei kleinen Verstößen gegen die jeweils geltenden Vorschriften Bußgelder, sehr oft auch gegen Jugendliche, die zum Beispiel zu dritt, statt, wie erlaubt, nur zu zweit auf einer Parkbank saßen. Und deren konsequente Beitreibung war einer der wenigen Teile des deutschen Rechtstaats, der in dieser Zeit noch weitgehend tadellos funktionierte. Auch lange nach Ende der Pandemie und der Aufhebung aller damit verbundenen Regeln wurden diese Bußgelder noch immer konsequent vom Staat beigetrieben.

Weitaus weniger konsequent ging die Polizei gegen Demonstranten aus der sogenannten Querdenker-Szene vor, die regelmäßig gegen die Coronamaßnahmen protestierten und dabei stets die Auflagen zu Abständen und zum Maskentragen ignorierten. Dennoch wurde nur eine dieser zahlreichen Demonstrationen von der Polizei aufgelöst.

Damit der Unterricht an Schulen nicht über Monate völlig ausfiel, sollte er online stattfinden. Darauf waren aber weder die Schulen noch die Lehrer oder Schüler vorbereitet. So fiel der Unterricht vor allem für Kinder und Jugendliche aus sogenannten bildungsfernen Schichten doch über Monate weitgehend aus und vergrößerte damit ihre ohnehin in unserem Bildungssystem bestehende Benachteiligung dramatisch. Viele werden ihren dadurch verursachten zusätzlichen Rückstand nicht wieder aufholen können. Außer Bremen nahm kein Bundesland nennenswerte Investitionen vor, um die Situation an den Schulen zu verbessern, dort allerdings auch nur bezüglich des Online-Unterrichts. Ansonsten blieb auch hier der Staat fast völlig untätig. Dabei hätten zum Beispiel spezielle Luftfilter in den Schulen Präsenzunterricht wieder möglich machen können. Die Politik gab Milliarden zur Stützung der Wirtschaft während der Pandemie aus, aber einige Millionen zur Verbesserung der Situation für Kinder und Jugendliche waren anscheinend zu viel.

Verschärft wurde die Situation dadurch, daß durch die Beschränkungen viele Familien, die sich sonst oft nur morgens und abends relativ kurz sahen, nun über Monate aufeinander hingen, was in vielen Familien zu erheblichen Konflikten führte. Häusliche Gewalt nahm in der Coronazeit signifikant zu. Und auch hier war die Kluft zwischen arm und reich erheblich, da wohlhabende Familien meist sehr viel großzügiger wohnen als arme und sich dadurch viel eher aus dem Weg gehen und so größere Konflikte vermeiden konnten, während ärmere Familien in kleinen Wohnungen meist keinerlei Ausweich- und Rückzugsmöglichkeiten hatten.

Ähnlich gravierend wie für Schüler waren die Coronamaßnahmen für Studenten. Besonders benachteiligt waren hier diejenigen, die in dieser Zeit mit ihrem Studium begonnen haben oder beginnen wollten. Da Präsenzveranstaltungen fast völlig ausfielen, hatten die meisten Erstsemester in dieser Zeit keine Möglichkeiten, neue Freundschaften zu schließen und Studiengruppen zu bilden. Vor allem aber hatten sehr viele keine Möglichkeit mehr, ihr Studium zu finanzieren und ihren Lebensunterhalt zu verdienen, da mit der Schließung von Gastronomie und Einzelhandel, aber auch den Einschränkungen in anderen Unternehmen der ganz überwiegende Teil der Studentenjobs einfach wegfiel. Kompensation dafür? Fehlanzeige. In den Milliarden an Coronahilfen war kein Geld für notleidende Studenten vorgesehen. Viele mußten ihre Studentenwohnung aufgeben und zu ihren Eltern zurückziehen, wenn denn da noch Platz für sie war.

Auch das Gesundheitswesen war eher schlecht auf eine derartige Pandemie vorbereitet: Personal und Intensivstationen kamen an ihre Grenzen. Von den Menschen gab es dafür Applaus. Mehr Anerkennung, vor allem mehr Geld, gab es dagegen für das medizinische Personal kaum. Es zeigte sich, daß es in einem weitgehend privatisierten Gesundheitswesen keine Anreize gibt, Reserven vorzuhalten. Soweit bekannt, kam es in Deutschland zwar nicht zum äußersten, denn irgendwie wurden alle Menschen ausreichend medizinisch versorgt, aber das Recht auf medizinische Versorgung war teilweise schon ernsthaft in Gefahr. Trotz dieser Extremsituation sah die Politik aber keine Veranlassung, etwas im Hinblick auf die chronische Unterfinanzierung vieler Krankenhäuser zu unternehmen und die Gesundheitsversorgung in der Zukunft auf eine bessere Grundlage zu stellen. Dabei hatte das Robert-Koch-Institut schon 2012 ein Szenario für ein Pandemie entworfen, daß dann mit Corona fast genau so, wie vorhergesagt, eingetreten ist. Ausreichend Zeit zur Vorbereitung wäre also gewesen, aber die Regierungen unter Angela Merkel taten vor Corona diesbezüglich dasselbe, wie in vielen anderen Bereichen auch: Nichts. Daß diese Untätigkeit nicht zu einer Katastrophe führte, grenzt an ein Wunder und ist ganz sicher kein Verdienst der Politik während der Coronazeit.

2. Untätig

Während Corona in vielen Bereichen zu hektischem Aktionismus der Politik mit nicht wenigen rein populistischen Maßnahmen führte, blieb sie in anderen Bereichen auffällig untätig. Industrie und Handwerk durften praktisch uneingeschränkt weiterarbeiten. Anscheinend ging die Politik davon aus, daß bei Kontakten während der Arbeit die Ansteckungsgefahr geringer sei, als bei Kontakten im privaten Bereich. Wahrscheinlich aber sollten wirtschaftliche Interessen nicht zu stark beeinträchtigt werden. Eskaliert ist diese Politik, als es bei einem Schlachtbetrieb des Tönnies-Konzerns zu einem Corona-Ausbruch kam, bei dem fast ein Viertel der Belegschaft infiziert wurde. Der Betrieb wurde daraufhin für eine Weile stillgelegt. Weitere Maßnahmen für Industrie und Handwerk wurden aber nicht beschlossen. Die Behauptung der Politik, die Gesundheit der Bevölkerung stehe an allererster Stelle, war also schlicht gelogen.

Völlig untätig waren in der Coronazeit aber weite Teile der Justiz. Einige Gerichte und noch mehr Richter stellten über Monate ihre Tätigkeit ganz ein. Verhandlungen vor Gericht fanden nicht mehr statt. Termine wurden aufgehoben. Der Justizbetrieb kam fast völlig zum Erliegen. Manche Richter weigerten sich schlicht, ins Gericht zu kommen. Wer dringenden Schutz von einem Gericht benötigte, hatte meist Pech. Rechtschutz gegen Coronamaßnahmen gab es erst recht nicht, jedenfalls keinen wirksamen. Anfang 2022 entschied das Bundesverwaltungsgericht, daß die strikten Ausgangsverbote und Kontaktbeschränkungen in Bayern zu Beginn der Coronazeit zu weitgehend und damit rechtswidrig waren. Das mag den Betroffenen zwar eine nachträgliche Genugtuung verschafft haben, nützte denen, die 2020 akut darunter gelitten haben, aber nichts mehr. Anhaltende psychische Probleme, die aus der vom Staat verordneten Isolation über Monate resultieren, gehen nicht weg, wenn ein Gericht Jahre später entscheidet, daß die staatlichen Maßnahmen rechtswidrig waren.

Auch die öffentliche Verwaltung war nicht wirklich auf die Situation vorbereitet und funktionierte in weiten Teilen nur noch eingeschränkt. Ein wesentlicher Grund: Verwaltung funktionierte damals und auch Ende 2024 immer noch weitgehend analog, mit Papierakten und Faxgeräten. Der Informationsaustausch zwischen Robert-Koch-Institut (RKI) und Gesundsheitsministerien einerseits und den Gesundheitsämtern wurde landesweit per Fax abgewickelt. Das bedeutet, in einem Gesundheitsamt hat jemand Daten in einen Computer eingegeben, diese ausgedruckt und an das RKI gefaxt. Dort hat jemand anderes diese Daten dann erneut in einem Computer eingetippt. Das ist langwierig, führt zu Inkonsistenzen und ist hochgradig ineffizient. Unter normalen Bedingung mag sowas nur eine nette Anekdote sein, aber in der Pandemie, in der die Politik die Situation täglich neu bewerten und Entscheidungen überdenken und neue vorbereiten und treffen mußte, wären aktuelle und vor allem zuverlässige Daten wichtig gewesen. Aber anders als große Wirtschaftsunternehmen hatte wohl auch die öffentliche Verwaltung keine ausreichende Lobby, um die Politik dazu zu bewegen, effektive Maßnahmen zur Verbesserung der öffentlichen Verwaltung ergreifen, oder dazu, den Rückstand Deutschlands im Hinblick auf die Digitalisierung aufzuholen. Das RKI, das die zentrale Einrichtung zur wissenschaftlichen Beratung der Regierung während der Pandemie war, hatte zu Beginn derselben 65 neue Stellen beantragt, um den plötzlichen zusätzlichen Arbeitsanfall bewältigen zu können. Bewilligt hat die Regierung ganze vier.

3. Alles richtig?

Schon ganz zu Anfang wurde das Bundesverfassungsgericht durch Eilanträge mit den Coronaregeln befaßt. Darunter sind insbesondere zwei hervorzuheben: Ein unter Depressionen leidender Mann machte geltend, die Kontaktbeschränkungen würden seine Depression verstärken und für ihn die Selbstmordgefahr deutlich erhöhen, worauf das Gericht ihm beschied, im Notfall müsse er sich halt selbst in eine psychiatrische Klinik einweisen. Eine Ausnahme von den strengen Kontaktbeschränkungen wollte das Gericht ihm nicht gewähren. In einer anderen Entscheidung Ende April 2020 befand das Gericht, daß ein pauschales Gottesdienstverbot auch unter Berücksichtigung der Ansteckungsgefahr verfassungswidrig sei. Das Gericht hielt also die fast völlige Abschaffung der persönlichen Freiheit und die damit verbundene soziale Isolation der Menschen zum Schutz der Bevölkerung für gerechtfertigt, bewertete die Religionsfreiheit aber höher als diesen Schutz. Eine sehr bedenkliche Schieflage bei der Gewichtung der Grundrechte.

Am Ende entschied das Bundesverfassungsgericht aufgrund zahlreicher Verfassungsbeschwerden über fast alle Coronaregeln, und erklärte im Ergebnis nahezu alle für mit der Verfassung vereinbar. So gab es also der Regierung einen Blanko-Scheck für vergleichbare Situationen, und damit einer zukünftigen, weniger gutwilligen Regierung eine Blaupause an die Hand, zukünftige Ausnahmesituationen dazu zu nutzen, den Rechtsstaat einfach dauerhaft abzuschaffen. Dabei blieb das Gericht sich treu und übersprang wie fast immer die Prüfung der Geeignetheit und Erforderlichkeit der Maßnahmen. Dabei hätte mindestens die im Frühling 2021 verhängte nächtliche Ausgangssperre schon als ungeeignet zum Schutz der Bevölkerung eingestuft werden müssen, jedenfalls, wenn das Gericht der einhelligen Ansicht der Wissenschaft gefolgt wäre. Auch in Bezug auf die Schulschließungen stellte das Gericht zwar fest, daß das Recht der Kinder und Jugendlichen auf Bildung dadurch verletzt wurde und der Staat Sorge dafür tragen müsse, für Alternativen zu sorgen, wenn der Präsensunterricht eingestellt werden muß, hielt die Schulschließungen im Ergebnis aber für zulässig. Dabei ignorierte das Gericht, daß es für einen großen Teil der Schüler gerade keine auch nur ansatzweise gleichwertige Alternative durch Online-Unterricht gab.

VII. Recht warm

Einen positiven Effekt hatte die Corona-Pandemie: Deutschland hielt zum ersten und leider bisher einzigen Mal im Jahr 2020 die selbstgesteckten Klimaschutzziele ein. Die Bemühungen der Regierung davor oder danach genügten jedoch noch nicht einmal ansatzweise, um diese Ziele dauerhaft zu erreichen, wie die jeweilige Regierung auch immer eingeräumt hat. Dabei dürfte der Klimawandel die größte Herausforderung sowohl für unsere Gesellschaft, als auch für den Rechtstaat in diesem Jahrhundert sein.

1. Gesetze

Bekannt ist das Phänomen der globalen Erwärmung schon seit über 40 Jahren. Reagiert hat die Menschheit aber erst 1997 mit dem sogenannten Kyoto-Protokoll, das eine sehr bescheidene Reduzierung der Treibhausgase der Industrienationen vorsah. Für den Rest der Welt gab es keine Verpflichtungen. In Deutschland verabschiedete die rot-grüne Bundesregierung im Jahr 2000 das Erneuerbare-Energien-Gesetz, mit dem der Ausbau vor allem von Wind- und Solarenergie, aber auch der von Energie aus Biomasse ausgebaut werden sollte. Das Gesetz enthielt ganze zwölf Paragraphen, die im wesentlichen die staatliche Förderung für den Ausbau der erneuerbaren Energien regelten. Diese wurde vor allem dadurch gewährt, indem für Strom aus erneuerbaren Energiequellen eine feste Vergütung gezahlt wurde, abhängig von der Art der Erzeugung. Das Gesetz war ein beispielloser Erfolg. Es führte zum Aufbau einer dynamischen Solar- und Windenergie-Branche, die hunderttausende Arbeitsplätze schuf. Von 2000 bis 2004 hat sich die installierte Leistung an Windenergie fast verdreifacht und die der Solarenergie mehr als verfünfzehnfacht. 2004 wurde das Gesetz zum erstenmal überarbeitet und wuchs dabei auf 20 Paragraphen an. Die Grundgedanken des Gesetzes blieben aber bestehen. Insbesondere die Einspeisevergütungen wurden geringfügig reduziert entsprechend den sinkenden Kosten für die jeweiligen Anlagen. Der Ausbau der Windenergie verlangsamte sich danach zwar etwas, aber der Ausbau der Solarenergie beschleunigte sich zusätzlich.

Dann kam 2009 die schwarz-gelbe Regierung an die Macht und änderte das Gesetz grundlegend. Es wuchs auf 66 Paragraphen an. Die Regelungen zur Vergütung des Stroms aus erneuerbaren Energiequellen wurden erheblich verkompliziert, ebenso die Verfahren zur Genehmigung der Anlagen. Mit einer gewissen Verzögerung (für bereits genehmigte Anlagen galten noch die alten Regeln) kam es zu einem dramatischen Einbruch des Ausbaus von Wind- und Solarenergie. Folge war die völlige Zerstörung der deutschen Solarbranche und die fast völlige Zerstörung der deutschen Windkraftanlagenfertigung. Über 100.000 Arbeitsplätze wurden vernichtet, ohne jede Entschädigung. Zum Vergleich: Den Abbau von 17.000 Arbeitsplätzen durch den Ausstieg aus der Braunkohle wird mit 40 Milliarden Euro aus Steuergeldern abgefedert.

In einer weiteren Überarbeitung des Gesetzes durch die schwarz-gelbe Bundesregierung im Jahr 2012 wurden um weitere 20 Paragraphen ergänzt und vor allem der sogenannte „Solardeckel" eingeführt. Dieser bedeutete, daß der Ausbau der Solarenergie gar nicht mehr gefördert werden sollte, wenn deren installierte Gesamtleistung 52 Gigawatt erreicht hätte. Während die schwarz-gelbe Bundesregierung also den Ausbau der erneuerbaren Energien massiv ausbremste, genehmigte sie gleichzeitig den Bau der Pipeline Nord-Stream I und führte Deutschlands Energieversorgung, wie inzwischen bekannt, in eine fatale Abhängigkeit von russischem Erdgas.

Darüber hinaus gibt es in fast allen Bundesländern inzwischen Abstandsvorschriften, die besagen, daß Windkraftanlagen einen Mindestabstand zu Wohnhäusern einhalten müssen, meist einen Kilometer, was bei der dichten Bebauung in den meisten Regionen in Deutschland die Zahl der möglichen Standorte für solche Anlagen dramatisch reduziert. Das ist mehr als der Abstand einiger Atomkraftwerke zu Wohnhäusern betrug. Bayern hat die sogenannten 10H-Abstandsregel geschaffen, die besagt, daß eine Windkraftanlage das Zehnfache ihrer Gesamthöhe als Abstand zur nächsten Wohnbebauung einhalten muß, was bei modernen Windkraftanlagen 2.500 bis 3.000 Metern entspricht und in Bayern den Bau neuer Windkraftanlagen fast unmöglich gemacht hat. Inzwischen sind zwar Ausnahmen zugelassen, aber die Regel ist grundsätzlich nach wie vor gültig.

Bis 2021 war das Erneuerbare-Energien-Gesetz auf mehr als 100 Paragraphen angewachsen. Der Ausbau der Windenergie war bis dahin fast zum Erliegen gekommen. Zum Beginn der Ampelregierung verkündete Robert Habeck ein fast 700 Seiten dickes Gesetzespaket zur stärkeren Förderung erneuerbarer Energien. Ohne dessen Inhalt zu kennen, ist schon allein aufgrund des Umfangs klar, daß es jedenfalls keine Rückkehr zur ursprünglichen unkomplizierten Förderung dieser Energieformen bedeutet. So gelten für Solaranlagen unzählige Leistungsgrenzen, ab deren Überschreiten jeweils andere Regeln beachtet werden müssen. So dürfen Balkonanlage nicht mehr als 800 Watt einspeisen, aber eine Höchstleistung von 2.000 Watt haben. Weitere Grenzen sind 25, 30, 100, 135, 270 und schließlich 1.000 Kilowatt, bei denen sich die jeweiligen Anforderungen erhöhen oder ändern. Zusätzlich gibt es noch Regeln, die vom Standort der Anlage, also auf Gebäuden oder Freiflächen abhängen, sowie bei letzteren, ob diese zusätzlich auch noch für die Landwirtschaft oder nur für die Photovoltaik genutzt werden. Immerhin hat sich der Ausbau der Solarenergie auf Einfamilienhäuser wieder stark ausgeweitet, weil die Regeln dafür zumindest etwas vereinfacht wurden.

Nicht unerwähnt bleiben kann natürlich „Habecks Heizungshammer". Die Idee dahinter ist an sich völlig richtig. Mit Heizöl oder Erdgas zu heizen ist schon lange nicht mehr zeitgemäß. Der Wandel bei der Beheizung von Gebäuden hätte schon vor

Jahren eingeleitet werden müssen. Das Problem: Es genügt nicht, einfach den Energieträger in den Häusern auszutauschen. Die Wärmepumpe ist sicher für die meisten Gebäude die richtige technische Lösung, aber Wärmepumpen benötigen Strom, und wenn in fast alle Häuser Wärmepumpen eingebaut würden, käme es zu einer erheblichen stärkeren Belastung der Stromnetze, lokal und überregional. Dafür sind die Stromnetze bisher aber praktisch nirgendwo ausgelegt. Hinzu kommen noch immer mehr Ladestationen für Elektroautos und andere Elektrofahrzeuge. Insgesamt wird sich die Belastung der Stromnetze vervielfachen. Ohne einen massiven Ausbau derselben können weder Wärmepumpen, noch Elektroautos im gewünschten Umfang betrieben werden. Gerade für einen nennenswerten Ausbau der lokalen Stromnetze gibt es aber bisher, soweit erkennbar, keine Pläne. Zwar werden die Stromnetze nicht in naher Zukunft zusammenbrechen, aber deren Ausbau kostet Zeit und viel Geld, wie am derzeitigen Ausbau der überregionalen Netze überdeutlich zu sehen ist. Ohne eine Koordination des Ausbaus der Stromnetze mit der Umstellung der Gebäudeheizungen kann das schnell in eine Sackgasse führen. Auch die Stromerzeugung muß mit dem wachsenden Bedarf Schritt halten.

Das ist aber nicht das einzige Problem mit der Umstellung der Heizungen auf Wärmepumpen. Für freistehende Einfamilienhäuser gibt es mehrere Varianten, je nach Ausführung des Hauses und Investitionsbereitschaft der Eigentümer. Für Gasetagenheizungen dagegen gibt es bisher keine sinnvolle Ersatzlösung, und auch für Mehrfamilienhäuser in geschlossener Bebauung in den Innenstädten ist es mindestens herausfordernd, eine sinnvolle technische Lösung zur Beheizung mit Hilfe einer Wärmepumpe zu finden, selbst wenn diese über eine Zentralheizung verfügen. Interessanterweise werden im neuen Heizungsgesetz Fernwärmenetze pauschal als nachhaltig und zukunftsfähig eingestuft, selbst dann, wenn sie ihre Wärme derzeit aus Kohle erzeugen. Inwiefern das dem Klimawandel entgegenwirken soll, ist nicht ersichtlich. Auch die Einstufung von Holzpelletheizungen als nachhaltig ist äußerst fragwürdig. Das Umweltbundesamt und viele Wissenschaftler sehen das anders. Mit einem ausgewachsenen Baum, der über 100 Jahre zum Wachsen benötigt, läßt sich ein Holzofen etwa 100 Tage beheizen. Was daran nachhaltig sein soll, ist unbegreiflich.

Noch unsinniger war das stumpfsinnige Festhalten der FDP am Verbrennungsmotor für Autos, was sie als „Technologieoffenheit" zu verkaufen versuchte. Dabei simd sich alle Experten und außer Porsche auch alle Automobilhersteller einig, daß die Zukunft dem Elektroauto gehören wird. In China sind schon 2024 die Hälfte der Neuwagen Elektroautos. Das Land wird ganz sicher nicht wie die EU bis 2035 warten, bis neue Autos mit Verbrennungsmotor dort völlig vom Markt verschwinden werden. Alle Experten sind sich aber auch einig, daß die von der FDP erträumten E-Fluels, also Treibstoffe für Verbrennungsmotoren, die mit Hilfe erneuerbarer Energien hergestellt werden, in anderen Bereichen, wie dem Luftverkehr oder der chemischen Industrie viel dringender benötigt werden als im Straßenverkehr, wenn sie denn überhaupt mal in nennenswerten Mengen verfügbar sein sollten. Darüber hinaus wird es dafür schlicht kein Tankstellennetz mehr geben, denn mit einem zunehmenden Anteil von Elektroautos am PKW-Bestand, werden sich Tankstellen immer weniger lohnen und eine nach der anderen verschwinden. Gab es in den 1970er Jahren noch weit über 40.000 Tankstellen in Deutschland, sind es 2023 nur noch knapp über 14.000. Autos mit Verbrennungsmotor werden sich für viele Menschen in nicht allzu ferner Zukunft schon allein deshalb nicht mehr lohnen, weil es schlicht zu weit zur nächsten Tankstelle ist. Während die FDP so vehement für den Erhalt des Verbrennungsmotors gekämpft hat, hat die deutsche Automobilindustrie die Entwicklung bei den Elektroautos verschlafen. Ob sie ihren Rückstand in dem Bereich jemals wieder aufholen kann, erscheint inzwischen äußerst fraglich.

Mit den erwähnten überkomplexen und wenig durchdachten Gesetzen wird sich der Klimawandel jedenfalls nicht aufhalten lassen, und Deutschland seine selbst gesteckten Klimaziele ein ums andere Mal verfehlen.

2. Bürokratie

Nicht nur schlechte Gesetze behindern den Aufbau einer klimafreundlicheren Wirtschaft und Gesellschaft. Der Beitrag der Bürokratie zum mehr als schleppenden Umbau des Energiesektors ist fast noch größer.

In den ersten Jahren nach Inkrafttreten des Erneuerbare-Energien-Gesetzes paßten die Genehmigungsunterlagen für eine neue Windkraftanlage noch in einen einzigen Schnellhefter und die Genehmigungsverfahren dauerten einige Wochen bis wenige Monate. Inzwischen füllen die Dokumente mehrere Aktenordner und die Genehmigungsverfahren zogen sich vor Amtsübernahme der Ampelregierung im Durchschnitt über mehr als sieben Jahre hin, wobei die Dauer der Verfahren im Einzelfall auch noch deutlich länger sein konnte. Seit der Amtsübernahme der Ampelregierung hat sich die Situation zwar etwas verbessert, inklusive Planung kommen aber immer noch vier bis fünf Jahre zusammen.

Darüber hinaus werden Genehmigungen häufig mit absurden Auflagen versehen, zum Beispiel die Anlagen zum Vogelschutz nur bei Dunkelheit zu betreiben. Vermeintlicher Vogelschutz hat sich überhaupt zu einem Haupthindernis für den Ausbau der Windenergie an Land entwickelt. 2018 wurde – angeblich – unter einer Windkraftanlage ein toter Rotmilan gefunden, eine Vogelart, die lange als gefährdet galt. Aus diesem einen Rotmilan haben Windkraftgegner und vermeintliche Tierschützer tausende Vögel hochgerechnet, die jährlich von Windkraftanlagen getötet würden. Wer im Internet zu dem Thema „Tote Vögel durch Windkraftanalgen" recherchiert, stößt aber immer nur auf diesen einen Rotmilan. Deren Bestand hat sich erstaunlicherweise gerade in den Jahren, in denen die Windkraft in Deutschland am stärksten ausgebaut wurde, so deutlich erholt, daß sie seit 2021 nicht mehr als bedroht gelten. Auch in Bezug auf andere Vögel finden sich im Internet keine belastbaren Daten, daß Windkraftanlagen eine ernsthafte Gefahr für den Bestand irgendeiner Vogelart wären. Dennoch bedeuten noch immer Nester mancher Vogelarten häufig das Ende für die Planung von Windkraftanlagen in deren Umkreis. Besonders absurd wird es, wenn alte Windkraftanlagen durch neue ersetzt werden sollen, auf den alten aber tatsächlich oder vermeintlich bedrohte Vögel nisten und der Bau neuer Anlagen anstelle der alten wegen des Schutzes dieser Vögel vor den Gefahren der Windkraftanlagen untersagt wird.

Sehr lange wurden viele Planungen für Windkraftanlagen darüber hinaus von einem falschen Lärmgutachten behindert. Erstellt wurde es von der Bundesanstalt für Geowissenschaften und Rohstoffe (BGR), einer Behörde, die dem Bundeswirtschaftsministerium zugeordnet ist, und 2009 veröffentlicht. Es gab den durch Windkraftanlagen verursachten Infraschall, also Schall, dessen Frequenz unterhalb der menschlichen Hörschwelle liegt, um den Faktor 1.000 zu stark an. Jahrelang nutzten Windkraftgegner dieses falsche Gutachten, um damit vermeintliche, tatsächlich gar nicht existierende Gesundheitsgefahren für Anwohner in der Nähe von Windkraftanlagen heraufzubeschwören. Obwohl es schon früh Kritik an den Berechnungen in dem Gutachten gab, und Wissenschaftler auf darin enthaltene Fehler hinwiesen, hielten Behörden und Bundesregierung bis 2021 unter Mißachtung aller Kritik an den falschen Zahlen fest. Erst dann gab die Regierung zu, daß die Daten falsch waren. In einem Fall wurde der vermeintlich durch Windkraftanlagen verursachte Lärm als Argument zur Verweigerung der Genehmigung für eine Anlage angeführt, die unmittelbar neben einer Autobahnraststätte errichtet werden sollte. Der „Lärm" der Anlage würde den Erholungswert der Raststätte beeinträchtigen. Es bestehen erhebliche Zweifel, daß für die Gäste der Raststätte irgendwelche Geräusche der Windkraftanlage wahrnehmbar gewesen wären bei dem Verkehrslärm der unmittelbar an derselben vorbeiführenden Autobahn.

Photovoltaikanlagen wurden bisher noch nicht unterstellt, Lärm zu verursachen. Dafür scheitert ihre Genehmigung immer wieder an tatsächlicher oder vermeintlicher Blendwirkung oder am Denkmalschutz. Das größte Problem bei solchen Anlagen sind ausnahmsweise aber nicht die staatlichen Behörden, sondern die Stromnetzbetreiber, bei denen jede Photovoltaikanlage angemeldet werden muß, wenn sie eine Verbindung zum Stromnetz hat, was fast immer der Fall ist. Theoretisch haben die Netzbetreiber zwar nur einen Monat Zeit, die Anmeldung zu bestätigen, aber häufig wird geltend gemacht, die mit der Anmeldung eingereichten Unterlagen seien nicht ausreichend, was oft zu einem langwierigen hin und her zwischen Anlagenbetreiber und Netzbetreiber führt.

3. Folgen

Viele Menschen scheinen noch immer zu glauben, der Klimawandel sei etwas, was irgendwann in einer fernen, für uns heute letztlich nicht relevanten Zukunft passiert. Dabei sind sich alle Experten einig, daß die Auswirkungen des Klimawandels schon heute dramatisch sind, zwar nicht überall zu jeder Zeit, aber immer häufiger und an immer mehr Orten.

a) Schäden

Die in Deutschland bisher dramatischste Folge der globalen Klimaveränderung dürfte die Flut im Ahrtal im Sommer 2021 gewesen sein. Und sie zeigte überdeutlich, wie wenig der deutsche Staat auf die Folgen des Klimawandels vorbereitet ist. Der gesamte Ablauf von Beginn der Katastrophe bis zur Bewältigung der Folgen zeigt ein totales Staatsversagen. Der für den Katastrophenschutz eigentlich zuständige Landrat des Kreises Ahrweiler blieb in der Nacht der Flut völlig untätig und versuchte die Verantwortung für die Bewältigung derselben auf ehrenamtlich Tätige abzuwälzen. Im eigens eingerichteten Lagezentrum ließ er sich nur wenige Minuten blicken, in denen er sich aber nicht über die Lage informieren ließ, sondern den Innenminister des Landes Rheinland-Pfalz herumführte, der sich ebenfalls nicht wirklich für die tatsächliche Lage interessierte. Dafür stritt dieser sich später mit der Umweltministerin des Landes darüber, welches Ministerium denn nun eigentlich verantwortlich war, das für den Katastrophenschutz zuständige Innenministerium oder das für Gewässer und alles damit zusammenhängende zuständige Umweltministerium. Beide Minister mußten später schließlich zurücktreten, nicht unmittelbar wegen der Flut, aber doch wegen ihres Umgangs damit. Vor allem aber die Untätigkeit des Landrats dürfte viele Menschen das Leben gekostet haben. Der kümmerte sich aber lieber um seinen Porsche als um den Katastrophenschutz. Auch bei den Aufräumarbeiten blieb der Staat fast völlig untätig. Nahezu alles wurde von ehrenamtlichen, freiwilligen Helfern organisiert: Schweres Gerät für die Aufräumarbeiten, Sortieren und Abtransport des Schutts und Fahrzeuge hierfür, Transport, Unterbringung, Einteilung und Koordination der vielen Helfer, Sortierung und Verteilung freiwilliger Sachspenden. Teilweise half die Polizei bei der Verkehrslenkung, aber auch hier übernahmen freiwillige Helfer einen wesentlichen Teil. Im Anschluß gab es zwar einige von der Öffentlichkeit kaum wahrgenommene Diskussionen, wie mit solchen Katastrophen von Seiten des Staates besser umgegangen werden kann, um die Menschen besser zu schützen, und die Schäden möglichst zu reduzieren, aber soweit erkennbar gab es keine wirklichen Verbesserungen. Eine Grundlage dafür wäre eine ehrliche und offene Problemanalyse, die aber, wie fast überall im deutschen Staatswesen, von der Suche nach Schuldigen und gegenseitigen politischen Schuldzuweisungen zuverlässig verhindert wird. So ist zu befürchten, daß auch bei der nächsten Katastrophe die Menschen nicht auf die Hilfe und den Schutz des Staates zählen können.

Die Schäden der Flut an der Ahr waren gewaltig. Fast 500 Häuser wurden völlig zerstört, von der Flut einfach mitgerissen. Etwa 3.000 weitere wurden mehr oder weniger stark beschädigt. Auf etwa 20 Kilometer Länge wurden alle Brücken über das kleine Flüßchen zerstört, wodurch Wege, die zuvor nur wenige hundert Meter betrugen, zum Teil plötzlich 20 bis 30 Kilometer lang waren, da auch viele Straßen entlang der Ahr zerstört wurden, ebenso wie die Eisenbahnlinie durch das Tal. Der Pegel des Flusses, der unter normalen Bedingungen nur an ganz wenigen Stellen tiefer als 50 Zentimeter ist, stieg auf bis zu 10 Meter. Nur wenige Menschen im Ahrtal waren gegen die Auswirkungen einer solchen Naturkatastrophe versichert, aber die Versicherungen ließen sich zum Teil sehr viel Zeit, Schäden zu begleichen, vor allem wenn es um völlig oder weitgehend zerstörte Gebäude ging. Was soll eine Familie tun, die ihr Haus mitsamt Inventar durch die Flut verloren hat und sich einen Neubau aus eigenen Mitteln nicht leisten kann? Gerichte wären hier, wie bereits dargestellt, keine wirkliche Hilfe. Für diejenigen, die nicht versichert waren, wollte der Staat bis zu 80% der Schäden ersetzen, aber nur, wenn ein Haus genau dort wieder aufgebaut wurde, wo die Flut es zerstört hatte. Wer auf die – aus staatlicher Sicht anscheinend absurde – Idee kam, sein Haus an einer Stelle, wo es etwas weniger von Hochwasser gefährdet ist, wieder aufzubauen, ging leer aus. Besonders schwierig war es aber für diejenigen, die zwar versichert waren, aber – noch – kein Geld von der Versicherung erhalten hatten. Solange nicht feststand, wieviel Schadenersatz sie von ihrer Versicherung erhielten, bekamen sie auch keine Hilfe vom Staat.

15 Milliarden Euro wollten Bund und Länder für die Schäden der Flut, nicht nur im Ahrtal, sondern auch im angrenzenden Nordrhein-Westfalen, bereitstellen. Zum einen erscheint zweifelhaft, ob diese Summe ausreichen wird, zum anderen gibt es keine generelle gesetzliche Regelung für den Ersatz von Schäden bei Naturkatastrophen. Alle Experten sind sich jedoch einig, daß solche Ereignisse zunehmen werden, sowohl nach ihrer

Zahl, als auch bezüglich der jeweiligen Auswirkungen. Soll die Frage, wer in welcher Höhe entschädigt wird, von der jeweiligen politischen Stimmung und Kassenlage abhängen? Nach der Flut im Ahrtal wurde kurz über eine verpflichtende Versicherung gegen solche Schäden diskutiert. Das Problem: Gerade diejenigen, die eine solche Versicherung am dringendsten benötigen, weil bei ihnen die Gefahr am größten ist, könnten sich die hohen Prämien für eine solche Versicherung gar nicht leisten. Natürlich könnte der Staat die Beiträge für eine solche Versicherung gesetzlich deckeln. Fraglich ist dann aber, ob Versicherungsunternehmen dann überhaupt bereit wären, diese anzubieten. Für den ganz überwiegenden Teil der Gebäude wäre sie wirtschaftlich unsinnig, weil es für diese kein Risiko gibt. Sollen alle Hauseigentümer dafür zahlen, daß einige zu nah an einem potentiell gefährlichen Gewässer gebaut haben? Und inwiefern haftet der Staat, wenn er in Gebieten, die von Überschwemmungen bedroht sind, Bauland ausgewiesen hat? Es erscheint nicht ganz unwahrscheinlich, daß der Staat es sich mittelfristig nicht leisten können wird, Opfer von Naturkatastrophen nennenswert zu entschädigen. Das Problem ist jedenfalls nicht trivial, ein Schnellschuß sicher nicht sinnvoll. Gar nichts zu tun, das Problem noch nicht einmal umfassend zu diskutieren, ist aber leichtfertig und wird absehbar zwangsläufig zu Ungleichbehandlungen und damit Ungerechtigkeiten führen.

b) Migration

Alle Experten sind sich einig, daß der globale Klimawandel Migrationswellen in einem bisher nicht bekannten Ausmaß auslösen wird. 2015 wird im Vergleich dazu völlig harmlos erscheinen. Dabei hat schon damals die Zahl der Flüchtlinge unsere Gesellschaft zutiefst erschüttert und dafür gesorgt, daß sich mit der AfD zum erstenmal seit dem zweiten Weltkrieg wieder eine rechtsextremistische Partei in den Parlamenten des Landes festsetzen konnte. Ein wesentlicher Grund dafür war, daß führende Politiker damals, allen voran die Kanzlerin, viele freundliche Worte gegenüber den Flüchtlingen fanden und eine Willkommenskultur beschworen. Die Kommunen wurden mit den Auswirkungen, die der Zuzug fast einer Million Menschen, darunter viele Flüchtlinge, vor allem aus Syrien, verursachten, von Bund und Länder aber fast völlig alleine gelassen. Das führte in vielen Kommunen zu vielfältigen Problemen und im Ergebnis zu teils erheblichem Unmut der Bürger. In der Folge versuchte die EU mit allerlei Maßnahmen an den Außengrenzen und einem milliardenschweren Abkommen mit der Türkei, den Flüchtlingsstrom in den Griff zu bekommen. Verursacht wurde er dadurch, daß sich vor allem die Industrienationen nicht darauf verständigen konnten, dem Welternährungsprogramm, einer Organisation der Vereinten Nationen, die sich weltweit um die Versorgung von Flüchtlingen kümmert, ausreichend Geld für die Versorgung der Syrer in den Flüchtlingslagern rund um das Land zur Verfügung zu stellen. So fehlten dem Welternährungsprogramm 2015 insgesamt 450 Millionen US-Dollar für die Versorgung geflüchteter Syrer. Das führte dazu, daß viele Menschen in den Flüchtlingslagern hungern mußten, was wiederum dazu führte, daß sich viele auf den Weg nach Europa machten. Hätte die EU nur einen Bruchteil dessen, was sie später an die Türkei zahlte, um des Flüchtlingszustroms wieder Herr zu werden, zuvor dem Welternährungsprogramm zur Verfügung gestellt, hätte es die sogenannte Flüchtlingskrise 2015/2016 höchstwahrscheinlich nie gegeben. Für Deutschland wäre es sogar vernünftiger gewesen, das dem Welternährungsprogramm fehlende Geld ganz allein aufzubringen. Es hätte in den Folgejahren Milliarden bei Bund, Ländern und Kommunen eingespart. 2024 fehlten dem Welternährungsprogramm fast sieben Milliarden US-Dollar, um alle Flüchtlinge weltweit ausreichend zu versorgen, unter anderem weil Deutschland seine Unterstützung für die Organisation zuletzt ausgerechnet unter der Ampelregierung drastisch gekürzt hat.

Die einzige und auch noch falsche Lehre, welche fast alle Parteien außer der Linken und der Grünen Jugend aus dem Flüchtlingszustrom nach Deutschland 2015 und 2016 gezogen haben, ist, die Zahl der Migranten möglichst zu begrenzen. Aber selbst bei der inzwischen deutlich reduzierten Zahl an Migranten ist die Organisation von Versorgung und Unterbringung derselben immer noch mangelhaft. Und noch immer lassen Bund und Länder die Kommunen auf einem Großteil der damit verbundenen Kosten sitzen. Verbesserungen sind nicht in Sicht, und das, obwohl sehr viele Kommunen inzwischen finanziell absolut am Limit sind.

Globale Migrationsströme lassen sich vielleicht bremsen, was aber fast immer mit vielen Opfern und oft mit unmenschlichen Zuständen entlang der Flüchtlingsrouten verbunden ist. Dauerhaft aufhalten lassen sie sich nur, wenn die Menschen dort, wo sie sind, eine mindestens mittelfristige Perspektive auf ein menschenwürdiges Leben haben. Dies wird aber weder Deutschland allein, noch die EU als Ganzes immer und überall gewährleisten können. Es wäre also gut, wenn der deutsche Staat Konzepte entwickelt, um auch über längere Zeiträume den Zuzug einer größeren Zahl von Migranten so bewältigen zu können, daß es nicht zu gesellschaftlichen Verwerfungen und weiterer Unterstützung für radikale Parteien kommt. Für eines der reichsten Länder der Welt, 2024 die drittgrößte Volkswirtschaft auf diesem Planeten nach den USA und China und vor Japan ist das keine Frage des Könnens, sondern allein eine Frage des Wollens.

4. Schutz

Die Diskussion bezüglich der globalen Erwärmung dreht sich nach wie vor ganz überwiegend darum, wie sie aufgehalten oder zumindest verlangsamt werden kann. Dabei ist zumindest den meisten Wissenschaftlern inzwischen klar, daß es unwahrscheinlich ist, daß es der Menschheit noch gelingen würde, den Klimawandel aufzuhalten oder auch nur nennenswert zu verlangsamen. Das bedeutet aber, Politik und Gesellschaft müßten sich langsam aber sicher Gedanken darüber machen, was erforderlich ist, damit wir uns auf die durch den Klimawandel zu erwartenden Veränderungen vorbereiten. Bisher sind entsprechende Stimmen aber nur ganz vereinzelt zu vernehmen und praktisch ausschließlich aus der Wissenschaft. In der Politik ist das Thema noch gar nicht angekommen.

Eine Ausnahme ist der Küstenschutz, der aber in Deutschland politikfern organisiert ist. Ehrenamtliche Strukturen vor Ort sind dafür verantwortlich und legen fest, welche Maßnahmen in welcher Reihenfolge erfolgen müssen. Bisher stellen die zuständigen Bundesländer jeweils ausreichend Geld bereit, um die für erforderlich gehaltenen Maßnahmen umzusetzen. Die Frage ist, auf welchen Grundlagen entschieden wird, welche Maßnahmen notwendig sind. Klimamodelle erwiesen sich bisher als ziemlich unzuverlässig in dem Sinne, daß sie anscheinend alle dazu neigen, die Auswirkungen der globalen Erwärmung zu unterschätzen. Erweisen sich die Schätzungen zum Anstieg des Meeresspiegels als zu niedrig und halten die Deiche den Fluten doch nicht stand, werden die Schäden umso größer sein, je höher die Deiche zuvor gemacht wurden. Darüber hinaus lassen sich die Deiche nicht einfach linear immer weiter erhöhen. Kostet die Erhöhung für einen Meter Meeresspiegelanstieg zum Beispiel 10 Milliarden Euro, so bringen weitere 10 Milliarden nicht den Schutz vor zwei Metern. Dies würde vielmehr vermutlich 50 bis 100 Milliarden Euro kosten. Bei drei Metern wären es dann wahrscheinlich schon 500 Milliarden oder mehr, was die finanzielle Leistungsfähigkeit selbst eines so reichen Landes wie Deutschland übersteigen dürfte. Die Deiche müßten auch nicht nur immer höher, sondern auch immer länger werden, da es unpraktikabel erscheint, Flüsse wie Elbe oder Weser an der Küste auf Meeresspiegelniveau zu pumpen. Es ist offensichtlich, daß die Küste sich nicht gegen einen beliebigen Meeresspiegelanstieg verteidigen läßt. Soll es dort nicht irgendwann zu einer beispiellosen Katastrophe kommen, muß vorab geklärt werden, ab welchem Ausmaß des Meeresspiegelanstiegs der Schutz der Küsten keinen Sinn mehr ergibt und Land aufgegeben werden muß. Das ist keine angenehme Debatte. Sie zu vermeiden bedeutet aber, sehenden Auges auf eine Katastrophe zuzusteuern.

Wie schon ausgeführt, ist auch der Katastrophenschutz fern der Küsten völlig unzureichend auf die möglichen Folgen des Klimawandels vorbereitet. Nach der Flut im Ahrtal durften von den fast 500 völlig zerstörten Häusern ganze 34 aus Gründen des Hochwasserschutzes nicht wieder aufgebaut werden. Warum die Behörden davon ausgehen, daß die übrigen mehr als 400 von der Flut weggerissenen Häuser von einer zukünftigen Flut verschont würden, ist nicht ersichtlich.

Darüber hinaus sind sich die Experten einig, daß sich unsere Städte grundlegend verändern, vor allem wesentlich grüner werden müssen, damit sie in Zukunft nicht regelmäßig im Sommer zu heiß für ihre Bewohner werden. Mehr Möglichkeiten zum Aufenthalt im Schatten sind erforderlich. Auch schlecht isolierte Gebäude sind diesbezüglich ein Problem. Darüber hinaus muß die Leistungsfähigkeit der Entwässerungssysteme erhöht werden, da mit einer Zunahme starker Niederschläge zu rechnen ist. Außer einigen wenigen Modelprojekten, ganz überwiegend basierend auf privater Initiative, gibt es bisher aber so gut wie keine nennenswerten Aktivitäten in dieser Richtung. Dabei ist die Anpassung der Städte nichts, was sich über Nacht erledigen läßt, sondern was Jahrzehnte in Anspruch nehmen wird. Je länger wir damit warten, das Thema auch nur grundlegend zu diskutieren, desto mehr Opfer wird es geben. 2024 sind in Deutschland über 3.000 Menschen an der Hitze gestorben.

5. Noch einmal: Das höchste Gericht

Angesichts dieser Entwicklungen entschied das Bundesverfassungsgericht 2021, daß die Bundesregierung verpflichtet ist, alles in ihrer Macht stehende zu tun, um den Klimawandel zumindest zu verlangsamen und so die Lebensgrundlagen zukünftiger Generationen so wenig, wie möglich zu beeinträchtigen. Insbesondere bemängelte das Gericht, daß die sogenannten Klimaziele der Regierung zu vage und nicht mit Zwischenschritten unterlegt waren. In der Konsequenz hat die letzte Regierung Merkel die Klimaziele verschärft und mit Zwischen- und Sektorzielen unterlegt. Aber all das ist nur Prosa. Ziele sind wertlos, wenn keine effektiven Maßnahmen zu ihrer Erreichung ergriffen werden. Am schlechtesten stehen bisher Verkehrs- und Gebäudesektor da. Statt nachzusteuern, hat die Ampelkoalition die Sektorziele einfach wieder aufgegeben. Eine der einfachsten Maßnahmen wäre ein allgemeines Tempolimit auf Deutschlands Autobahnen gewesen. Das hätte zwar keinen großen Beitrag leisten können, aber einen, der nichts gekostet hätte. Dies hat jedoch die FDP verhindert, deren Begriff von Freiheit einzig darin zu bestehen scheint, daß reiche Menschen mit viel zu schweren Autos mit Höchstgeschwindigkeit über die Straßen brettern dürfen. Dabei hat der BGH schon vor Jahren entschieden, daß eine Überschreitung der Richtgeschwindigkeit von 130 km/h grundsätzlich fahrlässig ist und im Falle eines Unfalls zwingend zu einer Mitschuld des Rasers führt.

In ihrem Wahlprogramm für die Bundestagswahl im Februar 2025 setzt sich die FDP, die sich gern selbst als Partei darstellt, welcher Rechtstaatlichkeit besonders am Herzen liegt, für eine Verschiebung der noch von der letzten Regierung unter Merkel beschlossenen Klimaziele, insbesondere die Klimaneutralität Deutschlands ein. Dabei verkennt sie, daß gerade das Vorziehen dieser Klimaziele gegenüber dem ursprünglichen Plan auf der Entscheidung des Bundesverfassungsgerichts von 2021 beruht. In dieser hatte das Gericht ja gerade entschieden, daß eine Verschiebung der Klimaziele weiter in die Zukunft verfassungswidrig wäre. Die Rechtstaatspartei FDP strebt also verfassungswidrige Maßnahmen an. Sie scheint dabei zu mißachten, wie sehr es das Rechtsempfinden der Bürger untergräbt, wenn bekannte Politiker, insbesondere ein ehemaliger Justizminister, der die

Beachtung des Rechts ja besonders verteidigen sollte, gerade zu dessen Bruch aufruft.

Gegen die Aufweichung der Klimaziele durch die Ampelregierung sind neue Beschwerden beim Bundesverfassungsgericht anhängig. Es bleibt abzuwarten, wie das Gericht darüber entscheiden wird, aber eins steht schon jetzt fest: Ziele werden nicht reichen. Erforderlich sind konkrete effektive Maßnahmen, die darüber hinaus sinnvoll aufeinander abgestimmt und miteinander koordiniert sein müssen. Konkrete Maßnahmen wird das Gericht aber nicht anordnen und auch gar nicht anordnen können. Dafür sind die Zusammenhänge zu komplex und die Einzelmaßnahmen viel zu kleinteilig. Daß eine zukünftige Bundesregierung solche Maßnahmen tatsächlich ergreifen wird, erscheint jedoch sehr unwahrscheinlich. So wird auch ein weiteres Klimaurteil des Bundesverfassungsgerichts letztlich nur Rechtsprosa ohne wirkliche praktische Auswirkungen bleiben.

VIII. Rechtssubjekt

Vor etwa 100 Jahren, als in weiten Teilen Europas der Kampf um Rechtstaatlichkeit in vollem Gange war, konnte sich wahrscheinlich kaum jemand, der aktiv an diesem Kampf beteiligt war, vorstellen, daß das Rechtssubjekt, der Bürger ein zentrales Problem bei der Aufrechterhaltung und Verteidigung der Rechtstaatlichkeit sein würde. Und doch ist das zumindest in Deutschland heutzutage der Fall.

1. NIMBY

Die Abkürzung steht für „Not in my backyard", was soviel heißt, wie nicht in meiner unmittelbaren Nachbarschaft. Eines der deutschesten Wörter in unserer Sprache ist „Bürgerinitiative". Inzwischen zieht fast jedes öffentliche Bau- oder Infrastrukturprojekt die Gründung einer Bürgerinitiative nach sich, die mit Vehemenz gegen das Projekt kämpft. Die Menschen wollen den Bahnhof zwar um die Ecke haben, aber keine Eisenbahnstrecke in der Nähe ihres Hauses. Auch die Anbindung an das Straßennetz soll gut sein, aber kein Durchgangsverkehr auf den Straßen in der Nähe des Hauses. Und natürlich soll die Verbindung zum nächsten Flughafen gut sein, aber keine Flugrouten über das Haus führen. Strom soll billig und zuverlässig verfügbar sein, aber seine Erzeugung und Verteilung darf nicht sichtbar sein. So erfolgt der aktuelle Ausbau der Fernstromnetze ganz überwiegend mit Erdkabeln, obwohl deren Bau das drei- bis achtfache dessen von Überlandleitungen kostet. Viele wollen zentral in einer Großstadt wohnen mit den damit verbundenen Vorzügen, wie Restaurants, Cafés und Einkaufsmöglichkeiten in fußläufiger Entfernung und einfachem Zugang zu gutem öffentlichem Nahverkehr, dabei aber die Ruhe eines einsamen Hauses am Waldrand genießen. Sie wollen, daß ihre Straße zu einer Spielstraße wird, in der ihre Kinder gefahrlos spielen können, halten sich aber nicht an die damit verbundene restriktive Geschwindigkeitsbegrenzung. Seit 1997 findet in Köln-Deutz zweimal im Jahr eine Kirmes am Rheinufer statt. Sie dauerte immer 16 Tage, jeweils abends bis Mitternacht. Nachdem das 25 Jahre lang kein Problem war, beschwerten sich 2023 Anwohner über die damit verbundene Lärmentwicklung und erwirkten eine Verkürzung auf neun Tage, sowie zusätzlicher Ruhetage innerhalb dieser neun Tage. Einige wenige Anwohner beeinträchtigten so den Spaß Tausender Kirmesbesucher. In Berlin gibt es Bürgerinitiativen gegen den Bau oder die Modernisierung von Wohnhäusern, in einer Stadt, in der viele den Mangel an bezahlbarem Wohnraum beklagen. Diese Form von Egoismus und Intoleranz untergräbt die Grundlagen eines Rechtstaats, der immer auf Kompromissen und Interessenabwägungen beruht. Rechtstaatlichkeit bedeutet nicht, daß jede und jeder ohne Rücksicht auf die Belange anderer immer bekommt, was sie oder er will.

Und natürlich sind die Anwohner in Deutz, die sich beschwert haben, nicht bereit, die Schausteller für ihre Einbußen zu kompensieren. Auch die Gegner von Überlandleitungen sind selbstverständlich nicht bereit, geschweige denn in der Lage, die Mehrkosten für die Erdkabel zu übernehmen. Diejenigen, die einen Tunnel oder mindestens einen Trog, also eine Tieferlegung für die Bahnstrecke in ihrer Nähe fordern, wollen auch dafür nicht zahlen. Auch das sollen andere übernehmen. So läßt sich eine moderne Gesellschaft, die auf eine leistungsfähige Infrastruktur angewiesen ist, nicht aufbauen und weiterentwickeln.

Der erste Sündenfall hinsichtlich der rechtlichen Berücksichtigung von Einzelinteressen war die Einführung reiner Wohngebiete mit der Baunutzungsverordnung von 1962. Dadurch wurden Wohnen, Arbeiten und Einkaufen voneinander getrennt, was vor allem deutlich mehr Verkehr generierte, der wiederum Lärm verursachte, der dann aber auch unerwünscht war, denn eigentlich sollten die Menschen so vor allem ruhiger wohnen und vom Lärm der Gewerbebetriebe und Einkaufsstraßen verschont bleiben. Eine weitere Folge dieser Trennung war eine Verödung vieler Innenstädte, was dann auch wieder beklagt wurde. Noch heute behindert die in der Baunutzungsverordnung vorgesehene Trennung der verschiedenen Nutzungen innerhalb einer Stadt eine sinnvolle, zu-kunftsfähige Stadtplanung mit einer gesunden Durchmischung der verschiedenen Nutzungen, um den Verkehr wieder zu reduzieren und die notwendigen Wege der Menschen zu verkürzen.

2. Kümmer Dich!

Deutschland ist ein Kümmererstaat, weil die Bürger das so wollen. Ein nicht unerheblicher Teil der Gesetzesflut liegt daran, daß viele Menschen in diesem Land vom Staat erwarten, daß er sich um alles kümmert. Die Feuerwehr wird gerufen, wenn die Katze auf den Baum geklettert ist und nicht mehr herunter kommt, die Polizei, wenn die demente Großmutter nicht auffindbar oder der Nachbar zu laut ist. Ist die Straße im Winter morgens um sechs noch nicht gestreut und jemand rutscht auf dem Gehweg aus, verklagt er die Stadt auf Schadenersatz.

Viele Menschen erwarten, daß der Staat sie vor allen möglichen Risiken schützt und Vorsorge für sie trifft. Im Ergebnis trägt das erheblich zu der völligen Überregulierung bei, die wir heute haben. Der Ruf nach staatlicher Regulierung wird dabei fast immer durch Einzelfälle ausgelöst, was im Laufe der Zeit zu vielen Detailregeln führt, die kaum oder gar nicht aufeinander abgestimmt sind und so leicht zu Überschneidungen mit Wertungswidersprüchen, aber auch Regelungslücken führen. Diese Regelungswut ist politisch nur schwer einzudämmen, da oft der Druck aus der Bevölkerung, ein aufgetretenes Problem gesetzlich zu regeln, erheblich ist, und Politiker, die diesem Druck nicht nachgeben, setzen sich leicht dem Vorwurf der Untätigkeit aus oder daß sie sich nicht für die Anliegen der Bürger interessieren. Das Ergebnis ist ein Wust an weitgehend überflüssigen, viel zu detaillierten Gesetzen.

3. Nichts zu verbergen

Datenschutz hat in Deutschland einen schlechten Ruf. Er ist vermeintlich an vielen Mißständen Schuld, sei es in der Verwaltung, in der Strafverfolgung, selbst im Sportverein. Der Standardspruch vieler Menschen, wenn sie auf die Bedeutung des Schutzes ihrer persönlichen Daten hingewiesen werden, lautet: „Ich hab' nichts zu verbergen." Das ist dumm und ignorant. Effektiver Datenschutz läßt sich aber schlecht verwirklichen, wenn der ganz überwiegende Teil der Bevölkerung dessen Notwendigkeit nicht erkennt und ihn nur als Hindernis in vielen Bereichen betrachtet.

Dabei können die Auswirkungen der ungehinderten Verbreitung der eigenen Daten gravierend sein. Nicht wenige sind verwundert, wenn sie ChatGPT nach ihrem eigenen Namen fragen, und die KI sie für ein Mitglied der Mafia oder anderer Verbrecherbanden hält aufgrund der Verknüpfung verschiedener Daten, mit denen sie trainiert wurde. Welche Auswirkungen es auf Ihr Leben dann haben kann, wenn die Polizei in der Zukunft auf die Unterstützung durch KI zurückgreift, können Sie sich selbst ausmalen. Oder die Bank verweigert ihnen einen Kredit, obwohl Ihr Einkommen hoch genug wäre. Sie finden noch nicht einmal heraus, warum. Wahrscheinlich hat die Schufa oder eine andere Agentur aus Daten, die sie über Sie gesammelt hat, den Schluß gezogen, daß Sie nicht kreditwürdig sind. Bisher verweigert die Schufa die Auskunft darüber, wie genau sie zu der Bewertung einer bestimmten Person gelangt. Auch die Daten, auf denen diese Bewertung beruht, legt sie bisher unter Verstoß gegen die DSGVO nicht offen, so daß Sie im Zweifel noch nicht einmal in der Lage sind, zu überprüfen, ob wenigstens die Daten korrekt sind, aus denen die Schufa dann auf magische Weise Schlußfolgerungen über ihre Bonität zieht.

Selbst wenn Menschen von solchen Auswirkungen mangelnden Datenschutzes persönlich betroffen sind, verstehen sie oft die Zusammenhänge nicht und erkennen nicht, daß das eigentliche

Problem auf einem Mangel an Datenschutz beruht. Und die Politik hat überhaupt kein Interesse, das Bewußtsein der Bürger diesbezüglich zu stärken, da die meisten Parteien eher Interesse an einer Schwächung des Datenschutzes zu haben scheinen. Wirklich einsetzen tut sich derzeit jedenfalls keine Partei für dessen Stärkung.

IX. Rechtszukunft

Rechtstaatlichkeit ist kein Selbstzweck, nicht bloß ein Gedankengebilde einer intellektuellen Minderheit. Sie ist die Voraussetzung für Freiheit und Fortschritt, für persönliche und wirtschaftliche Entfaltung. Ihr Fehlen kann, wie nicht nur die Beispiele in diesem Buch zeigen, sondern der Blick in alle Diktaturen der Vergangenheit und Gegenwart überdeutlich belegt, das Leben von Menschen zutiefst beeinträchtigen oder gar zerstören. Darüber hinaus hat das Recht aber auch einen viel größeren Einfluß auf die Wirtschaft unseres Landes, als von Politik und Bevölkerung wahrgenommen wird. Verbesserungen hängen nicht von irgendwelchen äußeren Einflüssen ab, sondern allein vom politischen Willen. Wäre dieser vorhanden, wäre manches schnell zu erreichen. Anderes braucht Zeit und Ausdauer.

Eine Regel ist dabei grundlegend für eine rechtstaatliche Gestaltung der Gesellschaft: In einer freien, rechtstaatlichen und demokratischen Gesellschaft gibt es kein abstraktes Staatsinteresse, das sich von den Interessen der Gesamtheit seiner Bürger unterscheidet. Der Staat steht nicht über der Gesellschaft, sondern ist Teil derselben. Er hat die Rechte der Bürger zu gewährleisten und zu schützen.

1. Grundrechte und Sicherheit

„Those who would give up essential liberty to purchase a little temporary safety, deserve neither liberty nor safety."

Benjamin Franklin

Rechtstaatlichkeit braucht starke, unantastbare Freiheitsrechte. Vor allem die Unionsparteien müssen endlich aufhören, die Grundrechte in unserem Land immer weiter bis hin zu deren totalem Verlust auszuhöhlen. Diese müssen im Gegenteil wieder umfassend hergestellt, gestärkt und angemessen erweitert werden. Die Erkenntnis von Benjamin Franklin, daß die Aufgabe von Freiheitsrechten, um etwas mehr Sicherheit zu erlangen, am Ende nur zum Verlust von beiden, sowohl der Freiheit als auch der Sicherheit führt, gilt heute mehr denn je.

a) Daten

Die Bedeutung des Schutzes persönlicher Daten für eine freie Gesellschaft in der Zukunft kann gar nicht überschätzt werden. Das Bundesverfassungsgericht hat in seinem Volkszählungsurteil von 1983 festgestellt, „Wer unsicher ist, ob abweichende Verhaltensweisen jederzeit notiert und als Information dauerhaft gespeichert, verwendet oder weitergegeben werden, wird versuchen, nicht durch solche Verhaltensweisen aufzufallen." Und weiter: „Dies würde nicht nur die individuellen Entfaltungschancen des Einzelnen beeinträchtigen, sondern auch das Gemeinwohl, weil Selbstbestimmung eine elementare Funktionsbedingung eines auf Handlungsfähigkeit und Mitwirkungsfähigkeit seiner Bürger begründeten freiheitlichen demokratischen Gemeinwesens ist." Eine Kleinstadt in England verfügte über vier Fahrzeuge zur Stadtreinigung. Dann führte sie die flächendeckende Videoüberwachung aller öffentlichen Straßen und Plätze ein. Danach benötigte sie nur noch ein Fahrzeug zur Straßenreinigung. Was sich nach einem sehr wünschenswerten Ergebnis anhört und einem Werbespot für die totale Videoüberwachung des öffentlichen Raums entnommen sein könnte, spricht tatsächlich eben gegen diese Überwachung, denn das Beispiel zeigt, wie gravierend die Verhaltensänderung der Menschen ist, wenn sie sich beobachtet fühlen. So kann die immer weiter um sich greifende Überwachung die für eine freie Gesellschaft essentielle Meinungsvielfalt nachhaltig beeinträchtigen.

Überwachung in jeder Form erzeugt einen Druck auf die Bürger, sich so zu verhalten, wie sie meinen, daß es von ihnen erwartet wird. Deshalb ist eine anlaßlose Überwachung, zu der auch das Sammeln persönlicher Daten jedweder Art gehört, mit einer freien, auf Rechtstaatlichkeit basierenden Gesellschaft schlicht unvereinbar. Dasselbe gilt für anlaßlose Polizeikontrollen. Und persönlich sind vielmehr Daten, als die meisten Menschen glauben. Radikale Datenschützer gehen davon aus, daß es „keine belanglosen Daten gibt". Stellen Sie sich vor, Sie sehen in der Stadt einen Mann, der Damenunterwäsche kauft. Das ist für sich genommen nicht ungewöhnlich und auch nicht weiter bemerkenswert. Zufällig haben Sie seinen Namen aufgeschnappt, weil er mit Karte bezahlt und die Kassiererin ihn mit Namen angesprochen hat. Aus Langeweile und Neugier suchen Sie den Namen im Internet und finden ein Bild, unter dem eine Frau, offensichtlich seine Partnerin, stolz verkündet, sie passe jetzt wieder in eine Größe M. Sie könnten aber schwören, daß die Unterwäsche, die er gekauft hatte, XS war. Und schon lassen sich Schlußfolgerungen ziehen, die den Käufer der Damenunterwäsche in Schwierigkeiten bringen könnten.

Vergleichbare Beispiele ließen sich unzählige bilden. Sie haben zum Beispiel einen Firmenwagen, zusammen mit einer Tankkarte, die es Ihnen ermöglicht, auf Firmenkosten zu tanken. Sie fühlen sich nicht wohl und melden sich für ein paar Tage krank. Nun stellt die Firma fest, daß sie einen Tag nach Ihrer Krankmeldung mit der Firmenkarte etwa 50 Kilometer von ihrem Wohnort entfernt getankt haben und kündigt Ihnen fristlos wegen vermeintlichen Betrugs. Natürlich kann es viele harmlose Erklärungen dafür geben, daß mit Ihrer Karte so weit entfernt von ihrem Wohnort getankt wurde, während sie doch krank waren. Das Beispiel soll zeigen: Daten, über die Sie sich gar keine Gedanken machen, können Ihnen zum Verhängnis werden, wenn sie mit anderen Daten verknüpft werden, manchmal aber auch schon ganz ohne Verknüpfung. Als die Deutschen 1940 die Niederlande besetzten, hatten sie dort Zugriff auf die Melderegister. Das vorher völlig belanglose Datum „Religionszugehörigkeit" wurde plötzlich für diejenigen, bei denen dort „jüdisch" eingetragen war, zur Todesgefahr. Und je mehr Daten über Sie irgendwo gespeichert sind, desto weniger Einluß haben Sie darauf, was damit gemacht wird und in welcher Art sie verknüpft werden. Der Journalist, dessen im Internet frei verfügbare Daten die Redaktion der c't gesammelt und miteinander verknüpft hatte, und der dann das Ergebnis dieser Arbeit nicht publiziert sehen wollte, jedenfalls nicht mit seinem Namen, obwohl er zuvor keine Einwände hatte, daß nach diesen Daten gesucht wird und sie verknüpft werden, ist das perfekte Beispiel hierfür.

Und es fallen immer mehr Daten an. Moderne Autos speichern nicht nur, wann sie wohin gefahren sind, sondern auch über welche Strecke und wie schnell. Wie fänden Sie es, wenn die Polizei mal eben in den von Ihrem Auto gespeicherten Daten nachsehen will, ob Sie auch immer die Geschwindigkeitsbegrenzung eingehalten und auch an jedem Stoppschild gehalten haben? Moderne Stromzähler zählen nicht einfach nur die Kilowattstunden, die Sie verbrauchen, sondern speichern exakt, wann genau sie wieviel Strom verbraucht haben. Auch daraus lassen sich viele Rückschlüsse auf Ihr Leben und Verhalten ziehen, vor allem wenn diese Daten zum Beispiel mit denjenigen, die Amazons Alexa oder vergleichbare Geräte sammeln, verknüpft werden. Microsoft bietet Firmen Softwaretools an, mit denen das Verhalten der Mitarbeiter am Computer vollständig überwacht werden kann, und zwar nicht nur, wer wann was mit welchem Programm gemacht hat, sondern auch Tippgeschwindigkeit, Anschlagsintensität beim Tippen ... Aus all diesen Daten werden dann zum Beispiel auch Rückschlüsse auf die jeweils aktuelle Gefühlslage eines Mitarbeiters und seine Arbeitsmotivation gezogen. Auch Produktionsmaschinen in der Industrie sammeln unzählige Daten, die umfassende Rückschlüsse auf die Produktivität der Mitarbeiter, die mit diesen Maschinen arbeiten, gezogen werden können. Aus den Daten auf einem Handy läßt sich ohnehin fast immer fast das gesamte Leben des Nutzers rekonstruieren. Es zeichnet auf, wann Sie sich wo aufgehalten haben, der Schrittzähler registriert, wann Sie sich wieviel bewegt haben. Verbunden mit einer Smartwatch werden noch weitere Vitalwerte wie Puls und Sauerstoffsättigung Ihres Bluts gespeichert. Wenn Sie eine Zyklusapp auf Ihrem Handy haben, kennt es vermutlich auch sehr intime Details ihres Lebens, selbst wenn Sie sich darüber mit niemandem schriftlich unterhalten haben. Wenn Sie in einem Land mit restriktivem Abtreibungsrecht leben, könnten sich auch die Strafverfolgungsbehörden dafür interessieren, wie bereits erwähnt. Und natürlich kennt Ihr Handy auch Ihre gesamte Kommunikation, wann sie mit wem über welchen Kanal Kontakt hatten, bei schriftlicher Kommunikation auch den Inhalt derselben. Schon mehrfach wurde bekannt, daß die Anbieter der verschiedenen Kommunikationskanäle auch die Inhalte der Unterhaltungen über ihre Apps auswerten. Der gläserne Mensch, über den staatliche Stellen jederzeit alles wissen können, wenn sie nur Zugriff auf die auf verschiedenen Geräten anfallenden Daten über ihn haben, ist keine ferne Utopie, sondern bereits Realität. Der effektive und umfassende Schutz persönlicher Daten ist daher eine unabdingbare Grundlage jeder freien rechtstaatlichen Gesellschaft in der Zukunft.

Es ist daher unbegreiflich, daß es auch 40 Jahre nach dem Volkszählungsurteil noch immer kein umfassendes Datenschutzgrundrecht im Grundgesetz gibt. Die Konstruktion des Bundesverfassungsgerichts, welches das Recht auf informationelle Selbstbestimmung aus dem Schutz der Menschenwürde in Verbindung mit dem Recht auf freie Entfaltung der Persönlichkeit hergeleitet hat, genügt jedenfalls nicht einmal ansatzweise, um einen ausreichenden Schutz persönlicher Daten zu gewährleisten, wie in diesem Buch an vielen Stellen gezeigt. Es wäre aber auch schon viel gewonnen, wenn vor allem konservative Politiker endlich aufhören würden, wahrheitswidrig zu behaupten, mehr Überwachung, mehr Daten über die Bürger bei den Sicherheitsbehörden würden zu mehr Sicherheit führen. Es wurde bereits umfassend erläutert, warum sie das genaue Gegenteil bewirken. Bei den beiden größten Anschlägen der jüngeren Geschichte 2016 auf den Weihnachtsmarkt an der Gedächtniskirche in Berlin und 2024 auf den Weihnachtsmarkt in Magdeburg war nicht ein Mangel an Information das Problem, im

Gegenteil. Die Behörden hatten in beiden Fällen schon vor den Anschlägen massenhaft Daten, die bewiesen, daß die jeweiligen Täter gefährlich sind. Diesen Informationen schenkten die Sicherheitsbehörden aber offensichtlich nicht die notwendige Aufmerksamkeit. Noch mehr Daten, mehr Überwachung hätten nicht zu irgendwelchen Verbesserungen geführt.

b) Auf zur Demo!

Die Versammlungsfreiheit ist für eine freie Gesellschaft ähnlich wichtig, wie der Datenschutz. Ohne kann es Rechtstaatlichkeit schlicht nicht geben. Sie hängt unmittelbar mit dem Recht auf freie Meinungsäußerung zusammen, das erst dadurch besonderes Gewicht erlangt, wenn viele Gleichgesinnte ihre Meinung gemeinsam und öffentlich zum Ausdruck bringen können. Es ist nicht ersichtlich, warum die Versammlungsfreiheit weiterer Einschränkungen bedarf, als diejenigen die bereits im Grundgesetz vorgesehen sind: Friedlich und ohne Waffen. Ebensowenig ist einzusehen, warum die Bundesländer dies unterschiedlich regeln dürfen. Natürlich mögen es Politiker nicht, wenn die Bürger in großer Zahl und öffentlich ihrem Unmut über die Politik deutlich Ausdruck verleihen, aber das müssen sie in einer freien Gesellschaft aushalten und sind nicht berechtigt, die Versammlungsfreiheit nach eigenem Gutdünken fast beliebig einzuschränken. Das Bundesverfassungsgericht hatte einmal festgestellt, daß der Staat gerade nicht erfassen darf, wer aus welchem Grund öffentlich demonstriert. Ein Kernelement der Versammlungsfreiheit ist ja gerade, daß der einzelne Mensch in der Masse der Demonstranten dem gemeinsamen Anliegen anonym und unerkannt Ausdruck und Gewicht verleihen kann, ohne dabei registriert zu werden und möglicherweise später Konsequenzen aus seiner Teilnahme an einem Protest befürchten zu müssen. In der Konsequenz bedeutet das, daß Demonstranten sich auch vermummen dürfen, das Vermummungsverbot also rechtswidrig ist. Es ist auch nicht einzusehen, warum Demonstranten sich nicht auch mit entsprechender Ausrüstung gegen

Polizeigewalt schützen dürfen sollen. Öffentliche Versammlungen sind nicht etwas, was grundsätzlich schlecht und nur in Ausnahmefällen zulässig ist. Sie sind schlicht unverzichtbarer Teil einer freien, offenen Gesellschaft. Es ist Aufgabe des Staates, sie soweit irgendwie machbar zu ermöglichen und zu schützen. Behinderungen des öffentlichen Lebens dadurch sind so lange uneingeschränkt hinzunehmen, wie keine Personen geschädigt werden. Das heißt, jede Form von friedlichem Protest, auch Sitzblockaden, müssen uneingeschränkt möglich und zulässig sein. In einer Gesellschaft, die meint, solche Proteste mit allen erdenklichen staatlichen Maßnahmen unterbinden zu müssen, ist die Freiheit und damit auch die Rechtstaatlichkeit am Ende. Erst wenn ein Protest insgesamt gewaltsam verläuft, ist der Staat berechtigt, ihn ganz zu unterbinden. Einzelne Gewalttäter machen eine Demo aber nicht insgesamt gewalttätig, wie das Bundesverfassungsgericht festgestellt hat. Vordringliche Aufgabe des Staates ist es immer, den Protest friedlicher Demonstranten zu ermöglichen und zu schützen. Und wenn die Menschen für ihren Protest eine Autobahn wählen, ist auch das vom Staat und auch den Autofahrern hinzunehmen.

Vermummungs- und Schutzwaffenverbot gehören abgeschafft, ebenso örtliche Beschränkungen für Demonstrationen. Auch das Uniformverbot, welches immer damit begründet wird, es sollen keine Naziaufmärsche wie im Dritten Reich zugelassen werden, dann aber nicht gegen rechte Aufmärsche, sondern gegen schwarz gekleidete linke Demonstranten oder Klimaaktivisten in weißen Overalls angewendet wird, hat im Versammlungsrecht nichts verloren. Es ist schlicht nichts Verwerfliches daran, wenn Demonstranten ihrem Anliegen auch durch einheitliche Kleidung Ausdruck verleihen wollen. Daß dies dann auch Rechtsextremisten tun können, ist sicher nicht wünschenswert, rechtlich aber hinzunehmen, denn friedlich und ohne Waffen gilt für sie auch. Ebensowenig dürfen sie andere Menschen durch ihr Auftreten unmittelbar bedrohen oder einschüchtern.

Gründe, das Versammlungsrecht für alle spürbar einzuschränken, bieten rechte Aufmärsche aber nicht, egal in welcher Form.

c) Vorsicht Eingriff!

Grundrechte, Freiheitsrechte, Bürgerrechte, wie immer sie genannt werden, haben nur dann einen Wert, wenn der Staat nicht fast beliebig in sie eingreifen kann. Das gilt besonders für den Schutz der eigenen Wohnung und der Vertraulichkeit der Kommunikation. Wenn die Polizei schon bei dem geringsten Verdacht eine Wohnung durchsuchen kann, selbst bei kleinsten Vergehen, ist das Recht auf Unverletzlichkeit der Wohnung letztlich wertlos, vor allem wenn sich solch ein Verdacht bei Bedarf beliebig konstruieren läßt, wie es bei linken Aktivisten regelmäßig geschieht. Daher muß dieses Grundrecht im Grundgesetz gestärkt werden, die Hürden für Durchsuchungen schon in der Verfassung deutlich angehoben werden. Insbesondere muß unterbunden werden, daß dieses Instrument weiterhin zur Einschüchterung politisch unliebsamer Gruppen genutzt wird. Für Journalisten und Rechtsanwälte muß diesbezüglich ein besonderer Schutz gelten. Informanten müssen darauf vertrauen können, daß der Staat keinen Zugriff auf ihre Identität hat, wenn sie sich einem Journalisten anvertrauen. Ein absoluter Schutz von Journalisten vor Durchsuchungen bietet natürlich Raum für Mißbrauch, aber angesichts der Bedeutung freier, von staatlicher Kontrolle völlig unabhängiger Medien für eine freie Gesellschaft, scheint das ein geringer Preis zu sein. Eine der peinlichsten Entscheidungen des Bundesverfassungsgerichts war das Spiegel-Urteil, in dem sich das Gericht aufgrund eines Patts im zuständigen Senat von vier zu vier Stimmen nicht zu einer Verurteilung der Durchsuchung der Spiegelredaktion durchringen konnte, obwohl der zugrundeliegende Vorwurf des Landesverrats offensichtlich haltlos war. Dabei muß im Hinblick auf das Internet und zahlreicher Menschen, die ihre Nachrichten und Meinungen nicht über die klassischen Medien verbreiten, sondern über eigene Internetseiten, Podcasts, Youtube- und TikTok-Kanäle der Begriff des Journalisten und der Pressefreiheit grundlegend erweitert werden, denn diese neuen Formen der Informationsverbreitung sind inzwischen mindestens ebenso bedeutend wie Radio, Fernsehen und Zeitungen. Vor allem bei kritischer Berichterstattung liegt das Internet inzwischen oft vorne. Und diese ist besonders wichtig für eine freie Gesellschaft. Daher sollte diese neue Form des Journalismus den gleichen verfassungsrechtlichen Schutz genießen, wie der klassische.

Auch Rechtsanwälte haben eine überragende Bedeutung in einem Rechtstaat. Ihre Mandanten müssen ebenfalls darauf vertrauen können, daß der Staat keinen Zugriff auf Informationen hat, die sie ihrem Anwalt anvertrauen, damit dieser sie angemessen, auch in Verfahren gegen den Staat, beraten kann. Schon die Tatsache, daß jemand einen Anwalt aufsucht, unterliegt der Vertraulichkeit. Auch hier gibt es eine letztlich haltlose Entscheidung des Bundesverfassungsgerichts, in der das Gericht dem Staat gestattet hat, die bei einer Durchsuchung einer Rechtsanwaltskanzlei sichergestellten Unterlagen über deren Untersuchung des VW-Dieselskandals in Strafverfahren gegen mehrere Manager des Konzerns zu verwenden. VW hatte die Kanzlei mit dieser Ermittlung selbst beauftragt, und die Staatsanwaltschaft wollte sich nicht die Mühe machen, selbst zu ermitteln, sondern der Einfachheit halber die Ermittlungen der Anwälte für die Strafverfolgung der Verantwortlichen bei VW nutzen. Damit hat das Bundesverfassungsgericht die Vertraulichkeit zwischen Anwalt und Mandant faktisch abgeschafft und damit selbst entscheidend zur Erosion unseres Rechtstaats beigetragen. Auch für Rechtsanwälte scheint daher ein absolutes Durchsuchungsverbot erforderlich, um dieses Einfallstor zur Aushöhlung der Rechtstaatlichkeit zu schließen.

Nicht nur die Arbeit von Journalisten und Rechtsanwälten, sondern auch Freundschaften, berufliche Zusammenarbeit, generell Vertrauen zwischen Menschen erfordert es, vertraulich miteinander kommunizieren zu können. Und vertraulich bedeutet, daß der Staat gar keine Möglichkeit hat, diese Kommunikation zu belauschen. Der Staat kann seine Bürger nur entweder schützen oder ihnen mißtrauen. Überwachung ist die Manifestation von Mißtrauen. Wenn der Staat seinen Bürgern mißtraut, in ihnen potentielle Täter statt potentieller Opfer sieht, wird er sie in Gefahr bringen. Die Geschichte des WannaCry-Virus ist nur ein Beispiel dafür. Wenn Sicherheitspolitiker für verschlüsselte Kommunikationswege eine sogenannte Hintertür für die Behörden fordern, verlangen sie tatsächlich nach einer Sicherheitslücke, und diese kann natürlich nicht nur vom Staat, sondern auch von Kriminellen genutzt werden, die im Zweifel sogar besser darin sind.

Da sich die Möglichkeiten zur Kommunikation durch Internet und Mobilfunk vervielfältigt haben, ist es dringend geboten, das Brief-, Post- und Fernmeldegeheimnis in Art. 10 Abs. 1 GG zu einem umfassenden Schutz der Kommunikation der Bürger untereinander weiterzuentwickeln. Soweit diese dabei Verschlüsselung nutzen, hat der Staat das hinzunehmen. Alle Bürger einer Gefahr auszusetzen, nur um wenige Krimielle zu verfolgen, ist schlicht unverhältnismäßig. Besonders absurd ist es, wenn Richter von den Anbietern der Apps für verschlüsselte Kommunikation die Aufhebung der sicheren Verschlüsselung für in der Vergangenheit liegende Kommunikation fordern, was technisch unmöglich ist. Das ist der eigentliche Sinn sicherer Verschlüsselung.

Vertrauliche Kommunikation erfordert auch, zu Hause nicht abgehört zu werden. Der „große Lauschangriff" muß abgeschafft werden. Laut offiziellen Angaben wird er jährlich ohnehin nur in einer zweistelligen Zahl von Fällen eingesetzt, was zu noch weniger Verurteilungen führt. Es ist also offensichtlich, daß ein derart massiver Eingriff in die Grundrechte der Bürger völlig unverhältnismäßig ist. Wie bereits erläutert, wird jede technisch vorhandene Möglichkeit von den Sicherheitsbehörden auch immer wieder außerhalb des rechtlich gesetzten Rahmens verwendet. Daher muß der Schutz der Grundrechte schon bei der Begrenzung technischen Möglichkeiten der Sicherheitsbehörden ansetzen und nicht erst bei deren Einsatz.

2. Gesetzgebung

Gute Gesetzgebung ist nicht wirklich schwierig, wenn sie sich an Fakten und Sachverstand orientiert und nicht auf Lügen, Polemik und Populismus basiert. Wenn die Bildzeitung auf der Titelseite die Nachricht bringt, daß ein deutscher Sozialhilfeempfänger von eben dieser Sozialhilfe in Florida lebt, ist das definitiv kein Grund, in Deutschland irgendein Gesetz zu ändern. Wer sich um die Fakten gekümmert hätte, hätte feststellen können, daß das Leben von deutscher Sozialhilfe in Florida nicht luxuriöser ist als in Deutschland. Zwar ist es dort wärmer, im Sommer aber meist in einem Maß, das ein Leben ohne Klimaanlage unerträglich macht. Außerdem gibt es regelmäßig Hurricans. Gründe, jemanden zu beneiden, der dort auf Kosten des deutschen Steuerzahlers lebt, sind nicht ersichtlich.

Ehrlichkeit ist in der Politik jedoch ein rares Gut. Sie steht häufig mächtigen Interessen gegenüber. Durch entsprechenden Einfluß auf die Politik verhindern Lobbyverbände häufig eine sinnvolle, faktenbasierte Gesetzgebung. Gute Gesetzgebung erfordert daher in erster Linie, daß die Politik sich über solche Interessen hinwegsetzt.

a) Und noch einmal Drogen

Ob im Fall der Drogenpolitik die Kartelle Einfluß auf die Politik nehmen, oder es andere Gründe für die Politiker gibt, die Fakten in diesem Bereich so hartnäckig zu ignorieren, ist bisher nicht klar. Dabei sind die Fakten hier mehr als offensichtlich. Die repressive Drogenpolitik war schon gescheitert, bevor sie überhaupt begonnen hatte, wie aus dem Alkoholverbot in den USA von 1920 bis 1933 ersichtlich ist. Dessen klägliches Versagen, sowie die Vielzahl der damit verbundenen Kollateralschäden hätten eigentlich zwingend zu der Erkenntnis führen müssen, daß ein Verbot jeglicher Rauschmittel sinnlos, ja schädlich ist. Nun, über 90 Jahre und Millionen Tote später in dem sinnlosen „Krieg gegen Drogen" stellt sich bei den meisten politisch Verantwortlichen noch immer keine Einsicht ein. Und das, obwohl die einzig sinnvolle Lösung auf der Hand liegt: Alle Drogen müssen legalisiert werden. Das heißt natürlich nicht, das jeder am Kiosk an der Ecke Heroin kaufen können soll. Verschiedene Drogen sind unterschiedlich gefährlich und bedürfen entsprechend differenzierter Regelungen. Um den Schwarzmarkt und die damit verbundene Kriminalität wirklich auszutrocknen, darf der Zugang auch zu harten Drogen aber nicht zu schwierig sein. So können in der Schweiz Menschen, die von Heroin abhängig sind, dieses über den Staat beziehen und unter ärztlicher Aufsicht konsumieren. So wird sichergestellt, daß die Droge eine gute Qualität hat und richtig dosiert wird. Viele dieser Menschen können ein normales Leben führen. Cannabis dagegen ist so harmlos, daß die Beschränkungen des Anbaus und Handels damit nicht strenger sein müssen, als bei Alkohol, der im übrigen nach Überzeugung fast aller Experten sehr viel gefährlicher ist als Cannabis. Staatliche Regulierung von Drogenproduktion und –handel würden sicherstellen, daß die Drogen eine gute, kontrollierte Qualität haben, unbeabsichtigte Fehldosierungen der Vergangenheit angehören und die Drogen mit Beipackzettel verkauft werden. Beratungsstellen müßten nicht mehr im rechtlichen Graubereich arbeiten. Natürlich würden mit einer umfassenden Legalisierung nicht alle durch Drogen verursachten Probleme sofort verschwinden, aber sie wären deutlich weniger gravierend als durch die repressive Drogenpolitik derzeit. Außerdem könnte der Staat das Geld, was er derzeit zur Bekämpfung der Drogen aufwendet, sparen und gleichzeitig über Steuern auf Drogen nicht ganz unerhebliche zusätzliche Steuereinnahmen erzielen. Nennenswerte negative

Effekte einer Legalisierung von Drogen wurden bisher, wo immer das ausprobiert wurde, keine festgestellt.

b) Miete

Der Wohnungsmarkt heißt so, weil es ein Markt ist, auf dem grundsätzlich Angebot und Nachfrage den Preis bestimmen. Auch wenn dieser Markt einer der am stärksten regulierten im ganzen Land ist, ändert das am Grundprinzip wenig: Wenn das Angebot die Nachfrage nicht oder nur schlecht befriedigen kann, kommt es zu steigenden Preisen, hier steigenden Mieten. Und solange Knappheit herrscht, ist eine effektive Begrenzung der Miethöhen letztlich zum Scheitern verurteilt. Verbessern läßt sich die Situation nur durch Beseitigung der Knappheit. Dafür müssen die Bedingungen für den Wohnungsbau verbessert werden. Dies läßt sich nicht mit einem einzelnen großen Wurf erreichen, sondern erfordert viele kleine Schritte, von denen nur wenige nennenswerte Medienpräsenz für die verantwortlichen Politiker generieren würde.

Bauvorschriften sind ein Teil des Problems. Sie sind in Deutschland erheblich strikter als in vielen anderen Ländern. Nicht alle davon sind unsinnig, viele aber jedenfalls nicht zwingend erforderlich. Vor allem Brandschutz wird in Deutschland auf die Spitze getrieben, mit derart vielen Detailvorschriften, von denen viele den Schutz vor Brandschäden und vor allem Brandopfern kaum noch oder gar nicht mehr verbessern. Sie sind aber ein starker Kostentreiber, weniger beim Neubau, wo die entsprechenden Regeln von Anfang an berücksichtigt werden können, vielmehr bei Sanierung und Ausbau älterer Gebäude. Hier können Brandschutzvorschriften die Kosten schnell vervielfachen. Ähnliches gilt für Schallschutz. Zwar sind hellhörige Häuser nicht besonders beliebt, würde ein Verzicht oder eine Reduzierung von Schallschutz aber zu deutlich niedrigeren Mieten führen, würden viele Menschen das sicher in Kauf nehmen. Auch Wärmedämmung ist ein Kostentreiber beim Bauen. Zwar ist verständlich, daß aus Gründen des Klimaschutzes auch im Gebäudesektor Energie eingespart werden soll, aber die Vorschriften hierfür wurden im Laufe der Zeit derart verschärft, daß der Aufwand, der hierfür inzwischen getrieben werden muß, in einem sehr ungünstigen Verhältnis zum Nutzen steht. Etwas weniger Dämmung würde zu erheblichen Einsparungen beim Bau bei nur geringfügig höherem Energieverbrauch führen. Ein weiterer massiver Kostentreiber beim Bauen gerade in Ballungsräumen ist die Pflicht, eine als ausreichend angesehene Zahl an Stellplätzen für Autos bei Neu- und Ausbauten zur Verfügung zu stellen. Gerade in Innenstädten führt das meist zu einer Vervielfachung der Baukosten, da dort zusätzliche Stellplätze nur unterirdisch erstellt werden können.

Neben den Bauvorschriften ist die vor allem durch die mittelalterlichen Vorschriften der Handwerksordnung verursachte Ineffizienz und Verknappung von Bauleistungen ein signifikanter Kostenfaktor. Dieser könnte immerhin durch die ersatzlose Aufhebung der Handwerksordnung relativ einfach beseitigt werden, wobei es danach allerdings noch einige Jahre dauern dürfte, bis die dadurch möglichen Effizienzgewinne realisiert werden und das Angebot an Bauleistungen nennenswert ausgeweitet wird. In Österreich hat die Aufhebung der entsprechenden Vorschriften jedenfalls zu keinen negativen Effekten geführt, so daß die mit der Handwerksordnung verbundene massive Beschränkung der Berufsfreiheit einer rechtlich maßgeblichen Begründung entbehrt, also letztlich verfassungswidrig ist.

Günstiges Bauen setzt ausreichend und bezahlbares Bauland voraus. Gerade in Ballungsräumen ist das schwierig zu gewährleisten und würde eine für Deutschland schwierige Entscheidung erfordern: Sind Menschen wichtiger oder Autos? In Berlin nimmt die Stadtautobahn schon heute sehr viel Platz in sehr guten Innenstadtlagen ein. Würde sie komplett für Wohnbebauung zur Verfügung gestellt, gäbe es über Jahrzehnte keinen Mangel an Bauland für Wohnungen mehr. Allein auf der Fläche eines Autobahnkreuzes ist Platz für Wohnungen für 40.000

Menschen. Stattdessen will die CDU die Stadtautobahn noch verlängern und weitere wertvolle Flächen für Autos statt Menschen nutzen.

Eine gerade in Großstädten sehr einfache und sehr wirksame Maßnahme, mehr bezahlbaren Wohnraum zu schaffen, wäre es, die meisten Gebäude einfach um ein oder zwei Etagen aufzustocken. Die Statik fast aller Häuser dürfte das problemlos hergeben. Zu geringeren Kosten läßt sich kein neuer Wohnraum schaffen. Das bedeutet natürlich, daß es in den unteren Stockwerken etwas dunkler wird, aber wenn immer mehr Menschen relativ zentral wohnen wollen, geht das nur, wenn höher und dichter gebaut wird.

Schließlich ließe sich durch eine verstärkte staatliche Förderung von Wohnungsbaugenossenschaften, zum Beispiel durch staatliche Kredite oder Garantien zur Erleichterung des Zugangs zu Krediten und Verbesserung des Zugangs für diese Genossenschaften zu preiswertem Bauland für breite Bevölkerungsschichten erschwinglicher Wohnraum schaffen. Mehr noch als sozialer Wohnungsbau sichern sie dauerhaft preiswerten Wohnraum in guter Qualität. So sind in Wien zum Beispiel etwa ein Viertel aller Mietwohnungen im Eigentum einer Genossenschaft. Wer dagegen mehr staatlichen Wohnungsbau für die Lösung hält, möge sich daran erinnern, daß die Knappheit von Wohnraum in der ehemaligen DDR viel gravierender war als im Westen. Die Gesamtinvestitionen in den Wohnungsbau hätten 2023 etwa 60% des Bundeshaushalts ausgemacht. Es ist nicht vorstellbar, daß die Politik einen Weg findet, durch staatlichen Wohnungsbau einen signifikanten Beitrag zur Beseitigung der Knappheit in diesem Bereich zu leisten. Es würde aber schon helfen, wenn Bund, Länder und Gemeinden aufhören, die noch vorhandenen staatlichen Wohnungen zu verkaufen. Allerdings sind staatliche Wohnungen mit günstigen Mieten meist nicht kostendeckend. Die Stadt Wien, der knapp 30% der Wohnungen in der Stadt gehören, gibt jährlich einen dreistelligen Millionenbetrag dafür aus.

c) Der Markt wird es richten – oder nicht?

Während im Wohnungsbau private Initiative sicher der sinnvollere Weg zur Lösung der Probleme ist, gilt das in anderen Sektoren nicht zwingend, vor allem dann nicht, wenn es sich um Monopole handelt. Das neoliberale Narrativ, daß Privatunternehmen immer effizienter sind als staatliche, stimmt schlicht nicht. In der zweiten Hälfte des 19. Jahrhunderts hatte Preußen nach und nach die privaten Eisenbahngesellschaften im Land aufgekauft und damit verstaatlicht, unter anderem, weil sie als ineffizient und damit als ein Hindernis für die Entwicklung der Wirtschaft angesehen wurden. Und tatsächlich war die Preußische Staatsbahn deutlich effizienter als ihre privaten Vorgängergesellschaften.

Privatunternehmen gelten als effizient, weil sie dem Wettbewerb ausgesetzt sind und bei Ineffizienz aus dem Markt verdrängt werden. Betreibt ein Privatunternehmen aber ein Monopol, gibt es keinen Wettbewerb, wie zum Beispiel bei der Wasserversorgung oder der Müllentsorgung. Hier besteht für das Unternehmen ein Anreiz, möglichst schlechte Leistungen zu möglichst hohen Preisen zu erbringen. Der Staat reagiert darauf in der Regel mit sogenannter Regulierung, erläßt also Gesetze, welche die Monopolunternehmen zu guter Leistung für akzeptable Preise anhalten sollen. Deren Einhaltung soll dann von eigens hierfür geschaffenen Behörden überwacht werden. Ein entscheidendes Problem dabei ist das sogenannte Principal-Agent-Problem, das besagt, daß es zwischen Principal, hier der Staat und Agent, hier der Monopolbetrieb ein Informationsgefälle gibt. Der Monopolunternehmer kennt sich in seinem Geschäft wesentlich besser aus als der Staat, was eine effektive Kontrolle und Regulierung unmöglich macht.

Eine Lösung für dieses Problem wird von einigen im sogenannten Wettbewerb um den Markt gesehen. Da im Markt nur ein Unternehmen die Leistung erbringen kann, also ein Monopol herrscht, soll ein Unternehmen damit nur befristet beauftragt werden und nach Ablauf der Frist mit anderen Unternehmen darum konkurrieren, das Monopol weiterbetreiben zu dürfen. So wird in Folge der Bahnreform von 1994, als die Behörde „Deutsche Bundesbahn" in die Aktiengesellschaft „Deutsche Bahn AG" umgewandelt und das Eisenbahnnetz für private Eisenbahnunternehmen geöffnet wurde, der Nahverkehr auf der Schiene inzwischen regelmäßig ausgeschrieben und dann an den jeweils günstigsten Anbieter vergeben. Inzwischen werden die Fahrzeuge dafür häufig von den zuständigen staatlichen Organisationen gestellt, so daß der Wettbewerb hauptsächlich über die Gehälter des eingesetzten Personals stattfindet. Das Unternehmen, das seine Mitarbeiter am schlechtesten bezahlt, bekommt den Zuschlag. Inzwischen sind aber Lokführer und Zugbegleiter Mangelware. Die Unternehmen, die am schlechtesten bezahlen, spüren das zuerst. So wird der Nahverkehr auf der Schiene immer wieder eingeschränkt, weil zu wenig Personal vorhanden ist.

Auch im Energiesektor wurden die ehemaligen Monopole privatisiert. Das hat einigermaßen funktioniert, als Strom noch ganz überwiegend in wenigen Großkraftwerken erzeugt wurde, führt aber mit der zunehmend dezentralen Stromerzeugung durch Windkraft- und Solaranlagen, deren Stromerzeugung sich nicht am Bedarf orientiert, sondern an Wind und Sonne, zu immer größeren Problemen. Inzwischen führt es an der Strombörse zu extremen kurzfristigen Schwankungen der Preise, die es für Unternehmen schwierig bis unmöglich machen, die Kosten für Strom sinnvoll zu kalkulieren. Immerhin hat die Bundesregierung 2024, letztlich erfolglos, versucht, das Stromnetz wieder zu verstaatlichen.

Ein anderer Bereich, in dem es in der Vergangenheit eine größere Privatisierungswelle gab, ist der Gesundheitssektor. Während die Arztpraxen schon immer in privater Hand waren, gehörte der größte Teil der Krankenhäuser lange dem Staat. Inzwischen wurden viele davon aber an private Unternehmen verkauft. Und auch hier sind die Anreize nicht gerade günstig, die eine privatwirtschaftliche Organisation des Bereichs bietet. Ein zusätzliches Problem in Gesundheitswesen ist, daß hier die Preise nicht über irgendeine Art von Wettbewerb ermittelt, sondern in Verhandlungen zwischen Krankenkassen und Krankenhausträgern verhandelt werden, aber nicht individuell sondern pauschal für alle Krankenhäuser. Es gibt also keinerlei Anreize für ein Krankenhaus, eine Leistung besonders gut zu erbringen. Da es außer in akuten Notfällen für gesetzlich krankenversicherte in Deutschland häufig nicht gerade einfach ist, ein Krankenhaus zu finden, das eine Diagnose oder Behandlung zeitnah durchführt, gibt es auch von Seiten der Patienten keinen nennenswerten Druck, eine Leistung besonders gut zu erbringen, denn die sind froh, wenn sie überhaupt ein Krankenhaus finden, daß sie in nicht allzu ferner Zukunft behandelt. Wie schon erwähnt, decken die Zahlungen der Krankenkassen aber nicht alle Kosten der Krankenhäuser, so daß diese auch mit den Bundesländern über Mittel für Instandhaltung und Investitionen verhandeln müssen. Das Ergebnis ist, daß viele Krankenhäuser Verluste machen und vor der Insolvenz stehen. Außerdem werden viele Leistungen, die nicht kostendeckend für die Krankenhäuser sind, nicht mehr angeboten, obwohl sie dringend notwendig sind, wie zum Beispiel die Behandlung von Kindern.

Auch in der Arzneimittelversorgung gibt es inzwischen immer wieder Engpässe, weil die Beträge, welche die Krankenkassen für manche Medikamente zahlen, so niedrig sind, daß es sich entweder für die Hersteller gar nicht mehr lohnt, diese zu produzieren, oder Deutschland wird nur noch dann damit versorgt, wenn in anderen Ländern keine weitere Nachfrage mehr danach besteht. Die Idee von Karl Lauterbach, die Krankenkassen zu zwingen, mehr für die Medikamente zu zahlen, damit diese in Deutschland produziert werden, dürfte lediglich die Gewinne der Pharmakonzerne erhöhen, aber nicht dazu führen, daß die Produktion von Medikamenten nach Deutschland zurückkommt. In einer globalen arbeitsteiligen Wirtschaft dürfte es aussichtslos sein zu versuchen, private Unternehmen zu bestimmten Investitionsentscheidungen zu zwingen.

All diese Beispiele zeigen, daß staatliche Regulierung privater Unternehmen schwierig ist und oft nur sehr unzureichend funktioniert. Entsprechende Versuche weltweit in den letzten Jahrzehnten zeigen, daß dies ein grundlegendes Problem ist, welches sich offensichtlich nicht wirklich lösen läßt. Wenn es keinen effektiven Wettbewerb in einem Bereich gibt, sei es, weil der Staat diesen durch Gesetze faktisch weitgehend ausschließt, wie im Gesundheitswesen, oder aber schlicht Monopole bestehen, wo es nur einen Anbieter für eine bestimmte Leistung gibt, führt eine privatwirtschaftliche Organisation meist zu nicht unerheblichen Nachteilen gegenüber einer Leistungserbringung durch den Staat selbst, weil es nicht gelingt, ohne Wettbewerb effektive Anreize für eine gute und preisgünstige Leistungserbringung durch private Unternehmen zu setzen.

d) Ahnung und Versuch und Irrtum

Gute Gesetze erfordern gute Sachkenntnis bei denjenigen, welche die Gesetze schreiben. In vielen Bereichen ist das ein Problem. Energieversorgung oder IT-Sicherheit zum Beispiel sind sehr komplexe Themen, bei denen selbst Experten sich oft nicht einig sind, wie konkrete Probleme gelöst werden könnten. Noch komplexer sind Fragen, welche die Wirtschaft als Ganzes betreffen. Hier sind sich selbst Nobelpreisträger sowohl grundsätzlich als auch in nahezu allen Detailfragen uneinig. Verwaltungsbeamte in den Ministerien oder Abgeordnete im Parlament haben definitiv keine ausreichenden Fachkenntnisse, um zu solch komplexen Fragen sinnvolle Gesetze zu schreiben. Zwar gibt es immer wieder mal Expertenanhörungen zu komplizierten Themen, aber häufig hat das keinen nachhaltigen Effekt auf den Gesetzestext am Ende. Noch öfter beginnt das Problem aber schon viel früher: Es findet gar keine ehrliche und umfassende Problemanalyse statt. Ohne eine solche wird gute Gesetzgebung aber zur reinen Glückssache. In vielen Fällen wäre eine solche Analyse langwierig und mühsam, nichts, womit Politiker kurzfristig Sympathiepunkte sammeln können. Dennoch ist sie für eine gute Gesetzgebung unerläßlich. Verstehen diejenigen, die den Gesetzestext am Ende verfassen sollen, das zugrundeliegende Problem nicht, müssen sie es sich erklären lassen, bis sie es verstehen. Armin Maiwald, einer der Macher der Sachgeschichten in der Sendung mit der Maus, hat in einem Vortrag mal erklärt, wie die Sachgeschichten entstehen. In ihnen erklärt er häufig auch komplizierte Zusammenhänge sehr verständlich. Er selbst ist Journalist, hat also von den meisten Dingen, die er in der Sendung erklären will, zunächst einmal keine Ahnung. Daher wendet er sich jeweils an Fachleute, die ihm die Zusammenhänge erklären. Und er läßt sie sich so lange erklären und geht sie mit denjenigen, die sich auskennen, so lange durch, bis er selbst das Problem verstanden hat und die Experten mit seiner Erklärung desselben zufrieden sind. Auf diese Art könnten auch gute Gesetze entstehen. Neben dem politischen Willen, diesen Aufwand tatsächlich zu betreiben, erfordert dies bei den Verantwortlichen aber zusätzlich auch echtes Interesse an der jeweiligen Sache, denn ohne ein solches ist es meist schwer, ein wirkliches Verständnis dafür zu entwickeln.

Neben einer Analyse vor der Gesetzgebung, die möglichst umfassend und ehrlich erfolgen muß, ist bei vielen Gesetzen eine Analyse nachher, eine sogenannte Evaluation erforderlich, oft auch mehrere im Abstand von einigen Jahren. Beim Erlaß eines neuen Gesetzes lassen sich in der Regel nicht alle Auswirkungen vorhersehen, die es haben wird. Andererseits dauert es in der Regel auch einige Zeit, bis ein Gesetz seine Wirkung entfalten kann. In jedem Fall sollte aber einer nachträglichen Änderung eines Gesetzes erneut eine umfassende Analyse bezüglich dessen bisheriger Auswirkungen erfolgen, um so zu ermitteln, ob und gegebenenfalls welche Änderungen erforderlich sind. Nicht selten wäre Ergebnis einer solchen Überprüfung wahrscheinlich, daß das Gesetz gar nicht erforderlich war und wieder aufgehoben werden kann. Ein sehr erwünschter Nebeneffekt solch fundierter Analysen wäre, daß diese den Gesetzgebungsprozeß deutlich verlangsamen und so die derzeitige Flut an Gesetzen wirksam eindämmen würden.

3. Strafrecht und Rechtsverfolgung

„Moment ... Man hat Menschen für Jahre aus der Gesellschaft herausgenommen und sie gezwungen, ihre gesamte Zeit mit anderen Kriminellen zu verbringen ... zur Resozialisierung?" (unbekannter Autor, aus dem Internet)

Das Strafrecht ist antiquiert, und der antiquierteste Teil ist schon im Begriff selbst angelegt: Strafe. Der Staat bestraft Menschen für gesellschaftlich unerwünschtes Verhalten. Dies ist archaisch, wird aber von kaum jemandem grundlegend in Frage gestellt. Dabei sind sich viele Experten einig, daß der Nutzen der Strafverfolgung für die Gesellschaft gering ist. Möglicherweise gibt es unter dem Strich gar keinen Nutzen, sondern sogar mehr Schaden.

a) Rache oder doch nicht?

Wie bereits erwähnt, beruht unser Strafrecht letztlich auf Rache. Das mag den Opfern von Straftaten eine gewisse Genugtuung geben, hat in einem Rechtstaat aber nichts zu suchen. Die Frage muß sein, welche Maßnahmen der Gesellschaft nutzen. Jemand wie Uli Höneß wegen Steuerhinterziehung einzusperren, ist völlig unsinnig. Er war zu keiner Zeit irgendeine Gefahr für jemand anderen. Er war und ist jetzt wieder ein produktives Mitglied unserer Gesellschaft. Statt ihn einzusperren, was den Staat Geld gekostet hat, hätte er zu einer deutlich spürbareren finanziellen Sanktion verurteilt werden sollen, statt nur fünf Prozent

Zuschlag zu den hinterzogenen Steuern hätte er 50% Zuschlag
zahlen sollen. Vermutlich hätte ihn das mehr geschmerzt als die
wenigen Monate echter Haft, die er verbüßen mußte.

Das führt zu der Frage, ob Gefängnis überhaupt noch eine angemessene Sanktion in einer modernen Gesellschaft ist. Die Ant-
wort ist: Ja! Aber nicht, um Menschen für ihr Tun zu bestrafen,
sondern um die Gesellschaft vor Menschen zu schützen, die
anderen Menschen physischen Schaden zufügen wollen. Das
bedeutet, für die Frage, ob jemand eingesperrt wird, sollte nicht
maßgeblich sein, was er getan hat, sondern inwiefern sich darin
eine allgemeine Gefährlichkeit für die körperliche Unversehrtheit anderer gezeigt hat. Wenn ein Rechtsextremist jemanden
aus bloßem Haß verprügelt und dabei gestört wird, so daß das
Opfer nur geringfügig verletzt wird, besteht dennoch Anlaß,
diesen rechten Schläger so lange einzusperren, bis sein Haß
jedenfalls soweit abgekühlt ist, daß er keine offensichtliche
Gefahr mehr für andere darstellt. Das gilt für alle Gewalttaten,
insbesondere für Sexualdelikte. Das Verfassungsgericht hat entschieden, daß es mit der Menschenwürde nicht vereinbar sei,
wenn jemand lebenslang ohne jede Aussicht auf Freilassung
eingesperrt wird. Dabei läßt es die Opfer von Gewalttätern
völlig außer Acht. Wenn zum Beispiel ein Priester mehrfach
Kinder mißbraucht hat, ist es dann mit der Würde weiterer
Kinder vereinbar, die der Gefahr ausgesetzt werden, ebenfalls
von ihm mißbraucht zu werden, wenn er nicht dauerhaft
eingesperrt wird? An die Einschätzung, daß eine Person eine
Gefahr darstellt und eingesperrt werden muß, sind dabei hohe
Anforderungen zu stellen, da sonst eine erhebliche Gefahr von
Mißbrauch besteht. Bei Ersttätern käme auch ein kurzer Arrest
als Warnung, wie im Jugendstrafrecht, sowie ein verpflichtendes Antigewalt- oder Antiaggressionstraining in Frage, je nachdem, wie die Gefährlichkeit des Täters eingeschätzt wird. Klimaaktivisten, die sich an Straßen oder Gebäuden festkleben,
sind übrigens ganz sicher nicht gefährlich, nur lästig, und damit
ganz sicher kein Fall für die Strafverfolgungsbehörden.

b) Alternativen

Für alle Straftäter, die niemand physisch verletzt oder das versucht haben, sind sinnvollere Sanktionen vorstellbar als Gefängnis. So ist der Entzug des Führerscheins in einer autofixierten Gesellschaft wie der deutschen für viele eine sehr schmerzliche und damit wirksame Sanktion. Es ist überhaupt nicht einzusehen, warum diese auf Verkehrsdelikte begrenzt sein soll. Daneben kann das Jugendstrafrecht, was die möglichen Sanktionen angeht, auf Erwachsene problemlos übertragen werden. Auch für sie wären Sozialstunden, Betreuung durch einen Sozialarbeiter und soziale Trainingskurse sinnvolle Sanktionen, ebenso wie Auflagen, einen angerichteten Schaden wiedergutzumachen oder an einem Täter-Opfer-Ausgleich teilzunehmen. Je nach Tat können auch berufliche Einschränkungen sinnvoll sein.

Geldstrafen sind sinnvoll für wohlhabende Täter, nicht dagegen für mittellose. Wenn jemand von Bürgergeld lebt, steht ihm schon nur das Existenzminimum zur Verfügung. Dieses weiter einzuschränken schmerzt den Täter zwar sehr, kann aber die Ursache für weitere Straftaten sein, um die finanziellen Einbußen durch eine Geldstrafe auszugleichen. Das gilt zwar auch für reiche Täter, ist bei diesen aber weniger wahrscheinlich, selbst wenn die Strafe ein Maß erreicht, daß auch für sie tatsächlich im Alltag spürbar ist. Erst recht sollten Menschen, wie beim Schwarzfahren, nicht dafür bestraft werden, daß sie arm sind, schon gar nicht dadurch, daß sie noch ärmer gemacht werden. Ein grundlegendes Problem mit Geldstrafen ist allerdings, daß für diese nicht mit letzter Konsequenz sichergestellt werden kann, daß der Täter sie selbst aus eigenen Mitteln bezahlt und nicht jemand anderes.

Ähnlich wie eine Geldstrafe wirkt der Einzug von Vermögen, entweder einzelner Gegenstände oder des Gesamtvermögens. Auch das kann eine sehr wirksame Strafe sein, wenn einem Täter etwas, an dem er sehr hängt, weggenommen wird, einem Raser zum Beispiel sein geliebtes Auto, einem kriminellen

Kunstsammler seine geliebten Kunstgegenstände, einem kriminellen Unternehmer seine geliebte Villa oder Yacht oder der Privatjet. Auch hier kann nicht für alle Vermögenswerte sichergestellt werden, daß der Täter nicht von jemand Drittem Ersatz erhält, aber nicht wenige solcher Vermögensgegenstände dürften letztlich unersetzlich sein.

c) Opfer

Das deutsche Strafrecht ist völlig täterzentriert. Opfer spielen nur als Zeugen eine Rolle. Treten sie als Nebenkläger auf, werden sie meist von allen anderen Beteiligten, also Richtern, Staatsanwälten und Verteidigern als Störfaktor empfunden. Das NSU-Verfahren ist dafür ein prominentes Beispiel. Dabei sollte der Fokus bei der Strafverfolgung auf dem Opfer liegen, seinen Belangen zuerst und vor allem Rechnung getragen werden. In anderen Ländern gehört es zu jedem Ermittlungsverfahren, daß den Opfern ein Polizeibeamter fest zugeordnet wird und ihnen jederzeit als Ansprechpartner zur Verfügung steht. Alternativ sollte das Opfer von Beginn der Ermittlungen an Anspruch auf Unterstützung durch einen Rechtsanwalt seiner Wahl auf Kosten des Staates haben. Wünscht das Opfer aus nachvollziehbaren Gründen, daß die Verfolgung des Täters eingestellt wird, und stellt dieser weder für das Opfer noch für andere weiter eine Gefahr dar, sollte einem solchen Wunsch des Opfers entsprochen werden. Umgekehrt sollte ein Ermittlungsverfahren zum Bespiel bei häuslicher Gewalt nicht eingestellt werden, selbst wenn das Opfer das wünscht, denn hier ist regelmäßig davon auszugehen, daß der Täter diesbezüglich Druck auf das Opfer ausgeübt hat, vor allem aber, daß der Täter auch in Zukunft diesem gegenüber gewalttätig sein dürfte.

Vor allem aber sollte der Staat die Opfer angemessen entschädigen, für ihr physisches und psychisches Wohl sorgen und helfen, die Folgen der Tat zu überwinden. Ein solcher Anspruch des Opfers sollte nicht an weitere Voraussetzungen geknüpft sein und vom Staat proaktiv gewährt werden, ohne daß sich das Opfer selbst aktiv darum bemühen muß.

Besonders zynisch verhält sich der deutsche Staat bisher gegenüber den Opfern von Menschenhandel. Wenn sie sich an die Behörden wenden und gegen ihre Peiniger aussagen wollen, wird ihnen ein Bleiberecht nur bis zum Ende des Strafverfahrens gewährt. Danach werden sie abgeschoben und so erneut der Gewalt der Banden ausgeliefert, die sie verschleppt haben. In solchen Fällen ist den Opfern ein unbedingtes und unbefristetes Bleiberecht und, wenn erforderlich, umfassender Zeugenschutz zu gewähren. Politiker, die hierzu nicht bereit sind, haben offensichtlich kein Interesse an einer effektiven Bekämpfung des Menschenhandels. Kompliziert macht die Bekämpfung dieser Straftaten, daß häufig die Familien der Opfer in deren Herkunftsländern von den Schlepperbanden bedroht werden. Hier ist ohne eine effektive Kooperation mit den Behörden in diesen Ländern eine wirksame Bekämpfung dieser Straftaten nur schwer möglich.

d) Was soll überhaupt strafbar sein?

Die Anzahl der Straftatbestände in Deutschland ist absurd hoch und sollte dringend signifikant reduziert werden. Für den Bereich Drogen wurde das schon erläutert. Ebenso sollte alle Delikte gestrichen werden, die letztlich auf eine Bestrafung von Armut hinauslaufen, allen voran Schwarzfahren, aber auch Betteln, das zwar nicht direkt strafbar ist, aber es dann wird, wenn die Polizei Platzverweise gegen Bettler verhängt, und diese dem nicht Folge leisten.

Das komplette Ausländerstrafrecht ist ebenfalls letztlich zynisch. Es bestraft Menschen, die sich nichts weiter zu Schulden haben kommen lassen, als nach einem besseren Leben zu suchen, hierfür aber keine nach unserem Recht legale Möglichkeit gefunden haben. Ihnen kein Bleiberecht zu gewähren ist eine Sache, aber sie strafrechtlich zu verfolgen, ist absurd.

Auch Beleidigungen sollten nicht strafbar sein. Menschen zu bestrafen, nur weil sie keine gute Erziehung genossen haben, ist schlicht Unfug. Auch die diesbezüglich regelmäßig zur Schau gestellte Empfindlichkeit von Staatsdienern, insbesondere Richtern und Polizeibeamten rechtfertigt es nicht, gleich die große Keule des Strafrechts auszupacken. Das gilt nicht für Verleumdung und üble Nachrede, die zu Recht strafbar sind. Die Schwelle der Strafbarkeit für Bedrohung sollte dagegen abgesenkt werden, um eine effektivere Bekämpfung von Haß im Internet zu ermöglichen. Bedroht eine Person eine andere mit irgendeiner Form von Gewalt, sollte dies immer strafbar sein, wenn derjenige, der droht, nicht plausibel machen kann, daß die Drohung nicht ernst gemeint war und das Opfer dies auch wußte.

Es ist auch nicht einzusehen, warum der Staat Ladendiebstahl verfolgen sollte. Der dadurch jedes Jahr angerichtete Schaden ist zwar erheblich, beruht aber letztlich auf Einsparungen beim Personal im Einzelhandel. Früher konnten Kunden nicht einfach Waren aus den Regalen nehmen. Sie wurden an einer Theke von einem Verkäufer bedient, der ihnen die Waren brachte, die sie kaufen wollte. Ladendiebstahl war so fast ausgeschlossen. Allerdings war das personalintensiv und damit teuer. Also wurden Selbstbedienungsgeschäfte erfunden. Diese benötigten deutlich weniger Personal und konnten so deutlich billiger sein als die personalintensive Konkurrenz. Allerdings war es dann wesentlich einfacher, etwas zu klauen. Durch die Einführung der Self-Check-Out-Kassen ist es heute noch viel einfacher, beruht aber auch diesmal auf einer weiteren Einsparung von Personal. Es ist nicht einzusehen, warum der Staat sich um die damit verbundenen Risiken kümmern soll.

Deutlich eingeschränkt werden muß auch die Strafbarkeit der Nötigung. Hier wäre schon viel gewonnen, wenn der Gewaltbegriff dahingehend konkretisiert würde, daß damit nur die physische Einwirkung auf eine andere Person gemeint ist, so daß jedenfalls jede Form friedlichen Protests, also auch Sitzblockaden, nicht mehr danach strafbar sein können. Eventuell kann der Straftatbestand auch ganz gestrichen werden.

Die Absurdität weiterer Straftatbestände wie Verbreitung von – normaler – Pornographie, Gotteslästerung, Containern oder Beleidigung des Bundespräsidenten wurde schon erwähnt. Die Liste ist nicht abschließend. Strafrecht sollte nur dann zur Anwendung kommen, wenn andere rechtliche Möglichkeiten ein Problem nicht sinnvoll lösen können. Vieles, worauf der deutsche Staat heute mit Strafverfolgung reagiert, könnte auch zivilrechtlich zwischen Täter und Opfer geklärt werden, indem zum Beispiel wie in den USA ein Anspruch auf Strafschadenersatz eingeführt, dessen Höhe sich zum einen nach der Höhe des entstandenen Schadens, zum anderen nach dem Grad der Verwerflichkeit der Tat richten kann. Auch die finanzielle Leistungsfähigkeit des Täters muß bei der Bemessung eine Rolle spielen. Ein solcher Strafschadenersatz muß nicht die absurden Höhen wie in den USA erreichen, sollte für den Täter aber schon spürbar sein.

e) Verfolgung

Eine effektive Strafverfolgung erfordert in erster Linie unabhängige Strafverfolgungsbehörden. Die gibt es in Deutschland leider nicht. Die jeweiligen Justizminister der Länder sind gegenüber den Staatsanwaltschaften weisungsbefugt. Dabei ist die Erteilung expliziter Weisungen meist gar nicht erforderlich. Erich Schöndorf, der lange als Staatsanwalt in Frankfurt tätig war, beschreibt in seinem Buch „Strafjustiz auf Abwegen" sehr eindrucksvoll, wie Staatsanwälte, die unerwünschte Ermittlungen anstellen, unter Druck gesetzt werden. Die Steuerfahnder in Hessen, die nicht aufhören wollten gegen die Banken in Frankfurt zu ermitteln, wurden mit Anfang 40 in den einstweiligen Ruhestand versetzt. Wer im Internet nach Skandalen der CSU in Bayern sucht, findet endlose Listen. Vieles davon hätte strafrechtliche Konsequenzen haben müssen, aber die Justiz in

Bayern ermittelt nicht gegen Mitglieder der Staatsregierung oder hohe Funktionäre der Partei. Gezielter Druck ist hier gar nicht notwendig. Würde ein Staatsanwalt unerwünschte Ermittlungen beginnen, wäre das schlicht das Ende seiner Karriere. Gäbe es von politischer Einflußnahme unabhängige Strafverfolgungsbehörden, wie zum Beispiel in Italien, könnten sich Politiker nicht so sicher vor Strafverfolgung fühlen wie in Deutschland.

Dann würde vermutlich auch effektiver gegen Wirtschaftskriminalität vorgegangen, wie zum Beispiel gegen die Täter und Banken in den Cum-Ex-Fällen. Hierfür ist aber neben mehr Unabhängigkeit auch eine bessere personelle Ausstattung der Strafverfolgungsbehörden zwingend. Derart komplexe Finanztransaktionen nur mit Juristen und Polizisten, die „nur" eine Polizeiausbildung durchlaufen haben, effektiv aufklären zu wollen, ist schlicht aussichtslos. Hierfür sind erfahrene Finanzmarktexperten notwendig, welche die Zusammenhänge dieser Transaktionen wirklich durchdringen und nachvollziehen können. Auch für die Bekämpfung der organisierten Kriminalität, wie der Mafia, sind vor allem Experten erforderlich, die deren finanzielle Aktivitäten nachverfolgen können, um so Einblick in Art und Umfang der Geschäfte dieser Organisationen zu erhalten. Für die Bekämpfung der zunehmenden Kriminalität im Internet, die mit immer weiter zunehmender Digitalisierung immer größere Gefahren für unsere Wirtschaft und Gesellschaft bedeutet, werden IT-Spezialisten benötigt, die mit den Fähigkeiten der besten Hacker auf der Welt zumindest ansatzweise mithalten können. Solche lassen sich mit den derzeitigen Gehältern, welche die Behörden für entsprechende Positionen bieten können, aber kaum für den Staatsdienst gewinnen. Darüber hinaus müßte zum Beispiel die Abteilung, welche die Cum-Ex-Verfahren bearbeitet, völlig anders ausgestattet werden. Auf jeder Gegenseite, und das sind, soweit bekannt, etwa 1.800, stehen duzende Anwälte. Knapp über 30 Staatsanwälte auf der Strafverfolgerseite wirkt wie ein schlechter Witz und ist ein klarer

Beweis dafür, daß von Seiten des Staates kein echtes Interesse an der Verfolgung dieser Straftaten besteht. Gäbe es ein solches, würden mindestens 500 Staatsanwälte, Finanzmarktexperten und IT-Spezialisten diese Verfahren bearbeiten. Es geht immerhin um einen Schaden von über 30 Milliarden Euro. Mit einer Milliarde könnten diese 500 Staatsbedienstete zehn Jahre lang ein Gehalt von je 200.000 Euro jährlich erhalten, ganz sicher eine lohnende Investition für den Staat.

Gerade aber für die wirksame Bekämpfung organisierter Kriminalität ist der Föderalismus ein großes Hindernis. Wenn nicht ausnahmsweise der Generalbundesanwalt bestimmte Ermittlungen an sich zieht, sind die jeweiligen Polizeibehörden in den Bundesländern zuständig. Sind Ermittlungen in mehreren Bundesländern erforderlich, hängt deren Effektivität von der Qualität der Zusammenarbeit der Polizeibehörden der verschiedenen Länder ab. Der NSU-Terror ist ein gutes Beispiel für das Versagen dieses Systems. Sieben Bundesländer waren vor dem Selbstmord der beiden Haupttäter an den Ermittlungen beteiligt mit dem bekannten fatalen Ergebnis. Sinnvoll wäre ein deutsches FBI, also eine Bundesermittlungsbehörde, die immer dann, wenn sich Ermittlungen über mehr als ein Bundesland erstrecken, diese an sich ziehen kann. Diese Behörde müßte dabei nicht immer alle Ermittlungen selbst übernehmen, könnte diese aber koordinieren und die jeweiligen Ergebnisse zusammenführen, um einen Gesamtüberblick zu erhalten. Die Behörde müßte aber zum einen befugt sein, bei Bedarf auch selbst zu ermitteln, und darüber hinaus für von ihr geführte Ermittlungen gegenüber den jeweiligen Landespolizeibehörden weisungsbefugt sein. Im Hinblick auf die organisierte Kriminalität müßte auch Europol, die Polizeibehörde auf EU-Ebene, die bisher nur koordinierende und informative Aufgaben hat, deutlich gestärkt und mit eigenen Ermittlungsbefugnissen ausgestattet werden. Dies würde jedoch eine entsprechende Einigung auf EU-Ebene erfordern.

Darüber hinaus muß die Zusammenarbeit zwischen Polizei und Staatsanwaltschaften signifikant verbessert werden. Staatsanwälte müßten für die jeweils von ihnen geführten Ermittlungsverfahren einen direkten Zugriff auf die Ressourcen der Polizei haben und direkt entscheiden können, wie diese einzusetzen sind. Polizisten und Staatsanwälte würden dann ein gemeinsames Ermittlungsteam bilden, geführt vom jeweils zuständigen Staatsanwalt. Reine Schreibtischarbeit ist bei der Strafverfolgung ineffizient und führt zu häufig zu falschen Entscheidungen. Der persönliche Eindruck von Zeugen, Tatorten und sonstigen Beweisen ist für eine effektive Ermittlungsarbeit unersetzlich.

Für die Sicherheit in der Gesellschaft ist die bloße Zahl der Straftaten völlig irrelevant. Maßgeblich ist deren Schwere. So ist zum Beispiel Taschendiebstahl extrem nervig und kann bei Verlust wichtiger Plastikkarten sehr viel Aufwand verursachen. Opfer von Taschendieben ärgern sich zwar sehr, sind aber nicht traumatisiert oder in ihrer Existenz bedroht. Wirklich ernsthaft verfolgt werden diese Taten auch nur sehr selten. So gibt es in großen Bahnhöfen, in denen auch permanent Polizei patrouilliert, immer wieder Durchsagen, daß Taschendiebe im Bahnhof seien. Besondere Aktivitäten der dort befindlichen Polizisten sind dann aber praktisch nie wahrnehmbar. Ähnlich verhält es sich mit Ladendiebstahl. Das ist ein für den Einzelhandel unangenehmes Phänomen, für die Bürger aber irrelevant. Der Einzelhandel argumentiert zwar, durch den Diebstahl würden die Preise steigen, wodurch letztlich die anderen Kunden die damit verbundenen Kosten übernehmen müßten. Das wäre aber auch der Fall, wenn die Ladeninhaber mehr Personal einstellen, oder eben der Staat mit Polizei und Justiz sich dem Phänomen verstärkt widmet, was die Bürger dann über Steuern letztlich zahlen. Für die Bürger ist das also im Großen und Ganzen ein Nullsummenspiel. Es ist also völlig in Ordnung, wenn der Staat hier keine oder nur geringe Bemühungen zur Strafverfolgung entfaltet.

Anders sieht es dagegen bei Straftaten aus, die bei den Opfern physische oder psychische Schäden verursacht, und bei deren Verfolgung und Prävention gibt es in Deutschland leider massive Defizite. Allen voran ist hier der sexuelle Mißbrauch an Kindern zu nennen. Es ist überhaupt nicht nachzuvollziehen, warum es hier von Seiten des Staates keinen massiven Ermittlungsdruck gegen die katholische Kirche und ihre „Würdenträger" (eine im Hinblick auf das Ausmaß dieser Straftaten sehr zynische Bezeichnung) gibt, warum nicht alle Bistumsverwaltungen durchsucht werden, ebenso wie Wohnung von Tätern, deren bekannte Taten zwar verjährt sind, aber gegen die aufgrund dieser Taten ganz sicher weiterer Tatverdacht besteht. Aber nicht nur bei der katholischen Kirche hält sich der Staat in Bezug auf Ermittlungen beim Verdacht auf sexuellen Mißbrauch viel zu sehr zurück. Teil dieses Problems ist das Vorgehen gegen Bilder und Videos von Sexualstraftaten an Kindern im Internet, gemeinhin bekannt unter dem Begriff Kinderpornographie. Wesentliche Grundlage für solche Ermittlungen sind, soweit bekannt, bisher die Hinweise von amerikanischen Behörden und Social-Media-Plattformen, vor allem diejenigen von Meta. Diese enthalten jedoch, wie bereits dargestellt, sehr viele falsch positive Meldungen, die ein effektives Vorgehen gegen diese Verbrechen stark behindern. Journalisten unter anderem des NDR hatten 2017 intensiv zu diesem Thema recherchiert und dabei unter anderem festgestellt, daß entsprechende Foren im sogenannten Darknet relativ leicht aufzufinden sind. Die Bilder und Videos fanden sie jedoch nicht im Darknet. Dort werden nur die entsprechenden Internetadressen getauscht. Die Dateien selbst befinden sich auf normalen Servern im normalen Internet. Nur die entsprechenden Internetadressen sind relativ kryptisch, so daß sie ohne konkrete Kenntnis einer genauen Adresse kaum auffindbar sind. Die Journalisten informierten daraufhin die Betreiber der Server, auf denen sich entsprechende Dateien fanden, woraufhin diese die entsprechenden Seiten löschten. Dies blieb in den Foren im Darknet nicht unbemerkt

und sorgte dort für ziemlich viel Aufregung, da immer mehr
Seiten mit entsprechendem Material nicht mehr auffindbar waren. Diese Aufregung hätte ganz sicher für die Behörden interessante Ermittlungsansätze bieten können. Trotz mehrfacher
Nachfrage bei verschiedenen Strafverfolgungsbehörden wurde
dies aber nirgendwo aufgegriffen. Auf eine entsprechende Anfrage im Bundestag antwortete das Bundesinnenministerium, es
seien keine erfolgversprechenden Ermittlungsansätze auf diesem Weg erkennbar, was offensichtlich Unsinn ist. Es drängt
sich der Eindruck auf, daß von Seiten des Staates kein wirkliches Interesse besteht, effektiv gegen diese Verbrechen vorzugehen, was skandalös und völlig inakzeptabel ist.

Ähnlich sieht es bei der Bekämpfung rechter Gewalt aus. Auch
hier ist die Zurückhaltung der Strafverfolgungsbehörden und
der Justiz völlig inakzeptabel. Würden hierbei dieselben Maß-
stäbe angelegt, wie bei Vorgehen gegen linke Aktivisten, müßten tausende rechte Schläger in den deutschen Gefängnissen
sitzen. Die Gefahr, die von diesen Straftätern ausgeht, ist offenkundig. Die zahlreichen Todesopfer sprechen Bände. Strukturen, wie Nordkreuz, Hannibal, Uniter, die offen rechtsextrem
und staatsfeindlich sind und massenweise Waffen und Munition horten, darf ein Rechtstaat, der sich selbst ernst nimmt,
schlicht nicht tolerieren. Auch hier spielt die Unabhängigkeit
der Strafverfolgungsbehörden eine wichtige Rolle, da es
offensichtlich Kontakte der Politik in diese Szene gibt, aber auch
massive Überschneidungen mit Teilen der Sicherheitsbehörden.
Solange die Politik ein gravierendes Problem mit Rechtsextremismus bei Polizei und Geheimdiensten konsequent ignoriert,
wird es unmöglich bleiben, effektiv gegen diese größte Gefahr
für eine freie, vielfältige Gesellschaft vorzugehen. Dazu gehört
auch, daß rechtsextremistische Straftaten auch also solche erkannt und vom Staat auch so eingeordnet werden. Warum sich
die Innenminister so hartnäckig weigern, den überwiegenden
Teil rechtsextremistischer Straftaten als solche anzuerkennen, ist
völlig unverständlich und ein Schlag ins Gesicht der Opfer.

Erhebliche Defizite gibt es auch bei der Aufklärung von Wohnungseinbrüchen, welche für die Opfer häufig traumatisch sind und nicht selten langwierige psychische Probleme nach sich ziehen. Auch hier fehlt es dem Vorgehen des Staates an Konsequenz, was zu einer viel zu niedrigen Aufklärungsquote führt. Natürlich ist mehr Konsequenz hier aufwendig und teuer, zum Beispiel die Sicherung und Auswertung aller Spuren an jedem einzelnen Tatort, würde es den Banden aber deutlich erschweren, dauerhaft unbehelligt diesen Straftaten nachgehen zu können. Und auch hier behindert der Föderalismus ein effektives Vorgehen, da die Einbruchsbanden fast immer länderübergreifend tätig sind.

Verzichten sollten Polizei und Geheimdienste dagegen auf V-Leute und verdeckte Ermittler. Das mag die ein oder andere Ermittlung erschweren, macht aber keine unmöglich. Ein Rechtstaat darf Menschen nicht dazu bringen, eine Lüge zu leben, und erst recht nicht Menschen bewußt in Lebensgefahr bringen, oder auch nur letztlich dazu zwingen, selbst Straftaten zu begehen, um die Tarnung aufrecht zu erhalten. Mit einem Verzicht auf solche Ermittlungsmethoden würde auch das vom EGMR kritisierte Problem der Anstiftung zu Straftaten durch Polizeibeamte und V-Leute beseitigt.

Die Nutzung von IT in den Sicherheitsbehörden sollte grundlegend überdacht werden. Die derzeitige Sammelwut der Behörden bezüglich aller möglichen personenbezogener Daten, ist nicht nur unsinnig, sondern verschlechtert die Kriminalitätsbekämpfung spürbar. Ansetzen sollte eine Neuorganisation der IT in den Sicherheitsbehörden bei der Definition von Standards für Datenformate, Datenumfang und Schnittstellen zwischen verschiedenen IT-Systemen, so daß ein Austausch zwischen verschiedenen Behörden aufgrund von Unterschieden in den zahlreichen Datenbanken nicht zu Inkonsistenzen führt. Die Zahl der Daten sollte auf das absolute Minimum beschränkt werden, da nur so sichergestellt werden kann, daß deren Qualität hoch ist, sprich die Daten auch tatsächlich korrekt sind, denn nur dann sind sie bei Ermittlungen nützlich. Falsche Daten nützen gar nichts, sondern richten nur Schaden an.

f) Kinder als Täter

Die absolute Grenze von 14 Jahren für die Strafverfolgung ist ein Problem. Daß Kinder, die jünger sind und schwerste Straftaten begehen, zum Beispiel jemanden töten, oft keine oder nur eine kaum spürbare Sanktion für ihre Tat bekommen, ist aus rechtstaatlicher Sicht nicht tragbar. Sie können maximal in ein geschlossenes Heim kommen, und das auch nur bis zu ihrem 18. Geburtstag. Wie bei anderen Tätern auch, sollte auch bei Kindern intensiv untersucht werden, inwiefern sich durch die Tat eine allgemeine Gefährlichkeit gezeigt hat. Wenn das der Fall ist, muß die Gesellschaft auch vor solch jungen Tätern geschützt werden. So gibt es in den USA in vielen Bundesstaaten keine harte Altersuntergrenze für die Strafbarkeit von Kindern und Jugendlichen. Vielmehr wird in jedem Einzelfall überprüft, inwieweit der junge Täter versteht, warum seine Tat Unrecht war, welche Motive dahinter stehen und was genau zu der Tat geführt hat. Nach einer solchen Analyse ist dann eine angemessene Reaktion auf die Tat möglich, die auch aus einer Kombination verschiedener Maßnahmen bestehen kann. Ist ein Kind eine Gefahr für Leben und Gesundheit anderer, ist eine Unterbringung in einer geschlossenen Einrichtung auch bei Kindern geboten.

Aber auch bei weniger gravierenden Taten wäre häufig eine frühe Reaktion des Staates sinnvoll. Wenn ein Zehnjähriger ständig irgendwelchen Unfug macht, der auch immer wieder die Grenzen der Strafbarkeit überschreitet, die Eltern aber aus falscher Toleranz oder Überforderung untätig bleiben, könnte eine frühe spürbare Reaktion des Staates dafür sorgen, daß der junge Mensch nicht völlig abgleitet und vielleicht mit 14 dann schon Kopf einer kriminellen Jugendbande ist.

Sinnvoll erscheint auch die Schaffung spezieller Abteilungen bei der Polizei für den Umgang mit Kindern und Jugendlichen, deren Mitarbeiter für diese Arbeit besonders ausgebildet werden müssen. Schließlich muß auch die Zusammenarbeit zwischen Polizei und Jugendämtern verbessert und deren Arbeit vor allem besser aufeinander abgestimmt werden.

4. Sozialrecht tatsächlich sozial

Das Sozialrecht ließe sich tatsächlich sozialer gestalten. Auch das ist letztlich keine Frage der Finanzierung, sondern des politischen Willens. Gerade im Gesundheitswesen sind die verschiedenen Lobbygruppen, Ärzteverbände, Pharmaindustrie, vor allem aber Kranken- und Pflegeversicherungen jedoch sehr gut organisiert und konnten bisher auch sinnvollste Veränderungen zu ihren Lasten am bestehenden System effektiv verhindern.

a) Beiträge

Zur Zeit zahlt jeder, der mehr als die Minijobgrenze verdient, rund 20% seines Einkommens an die Sozialversicherungen, Krankenversicherung, Pflegeversicherung, Rentenversicherung, Arbeitslosenversicherung, und zwar auch dann, wenn das Gehalt unter dem Existenzminimum liegt. Dagegen zahlen diejenigen, deren Einkommen über den jeweiligen Beitragsbemessungsgrenzen liegt, nur den jeweiligen Höchstbetrag. Sie zahlen also von jedem Euro Einkommen oberhalb der jeweiligen Beitragsbemessungsgrenze gar nichts mehr in die Sozialversicherungen ein. Derjenige, dessen Einkommen nach Abzug der Sozialbeiträge unter dem Existenzminimum liegt, kann immerhin mit Bürgergeld aufstocken. Der Staat nimmt ihm also das Geld erst weg, um ihm dann einen Teil oder auch alles wieder zurückzugeben, allerdings aus einem anderen Topf. Das ganze System ist also nicht nur offensichtlich unsozial, sondern auch völlig unsinnig.

Daher sollten die Beitragsbemessungsgrenzen abgeschafft und Bestverdiener entsprechend ihrer Leistungsfähigkeit zu den Sozialsystemen beitragen. Dafür sollte es für die Sozialversicherungen genau wie bei der Steuer Freibeträge wie im Steuerrecht geben. Das heißt, Menschen, die weniger als das Existenzminimum verdienen, müßten nichts in die Sozialversicherungen einzahlen. Natürlich müßten diese Menschen trotzdem Anspruch auf eine gute Gesundheitsversorgung haben. Bezüglich der Rentenversicherung wären sie bei einem derart niedrigen Gehalt im Alter ohnehin auf Grundsicherung angewiesen, so daß es angemessen erscheint, wenn sie auch nicht in die Rentenversicherung einzahlen.

Noch revolutionärer wäre die Einführung eines bedingungslosen Grundeinkommens. Interessanterweise hielten sowohl Friedrich August von Hayek als auch Milton Friedman, zwei Wirtschaftsnobelpreisträger, die als die Vordenker der neoliberalen Wirtschaftstheorie gelten, ein bedingungsloses Grundeinkommen für zwingend erforderlich. Der Neoliberalismus propagiert ein Maximum an Freiheit für die Marktteilnehmer und ein Minimum an staatlichen Eingriffen in den Markt. Von Hayek und Friedman waren übereinstimmend der Ansicht, daß es in einer derart freien Marktwirtschaft ohne ein bedingungsloses Grundeinkommen inakzeptable soziale Verwerfungen geben würde, die zwangsläufig durch so eine Marktordnung verursacht werden. Arbeitslosenversicherung, Bürgergeld, Sozialhilfe, BaföG, Pflegeversicherung, Unfallversicherung, eventuell auch die Rentenversicherung könnten durch so ein Grundeinkommen ersetzt werden. Letztlich existiert es faktisch ohnehin schon in Deutschland. Formal sind die Sozialleistungen zwar alle an bestimmte Bedingungen geknüpft, und manchmal fallen tatsächlich einzelne durchs soziale Netz, wie zum Beispiel Studenten, die über die Förderungshöchstdauer des BaföG hinaus studieren müssen, aber dem ganz überwiegenden Teil der Bevölkerung stehen im Zweifel Sozialleistungen zu. Würde der damit verbundene bürokratische Aufwand entfallen, würden im

Ergebnis wahrscheinlich kaum höhere Kosten entstehen, wenn überhaupt, und der Staat würde aufhören, seine Bürger völlig unangemessen zu drangsalieren, so wie er es zur Zeit mit Beziehern von Sozialleistungen tut. Die Höhe eines solchen bedingungslosen Grundeinkommens würde im Bereich des Existenzminimums liegen, also etwa des derzeitigen Bürgergelds einschließlich Kosten für die Wohnung. Für Rentner und Menschen, die nur eingeschränkt oder gar nicht arbeiten können, sollte es Zuschläge geben. Ansonsten sollten die Menschen von einem Zuverdienst jedenfalls mehr als die Hälfte behalten können, so daß sie einen effektiven Anreiz haben, arbeiten zu gehen. Die Auszahlung könnten die Finanzämter übernehmen, so daß Arbeitsagenturen und Jobcenter überflüssig wären.

b) Einheitliche Gesundheitsversorgung

Als eines der reichsten Länder der Welt sollte Deutschland seinen Bürgern eine gute Gesundheitsversorgung bieten. In der Realität wird diese jedoch immer schlechter. Es fehlen Ärzte und Pflegepersonal. Gleichzeitig ist die bloße Zahl der Ärzte und Pflegekräfte in Deutschland höher als in den meisten Ländern der Welt. Dies spricht für große Ineffizienzen im Gesundheitswesen. Diese zu beseitigen, dürfte schwierig werden. Ein Schritt in diese Richtung wäre die Zusammenlegung von Kranken-, Unfall- und Pflegeversicherung. Damit wären die völlig unsinnigen Rechtstreitigkeiten, welche dieser Versicherungen welche Kosten übernimmt, endlich entbehrlich. Die Existenz verschiedener Versicherungen für diese Bereiche ist letztlich historisch bedingt, muß aber als gescheitert betrachtet werden. Abgesehen davon, daß die Trennung schon rein logisch keinen Sinn ergibt, macht sie das Gesundheitssystem unnötig kompliziert, was zwangsläufig zu Ineffizienz führt. Eine Zusammenlegung dieser Versicherungen ist also offensichtlich sinnvoll.

Ganz entscheidend für eine Verbesserung in diesem Bereich wäre es aber, das System so zu organisieren, daß es die richtigen Anreize setzt, also die Leistungserbringer motiviert, die Menschen möglichst schnell und nachhaltig zu heilen, wieder gesund zu machen. Das läuft derzeit den wirtschaftlichen Interessen von Ärzten und Krankenhäusern zuwider, da sie an Patienten, die wirklich gesund werden, nichts mehr verdienen. Verdienen tun sie auch an völlig überflüssigen Behandlungen, und davon scheint es nicht wenige zu geben, denn Ärzte selbst, die sich ja auskennen sollten, lassen sich wesentlich seltener operieren, als sie das ihren Patienten empfehlen. Auch Juristen werden übrigens deutlich seltener operiert als der Bevölkerungsdurchschnitt. Ob sich in einem privatwirtschaftlich organisiertem Gesundheitssystem die richten Anreizen diesbezüglich setzen lassen, erscheint zumindest zweifelhaft. Ein Weg wäre, für die Patienten, auch den gesetzlich Versicherten, einen Anspruch auf die jeweils bestmögliche Behandlung im Gesetz zu verankern. Das hört sich zunächst einmal kostspielig an, dürfte aber sehr wahrscheinlich unter dem Strich zu Einsparungen führen. Zur Zeit wird im Gesundheitswesen gespart, koste es, was es wolle. Suboptimale Behandlungen führen fast immer zu Folgebehandlungen und verursachen so im Ergebnis höhere Kosten, als wirklich notwendig. So lief eine Patienten mit nicht eindeutiger Symptomlage zwei Jahre lang von Arzt zu Arzt. Schon zu Beginn dieser Odyssee empfahl ein Arzt, ein MRT an ihr durchzuführen, um der Ursache ihrer Beschwerden auf den Grund zu gehen. Das lehnte die Krankenkasse aber als zu teuer ab. Zwei Jahre und unzählige Arzt- und Krankenhaustermine und vermeintlich preiswertere Diagnoseverfahren später willigte die Krankenkasse schließlich doch in die Durchführung des MRT ein. Damit konnte die Ursache ihrer Beschwerden sofort festgestellt und anschließend rasch behandelt werden. Durch die anfängliche Ablehnung des vermeintlich teuren Diagnoseverfahrens wurde also im Ergebnis sehr viel Geld und Zeit verschwendet, und der Patientin ein zweijähriger, völlig unnötiger Leidensweg beschert.

5. Verwaltungsrecht und Rechtsvollzug

Der öffentliche Dienst in Deutschland war sehr lange bei vielen ein sehr begehrter Arbeitgeber. Die Jobs galten als sicher und vergleichsweise gut bezahlt. Beides hat sich in den letzten Jahren grundlegend geändert, wobei die Jobsicherheit im Sinne des Schutzes vor Arbeitsplatzverlust immer noch gegeben ist. Aber auch das ist inzwischen Teil des Problems.

a) Polizei

Die Polizei als die Verkörperung der Staatsgewalt muß in einem Rechtstaat effektiv kontrolliert werden. Darin kommt kein Mißtrauen gegen die Polizei zum Ausdruck. Es ist schlicht eine Selbstverständlichkeit. Menschen sind nicht perfekt. Polizisten sind Menschen. Also sind Polizisten nicht perfekt. Damit ihre schlechten Seiten keinen Schaden anrichten, muß ihre Arbeit einer wirkungsvollen Kontrolle unterliegen. Um wirkungsvoll zu sein, muß diese Kontrolle bei einer Institution liegen, die nicht Teil der Polizei ist, sondern völlig unabhängig davon, idealerweise nicht einmal demselben Ministerium oder überhaupt der jeweiligen Regierung unterstellt, sondern vom Parlament eingesetzt und nur diesem gegenüber rechenschaftspflichtig ist. Diese Institution muß gegenüber der Polizei mit umfassenden Ermittlungsbefugnissen einschließlich Zugang zu allen relevanten Gebäuden, Fahrzeugen, Ausrüstungsgegenständen, Beweismitteln und Einsicht in alle Akten, Dokumente, Datenbanken ausgestattet sein.

Darüber hinaus setzt eine effektive Kontrolle der Polizei voraus, daß Fehlverhalten von Polizisten Konsequenzen hat. Während jeder private Arbeitgeber einen Mitarbeiter sofort entlassen kann, wenn dieser sich in einer Weise, die für seine Arbeit relevant ist, strafbar macht, dürfen Beamte, auch Polizeibeamte, weiter im Dienst bleiben, wenn sie nicht zu einer Freiheitsstrafe von mindestens einem Jahr verurteilt werden. Gerade für Polizisten ist das völlig inakzeptabel, besonders dann, wenn sie die

Straftaten im Dienst begehen. Daher muß die Institution zur Kontrolle der Polizei nicht nur befugt sein, Polizisten, welche die Gesetze brechen, anzuklagen, sondern auch darüber zu entscheiden, ob sie im Dienst verbleiben können. Ist ihr Vergehen mehr als nur ganz geringfügig, sind sie für den Polizeidienst schlicht nicht geeignet. Niemand will Polizisten, die sich nicht an die Regeln halten. Im Fall des ehemaligen stellvertretenden Polizeipräsidenten von Frankfurt, der einen Polizisten anwies, dem Entführer von Jakob von Metzler Gewalt anzudrohen, um diesen zu nötigen, das Versteck seines Einführungsopfers zu offenbaren, wurde in der Boulevardpresse und an Stammtischen die falsche Frage gestellt, die lautete: „Was würden Sie tun, wenn es Ihr Kind wäre, das entführt wurde?" Die richtige Frage hätte gelautet: „Was würden Sie tun, wenn die Polizei Ihrem verhafteten Kind Gewalt androhen oder es sogar foltern würde, obwohl es völlig unschuldig ist?" In einem Rechtstaat entscheidet nicht die Polizei, ob ein Verdächtiger schuldig oder unschuldig ist, sondern ein Gericht in einem geordneten Verfahren.

Eine effektive Kontrolle der Polizei muß auch die konsequente Entfernung aller Rechtsextremisten aus dem Polizeidienst umfassen. So wie in den 1970er Jahren Linksextremisten als für den Staatdienst generell ungeeignet galten und viele völlig sinnlos entlassen wurden, sollten heute zumindest alle Rechtsextremisten aus Polizei und Geheimdiensten entfernt werden, denn sie stellen, anders als viele für linksextremistisch gehaltene Menschen, eine reale gravierende Gefahr für unsere Gesellschaft dar. Dazu müßte die Politik zunächst einmal bereit sein, die Unterwanderung der Sicherheitsbehörden durch solche Staatsfeinde umfassend zu untersuchen. Daß diese alles andere als zu vernachlässigen ist, zeigen Beispiele wie das Hannibal-Netzwerk mit seinen Unterorganisationen.

Heftig umstritten sind in Deutschland die sogenannten Bodycams, Kameras, die Polizisten an der Uniform tragen und mit denen sie ihre Einsätze filmen können. In anderen Ländern sind solche Kameras längst üblich. Ein wesentlicher Unterschied zu Deutschland: Dort müssen sie in der Regel immer eingeschaltet werden, wenn ein Polizist Kontakt mit einem oder mehrere Bürgern hat. Auf diese Art ist eine effektive Dokumentation und Kontrolle der Polizeiarbeit möglich. Wenn es, wie derzeit in Deutschland üblich, im Ermessen des jeweiligen Polizisten liegt, ob er seine Kamera einschaltet, sind sie dagegen sinnlos. Um die Polizisten dazu anzuhalten, die Kameras auch tatsächlich einzuschalten, könnte eine Beweislastumkehr eingeführt werden. Polizisten müssen also bei ausgeschalteter Kamera selbst nachweisen, daß sie sich korrekt verhalten haben, wobei Aussagen anderer Polizisten dann nicht als Beweismittel zugelassen werden dürfen, es sei denn, diese hatten wiederum ihre Kameras eingeschaltet. Dabei muß die Aufzeichnung der Kameras so gestaltet sein, daß sie nur schwer manipuliert werden können. Völlig verhindern läßt sich das bei digitaler Aufzeichnung leider nicht.

Auch muß die Polizei wieder abgerüstet werden. Maschinenpistolen, Handgranaten und Panzerwagen haben bei der Polizei nichts verloren und in einem Rechtstaat auch keine denkbaren legitimen Einsatzzwecke. Sie gehören ausschließlich ins Militär. Bei der Polizei sorgen sie nicht für mehr Sicherheit, sondern nur für unnötige Gefahren für die Bevölkerung, wie der Fall von Mouhamed Dramé zeigt, der 2022 in Dortmund von Polizisten mit einer Maschinenpistole erschossen wurde. Ironischerweise wurde die Polizei dort gerufen, weil vermutete wurde, er würde versuchen, sich selbst zu töten.

Früher gingen Polizisten ohne kugelsichere Westen auf Streife. Schutzausrüstung trugen sie nur im Ausnahmefall. Es ist nicht ersichtlich, daß Deutschland in den letzten Jahrzehnten deutlich gefährlicher geworden ist, auch wenn Angriffe auf Sicherheitskräfte zugenommen haben. Vor allem in den immer wärmer werdenden Sommern ist die Schutzausrüstung eine Qual. Es sollte daher überprüft werden, ob diese im normalen Polizeidienst wirklich erforderlich ist.

In Großbritannien kommen Streifenpolizisten seit jeher ohne Schußwaffen im Dienst aus. Nur Spezialeinheiten für Ausnahmesituationen besitzen dort Pistolen und Gewehre. Auch in Deutschland wäre ein Verzicht auf Schußwaffen im normalen Polizeidienst sinnvoll, denn erforderlich sind sie nur äußerst selten, und dann fast immer in vorher absehbaren Situationen. Der Einsatz von Schußwaffen birgt immer eine sehr hohe Gefahr von Kollateralschäden, gerade in einem sehr dicht bevölkerten Land wie Deutschland, was die Einsatzmöglichkeiten ohnehin sehr stark einschränkt.

Für das, was die Polizei leistet, werden ihre Beamten viel zu schlecht bezahlt. Daß ein Polizist, der zum Beispiel in München arbeitet, sich von seinem Gehalt das Leben dort schlicht nicht leisten kann, wenn die Stadt keine Wohnung zu einer deutlich unter dem Durchschnitt liegenden Miete zur Verfügung stellt, ist ein Skandal. Auch im Hinblick auf die organisierte Kriminalität müssen die Gehälter der Polizisten mindestens so auskömmlich sein, daß die Beamten finanziellen Zuwendungen von Seiten der Verbrecherbanden ausreichend abgeneigt sind.

Auch die Arbeitsbedingungen bei der Polizei sollten dringend verbessert werden. Schichtdienst und Überstunden erschweren es vielen Polizisten, soziale Kontakte zu Menschen außerhalb der eigenen Familie und des Polizeidienstes aufrecht zu erhalten, vom Knüpfen neuer Kontakte ganz zu schweigen. Das Problem kann über mehr Personal, effizientere Arbeitsbedingungen oder Entlastung von Aufgaben oder über eine Kombination dieser Ansätze gelöst werden. Überarbeitung und Streß führen zu Fehlern, die gerade bei der Polizei tödliche Auswirkungen haben können. Daher sollte auch eine systematische Supervision und umfassende psychologische Betreuung für alle Polizisten selbstverständlich sein. Eine bessere und breiter gestreute Qualifizierung der Mitarbeiter bei der Polizei könnte auch zur

Entlastung beitragen, da Aufgaben dann effizienter bewältigt werden können. In der modernen, immer vielfältigeren Welt sind für eine effektive Arbeit der Polizei eine Vielzahl von Qualifikationen erforderlich, allen voran Psychologen und IT-Spezialisten, aber auch Naturwissenschaftler, Finanzexperten. Kriminalität wird immer vielfältiger. Dem müssen die Qualifikationen bei der Polizei Rechnung tragen.

b) Reform, Kompetenz und Digitalisierung

Wie bereits geschildert, gibt es schon seit den 1990er Jahren Bemühungen zur Reform der öffentlichen Verwaltung in Deutschland, bisher offensichtlich mit sehr geringem Erfolg. In Deutschland gelten die in der niederländischen Stadt Tilburg in den 1980er Jahren durchgeführten Reformen als vorbildlich. Dort wurden mit einer umfassenden Neuorganisation der Stadtverwaltung erhebliche Einsparungen erzielt bei gleichzeitiger Verbesserung der öffentlichen Dienstleistungen für die Bürger. Was bei den Reformbemühungen in Deutschland aber übersehen wurde: In Tilburg ging den Veränderungen eine umfassende, ehrliche und teilweise auch schmerzhafte Problemanalyse voraus, aus deren Ergebnissen dann die notwendigen Maßnahmen zur Verbesserung der öffentlichen Verwaltung abgeleitet wurden. In Deutschland wird dieser Schritt jedoch – soweit ersichtlich – immer weggelassen. So ist schon von Anfang an nicht gewährleistet, daß die ergriffenen Maßnahmen überhaupt sinnvoll sind. Oft erwiesen sie sich im Endeffekt sogar als schädlich. Ohne eine ehrliche und umfassende Problemanalyse ist jedoch jede Reformbemühung von Anfang an zum Scheitern verurteilt.

Ein weiterer Aspekt der Reformen in Tilburg, der in Deutschland gern übersehen wird und hier auch schon zum Scheitern diverser Bemühungen zur Verbesserung der öffentlichen Verwaltung geführt hat, ist die deutliche Reduzierung der Macht der politischen Ebene, also Stadtrat und Bürgermeister. Ein wesentlicher Teil der Reformen in Tilburg war die Übertragung von Verantwortung und Entscheidungsbefugnis auf die unteren

Hierarchieebenen, näher an die eigentliche Leistungserbringung. Hintergrund ist, daß die Menschen, welche die eigentliche Arbeit leisten, am besten wissen, wo die Probleme liegen, und wie diese gegebenenfalls behoben werden können. Es gab keine Vorgaben von oben mehr, wie die Arbeit zu erledigen war, sondern nur noch, welche Ziele bis wann erreicht werden sollten. Damit zwingend verbunden ist jedoch eine Entmachtung der höheren Hierarchieebenen einschließlich der Politik. Vor allem letztere kann sich in Deutschland aber häufig nicht verkneifen, in die Arbeit der Verwaltung direkt einzugreifen. In den Niederlanden fanden die Reformen in Tilburg merkwürdigerweise keine größere Aufmerksamkeit.

Wer die öffentliche Verwaltung wirklich reformieren will, muß also zunächst einmal herausfinden, wo die eigentlichen Probleme liegen und dafür vor allem denjenigen zuhören, die zwar keine Macht haben, aber dafür genau wissen, wo es hakt, weil sie bei ihrer Arbeit tagtäglich damit zu kämpfen haben. Und häufig wissen sie auch, wie es besser ginge. Ein solcher Prozeß ist nicht einfach. Er stellt meist offen Macht, Kompetenz und häufig auch die Existenz von Vorgesetzten in Frage. Daher ist es sinnvoll, mit Reformbemühungen bei kleineren, für sich abgeschlossenen Verwaltungseinheiten zu beginnen. Dort lassen sich neue Organisationsstrukturen und Verfahren einfach ausprobieren. Sind sie erfolgreich, können sie dann auf andere Bereiche der Verwaltung übertragen werden, wenn das nach einer vorausgehenden Problemanalyse sinnvoll erscheint.

Ohne die Abschaffung von Art. 33 Abs. 5 GG, also die Aufgabe der hergebrachten Grundsätze des Berufsbeamtentums, die vor allem den Gerichten bis zum Bundesverfassungsgericht regelmäßig als Grund für die Untersagung allzu tiefgreifender Veränderungen im öffentlichen Dienst dienen, wird eine wirkliche Reform der Verwaltung in Deutschland nicht gelingen können. Menschen im öffentlichen Dienst, die sich als unfähig oder gar böswillig erwiesen haben, müssen wesentlich einfacher aus dem

Dienst entfernt werden können. Solange sie permanent mitgeschleppt werden müssen, läßt sich die Verwaltung nicht wirklich verbessern. Auch müssen echte Leistungsanreize möglich sein, was zwingend eine ungleiche Behandlung der Mitarbeiter erfordert. Für eine Leistungsträgerin wie Anne Brorhilker sollte ein Arbeitsumfeld geschaffen werden, in dem sie ihre Fähigkeit und ihr Engagement bestmöglich einsetzen kann. Eine derartige Mitarbeiterin sollte nicht als Störfaktor, sondern als unverzichtbare Stütze des öffentlichen Dienstes angesehen werden. Solchen Mitarbeitern sollte weitgehend freie Hand bei der Gestaltung ihrer Arbeit gelassen werden und ihnen die Ressourcen, die sie für ihre Arbeit für erforderlich halten, soweit irgend möglich, zur Verfügung gestellt werden. Die Leistungsfähigkeit des öffentlichen Dienstes würde sich dann schlagartig verbessern.

Ein wesentliches Element dabei ist gute Personalführung, die nicht nur im öffentlichen Dienst, sondern auch in der Privatwirtschaft leider die Ausnahme ist. Zur Zeit gibt es aber noch nicht einmal Schulungen in Personalführung für diejenigen im öffentlichen Dienst, denen Personalverantwortung übertragen wird. Auch ist generell die Eignung zur Personalführung kein Beförderungskriterium. Für die Bewertung eines Vorgesetzten sollte dies aber entscheidend sein. Auch sollte es dafür eine wesentliche Rolle spielen, ob ein Vorgesetzter besondere Leistungsträger und Talente in seinem Bereich angemessen fördert und gegebenenfalls auch an andere Stellen, wo sie sich besser entfalten können, abgibt. Dabei geht es nicht darum, mehr Leistungsdruck im öffentlichen Dienst zu erzeugen. Vielmehr müssen die Mitarbeiter das Gefühl bekommen, daß ihre Meinung zählt und bei der Weiterentwicklung der Verwaltung gehört wird und sie mit ihrer Arbeit tatsächlich etwas bewirken können. Dieses Gefühl der Selbstwirksamkeit führt bei den meisten Menschen zu einer höheren Motivation als mehr Geld oder ein schöner Titel. Dennoch ist auch eine Flexibilisierung des öffentlichen Tarifrechts notwendig, um ausreichend qualifizierte Spezialisten für den Staatsdienst gewinnen zu können. Ohne diese Fachkompetenz sind Verbesserungen in vielen Bereichen nicht möglich.

Ein weiteres Problem bezüglich der öffentlichen Verwaltung in Deutschland sind die zahlreichen Organisationsebenen. Mit Gemeinden, Kreisen, Regierungsbezirken, Ländern und Bund gibt es in fast allen Flächenländern fünf Verwaltungsebenen, in manchen noch mehr. Das macht die Verwaltung nicht nur komplex und für den Bürger unübersichtlich. Es führt auch zu zahlreichen Reibungsverlusten und Ineffizienzen. Auch diesbezüglich gab es in den letzten Jahrzehnten einige Reformen, vor allem durch die Zusammenlegung von Gemeinden und Kreisen. Dafür wurden die Verwaltungen in den verbleibenden Organisationseinheiten immer weiter vergrößert, vor allem aber mit Ausnahme von Rheinland-Pfalz keine Verwaltungsebene aufgelöst. Eine effizientere Verwaltung würde aber weniger Ebenen erfordern. Sinnvoll erscheint, sämtliche Aufgaben auf die drei Ebenen Kreise, Länder und Bund zu verteilen. Dabei müßten die Kreise wieder verkleinert werden, damit die Verwaltung vor allem im ländlichen Raum nicht zu weit von den Bürgern entfernt ist.

Eine Neuorganisation der Verwaltungsebenen erfordert eine Neuverteilung der Aufgaben. Das wäre eine perfekte Gelegenheit, alle Verwaltungsaufgaben daraufhin zu überprüfen, ob sie wirklich erforderlich sind. Auf den öffentlichen Dienst rollt eine Pensionierungswelle zu. Viele Verwaltungen werden innerhalb der nächsten zehn Jahre an einem gravierenden Personalmangel leiden. Es ist daher eigentlich die perfekte Zeit, die Aufgaben der Verwaltung zu reduzieren und damit die ausufernde Bürokratie wirklich signifikant abzubauen.

c) Verfahren

Politiker scheinen die Digitalisierung der Verwaltung für das Allheilmittel aller Probleme zu halten. Zwar mag die Digitalisierung das ein oder andere überkomplexe, unsinnige, überflüssige Verwaltungsverfahren ein wenig beschleunigen. Es bleibt aber immer noch ein überkomplexes, unsinniges, überflüssiges Verfahren. Während die kommende Pensionierungswelle der perfekte Anlaß für die Überprüfung der Verwaltungsorganisation ist, bietet die Digitalisierung den perfekten Anlaß für die Überprüfung der Verwaltungsverfahren auf Überflüssiges und Ineffizienzen. Sind erst einmal unsinnige Verfahrensabläufe digitalisiert, wird es noch schwerer werden, diese nachträglich noch zu ändern.

Bei der Digitalisierung sind nicht nur die Verfahren, sondern auch die IT-Infrastruktur von entscheidender Bedeutung. Wie der Angriff auf selbige in Südwestfalen zeigt, ist die zunehmende Zentralisierung öffentlicher IT-Systeme eine schlechte Idee. Je mehr diese auf wenige Standorte konzentriert werden, desto größer ist die Gefahr, daß weite Teile des Landes durch einen Hackerangriff über Monate völlig lahmgelegt werden. Als die US-Air-Force Ende der 1960er das Arpanet (**A**dvanced **R**esearch **P**rojects **A**gency **N**etwork) entwickelte und aufbaute, wählte sie aus gutem Grund eine dezentrale Struktur, bei der Störungen, Ausfälle und Angriffe auf einzelne Knoten des Netzes die Funktion des restlichen Netzes nicht beeinträchtigte. Aus diesem Netz entwickelte sich später das Internet. Es wäre also eine gute Idee, öffentliche IT-Infrastruktur möglichst dezentral zu organisieren. Dies wiederum erfordert eine ausreichende Zahl gut qualifizierter IT-Fachleute, die ein solches Netz betreiben und vor Angriffen wirkungsvoll schützen können.

Für Verwaltungsverfahren sollte es für Bürger und Firmen jeweils einen zuständigen Ansprechpartner geben, der dafür Sorge zu tragen hat, daß alle Behörden, die an dem Verfahren beteiligt sind, die notwendigen Unterlagen erhalten und ihre Stellungnahmen innerhalb einer angemessenen Frist abgeben. Gibt es Probleme in einem Verfahren, sollten diese nicht schriftlich zwischen Antragsteller und Verwaltung erörtert werden, sondern in Besprechungen, an denen alle zuständigen Behördenmitarbeiter beteiligt sind. In diesen Besprechungen sollten möglichst verbindliche Vereinbarungen getroffen werden, an die alle Beteiligten gebunden sind. So ließen sich viele komplexe Verfahren beschleunigen. Darüber hinaus sollte es feste Fristen geben, innerhalb derer Behörden sich zu Anträgen und Eingaben äußern müssen. Um die Einhaltung dieser Fristen zu gewährleisten, sollte der Staat schadenersatzpflichtig sein, wenn die Fristen überschritten werden und dem Antragsteller durch die Verzögerung ein Schaden entsteht.

Bei Planfeststellungsverfahren sollten alle, die davon in irgendeiner Form betroffen sein könnten, möglichst frühzeitig in die Planung eingebunden werden, so daß alle relevanten Interessen möglichst früh erkannt und angemessen berücksichtigt werden können. Auch hier sind bei Problemen und Konflikten Besprechungen sehr viel effektiver als schriftliche Korrespondenz. Wann immer sinnvoll, sollten Ortstermine durchgeführt werden, um den Beteiligten einen unmittelbaren Eindruck zu vermitteln.

d) Fremd und doch zu Hause

Besonders absurd ist das Ausländerrecht in Deutschland, inzwischen politisch korrekt „Aufenthaltsrecht" genannt. Die Behörden heißen aber immer noch Ausländerbehörden. Alle Wirtschaftswissenschaftler sind sich einig, daß der Mangel an Arbeitskräften eine der größten Wachstumsbremsen in Deutschland ist, inzwischen nicht nur der Mangel an Fachkräften, sondern generell an Arbeitskräften. In Supermärkten sind Regale leer, nicht weil es an Waren fehlt, sondern an Menschen, die diese einräumen. Cafés und Restaurants schränken ihre Öffnungszeiten und ihr Angebot ein, oder schließen ganz, weil sie kein Personal finden. Dennoch darf ein großer Teil der Migranten, die nach Deutschland kommen, für lange Zeit nicht arbeiten. Ihnen wird vorgeworfen, hier auf Staatskosten zu leben, dabei läßt ihnen eben dieser Staat gar keine andere Wahl. Arbeiten sie dennoch, machen sie sich strafbar. Noch absurder wird es, wenn Menschen hier ein Studium oder eine Ausbildung abgeschlossen haben, dann aber keine Aufenthaltserlaubnis erhalten, um einer ihrer hier erworbenen Qualifikation entsprechenden Arbeit nachzugehen. Zur Zeit gilt der Aufenthaltstitel für die Ausbildung nur für diese, erlaubt aber keine anschließende Berufstätigkeit. Hierfür benötigen sie zuerst einen anderen Aufenthaltstitel, den sie aber nicht immer bekommen.

Dabei stellt es im Grunde ein Kompliment für unser Land dar, daß so viele Menschen sich auf den sehr oft langen und gefährlichen Weg zu uns machen. Die ganz überwiegend Zahl der Migranten sucht dabei einfach nur ein besseres Leben. Nur ein ganz geringer Teil bereitet hier Probleme, und nicht wenige dieser Probleme dürften ganz wesentlich dadurch verursacht werden, daß die Menschen hier über Monate oder gar Jahre nicht arbeiten und sich oft nur innerhalb eines Landkreises oder einer Stadt bewegen dürfen. Sehr viele Menschen würden unter solchen Bedingungen auf dumme Gedanken kommen. Sinnvoll wäre es daher, den Menschen, die hierher kommen, nicht nur zu erlauben, zu arbeiten, sondern sie dazu zu verpflichten. So könnten Migranten vor die Wahl gestellt werden, sich entweder innerhalb von sechs Monaten eine Arbeit zu suchen, und wenn sie dann innerhalb der ersten fünf Jahre in Deutschland insgesamt vier Jahre berufstätig waren, haben sie Anspruch auf eine unbefristete und unbedingte Aufenthaltserlaubnis. Dann können sie, so lange sie keine mehr als nur unerhebliche Straftat begehen, bleiben. Oder sie können das Asylverfahren durchlaufen, müssen dann aber wieder gehen, wenn ihr Asylantrag abgelehnt wird.

Auf jeden Fall aber sollten alle, die hier eine Arbeit oder Ausbildung nachgehen, bleiben können, und diejenigen, die ihr Studium oder ihre Ausbildung hier abgeschlossen haben, automatisch Anspruch auf eine Arbeitserlaubnis erhalten. Es ist völlig unsinnig, Menschen aufwendig auszubilden, uns diese Ausbildung dann aber nicht für unsere Wirtschaft zu Nutze zu machen. Das ist eine absurde Verschwendung volkswirtschaftlicher Ressourcen.

Darüber hinaus sollte für bestimmte Personengruppen grundsätzlich ohne individuelle Prüfung Asyl gewährt werden, wenn deren Verfolgung und Diskriminierung in ihren Heimatländern offensichtlich ist, was zum Beispiel auf alle Frauen aus Ländern wie dem Iran, Afghanistan oder dem Jemen zutrifft, oder Uiguren und Tibeter aus China. Eine solche Positivliste würde viele Asylverfahren deutlich beschleunigen und vereinfachen.

Vielleicht wäre nach alldem ein Mangel an Arbeitskräften keine Ursache mehr für das geringe Wirtschaftswachstum in unserem Land.

6. Rechtschutz

Die deutsche Justiz muß wieder so aufgestellt werden, daß sie tatsächlich einen effektiven Rechtschutz gewährleisten kann. Dafür sind gravierende personelle und organisatorische Veränderungen erforderlich.

a) Und noch einmal: Richter

Der Kern jedes Justizsystems sind die Richter. Mit ihnen steht und fällt die Qualität eines Justizsystems. Und die Qualität der Richter hängt zunächst einmal von ihrer Ausbildung ab. Das derzeitige System in Deutschland, in dem Richter ganz überwiegend unmittelbar nach ihrer Ausbildung ohne jede Berufserfahrung ernannt werden, garantiert eine denkbar schlechte Qualität. Das heißt natürlich nicht, daß alle Richter schlecht sind. Es gibt hervorragende Richter in unseren Gerichten. Sie sind allerdings die absolute Ausnahme. Im Durchschnitt sind die Richter in Deutschland jedenfalls schlechter, als es mit einer sachgerechten Ausbildung und mehr Berufserfahrung außerhalb der Justiz möglich wäre.

Ein Anfang wäre die Übernahme des amerikanischen Systems bei der Juristenausbildung, und das gleich in mehrfacher Hinsicht. Zunächst müßte, wie in den USA, nur jemand Jura studieren dürfen, der zuvor mindestens einen Bachelorabschluß in einem anderen Fach erworben hat. Bausachen dürften dann zum Beispiel nur Richter bearbeiten, die einen Abschluß in Bauingenieurwesen oder Architektur haben. Im Jurastudium sollte es dann nicht hauptsächlich darum gehen, rechtliche Meinungsstreitigkeiten und deren Lösung durch die höchsten deutschen Gerichte auswendig zu lernen, sondern Recht zu hinterfragen und juristisch zu argumentieren.

Schließlich sollte nur Richter werden können, wer mindestens fünf Jahre Berufserfahrung als Rechtsanwalt oder in einem Unternehmen, auf jeden Fall aber außerhalb des Staatsdienstes hat. Verwaltungs-, Sozial- oder Finanzrichter könnte dann nur werden, wer zusätzlich einen entsprechenden Fachanwaltstitel hat. Es ist offensichtlich, daß Finanz- und Verwaltungsrichter, die vorher mehrere Jahre Anwälte waren, sich nicht als Teil des Staatsapparats sehen, sondern diesem kritisch gegenüber stehen und so eine wirksame Kontrolle der Staatsgewalt gewährleisten. Auch für Straf-, Arbeits- und Familienrichter sollte ein entsprechender Fachanwaltstitel erforderlich sein. Familien- und Strafrichter sollte außerdem nur werden können, wer einen Bachelor in Psychologie hat. Unabhängig davon müßten für alle Richter verpflichtend in Aussagenpsychologie geschult werden. Auch eine Mediationsausbildung ist für einen Richter sicherlich sinnvoll, um Rechtsstreitigkeiten möglichst zur Zufriedenheit aller Beteiligten beilegen zu können.

Derart gut ausgebildete Richter müßten definitiv wesentlich besser bezahlt werden, als es Richter derzeit in Deutschland werden. Auch wäre es sinnvoll, sie wesentlich besser auszustatten. Derzeit müssen Richter, wie bereits erwähnt, sehr vieles selbst machen. Das ist offensichtlich eine Verschwendung von qualifizierten Arbeitskräften. In anderen Ländern ist es selbstverständlich, daß ein Richter ein Sekretariat hat, oft auch wissenschaftliche Mitarbeiter, die bei Recherchen und der Abfassung von Entscheidungen unterstützen.

Richter, die, aus welchen Gründen auch immer, nicht neutral in einem Rechtstreit sind, dürfen diesen nicht bearbeiten. Dabei muß ihre eigene Einschätzung dafür irrelevant sein. Vielmehr dürfen sie aus der Sicht eines neutralen Beobachters nicht voreingenommen sein. Daher ist es auch sinnvoll, nicht ihre Kollegen darüber entscheiden zu lassen, sondern ein externes Gremium. Ein solches könnte aus Rechtsanwälten gebildet werden, die zum Beispiel von der jeweiligen Rechtsanwaltskammer hierfür ernannt oder von der Kammerversammlung gewählt werden. Ein solches Gremium könnte auch darüber entscheiden, ob Richter, die häufiger falsche Entscheidungen treffen, die deswegen in der nächsten Instanz regelmäßig aufgehoben werden, ihren Beruf weiter ausüben dürfen oder dafür ungeeignet sind. Außer den Streitparteien vor Gericht sollte auch die jeweils höhere Instanz berechtigt sein, ein Verfahren zur Entlassung eines Richters anzuregen, wenn sie dessen Entscheidung für rechtlich schlicht nicht tragbar hält. Dasselbe gilt für Richter, die böswillig sind, wie in einigen der in diesem Buch geschilderten Fällen. Richter, die vorsätzlich falsche Entscheidungen treffen, disqualifizieren sich selbst für ihren Beruf und müssen aus selbigem unverzüglich entfernt werden. Damit soll die Unabhängigkeit der Richter nicht in Frage gestellt werden. Es darf nicht zu einfach sein, einen Richter aus seinem Amt zu entfernen, aber es darf auch nicht nahezu unmöglich sein, wenn ein Richter, aus welchen Gründen auch immer, für seinen Beruf schlicht ungeeignet ist. Dafür können Richter zu viel Schaden anrichten.

b) Gerichtsorganisation

Die Zahl der verschiedenen Gerichte müßte deutlich reduziert werden. Es ist schon nicht ersichtlich, warum es überhaupt verschiedene Gerichtszüge geben muß und nicht alle Rechtstreitigkeiten vor denselben Gerichten ausgetragen werden können.

Immerhin aber könnten, wie schon von verschiedenen Seiten immer wieder angeregt, Zivil- und Arbeitsgerichte zusammengelegt werden, außerdem alle öffentlich-rechtlichen Gerichtsbarkeiten, also Verwaltungs-, Sozial- und Finanzgerichte zu einer einheitlichen Gerichtsbarkeit zusammengefaßt werden.

Der Sinn einer zweiten Tatsacheninstanz, also eines Berufungsverfahrens, ist nicht ersichtlich. Deren Existenz unterstellt, daß die erste Instanz völlig unfähig sein könnte, ein ordnungsgemäßes Verfahren durchzuführen. Das ist sicher in einigen Fällen gegeben. Unfähige Richter sind nicht so selten. Dieses Problem sollte aber nicht über eine zweite Tatsacheninstanz gelöst werden, sondern durch die Entlassung unfähiger Richter und gegebenenfalls der Verbesserung des erstinstanzlichen Verfahrens. Das Berufungsverfahren verlängert einen Rechtstreit signifikant. Da lange Verfahrensdauern faktisch der Verweigerung von Rechtschutz gleich kommen, spricht sehr viel dafür, den Instanzenzug soweit möglich und sinnvoll zu verkürzen. In großen Strafverfahren und Verfahren vor den Finanzgerichten gibt es schon heute keine Berufungsinstanz, obwohl es gerade in großen Strafverfahren für die Angeklagten um sehr viel geht, gerade hier also eine gründliche Überprüfung eines erstinstanzlichen Urteils besonders wichtig erscheint. Wenn hier auf ein Berufungsverfahren verzichtet werden kann, sollte dies auch in allen anderen Verfahren entbehrlich sein.

Die Abschaffung der Berufungsinstanz ist jedoch nur dann zu rechtfertigen, wenn die Qualität erstinstanzlicher Entscheidungen deutlich verbessert wird. Hierzu müssen die Richter zunächst einmal ausreichend Zeit haben, ein Verfahren gründlich und gewissenhaft zu bearbeiten. Die in Pebb§y festgelegten Zeiten genügen dafür nicht einmal ansatzweise. Eine Verdoppelung derselben wäre vermutlich die absolute Untergrenze für eine sinnvolle Fallbearbeitung, eine Vervierfachung definitiv noch nicht übertrieben. Darüber hinaus müßten für alle Streitigkeiten, die keine Bagatellen sind, wieder Spruchkörper eingeführt werden, also mindestens drei Richter ein Verfahren bearbeiten und darüber entscheiden. Ob die Bagatellgrenze bei 600 Euro, wie zur Zeit in der Zivilprozeßordnung, oder bei der derzeitigen Grenze für ein Berufungsverfahren, die zur Zeit bei 750 Euro liegt, oder bei einer Grenze von 1.000 oder 2.000 Euro, ist letztlich eine politische Entscheidung. Die derzeitige Grenze 5.000 Euro, bis zu der Zivilverfahren vor den Amtsgerichten durchgeführt werden, ist aber definitiv zu hoch. Darüber hinaus würde sich die Qualität der Arbeit der Richter allgemein signifikant verbessern, wenn gravierende Fehler wirklich Konsequenzen hätten, wie bereits oben angeregt.

c) Verfahren

Auch die Verfahrensabläufe selbst müssen verbessert werden. Es sollte Fristen geben, innerhalb derer die Gerichte die Verfahren bearbeiten müssen. Wenn Richter, wie bereits ausgeführt, genug Zeit bekommen, um eine Verfahren gewissenhaft zu bearbeiten, dürfte es keinen Grund mehr für sie geben, diese Bearbeitung zu verzögern und nicht jeweils zeitnah zu erledigen. Ein erstinstanzliches Zivilverfahren ohne Beweisaufnahme sollte in vier, maximal sechs Monaten abgeschlossen sein, mit Beweisaufnahme in maximal neun Monaten. Würden solche Fristen überschritten, müßte der Staat für den für die Streitparteien durch die Verzögerung entstehenden Schaden aufkommen. Dies würde selbigen motivieren, die Gerichte mit ausreichend Personal auszustatten. Auch für die Revisionsverfahren sollte es entsprechende Fristen geben, und auch hier scheinen sechs Monate als absolute Obergrenze völlig ausreichend. Um diese Fristen einhalten zu können, dürften die Parteien aber auch nicht die Möglichkeiten haben, Fakten und Beweise, die ihnen bereits bekannt sind, nicht sofort zu offenbaren, sondern zunächst zurückzuhalten und erst später vorzulegen, was immer zu einer Verzögerung der Verfahren führt.

Außerdem sollte ein Spruchkörper, der angefangen hat, ein Verfahren zu bearbeiten, dieses auch immer abschließen müssen.

Zuständigkeitswechsel in einem laufenden Verfahren sollten soweit möglich ausgeschlossen werden. Dies führt sowohl zu einer effizienteren Bearbeitung der Verfahren, weil sich nur ein Spruchkörper in eine Sache einarbeiten muß, aber auch zu einer effektiveren und damit besseren Bearbeitung, weil eben derselbe Spruchkörper die Sache von Anfang bis Ende bearbeitet und so alle Verfahrensschritte mitbekommt und alles besser einordnen und am Ende beurteilen kann. Damit würde es auch keinen Sinn mehr für einen Richter ergeben, ein nerviges oder arbeitsintensives oder sonst unerwünschtes Verfahren so lange zu verzögern, bis es auf einen anderen Richter übertragen wird. Das würde dann nur noch passieren, wenn der Richter, der es zuerst bearbeitet hat, den Justizdienst ganz verläßt.

Ferner erscheint es sinnvoll, in Zivil- und Arbeitsgerichtsverfahren die sogenannte Parteimaxime aufzugeben. Danach dürfen Gerichte zur Zeit nur die Beweise erheben, welche die Parteien anbieten, selbst dann, wenn offensichtlich ist, daß eine Partei Beweise zurückhält, zu denen nur sie Zugang hat, die aber dem Gegner nutzen würden. Hierbei kann es sich um Dokumente oder Gegenstände handeln. Dies führt nicht selten zu letztlich falschen Entscheidungen. Vielmehr sollte das Gericht bei Bedarf die Vorlage bestimmter Beweismittel anordnen dürfen. Weigert sich die Partei, in deren Besitz sich diese befinden, sie vorzulegen, sollte sie so behandelt werden, als würde das Beweismittel zu ihren Lasten wirken. Auch sollten die Gerichte den Sachverhalt immer soweit irgend möglich aufklären, damit im Zweifel keine Beweise fehlen, wenn die Revisionsinstanz rechtlich anderer Ansicht ist. Hat die erste Instanz einen Fall vollständig aufgeklärt, kann die Revisionsinstanz eine abschließende Entscheidung treffen. Eine Zurückverweisung ist dann nicht mehr notwendig.

Umgekehrt müssen in den öffentlich-rechtlichen Verfahren die Gerichte auch tatsächlich von sich aus den Sachverhalt vollständig aufklären. Der Staat ist hier fast immer im Vorteil, hat mehr

Möglichkeiten, eine Angelegenheit umfassend aufzuklären. Daher sollte in allen Verfahren vor Verwaltungs-, Sozial- und Finanzgerichten, in denen ein Bürger gegen den Staat oder einen Sozialversicherungsträger klagt, die volle Beweislast für alles, was nicht ausschließlich durch den klagenden Bürger selbst aufgeklärt werden kann, beim Staat bzw. dem Sozialversicherungsträger liegen. Können oder wollen Staat und Sozialversicherungsträger die vom Gericht geforderten Beweise nicht beibringen, sollten sie so behandelt werden, als würden die Beweise zugunsten des Bürgers wirken. Ferner sollte im Grundgesetz eine Regel verankert werden, daß in Streitfällen zwischen Staat und Bürger, also öffentlich-rechtlich, steuerrechtlich oder sozialrechtlich, das Recht von den Gerichten im Zweifel immer soweit als möglich und vertretbar zugunsten des Bürgers ausgelegt werden muß, es sei denn, das würde wiederum andere Bürger in ihren Rechten beeinträchtigen.

7. Endlich gleich

Es ist eine Schande, daß 75 Jahre nach Inkrafttreten von Art. 3 Abs. 2 GG, der Frauen und Männern gleiche Rechte zuerkennt und den Staat verpflichtet, bestehende Ungleichheiten abzubauen, dies immer noch nicht vollständig verwirklicht ist.

Bodo Wartke beschreibt in seinem Lied „Ein Tag ohne" sehr schön die unterschiedliche Sicht auf die Welt von Männern und Frauen. In dem Lied geht es darum, was Männer machen würden, wenn es einen Tag lang keine Frauen gäbe und umgekehrt. Während sich für die Männer im Grunde nichts ändern würde, wäre die Welt für die Frauen eine grundlegend andere ohne Männer. Deshalb bedeutet echte Gleichberechtigung nicht, daß einfach für Frauen und Männer dasselbe Recht gilt, denn das führt gerade nicht zu Gleichberechtigung, wie das bereits erwähnte Beispiel mit Mord und Totschlag zeigt. Vielmehr muß das Recht die tatsächlich existierenden Diskrepanzen zwischen Männern und Frauen ausgleichen, um für wirklich gleiche

Rechte zu sorgen. Ähnlich wie im Sport, wo auch nur in ganz wenigen Sportarten Männer gegen Frauen antreten, muß auch das Recht, wo notwendig differenzieren, um vor allem die physischen Nachteile von Frauen zu kompensieren.

§ 218 StGB, der das Verbot von Schwangerschaftsabbrüchen regelt, diskriminiert Frauen aber immer noch direkt. Nur sie können schwanger werden. Also können auch nur sie eine Schwangerschaft abbrechen. Daß sie hierüber noch immer nicht völlig frei und ohne jede Einschränkung entscheiden können, ist ein unerträglicher Anachronismus, der endlich beseitigt werden muß. Nicht nur ist die Frist von 12 Wochen, die den Frauen derzeit dafür gewährt wird, viel zu knapp bemessen, auch ist die verpflichtende Beratung eine Bevormundung, die sich Männer niemals gefallen lassen würden. Wären es die Männer, die ausschließlich von diesem Paragraphen betroffen wären, wäre er nie eingeführt worden.

Auch der Schutz von Frauen vor Gewalt muß signifikant verbessert werden. Es ist ein Skandal, daß es in Deutschland einen derart gravierenden Mangel an Plätzen in Frauenhäusern gibt, vor allem weil dieser Mangel schon seit Jahrzehnten besteht und bekannt ist. Dennoch hat die Politik bisher keinerlei ernsthafte Bemühungen ergriffen, diese Situation spürbar zu verbessern. Auch die Hürden für Abstandsverfügungen sind derzeit in Deutschland viel zu hoch. In der Regel muß eine Frau erst Opfer physischer oder psychischer Gewalt werden, bevor der Staat einschreitet, obwohl in vielen Fällen schon lange vorher erkennbar ist, daß es sehr wahrscheinlich zu solcher Gewalt kommen wird. Es ist nicht ersichtlich, warum eine Frau nicht unkompliziert eine Abstandsverfügung gegen einen Mann erwirken kann, wenn dessen Leben dadurch nicht weiter beeinträchtigt wird. Nur wenn der Eingriff in das Leben eines Mannes durch eine derartige Verfügung erheblich wäre, sollte die Frau ihr Schutzinteresse genauer darlegen und im Zweifel beweisen müssen. Auch ist nicht einzusehen, warum solche Verfügungen befristet sein sollen. In der Regel verschwindet die Gefahr für eine Frau durch einen Mann nicht einfach mit der Zeit. Daher sollte solche Verfügungen in der Regel unbefristet erlassen und nur dann aufgehoben werden, wenn entweder die Frau das beantragt oder der Mann beweisen kann, daß er keine Gefahr für sie darstellt.

Ebenso unverständlich ist, daß die Familiengerichte es immer noch für sinnvoll halten, einem gewalttätigen Mann Umgang mit seinen Kindern zu gewähren und so die Mutter fortwährend der Gefahr weiterer Übergriffe auszusetzen. Es entspricht grundsätzlich nicht dem Wohl eines Kindes, Umgang mit einem Vater zu haben, der für die Mutter eine im Zweifel lebensbedrohliche Gefahr darstellt. Daher ist einem solchen Vater der Umgang mit den Kindern immer zu verweigern. Schon im Verfahren vor dem Familiengericht sollte die Frau, wenn der Ex-Partner ihr gegenüber gewalttätig war, nicht genötigt werden, ihm vor Gericht zu begegnen. Immer wieder haben Männer dies ausgenutzt, um die Frau zu verletzen, in einigen Fällen auch zu töten. Auch müssen die Familiengerichte in solchen Fällen verpflichtet werden, die neue Adresse der Frau nicht an den Ex-Partner weiterzugeben. Sollte ein Gericht aus unerfindlichen Gründen einen gemeinsamen Termin mit beiden Partnern für unverzichtbar halten, müßte es verpflichtet sein, für eine ausreichende Sicherheit durch Gerichtswachtmeister oder Polizisten zu sorgen.

Bei Übergriffen im privaten oder beruflichen Umfeld muß durch entsprechende gesetzliche Regelungen sichergestellt werden, daß der Täter dafür sanktioniert wird und das Opfer keinerlei Nachteile erleidet. Arbeitgebern, die dies nicht gewährleisten, müssen empfindliche Strafen drohen, die eine ausreichende Motivation bieten, solche Regeln zu befolgen. Darüber hinaus müssen Opfer von Übergriffen, die von ihren Arbeitgebern nicht ausreichend geschützt werden, Schadenersatzansprüche gegen diese in beträchtlicher Höhe garantiert werden.

8. Prima Klima

Der Klimawandel schreitet viel schneller voran, als von vielen
erwartet. 2024 wurde das Ziel, die globale Erwärmung unter
1,5°C gegenüber der vorindustriellen Zeit zu halten, erstmals
verfehlt. Es wird mit an Sicherheit grenzender Wahrscheinlichkeit kein Zurück unter diese Grenze geben. Auch ist es sehr
unwahrscheinlich, daß wenigstens das Ziel, die Erwärmung auf
unter 2°C zu begrenzen, eingehalten wird. Schreitet der Klimawandel so rasant voran, wie in den letzten Jahren, wird auch
dieses Ziel schon in Kürze verfehlt werden. Welche Auswirkungen das haben wird, ist überhaupt nicht absehbar. Sie werden
das Leben auf diesem Planeten für die Menschen aber definitiv
nicht angenehmer machen. Aber weder die Mehrheit der Menschen, nicht nur in Deutschland, sondern weltweit, noch die
Politiker scheinen auch nur ansatzweise verstanden zu haben,
wie gravierend die Veränderungen und die dadurch entstehenden Probleme und Konflikte sein werden. Anders als die Corona-Pandemie oder der Krieg in der Ukraine mit den jeweils
unmittelbaren Folgen, scheint der Klimawandel vielen zu vage,
zu abstrakt, zu fernliegend zu sein. Die Menschen im Ahrtal
wissen nur zu gut, daß das nicht stimmt. Aufhalten lassen wird
sich der Klimawandel sehr wahrscheinlich nicht mehr, aber
verlangsamen läßt er sich schon noch und damit Zeit gewinnen,
uns auf die Veränderungen vorzubereiten und an sie anzupas-
sen. Und wahrscheinlich wird an irgendeinem Punkt jede Minu-
te, die wir gewinnen oder verlieren, irgendwo auf der Welt über
Leben oder Tod entscheiden, immer wieder auch bei uns. Jedenfalls wird sich der Klimawandel nicht von selbst verlangsamen
oder gar anhalten, nur weil er manchen Politikern nicht in ihre
Agenda paßt. Politik kann die Gesetze der Physik nicht ändern.

a) Energie

Eine der wichtigsten Maßnahmen, um den Klimawandel zu verlangsamen, ist die Umstellung der Energieversorgung auf nachhaltige, also erneuerbare Energiequellen. Dies sind Sonne, Wind

und Wasser. Biomasse, insbesondere Holz ist als Energieträger dagegen nicht nachhaltig, wie bereits erläutert, auch wenn viele das zu glauben scheinen. Es wäre überhaupt kein Problem, unsere Gesellschaft mit ausreichend Strom aus Sonnenenergie, Windkraftanlagen und Wasserkraftwerken zu versorgen. Technologie und Konzepte dafür sind vorhanden. Sie müssen nur konsequent umgesetzt werden, was einen entsprechenden politischen Willen erfordert.

Dieser scheint allerdings zu fehlen, selbst bei den Grünen. Die zwei Prozent Fläche für Windenergie an Land, die Robert Habeck von den Bundesländern gefordert hat, werden vermutlich nicht einmal ansatzweise reichen, zumal nach derzeitiger Rechtslage nicht einmal garantiert ist, daß auf diesen Flächen tatsächlich Windkraftanlagen gebaut werden dürfen. Bei der Ausweisung dieser Flächen werden die übrigen rechtlichen Voraussetzungen für deren Bau zunächst nicht geprüft. Um auch in Zukunft ausreichend Energie zu haben, müßten wahrscheinlich mindestens fünf Prozent der Fläche unseres Landes für Windenergie genutzt werden. Im Grunde müßte die Idee der Vorrangflächen für Windenergie nur konsequent zu Ende gedacht werden: Der Staat schafft auf diesen Flächen selbst alle Voraussetzungen für den Bau der Anlagen einschließlich aller erforderlichen Gutachten. Investoren müßten sich dann nur noch mit den Grundstückseigentümern einigen und dann ohne weitere Genehmigungserfordernisse die Anlagen bauen dürfen. Auch die völlig unsinnigen Abstandsregeln zu einer Bebauung müßten geändert oder ganz aufgehoben werden. Mehr als 500 Meter Abstand zu irgendwelchen Gebäuden ist mit sachlichen Gründen nicht zu rechtfertigen. Bei Gewerbegebieten ist gar nicht ersichtlich, warum hier überhaupt ein Abstand zu Windkraftanlagen erforderlich sein sollte.

Zur Zeit gibt es in vielen Regionen, die sich für den Bau der Anlagen grundsätzlich eignen, erheblichen Widerstand dagegen. Dies liegt unter anderem daran, daß die Menschen vor Ort oft keinerlei Vorteile durch die Energieerzeugung vor ihrer Haustür haben. Werden sie aber in irgendeiner Form spürbar an den Einnahmen aus der Stromerzeugung beteiligt, bricht praktisch überall der Widerstand gegen die Anlagen fast völlig zusammen und wandelt sich in breite Zustimmung. Die wenigen uneinsichtigen Windkraftgegner sind dann schnell ziemlich isoliert in ihren Kommunen.

Bei Photovoltaikanlagen sind die Hürden für deren Bau in den letzten Jahren zwar deutlich gesenkt worden, die Vorschriften aber immer noch zu komplex und unübersichtlich. Immer noch gibt es für bestimmte Arten von Anlagen Leistungsgrenzen, die letztlich völlig willkürlich und durch keine sachlichen Gründe gerechtfertigt sind. So dürfen Landwirte auf ihren Äckern nur maximal 25.000 qm große Anlagen errichten, selbst dann, wenn sie so errichtet werden, daß die Fläche zusätzlich immer noch als Acker genutzt werden kann. In Nordrhein-Westfalen müssen seit 2022 Parkplätze, die nicht zu Wohnhäusern gehören und mehr als 35 Stellplätze haben, mit einer Photovoltaikanlage überdacht werden. Warum das nicht auch für weniger als 35 Stellplätze gilt, ist nicht ersichtlich, ebensowenig, warum es nicht für Parkplätze an Wohnhäusern gilt. Ob Pflichten zum Bau solcher Anlagen der richtige Weg zum Ausbau der Solarenergie sind, erscheint allerdings zweifelhaft. Wesentlich effektiver dürfte der konsequente Abbau aller Hürden und die Schaffung verständlicher, übersichtlicher rechtlicher Rahmenbedingungen für solche Anlagen sein. Das würde die Kosten weiter reduzieren und Investitionen in Solarenergie noch attraktiver machen, als sie ohnehin schon sind.

Die größten Probleme gibt es in Deutschland aber derzeit noch bei der Speicherung von Strom. Da erneuerbare Energieträger den Strom nicht dann erzeugen, wenn er verbraucht wird, muß er gespeichert werden können, und zwar in vielfach größeren Mengen als derzeit möglich. Die derzeit beste Möglichkeit der Speicherung sind Pumpspeicherkraftwerke, also solche, die mit überschüssigem Strom Wasser aus einem tiefer gelegenen Becken in ein höheres pumpen. Ist zu wenig Strom da, wird das Wasser aus dem höheren Becken in das niedrigere abgelassen und dabei über eine Turbine geleitet, um Strom zu erzeugen. Die Energieverluste bei dieser Form der Speicherung sind sehr gering. Und Deutschland mit seinen Mittelgebirgslandschaften böte reichlich Möglichkeiten zum Bau solcher Speicherkraftwerke. Der Widerstand hiergegen an den geeigneten Standorten ist allerdings noch erheblich größer als gegen Windkraftanlagen. Auch hier könnte die Stimmung der Anwohner durch spürbare finanzielle Anreize sicher positiv beeinflußt werden, zumal die geeigneten Standorte für solche Kraftwerke ganz überwiegend in wirtschaftlich eher schwachen Regionen liegen.

Heute werden vor allem Windkraftanlagen regelmäßig abgeschaltet, weil der Strom, den sie erzeugen, aufgrund eines Überangebots im Netz nicht genutzt werden kann. Das ist eine beispiellose Verschwendung. Es sollten daher flächendeckend Anlagen errichtet werden, die den überschüssigen Strom dazu nutzen, Wasserstoff zu erzeugen, der dann in vielfacher Weise weiterverwendet werden kann, gegebenenfalls auch wieder zur Stromerzeugen, wenn gerade Flaute ist und die Sonne nicht scheint. Für die von der FDP gewünschten E-Fuels für die Porsches ihrer Klientel dürfte der Wasserstoff aber noch sehr lange nicht reichen.

Wenn die Energiewende wirklich gelingen soll, müssen die Ausbauziele aber sehr viel ambitionierter gesteckt werden. Das derzeitige Ausbauziel der Bundesregierung für Wind- und Solarenergie bis 2030 wird noch nicht einmal ausreichen, um dann, wie geplant, damit 65% der deutschen Stromversorgung sicherzustellen, selbst dann nicht, wenn der Stromverbrauch bis dahin nicht weiter ansteigt. Das wird er aber mit einer stetig steigenden Zahl von Elektroautos und zunehmender Nutzung von Wärmepumpen in den nächsten Jahren ganz sicher tun. Die Schätzungen von Experten für den Stromverbrauch in Deutschland bei völliger Umstellung der Energieversorgung auf erneuerbare Energiequellen variieren stark. Das Doppelte des derzeitigen Gesamtverbrauchs dürfte aber mittelfristig die Untergrenze sein. Auch das Vierfache ist jedenfalls nicht unplausibel. Wir werden also viel mehr von allem brauchen, als bisher für die nächsten beiden Jahrzehnte geplant: Mehr Windkraftanlagen, Photovoltaikanlagen, Wasserstofferzeuger, Energiespeicher jeder Art und Größe.

Dabei geht es nicht nur um Deutschland. Gelingt es hier, die derzeit drittgrößte Volkswirtschaft der Welt komplett auf erneuerbare Energien umzustellen, wird dies allen anderen Ländern beweisen, daß das grundsätzlich überall möglich ist.

Und egal, wie die Probleme der Energieversorgung der Zukunft aussehen werden, Atomenergie wird auf keinen Fall die Lösung sein. Zum einen wäre es sehr spannend zu sehen, was passieren würde, wenn Markus Söder, der sich ja immer wieder als Befürworter der weiteren Nutzung der Kernenergie äußert, versuchen würde, in Bayern ein neues Kernkraftwerk bauen zu lassen. Wahrscheinlich aber stellt er sich vor, daß die neuen Kernkraftwerke natürlich in anderen Bundesländern gebaut werden würden. Was die Menschen dort dazu meinen, können Sie sich selbst ausmalen. Finnland und Frankreich haben gerade neue Atomkraftwerke in Betrieb genommen, bzw. sind gerade dabei. In Finnland hat der Bau 18 Jahre gedauert, mit Planung 20 Jahre, und elf Milliarden Euro gekostet. Das Kraftwerk in Frankreich ist seit 17 Jahren im Bau, mit Planung ebenfalls seit 20 Jahren, und befindet sich seit 2024 im Probebetrieb, wobei aber schon gravierende Mängel bekannt sind, deren Behebung in Kürze eine längere Betriebspause erfordern werden. Hier hat der Bau einschließlich Zinsen mehr als 18 Milliarden Euro gekostet. Von den ganzen vermeintlich viel wirtschaftlicheren neuen Kernkraftwerkstypen, die immer mal wieder durch die Medien geistern, gibt es bisher noch nicht einmal Prototypen, nur schicke Präsentationen. Und ob Kernfusion jemals so beherrschbar wird, daß sich damit wirtschaftlich Strom erzeugen läßt, ist derzeit überhaupt nicht absehbar. Der durch Kernspaltung erzeugte Strom war in der Vergangenheit weltweit nur deshalb wettbewerbsfähig, weil er von den jeweiligen Staaten massiv subventioniert wurde, und dabei sind die Kosten für den noch immer ungeklärten Umgang mit dem Atommüll und den Abriß der Kraftwerke noch gar nicht einkalkuliert, von den Kollateralschäden der bisherigen Unfälle, wie in Tschernobyl oder Fukushima ganz zu schweigen. Daß Kernenergie schlicht unverantwortlich ist, läßt sich schon daran erkennen, daß es weltweit kein einziges Versicherungsunternehmen gibt, welches bereit wäre, für die Haftungsrisiken eines Atomkraftwerks eine Versicherung anzubieten.

b) Verkehr

So wie Atomenergie keine Lösung für die Energieprobleme der Zukunft bietet, ist das Automobil keine Lösung für die Verkehrsprobleme der Zukunft. Immer mehr Menschen leben in Ballungsräumen. Der Platz dort wird immer knapper. Zur Zeit werden Autos in Städten noch toleriert. Viele Städte räumen ihnen sogar immer noch weitgehend Vorrang vor anderen Verkehrsmitteln, vor allem aber vor den Menschen ein. In mehr als einem Science-Fiction-Roman halten Außerirdische Autos für die dominante Spezies auf unserem Planeten. Mit dem knapper werdenden Platz in den Städten wird sich aber die Frage nach dessen Verteilung neu stellen. Waren Fahrräder als echtes Verkehrsmittel in der Vergangenheit nur etwas für sportliche Menschen, vor allem in Städten, die nicht gerade flach sind, hat sich das mit der zunehmenden Verbreitung von E-Bikes grundlegend geändert. Um einen nachhaltigen Wandel des Verkehrs in Städten aber wirklich möglich zu machen, muß das Straßenverkehrsrecht geändert werden, das immer noch in jeder Hinsicht auf das Auto und dessen Bedürfnisse zugeschnitten ist, denen sich alle anderen Verkehrsteilnehmer unterordnen müssen. Stattdessen sollte Fußgängern und Fahrrädern grundsätzlich

Vorrang im städtischen Verkehr eingeräumt werden. Autos sollten sich deren Bedürfnissen unterordnen müssen, nicht umgekehrt.

Völlig aus der Zeit gefallen sind Autos mit Verbrennungsmotor, auch wenn das FDP, AfD und Unionsparteien nicht wahrhaben wollen. Diese nehmen nicht nur viel zu viel des knapp bemessenen Raums in Städten ein, sondern verursachen zusätzlich noch Lärm und Luftverschmutzung. Allein letztere hätte schon in vielen deutschen Städten zu Fahrverboten führen müssen, würden Politiker die entsprechenden Urteile nicht konsequent ignorieren. Mit der Weiterentwicklung der Batterien werden Elektroautos schon bald keine spürbaren Nachteile mehr haben, so daß für den Verbrennungsmotor keine Vorteile mehr übrigbleiben werden. Versuche der Politik, die Anwendung dieser Antriebstechnologie noch weiter in die Zukunft zu verlängern, wird im Endeffekt den Rückstand der deutschen Automobilindustrie bei der Entwicklung von Elektroautos nur noch vergrößern und damit deren Niedergang endgültig besiegeln. Den weltweiten Siegeszug des Elektroautos wird die deutsche Politik jedenfalls nicht aufhalten.

Noch antiquierter als die Liebe zum Verbrennungsmotor ist die Abneigung von FDP, AfD und Unionsparteien gegen eine allgemeine Geschwindigkeitsbegrenzung auf Deutschlands Autobahnen. Dabei würde eine solche nicht nur der Umwelt nützen. Sie würde die Zahl und die Schwere von Unfällen reduzieren, den Verkehr flüssiger und streßfreier machen. Fast alle anderen Länder haben das schon lange eingesehen. Sollen Fußgänger und Fahrräder in den Städten Vorrang haben, müssen Autos auch dort langsamer fahren. Vielleicht muß es nicht überall Tempo 30 sein, aber 40 km/h erscheinen als Geschwindigkeitsbegrenzung innerorts durchaus sinnvoll.

Weniger Platz für Autos funktioniert in Ballungsräumen nur, wenn der öffentliche Verkehr, vor allem S-, U- und Stadtbahnen, massiv ausgebaut wird, und zwar nicht nur sternförmig, wie bisher, sondern mit guten Quer- und Tangentialverbindungen, die den häufig langen Umweg durch ein Zentrum vermeiden helfen. Dieser Ausbau nimmt erhebliche Zeit in Anspruch und darf nicht durch wechselnde politische Launen behindert und verzögert werden. Vor allem aber dürfen die dafür zur Verfügung stehenden Mittel nicht für Großprojekte verschwendet werden, die kaum oder gar keinen zusätzlichen Nutzen für den öffentlichen Verkehr bringen, wie zum Beispiel Stuttgart 21 oder die zweite Stammstrecke für die S-Bahn München. Vielmehr sollte versucht werden, einen möglichst großen Nutzen mit möglichst wenig Aufwand zu erreichen. Das vermindert den Planungsaufwand und reduziert die Zeit zur Umsetzung erheblich. Der immer weitere Ausbau des Straßennetzes hat schon in der Vergangenheit nur zusätzliche Verkehrsprobleme geschaffen und wird auch in Zukunft keine lösen.

Eine grundlegende Verkehrswende würde Städte sehr viel lebenswerter machen mit wesentlich weniger Toten und Verletzten im Verkehr, besserer Luft und viel weniger Lärm. Eigentlich sollten massive Beschränkungen für Autos als geringer Preis dafür angesehen werden.

c) Schäden und Vorsorge

Der Klimawandel wird Schäden verursachen, Schäden, gegenüber denen die Flutkatastrophe im Ahrtal kaum noch ins Gewicht fallen wird. Wenn dort von knapp 500 völlig zerstörten Häusern nur 34 nicht wieder aufgebaut werden dürfen, haben die Verantwortlichen das Problem nicht mal im Ansatz verstanden und verursachen nur weitere Opfer in der Zukunft. Die Maßnahmen zum Schutz der Menschen vor den Folgen des Klimawandels werden für viele sehr schmerzlich sein. Keine Maßnahmen zu ergreifen, wird aber für noch viel mehr Menschen noch viel schmerzlicher werden. Das Problem dabei ist, daß niemand länger im voraus weiß, wann und wo die nächste Naturkatastrophe zuschlagen wird. Dies macht es schwierig, Menschen davon zu überzeugen, Veränderungen hinzunehmen, die sie eigentlich ablehnen, erst recht, wenn überhaupt nicht klar ist, ob und wann sie irgendeinen Nutzen davon haben werden.

Sicher werden die deutschen Nordseeinseln irgendwann dem steigenden Meeresspiegel zum Opfer fallen. Bisher ist zwar nicht absehbar, wann das der Fall sein wird, aber daß es passieren wird ist sicher. Dies zu ignorieren und den Kopf in den sprichwörtlichen Dünensand zu stecken, wird das Problem nicht lösen. Mindestens sollte der Katastrophenschutz so verbessert werden, daß sich Tragödien wie im Ahrtal so schnell nicht wiederholen. Hierfür müssen zunächst die jeweils zuständigen Personen, anders als der ehemalige Landrat im Kreis Ahrweiler, ihrer Verantwortung nachkommen und die Maschinerie des Katastrophenschutzes rechtzeitig und in ausreichendem Umfang in Gang setzen. Neben einer besseren Ausstattung der Feuerwehren und des technischem Hilfswerks, sollte der Katastrophenschutz unmittelbaren Zugriff auf die Ressourcen der Bundeswehr haben, die mit Hubschraubern, Behelfsbrücken und schwerem Räumgerät wichtige Beiträge liefern kann, Menschen zu retten und Schäden zu minimieren. Neben einer angemessenen Ausstattung benötigt der Katastrophenschutz effektive Organisationsstrukturen, die einerseits klare Zuständigkeiten und Verantwortlichkeiten gewährleisten, andererseits aber flexibel genug sind, um zeitnah und unkompliziert auf sich schnell ändernde Situationen reagieren zu können. Damit dies im Notfall auch wirklich funktioniert, müssen die entsprechenden Abläufe regelmäßig trainiert und die beteiligten Personen ausreichend geschult werden, um ihre jeweiligen Aufgaben im Fall der Fälle auch effektiv wahrnehmen zu können.

Zwingend geregelt werden muß, wer die Schäden an öffentlicher Infrastruktur und öffentlichen Einrichtungen trägt. Diese sollten zwischen Bund und Ländern aufgeteilt werden. Auf keinen Fall dürfen die Kommunen damit allein gelassen werden, denn sie wären ganz sicher überfordert.

Sich frühzeitig mit den möglichen Folgen des Klimawandels auseinanderzusetzen, ist nicht angenehm. Es gar nicht zu tun ist aber, wie mit einem Auto auf eine Wand zuzurasen, die klar und deutlich sichtbar ist, ohne zu bremsen. Wir werden den Aufprall nicht in jedem Fall vermeiden können, da die Wand oft näher sein wird als wir vermuten, aber wir können ihn in den allermeisten Fällen wahrscheinlich mindestens stark abmildern. Jeder Euro, den wir heute in die Vorsorge investieren, wird uns in der Zukunft viel mehr Geld einsparen.

Wie das Leben auf einem deutlich wärmeren Planeten sein wird, weiß derzeit niemand. Der Übergang dahin wird aber eine der größten Herausforderungen in der Geschichte der Menschheit werden. Je früher wir uns wirklich ernsthaft damit auseinandersetzen, desto besser werden wir diesen Übergang meistern. Wir sollten endlich damit anfangen.

X. Epilog

„The reasonable man tries to adapt himself to the world, the unreasonable one persists in trying to adapt the world to himself. Therefore all progress depends on the unreasonable man."

George Bernard Shaw

Gustav Heineman sagte einmal, den Wert einer Gesellschaft erkenne man daran, wie sie mit den schwächsten ihrer Glieder verfährt. Das ist die ultimative Aufgabe eines Rechtstaats, die Schwachen vor den Starken der Gesellschaft zu schützen, also auch die Außenseiter, Freaks, Nerds, die Unangepaßten, denn von Ihnen hängt, wie George Bernard Shaw richtig erkannt hat, der ganze Fortschritt und damit unsere Zukunft ab.

Es heißt, mit Rechtspolitik gewinnt man keine Wahlen. Wenn das stimmt, stehen die Chancen, daß sich die Rechtstaatlichkeit Deutschlands in absehbarer Zeit auch nur geringfügig verbessert, sehr schlecht.

Die meisten Menschen in Westeuropa und Nordamerika, den Regionen der Welt, in der es um die Rechtsstaatlichkeit weltweit noch am besten steht und wohin die globalen Migrationsbewegungen noch immer zielen, betrachten die Freiheitsrechte, die sie genießen, als selbstverständlich, als etwas, das einfach da ist, gefühlt schon immer da war. Dabei haben in den letzten 250 Jahren weltweit Millionen Menschen den Kampf für eben diese Freiheitsrechte mit dem Leben bezahlt, noch viel mehr mit Flucht und Vertreibung. Ihnen sind wir es schuldig, diese Rechte zu verteidigen und nicht leichtfertig für ein wenig vermeintliche Sicherheit aufzugeben. Deutschland ist eins der sichersten Länder der Welt. Mehr Sicherheit ist in einer freien Gesellschaft schlicht nicht möglich. Freiheit bedeutet immer auch ein gewisses Maß an Risiken. Die Alternative dazu wäre aber Unfreiheit, Totalitarismus. Nicht wenige Menschen scheinen inzwischen despotische Regierungsformen der Vielfalt einer freien, auf Rechtstaatlichkeit beruhenden Gesellschaft vorzuziehen. Anders sind die vielen Stimmen für rechtsextremistische Parteien in den meisten freien Ländern oder die Wahl eines Präsidenten in den USA, der sich offen gegen Demokratie und Rechtstaatlichkeit positioniert hat, nicht zu verstehen. Was die Anhänger dieser Demokratiefeinde verkennen, ist, daß Menschen in einem autokratischen oder gar totalitären Staat, sehr viel leichter, als sich viele das vorstellen können, und völlig ohne eigenes Zutun ins Visier der Mächtigen geraten. Ist das erst einmal der Fall, gibt es in solch einem System aber keinerlei Schutz mehr vor der Macht und Willkür des Regimes. Oft genügen Kleinigkeiten, um in einem solchen Staat in Ungnade zu fallen, wie sich jeder an unzähligen Beispielen aus China, dem Iran, Rußland oder anderen totalitären Staaten ansehen kann. Der Panda, wie Xi Jinping gelegentlich zu seinem Mißfallen genannt wird, verstärkt inzwischen zunehmend die Repression und stellt nach einigen Jahrzehnten der Öffnung Chinas und Annäherung an den freien Westen offen die Macht- und Systemfrage. Und nicht nur unsere eigenen konservativen Politiker höhlen die Freiheit mehr und mehr aus. Rußland und China nehmen inzwischen auf vielfältige Weise Einfluß auf die freien Gesellschaften des sogenannten Westens mit dem Ziel, diese zu schwächen und zu destabilisieren. Wer hierauf mit einem weiteren Abbau von Freiheitsrechten und mehr Überwachung reagiert, unterstützt letztlich eben dieses destruktive Ziel.

Um die Notwendigkeit zu erkennen, die Freiheitsrechte zu verteidigen, muß die überwiegende Zahl der Menschen deren Bedeutung für unsere Gesellschaft, unsere Art zu leben verstehen und wertschätzen. Hierfür ist vor allem erforderlich, daß Rechtstaatlichkeit einen angemessenen Platz in der Schulbildung bekommt. Ohne gute Bildung aller Bevölkerungsschichten läßt sich eine freie Gesellschaft im Zeitalter der Desinformation nicht dauerhaft aufrecht erhalten. Daher müssen die Defizite im Bildungssystem zuerst und nachhaltig beseitigt werden. Sonst sind alle anderen Bemühungen zur Verteidigung des Rechtstaats langfristig zum Scheitern verurteilt. Dabei muß immer im Fokus

bleiben, daß die derzeit einzige echte, ernsthafte und ernstzu-
nehmende Gefahr für unsere freie rechtstaatliche Gesellschaft
von rechts kommt.

Anhang A: Quellen

Die in diesem Buch angesprochenen Themen stehen jeweils nur exemplarisch für grundlegende Probleme unseres Rechtssystems. Es ist definitiv keine abschließende Aufzählung. Alle geschilderten Fälle sind echt und so tatsächlich passiert. Die geschilderten Fakten beruhen auf einer Vielzahl von Quellen aus Internet, Rundfunk und Fernsehen, Podcasts, Printmedien, Fachzeitschriften und Büchern, vereinzelt ergänzt durch Interviews. Auch die Verbesserungsvorschläge sind selbstverständlich nicht abschließend, sondern nur erste Ansätze, die in der Praxis zu testen und sinnvoll weiterzuentwickeln wären.

Eine umfassende Angabe aller für dieses Buch genutzten Quellen würde jedoch den Umfang völlig sprengen. Daher werden im folgenden nur einige besonders empfehlenswerte Bücher, Internetseiten und Podcasts aufgelistet.

1. Bücher

Laila Abdul-Rahman u. a. Gewalt im Amt
Frankfurt am Main, 2023

Benjamin Derin Die Polizei: Helfer, Gegner, Staatgewalt
Tobias Singelnstein Berlin, 2022

Oliver von Dobrowolski Ich kämpfe für eine bessere Polizei
Frankfurt am Main 2022

Andreas Förster Geheimsache NSU
Tübingen, 2014

Otto Gritschneder Anwaltsgeschichten
München, 1988

Johann Hari Drogen (Originaltitel: Chasing the Scream)
Frankfurt am Main, 2015

Kirsten Heisig	Das Ende der Geduld Freiburg 2010
Dieter Kleiber Karl-Artur Kovar	Auswirkungen des Cannabiskonsums Stuttgart 1998
Thorsten Schleif	Urteil ungerecht München 2019
Erich Schöndorf	Strafjustiz auf Abwegen Idstein, 2001
Wilhelm Schlötterer	Macht und Missbrauch Köln, 2009
Ronen Steinke	Vor dem Gesetz sind nicht alle gleich Berlin, 2022
Ronen Steinke	Verfassungsschutz Berlin, 2023
Uwe Wesel	Fast alles, was Recht ist Frankfurt am Main, 1992

2. Internetseiten

| wikipedia.de | Das Online-Lexikon enthält sehr viele interessante Artikel zu Rechtsthemen mit zahlreichen Verweisen auf andere Quellen und ist für viele Recherchen ein guter Startpunkt. |
| lto.de | Die Seite bespricht wichtige Urteile, Gesetzgebungsprozesse und andere Rechtsthemen. |

netzpolitik.org	Die Seite ist besonders kritisch gegenüber zunehmender Überwachung und berichtet auch über sonstige Übergriffe von Politik und Staat auf die Bürger.
verfassungsblog.de	Die Seite bespricht regelmäßig verfassungsrechtliche Themen, insbesondere die Grundrechte betreffend.
cilip.de	Die Seite begleitet sehr kritisch die Arbeit von Polizei und anderer Sicherheitsbehörden in Deutschland und berichtet ausführlich über alle Fälle, in denen Polizisten jemand im Dienst töten.
sueddeutsche.de	Die Zeitung bespricht regelmäßig Rechtsthemen aller Art, meist von einem kritischen Standpunkt.
zeit.de	Die Zeitung bespricht regelmäßig Rechtsthemen aller Art, meist von einem kritischen Standpunkt.
taz.de	Die Zeitung bespricht regelmäßig Rechtsthemen aller Art, meist von einem kritischen, links geprägten Standpunkt.
bpb.de	Die Bundeszentrale für politische Bildung bietet viele Publikationen und Artikel zu Rechtsthemen.
servat.unibe.ch	Die Seite bietet viele wichtige Urteile der höchsten deutschen Gerichte im Volltext seit der Gründung der Bundesrepublik.

Auf den Internetseiten aller Bundesgerichte sind deren Urteile einsehbar und können heruntergeladen werden. Auch fast alle Bundesländer haben Seiten, auf denen viele Urteile der unteren Gerichte abgerufen werden können.

3. Podcasts

Lage der Nation	Der führende Politik-Podcast in Deutschland, der regelmäßig auch aktuelle Rechtsthemen bespricht.
Die Wochendämmerung	Ein anderer Politik-Podcast, der ebenfalls regelmäßig auch aktuelle Rechtsthemen bespricht.
Handelsblatt Crime	Podcast zu Fällen von Wirtschaftskriminalität in Deutschland.
Zeit Verbrechen	Podcast zu spektakulären Kriminalfällen und Justizirrtümern.
Auslegungssache	Datenschutzpodcast des Heise-Verlags, der das Thema Datenschutz aus allen denkbaren Perspektiven und in all seinem Aspekten beleuchtet.
DLF Hintergrund	Podcast, der alle möglichen politischen Themen behandelt, sehr oft mit Rechtsbezug
Seehofers 69	Podcast über das Schicksal derjenigen, die an Horst Seehofers 69. Geburtstag nach Afghanistan abgeschoben wurden.
Schwarz, Rot, Blut	Podcast über ausgewählte rassistisch motivierte Straftaten in Deutschland
Oury Jalloh	Podcast über die Ermordung Oury Jallohs und die fehlende Aufklärung dieses Mordes

Anhang B: Rechtsnormen

Für den rechtsinteressierten Leser sind hier zwei der genannten Paragraphen im Wortlaut wiedergegeben. Stand ist Ende 2024.

§ 76g SGB VI (Grundrente):

„(1) Ein Zuschlag an Entgeltpunkten wird ermittelt, wenn mindestens 33 Jahre mit Grundrentenzeiten vorhanden sind und sich aus den Kalendermonaten mit Grundrentenbewertungszeiten ein Durchschnittswert an Entgeltpunkten ergibt, der unter dem nach Absatz 4 maßgebenden Höchstwert liegt.

(2) Grundrentenzeiten sind Kalendermonate mit anrechenbaren Zeiten nach § 51 Absatz 3a Satz 1 Nummer 1 bis 3; § 55 Absatz 2 gilt entsprechend. Grundrentenzeiten sind auch Kalendermonate mit Ersatzzeiten. Abweichend von Satz 1 sind Kalendermonate mit Pflichtbeitragszeiten oder Anrechnungszeiten wegen des Bezugs von Arbeitslosengeld keine Grundrentenzeiten.

(3) Grundrentenbewertungszeiten sind Kalendermonate mit Zeiten nach Absatz 2, wenn auf diese Zeiten Entgeltpunkte entfallen, die für den Kalendermonat mindestens 0,025 Entgeltpunkte betragen. Berücksichtigt werden für die Grundrentenbewertungszeiten auch Zuschläge an Entgeltpunkten nach den §§ 76e und 76f.

(4) Der Zuschlag an Entgeltpunkten wird ermittelt aus dem Durchschnittswert an Entgeltpunkten aus allen Kalendermonaten mit Grundrentenbewertungszeiten und umfasst zunächst diesen Durchschnittswert. Übersteigt das Zweifache dieses Durchschnittswertes den jeweils maßgeblichen Höchstwert an Entgeltpunkten nach den Sätzen 3 bis 5, wird der Zuschlag aus dem Differenzbetrag zwischen dem jeweiligen Höchstwert und dem Durchschnittswert nach Satz 1 ermittelt. Der Höchstwert beträgt 0,0334 Entgeltpunkte, wenn 33 Jahre mit Grundrentenzeiten vorliegen. Liegen mehr als 33, aber weniger als 35 Jahre mit Grundrentenzeiten vor, wird der Höchstwert nach Satz 3 je zusätzlichen Kalendermonat mit Grundrentenzeiten um 0,001389 Entgeltpunkte erhöht; das Ergebnis ist auf vier Dezimalstellen zu runden. Liegen mindestens 35 Jahre mit Grundrentenzeiten

vor, beträgt der Höchstwert 0,0667 Entgeltpunkte. Zur Berechnung der Höhe des Zuschlags an Entgeltpunkten wird der nach den Sätzen 1 bis 5 ermittelte Entgeltpunktewert mit dem Faktor 0,875 und anschließend mit der Anzahl der Kalendermonate mit Grundrentenbewertungszeiten, höchstens jedoch mit 420 Kalendermonaten, vervielfältigt.

(5) Der Zuschlag an Entgeltpunkten wird den Kalendermonaten mit Grundrentenbewertungszeiten zu gleichen Teilen zugeordnet; dabei werden Kalendermonaten mit Entgeltpunkten (Ost) Zuschläge an Entgeltpunkten (Ost) zugeordnet."

§ 675f BGB (Zahlungsdienstevertrag)

"(1) Durch einen Einzelzahlungsvertrag wird der Zahlungsdienstleister verpflichtet, für die Person, die einen Zahlungsdienst als Zahler, Zahlungsempfänger oder in beiden Eigenschaften in Anspruch nimmt (Zahlungsdienstnutzer), einen Zahlungsvorgang auszuführen.

(2) Durch einen Zahlungsdiensterahmenvertrag wird der Zahlungsdienstleister verpflichtet, für den Zahlungsdienstnutzer einzelne und aufeinander folgende Zahlungsvorgänge auszuführen sowie gegebenenfalls für den Zahlungsdienstnutzer ein auf dessen Namen oder die Namen mehrerer Zahlungsdienstnutzer lautendes Zahlungskonto zu führen. Ein Zahlungsdiensterahmenvertrag kann auch Bestandteil eines sonstigen Vertrags sein oder mit einem anderen Vertrag zusammenhängen.

(3) Der Zahlungsdienstnutzer ist berechtigt, einen Zahlungsauslösedienst oder einen Kontoinformationsdienst zu nutzen, es sei denn, das Zahlungskonto des Zahlungsdienstnutzers ist für diesen nicht online zugänglich. Der kontoführende Zahlungsdienstleister darf die Nutzung dieser Dienste durch den Zahlungsdienstnutzer nicht davon abhängig machen, dass der Zahlungsauslösedienstleister oder der Kontoinformationsdienstleister zu diesem Zweck einen Vertrag mit dem kontoführenden Zahlungsdienstleister abschließt.

(4) Zahlungsvorgang ist jede Bereitstellung, Übermittlung oder Abhebung eines Geldbetrags, unabhängig von der zugrunde liegenden Rechtsbeziehung zwischen Zahler und Zahlungsempfänger. Zahlungsauftrag ist jeder Auftrag, den ein Zahler seinem Zahlungsdienstleister zur Ausführung eines Zahlungsvorgangs entweder unmittelbar oder mittelbar über einen Zahlungsauslösedienstleister oder den Zahlungsempfänger erteilt.

(5) Der Zahlungsdienstnutzer ist verpflichtet, dem Zahlungsdienstleister das für die Erbringung eines Zahlungsdienstes vereinbarte Entgelt zu entrichten. Für die Erfüllung von Nebenpflichten nach diesem Untertitel hat der Zahlungsdienstleister nur dann einen Anspruch auf ein Entgelt, sofern dies zugelassen und zwischen dem Zahlungsdienstnutzer und dem Zahlungsdienstleister vereinbart worden ist; dieses Entgelt muss angemessen und an den tatsächlichen Kosten des Zahlungsdienstleisters ausgerichtet sein.

(6) In einem Zahlungsdiensterahmenvertrag zwischen dem Zahlungsempfänger und seinem Zahlungsdienstleister darf das Recht des Zahlungsempfängers, dem Zahler für die Nutzung eines bestimmten Zahlungsinstruments eine Ermäßigung oder einen anderweitigen Anreiz anzubieten, nicht ausgeschlossen werden."